lau verlag

Petra Roek

Fragt nicht warum

Hildegard KNEF

Die Biografie

LAU-VERLAG
REINBEK

MIX
Papier aus verantwortungsvollen Quellen
FSC® C083411

1. Auflage 2012

Umschlaggestaltung: Steffen Faust, Berlin
Umschlagabbildung: Teldec/Bildarchiv
Layout und Satz: Patrick Lau, Reinbek
Druck und Bindung: GK Druck Gerth und Klaas GmbH & Co. KG
Printed in Germany 2012
ISBN 978-3-941400-38-2

www.lau-verlag.de

INHALT

ANHANG

VORWORT

An einem Sommerabend des Jahres 1981 sprach mich ein älterer Herr in der Pause einer Theatervorstellung an, ob ich Lust hätte, während der sechswöchigen Abwesenheit der Familie das Archiv Hildegard Knefs zu ordnen. Ich war sehr überrascht. Im Laufe des Gesprächs stellte sich heraus, dass er der Sekretär der Knef war und zufällig gehört hatte, dass in der Unterhaltung mit meinem Mann der Name Knef gefallen war. Ich musste nicht lange überredet werden – ich sah es als einmaligen Glücksfall an, in das Leben Hildegard Knefs eintauchen zu können.

Mein »ehrenamtlicher Dienst« begann schon am nächsten Tag in der Bettinastraße in Berlin-Grunewald. Das Büro im Keller quoll über von Fotos, Zeitungsartikeln und Fanpost, die ich ordnen und in Alben einkleben sollte. In nur sechs Wochen sollte das Werk vollbracht sein! Es dauerte nicht lange, und ich hatte Feuer gefangen; ich las Zeitungsartikel um Zeitungsartikel, Brief um Brief von Freunden, von Prominenten aus Politik und Kultur.

Nach der Rückkehr aus dem Urlaub war Hildegard Knef hocherfreut über die Ordnung, die ich in ihre papierene Lebensgeschichte gebracht hatte. Ihre Tochter Christina fasste Vertrauen zu mir, und wir erlebten viele gemeinsame Stunden.

Im darauf folgenden Jahr verbrachte Hildegard Knef die Ferien wieder in Amerika, und ich wurde samt meiner Familie zur Hüterin des Hauses im Grunewald bestellt. Zudem pflegte ich weiterhin das Archiv, bis die Familie 1982 in die USA zog.

Als Hildegard Knef mit ihrem Mann 1989 ihren Lebensmittelpunkt wieder nach München verlegte, intensivierte sich unser Kontakt. 1992 verbrachte Hilde oft längere Zeit in Berlin. Wir erledigten gemeinsam die anfallende Korrespondenz und die Autogrammpost. Sie schenkte mir ihr Vertrauen und ließ mich in ungezählten Tag- und Nachtstunden an ihren Erinnerungen teilhaben: an den Krieg, an ihre Kindheit, an ihre Ehen und ihre Beziehungen zu Männern, sie erzählte von ihren Freunden und ihren Feinden, von ihren Ängsten und ihren Träumen. Es machte ihr Freude, meine Fragen zu beantworten. Und fast wie von selbst ergab es sich, dass ich mein eigenes Archiv über ihr Leben anzulegen begann. Ich las ihre Autobiografien, korrigierte Erdichtetes und ergänzte Lücken in ihrer Lebensgeschichte. Eine alte Freundin ihrer Mutter überließ mir voller Freude ihre Schätze – Briefe, Filmprogramme, Autogrammkarten, Schallplatten und vieles mehr. Nach dem Tod Hildegard Knefs nahmen Fans Kontakt zu mir auf, schickten mir Briefe und Fotos und berichteten von Begebenheiten, die sie mit ihrem Star verbanden.

Frühe Kindheit

Im Tierkreiszeichen des Steinbocks kam Hildegard Frieda Albertine Knef am 28. Dezember 1925 in Ulm zur Welt und wurde am 7. Februar des darauf folgenden Jahres in der Dreifaltigkeitskirche evangelisch getauft. Ihren zweiten Vornamen teilte sie mit der Mutter, ihren dritten, den sie in ihrer Autobiografie aus unerfindlichen Gründen mit einem »a« enden lässt, mit der Großmutter mütterlicherseits. Großmutter Albertine reiste zu diesem festlichen Ereignis in Begleitung ihres Sohnes Kurt aus Berlin an – außer ihnen beiden war noch Anni, die Schwester des Vaters, Taufpate.

Die Mutter Frieda Auguste (geboren 1896) war, wie Fotos belegen, sehr hübsch. Sie wollte Sängerin werden. Weil dafür im Elternhaus das Geld für die Ausbildung aber nicht reichte und sie zu stolz war, ein

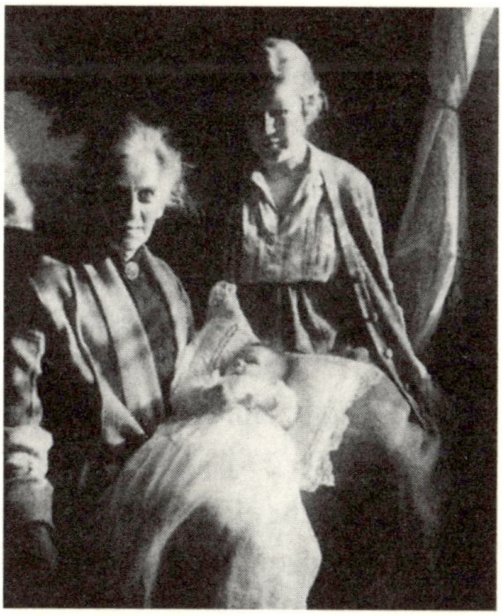

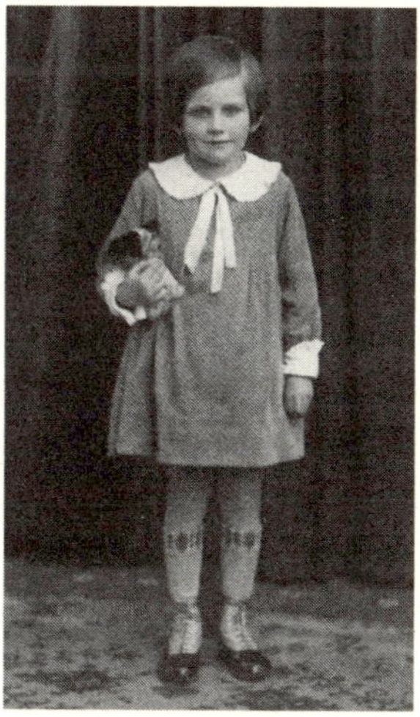

Links: Hilde wurde am 7. Februar 1926 evangelisch getauft. Stolz hält Großmutter Albertine ihre Enkelin im Arm. Im Hintergrund Hildes Mutter Frieda. Rechts: Hilde im Alter von 5 Jahren.

Stipendium zu beantragen, ist ihr Lebensweg als Ehefrau, Mutter und Hausfrau vorgezeichnet. Der Vater Hans Theodor, ein Jahr jünger als die Mutter, wurde während des I. Weltkriegs als Kriegsheld mit dem Eisernen Kreuz I. und II. Klasse ausgezeichnet. Aber nicht nur Ehrungen, sondern auch eine Krankheit brachte er aus dem Krieg mit nach Hause: die Syphilis. In den Friedenszeiten der Weimarer Republik tat er sich schwer wieder Fuß zu fassen, wechselte die Berufe und hatte mal viel Geld, das er allzu schnell ausgab, und mal zu wenig, was die Familie zur Sparsamkeit zwang. Die beiden heirateten am 20. April 1923 auf dem Schöneberger Standesamt und am Tag darauf kirchlich in der Königin-Luise-Gedächtniskirche am Gustav-Müller-Platz.

Kurz darauf zog das Paar nach Ulm. Hans Theodor plante, sein Geld im Tabakhandel zu machen und schon bald mit seiner Frau in die Türkei auszuwandern. Als er erfuhr, dass sie schwanger war, gab er sein Vorhaben auf - zu unsicher erschien beiden ein Leben mit Kind fernab der Heimat. Die Rastlosigkeit, glaubt Hilde später, habe der Vater ihr in die Wiege gelegt. Nur fünf Monate mit seiner kleinen Tochter waren ihm vergönnt gewesen, als er 29-jährig an den Folgen seiner Krankheit starb. Ihre Mutter konnte noch nicht einmal Abschied von ihm nehmen, weil sie zur selben Zeit mit einer Blinddarmentzündung im Krankenhaus lag. Nach ihrer Genesung reiste Frieda Auguste mit der Tochter nach Berlin, im Gepäck die Urne mit der Asche ihres Mannes. Sie zog zu ihren Eltern in die Wohnung in der Sedanstraße, wo nur wenige Haustüren weiter Marlene Dietrich 1901 das Licht der Welt erblickt hatte.

Über die Familie Hans Theodors lässt sich nur wenig sagen: Seine Mutter war bereits 1911 verstorben und der Vater starb 1942 während des Krieges. Von ihrer Patentante Anni erhielt Hildegard Knef noch jahrzehntelang in unregelmäßigen Abständen Briefe; zu den Halbgeschwistern ihres Vaters, Lieselotte und Herbert, hatte sie keinen Kontakt.

Die Großeltern Albertine und Karl kümmerten sich um die Enkelin und gaben der jung verwitweten Tochter wieder ein Zuhause. Einfach war es für Frieda nicht, erneut unter der Obhut der Eltern zu stehen. Sie war bestrebt, so schnell wie möglich wieder ihre Eigenständigkeit zu erlangen.

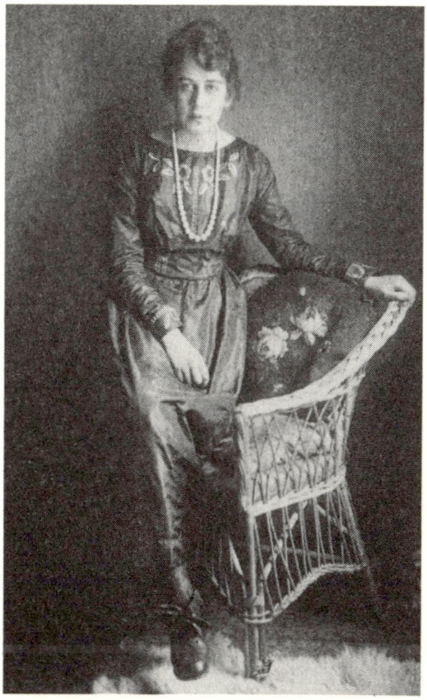

Hildes Mutter Frieda Auguste

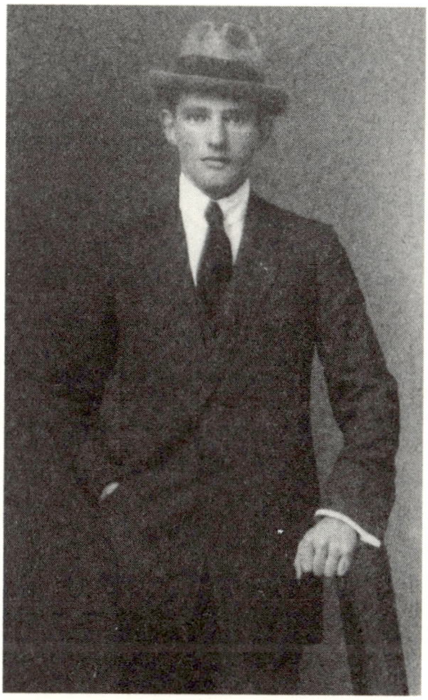

Vater Hans Theodor

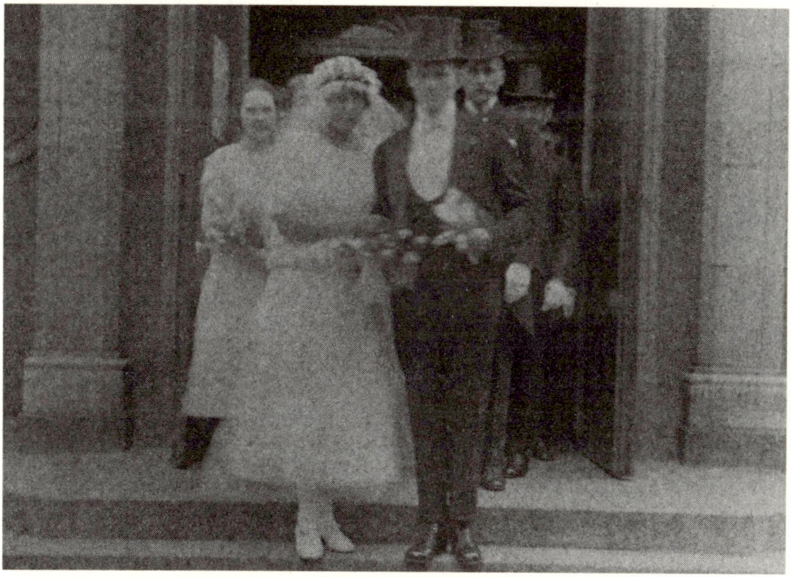

Kirchliche Trauung der Eltern am 21. April 1923
in der Königin-Luise-Gedächtniskirche

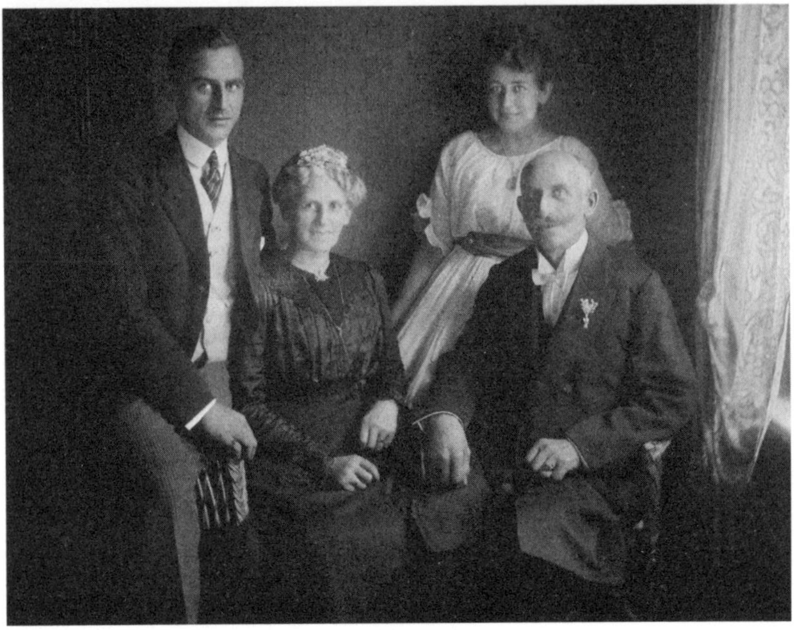

Großeltern Albertine und Karl Groehn mit Sohn Kurt und Tochter Frieda bei der Silberhochzeit Anfang der 1920er Jahre.

Die Großmutter war zart von Gestalt und Wesen. Sie litt unter Diabetes. Der Großvater, ein Ostpreuße, war hingegen kräftig und jähzornig. Hilde erlebte als Kind nicht selten die Streitereien der Großeltern, die oft genug damit endeten, dass der Großvater das Geschirr aus dem Schrank riss und zu Boden warf oder es mit einem Handstreich vom Tisch fegte. War seine Wut verflogen, verkündete er sanftmütig: »So, jetzt gehen wir ins Adlon Kaffeetrinken!« Was er an Liebe seiner Frau hätte schenken müssen, gab er der Enkelin. Die beiden wurden zu Verschworenen in jeder Lebenslage. In der engen Bindung an den Großvater sah Hildegard Knef später ihre Zuneigung zu älteren Männern – die Ausnahme bildeten ihre Ehemänner – begründet.

Hilde verbrachte ihre Kindheit in Berlin-Schöneberg, das aus baumlosen Straßen mit grauen, trostlosen Häusern ohne jeglichen Komfort und finsteren Hinterhöfen bestand. Sie freute sich auf den Sommer, wenn sie mit ihrem Großvater in den Schrebergarten bei Zossen zog. Dort gab es weite Wiesen, Wald, Wasser und viele Tiere, mit denen

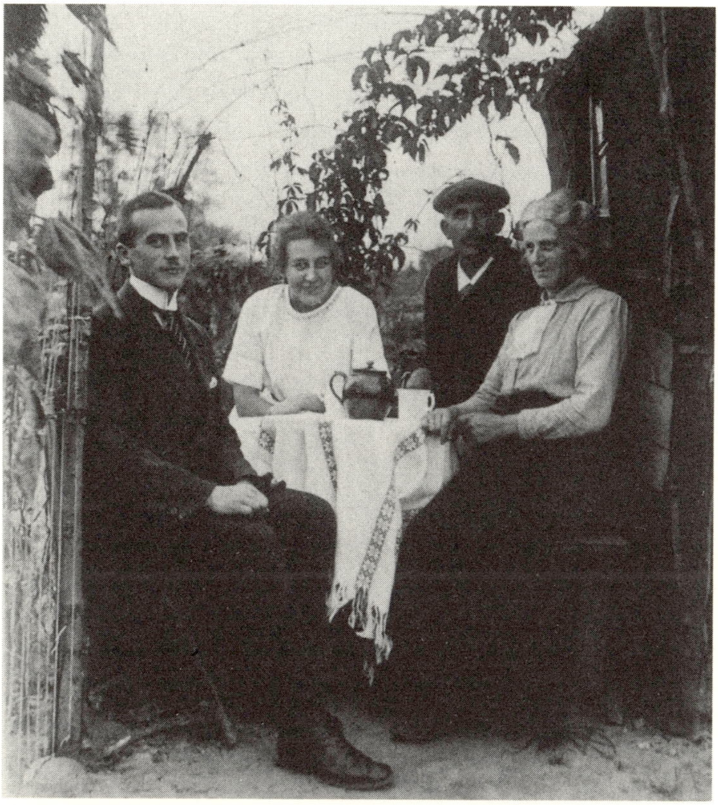

Großeltern mit Tochter und Sohn in der Laube bei Zossen.

sie spielen konnte. Sie genoss das Leben in der Natur, vor den Toren der lärmenden Stadt. Die unbeschwerten Sommermonate wurden nur durch die Stippvisiten der Großmutter und die Wochenendbesuche der Mutter getrübt, die der Meinung waren, die Erziehungsversäumnisse des Großvaters binnen weniger Stunden aufholen zu müssen. Es ging sogar so weit, dass die Großmutter die Ansicht vertrat, Hilde wäre in einem Heim besser aufgehoben, was den Großvater zu ungezügelten Wutausbrüchen veranlasste. Enkelin und Großvater waren froh, wenn diese Besuche vorbei waren und sie wieder in ihren gewohnten Trott verfallen konnten.

Als Hilde fünf Jahre alt war, gab die Mutter sie in einen Kindergarten, damit sie den Tag mit Gleichaltrigen verbrachte. Die Erinnerungen an diese Zeit quälten sie noch im Alter. Es fiel ihr schwer, sich mit anderen Kindern anzufreunden – sie wusste mit ihren Altersgenossen nichts anzufangen, schloss sich vom Spiel aus – Puppen konnte sie überhaupt nicht leiden - und lauschte stattdessen stundenlang den Gesprächen der Erwachsenen.

Die Mutter hatte eine Anstellung als Sekretärin bei Siemens gefunden. Sie wollte finanziell unabhängig sein und sich und ihre Tochter selbst versorgen. Als Hildes Großmutter Albertine am 12. Mai 1931 starb, gab ihre Mutter die gut bezahlte Stelle bei Siemens auf und eröffnete in der Nähe der Friedrichstraße einen Zigarrenladen. Sie wollte die Tochter so oft wie möglich um sich haben und die Erziehung nicht mehr allein ihrem alten Vater überlassen. Die überwiegend männliche Kundschaft fühlte sich von der Schönheit der Ladeninhaberin stark angezogen, und so geschah es hin und wieder, dass ein Herr unter dem Vorwand, eine Zigarre kaufen zu wollen, den Laden betrat und Frieda Auguste dann ganz unverhohlen den Hof machte. Offenbar fühlte sich diese zu sehr bedrängt, denn sie verkaufte den Zigarrenladen kurzerhand und eröffnete von dem Erlös ein Schokoladengeschäft. Fortan hatte Hilde ungehinderten Zugang zu all den Leckereien, von denen ein Kind sonst nur träumen konnte.

Die neue Familie

Hildes Großvater und auch die Mutter lernten neue Lebenspartner kennen. Hilde akzeptierte nur schwer, dass sie nicht mehr der Lebensmittelpunkt der beiden einzigen Menschen war, die ihr geblieben waren. Aus Eifersucht reagierte sie mit Trotz und entwickelte eine fast krankhafte Eifersucht, die sie berechtigt oder unberechtigt bis an ihr Lebensende nicht mehr verlassen sollte. Sie musste die Mutter nun mit Wilhelm Wulfestieg teilen. 42-jährig heiratete er die Mutter im Sommer 1933. Der Stiefvater, so erzählte Hilde immer, führte zusammen mit seinem Geschäftspartner, Herrn Gold, bis zur Machübernahme der Nationalsozialisten eine Lederfabrik. Als er sich weigerte, Parteimitglied zu werden – erst später erfuhr sie, dass er Mitglied der im Untergrund agierenden Kommunistischen Partei war –, und sein jüdischer Geschäftspartner spurlos verschwand, wurde die Fabrik kon-

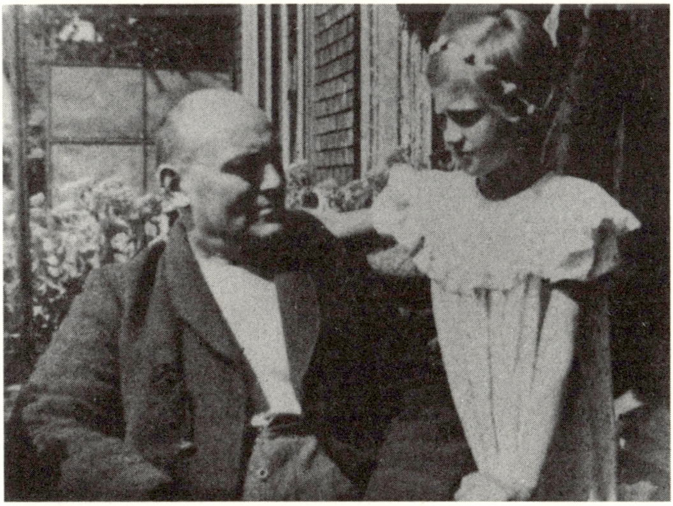

Hilde und Stiefvater Wilhelm Wulfestieg, den sie liebevoll Papa nennt.

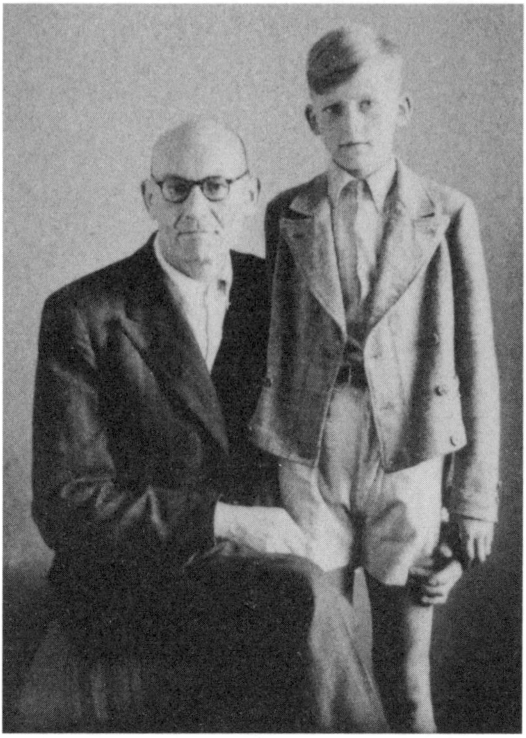

Wilhelm Wulfestieg mit Sohn Heinz, 1946

fisziert und Wulfestieg durfte seinen Lebensunterhalt lediglich als Schuhmacher ohne Gehilfen verdienen.

In ihrem Herzen konnte Hilde ihn nie als ihren Vater akzeptieren, und er wiederum war eifersüchtig auf ihre stille, kindliche Liebe zum früh verstorbenen Vater, den sie glorifizierte. Die Mutter tat es ihr gleich und trauerte ihrer großen Liebe Hans Theodor bis zu ihrem Tod nach. Ein für Hilde unverständlicher Widerspruch muss darin gelegen haben, dass der Stiefvater sie nicht adoptierte, sie aber in der Schule dennoch mit seinem Familiennamen gerufen wurde, obwohl sie mit Nachnamen Knef hieß, also anders als ihre Mutter und der Bruder, der bald geboren werden sollte. Sie fühlte sich nicht zur Familie gehörig und sah sich ständig genötigt, Erklärungen zu ihrem Namen zu geben. Sie begann, ihren Familiennamen ebenso zu glorifizieren wie ihren leiblichen Vater. Der Konflikt spitzte sich zu, als Wulfestieg ihr

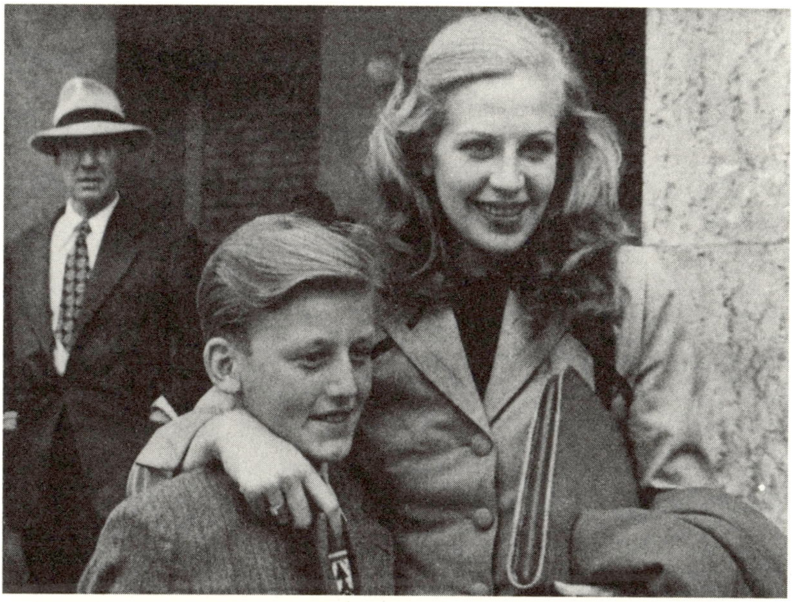

Hilde sieht ihren Halbbruder Heinz wieder, als sie 1949 zu den geplanten Filmaufnahmen für »The big Lift« (»Die viergeteilte Stadt«) nach Berlin kommt.

den Kontakt zum Großvater verbot, weil dieser sich, seiner Meinung nach, zu sehr in die Erziehung einmischte. Es lässt sich nicht zweifelsfrei sagen, wie Hildes Verhältnis zum Stiefvater tatsächlich war. Während sie in ihren autobiografischen Erinnerungen »Der geschenkte Gaul« davon spricht, dass sie vor ihm Angst hatte, schildert ihr Biograf Lucas Lewalter in dem 1955 erschienenen Buch »Die Sünderin am Broadway« ihr Verhältnis zu »Willy« Wulfestieg positiv, zwischen den Familienmitgliedern habe wahre Liebe geherrscht. Als die Geburt des Halbbruders bevorstand, wurde Hilde, um nicht im Weg zu sein wie sie immer sagte, auf Reisen geschickt. Sie musste sieben lange Wochen in Zinnowitz auf Usedom verbringen. Das Ereignis daheim verzögerte sich allerdings, sodass sie bereits wieder zu Hause war, als ihr Halbbruder Heinz geboren wurde. Die Mutter war 39, als sie den Sohn zur Welt brachte, also keine ganz junge Mutter mehr, zudem hatte sie das Geschäft zu führen. Hilde, die zu diesem Zeitpunkt neun Jahre alt war, musste daher Mutterpflichten übernehmen. Sie fuhr den Bruder im Wagen spazieren, fütterte und wickelte ihn, brachte ihn, als er älter war, in den Kindergarten, kochte daheim und half der Mutter im Laden. Ihre Kindheit hatte mit der Geburt des Halbbruders ein frühes Ende gefunden.

Hilde begann zu zeichnen – sie zeichnete bei jeder sich bietenden Gelegenheit. Sie hatte Talent, porträtierte gerne Menschen, vor allem den Großvater. Ältere Menschen mit faltigen Gesichtern faszinierten sie. Auf die klare Linie kam es ihr an und nicht auf die Farbe. Aus diesem Grund gefielen ihr später auch gut gemachte Schwarz-Weiß-Filme besser als Farbfilme. Sie gaben ihrer Fantasie Raum. Die Mutter zeigte kein Interesse an der neuen Leidenschaft ihrer Tochter. Ihr war es peinlich, wenn Hilde in der Bahn die Menschen, die ihr gegenüber saßen anstarrte, um die schönen runzeligen Gesichter zu studieren.

In negativer Erinnerung geblieben waren Hilde auch die Besuche des Vormunds, der ihr, wie allen Halbwaisen, von Amts wegen zugewiesen worden war. An den Besuchstagen wurde sie mit besonderer Sorgfalt gekleidet und angehalten, ausnehmend höflich zu sein. Der Vormund war ein älterer, strenger Herr, der sich vom Wohlbefinden seines Mündels zu überzeugen hatte und es ermahnte, der Mutter immer zu gehorchen. Hilde verstand diese Ermahnungen nicht. Sie gab nie Anlass zu Klagen, ganz im Gegenteil, sie liebte die Mutter über alles, sehnte sich nach ihr, sobald diese das Haus verlassen hatte, um arbeiten zu gehen, und wartete ungeduldig auf deren Rückkehr. Auf einen Menschen warten zu müssen sollte für Hilde, die immer pünktlich zu Verabredungen erschien, auch in Zukunft mit unangenehmen Gefühlen verbunden bleiben. Es ging sogar so weit, dass sie sich als Kind Verletzungen und Schmerzen zufügte, wenn die Mutter sich verspätete, um nach deren Rückkehr von ihr umhegt und gepflegt zu werden. Sie litt unter der Angst, von der Mutter verlassen zu werden, was diese mit Unverständnis und Grobheit quittierte. Überfordert von dem starken Bedürfnis der Tochter nach Aufmerksamkeit, verlor sie oft die Nerven und schlug das zarte Mädchen. Das Nasenbein soll sie ihr gar gebrochen haben.

Hilde war ein kränkliches, blasses Kind. Sie litt an den Folgen einer überstandenen Kinderlähmung sowie an Blutarmut und nahm Tropfen gegen allerlei andere Krankheiten. Die anhaltende Heiserkeit, die sie seit ihrem achten Lebensjahr plagte, und ein Stimmbandriss, den

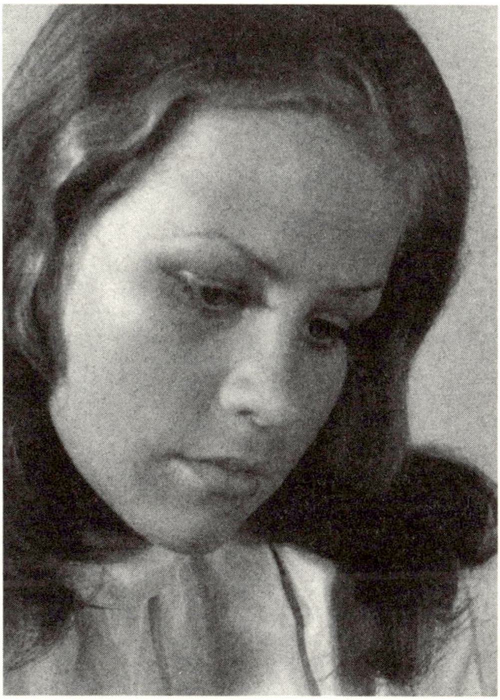

Hildegard Knef – Fotografie von 1943

sie sich, um ein bisschen Taschengeld zu verdienen, beim Anpreisen von Bananen an einem Marktstand zugezogen hatte, waren die Ursache dafür, dass ihre kindliche Stimme rau und dunkel wurde. Dies gab oft Anlass zu Verwunderung und ließ Vorübergehende sich nach ihr umsehen.

Obwohl sie von morgens bis abends in häusliche Pflichten eingebunden war, schaffte Hilde das Lernpensum für die Schule mühelos – sie war eine gute Schülerin sowohl in der Volksschule wie auch auf der Rückert-Schule, dem Realgymnasium in der Schöneberger Mettestraße. Selbst in Mathematik – nicht gerade eines ihrer Lieblingsfächer – erzielte sie gute Noten. Später behauptete sie: »Bei der Vergabe von Verständnis für Zahlen muss der liebe Gott mich wohl vergessen haben«, womit sie eigentlich meinte, nicht mit Geld umgehen zu können. Doch Hilde lebte sorglos, hatte mal viel Geld, dass sie all zu schnell mit vollen Händen ausgab und sehr oft wenig, was sie dann aber nicht an ihrem Lebensstil festmachte. Der leichtfertige Umgang mit dem Geld war wohl ein Charakterzug, den sie von ihrem Vater geerbt hatte. Ihr wäre es nie in den Sinn gekommen, sich einen Notgroschen anzusparen. Sie überließ später die Verwaltung ihrer Finanzen Beratern und Managern, die sich auch schon mal als unehrlich entpuppten, das Geld durchbrachten oder ein Minus erwirtschafteten, das Hilde durch harte Arbeit auszugleichen hatte.

Aber auch sonst ging sie ungenau mit Zahlen um: Ihr Großvater verübte mit 79 Jahren und nicht, wie sie in ihrer Autobiografie schreibt, mit 81 Jahren Selbstmord, und ihre Mutter gebar den Sohn Heinz mit 39 Jahren und nicht mit 42.

Wie alle jungen Mädchen im Alter von 14 Jahren wurde Hilde 1939 als Mitglied des Bundes Deutscher Mädel, gegen den Willen des Großvaters, zum Ernteeinsatz abkommandiert. In ihrer Autobiografie »Der geschenkte Gaul« verdrängt sie diese Mitgliedschaft, die allerdings durch den erhalten gebliebenen »Einheitsvordruck der Reichskulturkammer für die Aufnahme und Befreiungsanträge zur Reichsfilmkammer« im Juni 1944 belegt ist.

Im Frühjahr 1940 wurde Hilde in der evangelischen Dorfkirche in Berlin-Schöneberg konfirmiert, obwohl ihre Mutter keinen Wert auf die christliche Erziehung der Tochter gelegt hatte.

Mit 15 Jahren besuchte sie die Tanzschule. Um ihre noch kindlichen Formen zu kaschieren, polsterte die Mutter ihr das Dekolleté mit Wattebällchen aus, legte ihr eine Perlenkette um den Hals und hoffte auf einen attraktiven Tanzpartner für ihre Tochter. Doch schon nach einer Stunde kam Hilde völlig verheult nach Hause und berichtete, dass ihr Partner mit großen Augen gefragt hätte, ob die echt wären. In der Annahme, er habe die Perlen gemeint, empörte sich die Mutter, wie er glauben könnte, sie trüge unechte, bis Hilde sie immer noch schluchzend aufklärte, dass er ihre Oberweite gemeint hatte.

Hildegard Knef ließ 1979 in einem Interview mit Matthias Walden noch einmal ihre Kindheit Revue passieren. Auf seine einleitende Frage:

»Schopenhauer hat gesagt, jedes Kind sei gewissermaßen ein Genie und jedes Genie gewissermaßen ein Kind. Gilt das auch für Sie?«, antwortete Hilde:

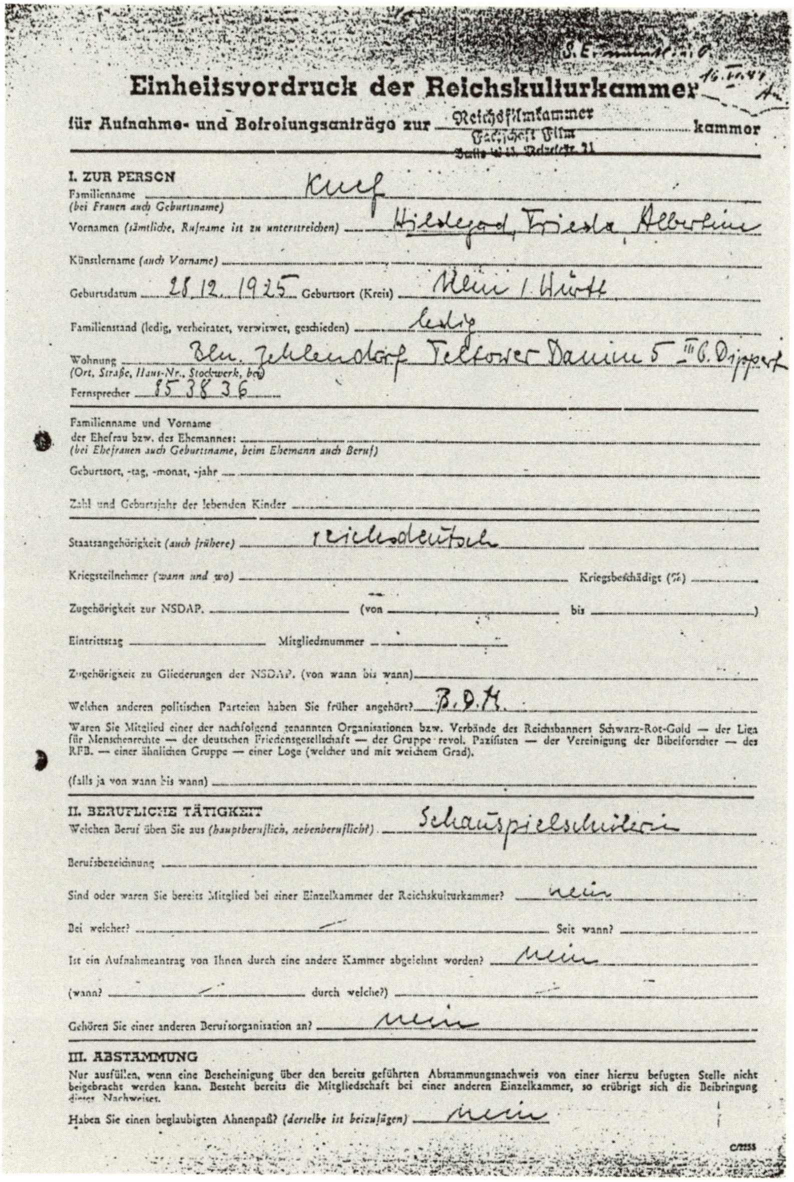

Einheitsvordruck der Reichskulturkammer

für Aufnahme- und Befreiungsanträge zur Reichsfilmkammer Fachschaft Film kammer

I. ZUR PERSON

Familienname (bei Frauen auch Geburtsname) Knef

Vornamen (sämtliche, Rufname ist zu unterstreichen) Hildegard, Frieda, Albertine

Künstlername (auch Vorname)

Geburtsdatum 28.12.1925 Geburtsort (Kreis) Ulm / Württ.

Familienstand (ledig, verheiratet, verwitwet, geschieden) ledig

Wohnung (Ort, Straße, Haus-Nr., Stockwerk, bei) Bln. Zehlendorf Teltower Damm 5 III b. Djppert

Fernsprecher 85 38 36

Familienname und Vorname der Ehefrau bzw. des Ehemannes: (bei Ehefrauen auch Geburtsname, beim Ehemann auch Beruf)

Geburtsort, -tag, -monat, -jahr

Zahl und Geburtsjahr der lebenden Kinder

Staatsangehörigkeit (auch frühere) reichsdeutsch

Kriegsteilnehmer (wann und wo) Kriegsbeschädigt (%)

Zugehörigkeit zur NSDAP. (von bis)

Eintrittstag Mitgliedsnummer

Zugehörigkeit zu Gliederungen der NSDAP. (von wann bis wann)

Welchen anderen politischen Parteien haben Sie früher angehört? B.D.M.

Waren Sie Mitglied einer der nachfolgend genannten Organisationen bzw. Verbände des Reichsbanners Schwarz-Rot-Gold — der Liga für Menschenrechte — der deutschen Friedensgesellschaft — der Gruppe revol. Pazifisten — der Vereinigung der Bibelforscher — des RFB. — einer ähnlichen Gruppe — einer Loge (welcher und mit welchem Grad).

(falls ja von wann bis wann)

II. BERUFLICHE TÄTIGKEIT

Welchen Beruf üben Sie aus (hauptberuflich, nebenberuflich?) Schauspielschülerin

Berufsbezeichnung

Sind oder waren Sie bereits Mitglied bei einer Einzelkammer der Reichskulturkammer? nein

Bei welcher? — Seit wann?

Ist ein Aufnahmeantrag von Ihnen durch eine andere Kammer abgelehnt worden? nein

(wann? — durch welche?) —

Gehören Sie einer anderen Berufsorganisation an? nein

III. ABSTAMMUNG

Nur ausfüllen, wenn eine Bescheinigung über den bereits geführten Abstammungsnachweis von einer hierzu befugten Stelle nicht beigebracht werden kann. Besteht bereits die Mitgliedschaft bei einer anderen Einzelkammer, so erübrigt sich die Beibringung dieses Nachweises.

Haben Sie einen beglaubigten Ahnenpaß? (derselbe ist beizufügen) nein

Einheitsvordruck der Reichskulturkammer für Aufnahme- und Befreiungsanträge zur Reichsfilmkammer.

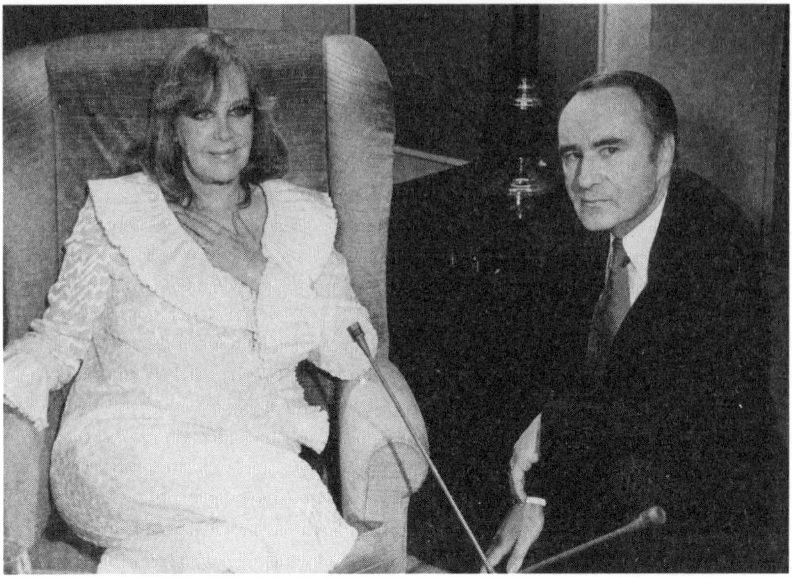

Hildegard Knef beim Interview mit dem Journalisten Matthias Walden, der mit bürgerlichem Namen Eugen Wilhelm Otto Baron von Saß hieß.

»Ich bin kein Genie. Ich bin von einer geradezu blödsinnigen Naivität. Meine Gläubigkeit anderen Menschen gegenüber ist kindlich. Da hat es natürlich oft Rückschläge gegeben. Dann verlor ich meine naive Grundstimmung gelegentlich, aber sie kam immer wieder. Der Verlust der Naivität ist eine Bewegung in den Selbstmord. Naivität, diese kindlichste aller kindlichen Eigenschaften, ist unglaublich wichtig, soweit sie nicht rosarot ist. Man muß sie manchmal allerdings aufgeben, sonst wird man gerupft wie ein Huhn. Ich war ein trauriges Kind. Sehr einsilbig, voller Sehnsucht nach einer kuscheligen Familie. Zu meinem Stiefvater fand ich keine innere Beziehung, und als mein Bruder geboren wurde, fühlte ich mich als fünftes Rad am Wagen. Mutter sagte immer: ›Warum kannst du nicht sein wie andere Kinder‹. Ich liebte meine Mutter über alles, bettelte um ihre Liebe, heulte Nächte hindurch vor lauter Zärtlichkeitsbedürfnis. (…) Die Bakterien klatschten in die Hände, wenn sie mich nur sahen.

Ich hatte schreckliche Ängste! Vor der Existenz im späteren Leben vor allem. Ich erlebte ja den Existenzkampf meiner Familie, der hart gewesen ist. Ich fürchtete mich im Dunklen. Mich verfolgte die Vorstellung, eine Brücke, durch die meine Mutter oft ging, könnte einstürzen. Überhaupt, daß meine Mutter sterben könnte, diese Angst hat mich bedrängt. Wie alle Kinder hatte ich mir gewünscht, größer und älter zu sein, erwachsen zu werden. (...) Ich muß hier raus, aus dem Hinterhof! Davon träumte ich. Ich war romantisch und sentimental – und übrigens mondsüchtig. Mit einem Kopfkissen in den Armen geisterte ich nachts zum Bahnhof Wilmersdorf. Das hat sich dann später allerdings gegeben. Ich neigte zum Verschweigen. Und das ist ja eine Art der Lüge. Das hat mich wahnsinnig bedrückt. (...) Ich konnte mich nicht freuen wie andere Kinder und hatte doch das dringende Bedürfnis, es zu können. Eine hemmende Melancholie ließ es nicht dazu kommen. (...) Die Zeit meiner Kindheit ist prüde gewesen. Als ich meine erste Menstruation bekam, glaubte ich, mein Bruder hätte mir eine Rasierklinge in's Bett gelegt und rannte wütend hinter ihm her. (...) Als eine Frau mal zu mir sagte: ›Na, du bekommst ja schon etwas Busen‹, wurde ich feuerrot und wollte in den Boden versinken vor Scham. (...) Heute, wo alle in fast jedem Alter alles wissen, alles sehen, alles hören, da wird manches langweilig, was eigentlich alarmierend sein sollte. (...) Wenn ich für den Stiefvater, der Schuhmacher war, Schuhe austrug, bekam ich manchmal 5 Pfennige von den Kunden. Das war alles. Wir hatten kein Geld. Kinder reicher Eltern beneidete ich allerdings nicht – ich kannte kaum welche. Wenn ich mal Kindern begegnete, die in besseren Verhältnissen lebten und die zuhause eine Flurtoilette hatten und ein Bad – darüber kam ich gar nicht weg.«

Schöne Erinnerungen an ihre Kindheit sind rar und häufig mit Naturerlebnissen verbunden. Einmal danach gefragt, schildert sie begeistert eine Reise nach Einbeck zu Verwandten:

»Wir kamen durch einen kleinen Wald, der sich zu einer satten, grünen Wiese öffnete. Ein Bach plätscherte. Der Himmel war zart und blau. Das war so wunderbar, daß ich es heute noch vor mir sehe.«

Sie war der Ansicht, dass das Erleben von Natur oft Erinnerungen an die Kindheit wachruft. In ihrem Ostseelied von 1965 singt sie:

…
Gib mir noch einmal den Strand meiner Kindheit,
mit Muscheln und Bernstein auf trockenem Weiß.
Gib mir den salzigen Wind meiner Ostsee,
das Jammern der Möwe, die hoffnungsvoll kreist.

Gib mir die Molen mit moosgrünen Beinen
und Wellen, die singen ihr endloses Lied.
Gib mir die Farben, die still sich vereinen,
den Atem der Kindheit, der lautlos entflieht.

Lehrjahre bei der Ufa

1942 verließ Hilde mit 16 Jahren die Schule. Sie hatte sich entschieden, ihr künstlerisches Talent zu nutzen und bewarb sich bei der Ufa, die in einer Anzeige nach Auszubildenden suchte, die das Zeichnen von Filmreklame und Trickfilmen erlernen wollten. Sie meldete sich zur Aufnahmeprüfung an. Als der Tag gekommen war, bekam sie vor Aufregung morgens keinen Bissen herunter und machte sich mit leerem Magen auf den Weg. Das Frühstücksbrot in der Manteltasche, fuhr sie zum Dönhoffplatz. Sie hatte das Ufa-Gebäude noch nicht betreten, als der Hunger sie überfiel. In einer Telefonzelle verzehrte sie hastig die mitgenommenen Brote.

Von den achtzig Bewerbern bestanden fünf die Prüfung, darunter Hilde. Da Hilde noch minderjährig war unterschrieb ihre Mutter einen dreijährigen Ausbildungsvertrag. Hilde musste nun von 7.30 Uhr bis 18.30 Uhr zeichnen – vor allem präzise und in den richtigen Proportionen, die Höhe im richtigen Verhältnis zur Breite und umgekehrt. Fantasie und Kreativität waren nicht erwünscht. Schon bald zweifelte sie an ihrer Berufswahl.

In diesen Jahren ging sie häufig ins Kino und sooft wie möglich ins Theater. In ihr wuchs der Wunsch, selbst auf der Bühne zu stehen. Ihr war klar, dass sie auf den Widerstand der Eltern treffen würde und all ihre Willenskraft zusammennehmen musste, um sich durchzusetzen.

Die Luftangriffe der Alliierten auf Berlin nahmen zu. Mit den Eltern und dem Bruder verbrachte Hilde viele Stunden in Luftschutzkellern. Ganze Straßenzüge fielen den Bomben zum Opfer. Eines Tages stand ihre Familie vor dem Nichts – nur ein Koffer mit Habseligkeiten war ihr geblieben. Dem Herzfehler ihres Halbbruders Heinz verdankten es Mutter und Sohn, dass ihnen von den Behörden gestattet wurde, zu Verwandten nach Uelzen zu fahren. Ihr Ziel fest vor Augen weigerte sich Hilde, die beiden zu begleiten, und so kam es, dass sie von einem Tag auf den anderen selbst für sich sorgen musste. Der Stiefvater kümmerte sich um sich selbst und um sein Geschäft. Unbeirrt und gegen den Willen der Mutter, die weder das Talent noch die Schönheit der Tochter erkannte, ging Hilde ihr Vorhaben an. Sie sparte sich jeden Pfennig vom Munde ab, um Sprechunterricht nehmen zu können. Sie wollte die Zeichenschule hinter sich lassen, das langweilige Malen von Formen, Stühlen, Falten, Krügen. Nur das Zeichnen von Aktbildern bot etwas Abwechslung. Hilde sehnte sich danach, mit Gleichgesinnten zusammen zu sein und verstanden zu werden, sie wollte gefordert und gefördert werden. Sie hatte das Gefühl, von der Schauspielerei »ergriffen« zu sein.

Eines Tages wurde sie in der Ufa-Kantine von einem Herrn angesprochen. Frank Maraun, zuständig für den künstlerischen Nachwuchs, empfahl ihr, Probeaufnahmen machen zu lassen, da sie seiner Meinung nach »ein Filmgesicht« habe. Maraun gab ihr den Rat, sich mit Else Bongers zu verabreden, einer engagierten Schauspiellehrerin, die zugleich das Nachwuchsstudio bei der Berlin-Film leitete. Nur wenige Tage später stand Hilde ihr gegenüber. An dieses erste Zusammentreffen erinnert sich Hildegard Knef im »Geschenkten Gaul« – der Dialog verdeutlicht auf so unnachahmliche Weise die unbedingte Entschlossenheit, mit der die junge Hilde ihr Ziel verfolgte, dass ich ihn hier wiedergeben möchte:

»Können Sie etwas vorsprechen?«
»Nein«, flüsterte ich.
»Wieso wollen Sie Schauspielerin werden?«
»Weil ich begabt bin.«
»Woher wissen Sie das?«
»Ich weiß es.«

Else Bongers verließ erstaunt, amüsiert und zugleich beeindruckt von so viel Selbstvertrauen das Zimmer, kam mit zwei Reclamheften zurück und forderte Hilde auf, die markierten Textstellen zu lernen. Die Prüfung bestand aus drei Teilen: einem Stummfilmtest, einer improvisierten Szene in einem Café sowie einer Szene aus dem Stück »Eine

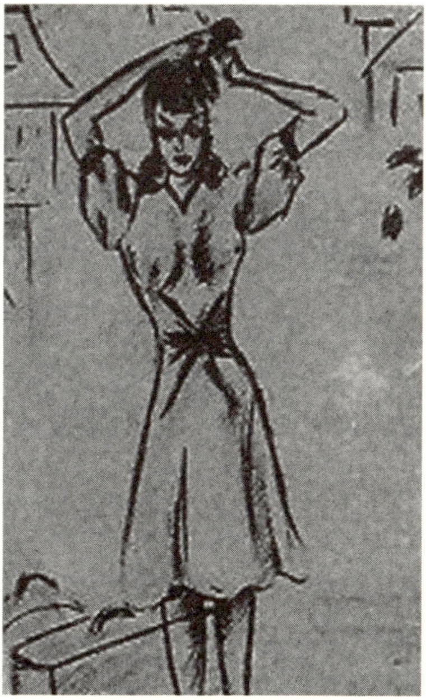

Diese Bleistiftzeichnung ist eine Arbeit Hildes für die Zeichenschule.

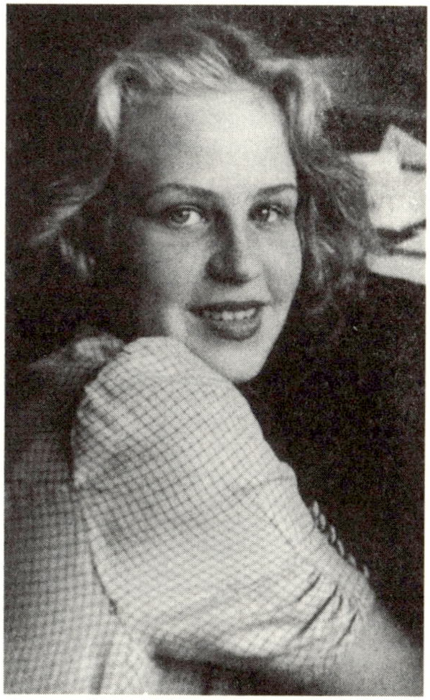

Hildegard Knef mit 16 Jahren

Nacht in Venedig« von Friedrich Zell und Richard Genée – das Libretto zur gleichnamigen Operette von Johann Strauß.

Hilde wollte das Ergebnis der Aufnahmen abwarten, bevor sie die Mutter ins Bild setzte. Wochenlang wartete sie vergeblich darauf, dass sich Wolfgang Liebeneiner, der Produktionschef der Ufa, zu den Probeaufnahmen äußerte.

Eines Tages fing Hilde ihn in der Ufa-Kantine ab und bat ihn flehentlich, sich die Aufnahmen anzuschauen. Er versprach es und hielt Wort. Am nächsten Tag schon rief Else Bongers an, Liebeneiner wäre begeistert und bitte sie, nach Babelsberg zu kommen. Am 1. September 1943 schloss die Ufa mit Hildegard Knef einen Ausbildungsvertrag. Er endete am 29. Februar 1944 und konnte lediglich um ein Jahr verlängert beziehungsweise in einen einjährigen Praktikantenvertrag umgewandelt werden. Der Vertrag gewährte ihr auch Ferien: vier Wochen im Sommer und jeweils acht Tage zu Weihnachten und zu Ostern. Darüber hinaus wurde ein Unterhalt von 350 Reichsmark vereinbart, außerdem war sie kran-

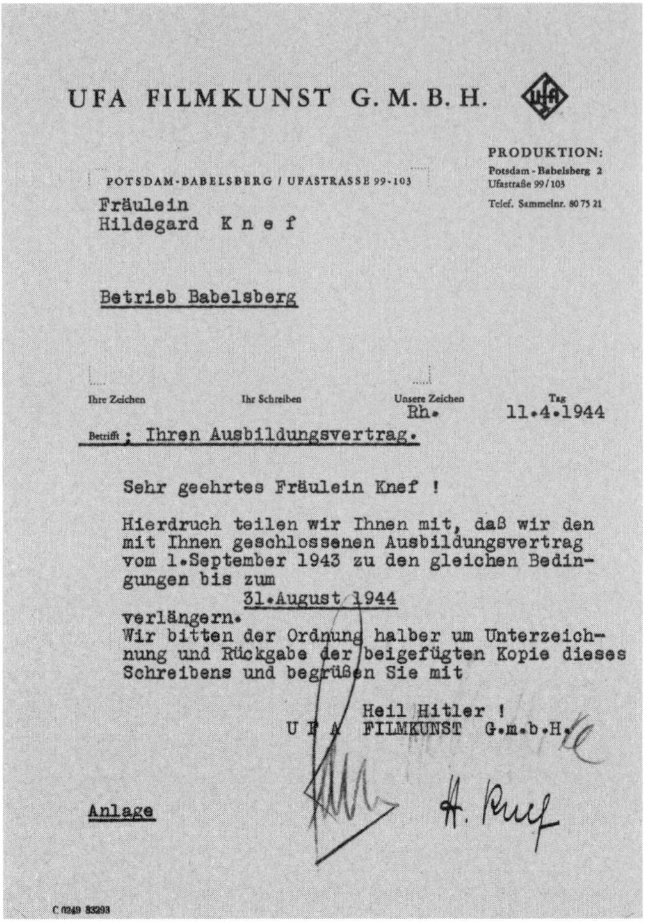

UFA FILMKUNST G. M. B. H.

PRODUKTION:
Potsdam - Babelsberg 2
Ufastraße 99/103
Telef. Sammelnr. 80 75 21

POTSDAM-BABELSBERG / UFASTRASSE 99-103

Fräulein
Hildegard K n e f

Betrieb Babelsberg

Ihre Zeichen	Ihr Schreiben	Unsere Zeichen	Tag
		Rh.	11.4.1944

Betrifft: Ihren Ausbildungsvertrag.

Sehr geehrtes Fräulein Knef !

Hierdruch teilen wir Ihnen mit, daß wir den mit Ihnen geschlossenen Ausbildungsvertrag vom 1.September 1943 zu den gleichen Bedingungen bis zum

31.August 1944

verlängern.
Wir bitten der Ordnung halber um Unterzeichnung und Rückgabe der beigefügten Kopie dieses Schreibens und begrüßen Sie mit

Heil Hitler !
U F A FILMKUNST G.m.b.H.

H. Knef

Anlage

C 0249 83293

Verlängerung des Ausbildungsvertrages mit der Ufa, April 1944

ken- und unfallversichert. Der Vertrag untersagte ihr jegliche Nebentätigkeit. Der Kontrakt zur Ausbildung als Zeichnerin wurde aufgelöst.

Hilde hatte geschafft, was nur wenigen Privilegierten gelungen war. Sie verkörpere, schreibt Frank Maraun am 22. Dezember 1942 im Bewilligungsformular für Hildes Aufnahme an der Schauspielschule, »in Reinkultur den Typus des deutschen Mädchens. Sie gefällt durch natürliche Anmut, hübsches Lachen und durch klaren offenen Blick. Sie ist außerdem gut gewachsen und weiß sich zu bewegen. Trotz ihrer Zurückhaltung, die sie mit jedem noch unausgebildeten Neuling ge-

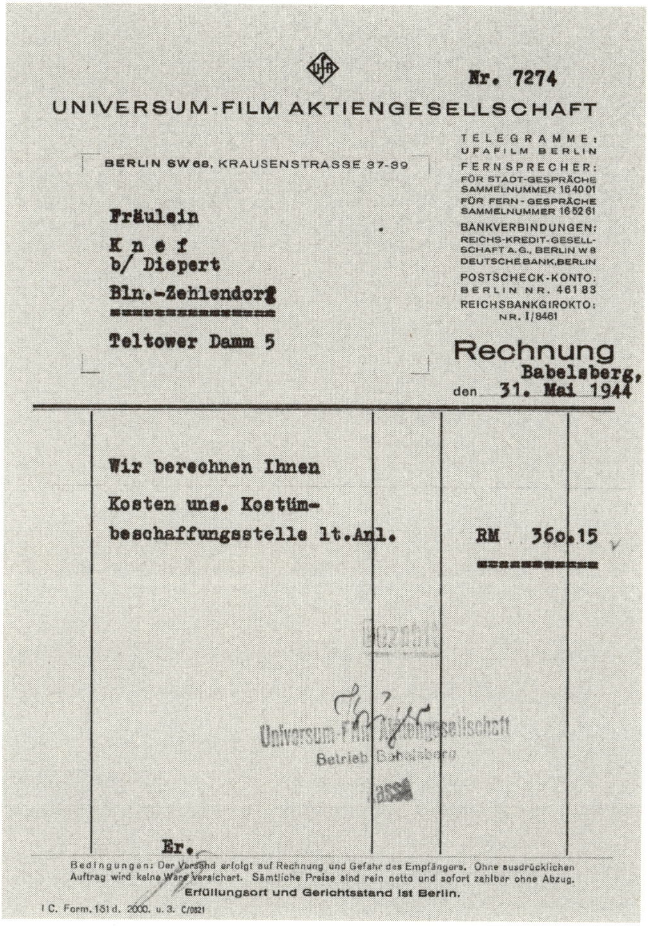

Nr. 7274

UNIVERSUM-FILM AKTIENGESELLSCHAFT

BERLIN SW 68, KRAUSENSTRASSE 37-39

TELEGRAMME: UFAFILM BERLIN
FERNSPRECHER: FÜR STADT-GESPRÄCHE SAMMELNUMMER 164001
FÜR FERN-GESPRÄCHE SAMMELNUMMER 165261
BANKVERBINDUNGEN: REICHS-KREDIT-GESELLSCHAFT A.G., BERLIN W 8
DEUTSCHE BANK, BERLIN
POSTSCHECK-KONTO: BERLIN NR. 46183
REICHSBANKGIROKTO: NR. I/8461

Fräulein
K n e f
b/ Diepert
Bln.-Zehlendorf
Teltower Damm 5

Rechnung
Babelsberg,
den 31. Mai 1944

Wir berechnen Ihnen
Kosten uns. Kostümbeschaffungsstelle lt. Anl. RM 360.15

Bezahlt

Universum-Film Aktiengesellschaft
Betrieb Babelsberg
Kasse

Er.

Bedingungen: Der Versand erfolgt auf Rechnung und Gefahr des Empfängers. Ohne ausdrücklichen Auftrag wird keine Ware versichert. Sämtliche Preise sind rein netto und sofort zahlbar ohne Abzug.
Erfüllungsort und Gerichtsstand ist Berlin.

I C. Form. 151 d. 2000. u. 3. C/0821

Rechnung für die Kostümbeschaffung

mein hat, zeigt sie in ihrem Spiel eine Leichtigkeit des Ausdrucks, die eine gute darstellerische Entwicklung verspricht.« Der Ausbildungsvertrag endet mit der von Maraun an Goebbels gerichteten Frage: »Mit Ausbildungsvertrag für Hildegard Knef einverstanden?« Die Bewilligung musste drei Instanzen durchlaufen. Die Nachwuchschefin der Berlin-Film, Else Bongers, der Produktionschef Wolfgang Liebeneiner und der Reichsminister für Volksaufklärung und Propaganda, Dr. Joseph Goebbels, zugleich Vorsitzender der Reichskulturkammer, mussten ihr Einverständnis geben. Auch Goebbels stimmte der Aus-

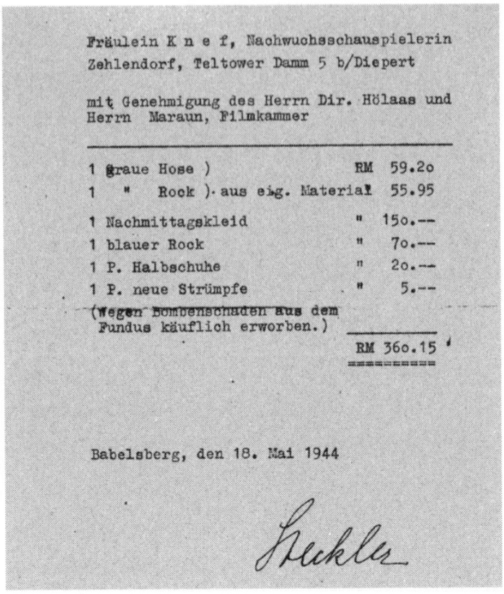

Fräulein K n e f, Nachwuchsschauspielerin
Zehlendorf, Teltower Damm 5 b/Diepert

mit Genehmigung des Herrn Dir. Hölaas und Herrn Maraun, Filmkammer

1 graue Hose)	RM	59.2o
1 " Rock) aus eig. Material		55.95
1 Nachmittagskleid	"	15o.--
1 blauer Rock	"	7o.--
1 P. Halbschuhe	"	2o.--
1 P. neue Strümpfe	"	5.--

(Wegen Bombenschaden aus dem Fundus käuflich erworben.)

RM 36o.15

Babelsberg, den 18. Mai 1944

Kostenaufstellung der Kostümbeschaffungstelle

bildung Hildegard Knefs zu, empfahl jedoch eine Schönheitsoperation ihrer Nase. Hilde behielt ihre Nase so, wie sie war. Erst Jahre später ließ sie eine erste Korrektur vornehmen, der dann noch einige folgen sollten.

Die Ufa stand unter Goebbels Aufsicht. Er hatte sie 1937 verstaatlicht und 1942 neu strukturiert. Von da an war sie Dachgesellschaft für die Ufa-Filmkunst, die Tobis-Filmkunst, die Terra-Filmkunst, die Bavaria-Filmkunst, die Berlin-Film, die Wien-Film, die Prag-Film sowie die Mars-Film. Die Gesellschaft sollte nach Goebbels' Plänen sämtliche deutschen und österreichischen Filme produzieren. Er wachte persönlich über die Ausbildung der Schauspielschüler, sah sich deren Probeaufnahmen an und lud Schülerinnen, die ihm gefielen, zu sich nach Hause ein. Nur dem couragierten Eingreifen Else Bongers ist es zu verdanken, dass Hilde seiner Einladung nicht folgen musste. Hildegard Knef sei mit Probeaufnahmen beschäftigt, ließ die Bongers sie entschuldigen.

Als Schülerin der Filmakademie lernte Hilde tanzen, fechten, sprechen und singen. Für jede Sparte beschäftigte die Akademie Fachkräfte. Darüber hinaus hatte Hilde Unterricht in Literatur-, Film-, Musik-, Theater- und Zeitgeschichte, in Englisch, Chanson-Vortrag, Kosmetik und Gymnastik. Der Sprechunterricht war für sie besonders wichtig, weil sie waschecht berlinerte.

Sonja Ziemann, zur selben Zeit Schauspielschülerin bei der Prag-Film, erinnert sich noch sehr genau an ihre erste Begegnung mit Hildegard Knef. Im Sekretariat der Filmakademie stand sie eines Tages einem Mädchen mit langem blondem Haar und auffällig grünen Augen gegenüber. Die beiden Schauspielelevinnen wurden von ihren Lehrern in verschiedene Besetzungsschubladen gepackt: Hildegard Knef verkörperte eine Mischung aus Kristina Söderbaum und Heidemarie Hatheyer, deren Nachfolge sie später antreten sollte, und Sonja Ziemann besetzte wegen ihres jungmädchenhaften Aussehens hauptsächlich Backfischrollen.

Die Akademie forderte von ihren Schülern harte Arbeit und Pünktlichkeit – selbst in Zeiten schlimmsten Bombenhagels. Wer drei Mal zu spät kam, wurde der Schule verwiesen. Hilde setzte alles daran, den Anforderungen zu genügen, obwohl sie kaum noch aus ihren Kleidern herauskam und nie richtig ausgeschlafen, dafür aber immer hungrig war. Wie so viele andere wartete sie auf Bahnhöfen darauf, dass ein Zug sie endlich nach Babelsberg brachte. Wenn keiner fuhr, musste sie sich ein Fahrrad organisieren oder den ganzen Weg zu Fuß gehen. Selbst als ihre Wohnungen kurz nacheinander ausgebombt wurden – am 2. November 1943 die in der Schöneberger Bernhardstraße 5 und genau zwei Monate später die Wohnung am Kaiserplatz – und sie alles verlor: Möbel, Geschirr, Hausrat und ihr Klavier, gab Hilde nicht auf.

Auf der Suche nach künftigen Filmstars ließ Else Bongers immer wieder Fotoaufnahmen der Eleven machen, um die Ausdrucksfähigkeit ihrer Gesichter zu dokumentieren. Mit Hildegard Knef glaubte sie, den gesuchten Star von morgen gefunden zu haben. Die Lehrerkollegen des Nachwuchsstudios lachten sie aus, weil Hilde alles andere als schön und auffallend dürr war. »Ich sah aus wie eine Mischung von einem Berliner Straßenjungen und einer Ente«, erinnerte sich Hilde später. Aber die Bongers sollte Recht behalten. Sie hatte die Wandlungsfähigkeit der Hildegard Knef erkannt, hatte sie in vielen Rollen vor Augen, wild und ergeben, unschuldig und verführerisch.

Die beiden Frauen sollte eine lebenslange Freundschaft verbinden. Hilde hat es Else Bongers nie vergessen, wie sehr diese sich einst für

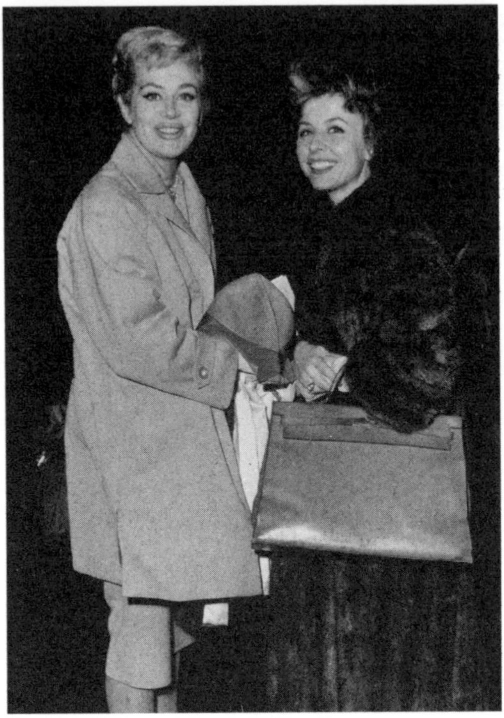

Hilde und Sonja Ziemann – Sonja Ziemann hatte einen Ausbildungsvertrag bei der Prag-Film, die im Januar 1942 der Ufa unterstellt wurde und nur noch formelle Selbständigkeit hatte.

sie eingesetzt hatte. Als ihre Lehrerin den letzten Lebensabschnitt in einem Pflegeheim verbringen musste, telefonierte Hilde oft mit der Heimleiterin. Sie bedauerte sehr, dass sie wegen ihrer eigenen finanziellen Not nur gering helfen konnte. Hilde nannte die Bongers die Eskimofrau, »weil Mongolen-, weil Eskimo-, weil fremden, seltsamen Kopf auf zarten Schultern«, so schreibt sie in »Der geschenkte Gaul«. Else Bongers starb 1994.

Die Filmschule war wegen der zunehmenden Bombenangriffe auf Babelsberg nach Woltersdorf ausquartiert worden. Das riesige Filmgelände war zu bekannt und bot große Angriffsflächen. In Woltersdorf waren die Schauspielschüler in »Althoffs Filmidyll« untergebracht, einem nicht mehr genutzten Restaurant, das am Ufer des Flakensees lag. In einem Saal waren zehn Feldbetten mit je einem Nachttisch aufge-

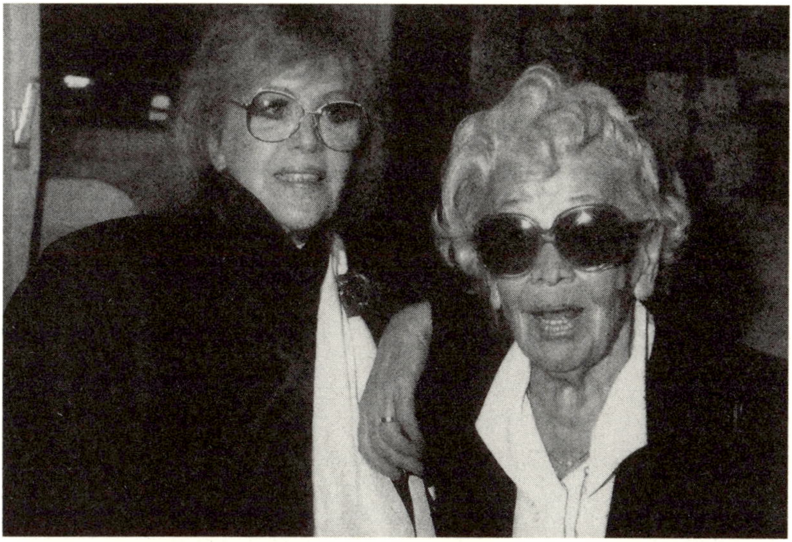

Hilde und Else Bongers in den 1980er Jahren. Hilde war ihrer Mentorin freundschaftlich eng verbunden und legte auf ihre Meinung bis zuletzt allergrößten Wert.

stellt worden. Es war feucht und kalt – und alles andere als idyllisch. Doch die Schüler mussten ebenso konzentriert lernen und arbeiten wie in Babelsberg. Karl Meixner, genialer, kettenrauchender Schauspiellehrer aus Österreich, nahm sich des Nachwuchses an. Hildes Ehrgeiz blieb ihm nicht verborgen. Es war nicht ihre Eitelkeit, durch die sie sich von den anderen abhob, auch nicht ihr Ehrgeiz, sich besonders gut zu kleiden und zurechtzumachen – nein, sie wollte einfach die beste Schauspielschülerin sein. Meixner trieb sie an, er forderte von ihr mehr als von den anderen, er kritisierte sie hart und förderte sie zugleich besonders. Er war der Erste, der ihr Mut machte, Fehler zu begehen, der ihr Mut machte, auch mal laut zu werden und aus sich herauszugehen. Er forderte Größe von ihr.

Es war auch die Zeit, in der die Filmeleven mit den Klassikern vertraut gemacht wurden. Alle drei Monate fanden Studioaufführungen statt. Hilde spielte neben klassischen Rollen nicht selten die intrigante, kühle und unnahbare Karrierefrau, die sie für ihre Mitschüler auch im wahren Leben verkörperte – sie war nicht sonderlich beliebt. Sie war neidisch und missgönnte ihren Mitschülerinnen Rollenangebote, erinnert sich Maria Milde, mit der Hilde eine Zeit lang ein kleines Zimmer in Schmargendorf teilte. Wenn sie einen Menschen dazu auserkoren hatte, mit ihr befreundet zu sein, dann vereinnahmte sie ihn ganz und gar. Unter dem Vorwand, ausgebombt worden zu sein, bat sie Maria Milde, sie bei sich aufzunehmen. »Ich mochte Hilde als einzige. Wir waren uns äußerlich ähnlich, hatten aber einen gänzlich anderen Charakter. Ich war gütig, teilte, freute mich über die Erfolge der anderen, Hilde war lebendig und fordernd. Sie reagierte mürrisch, wenn sie nicht ungeteilte Aufmerksamkeit bekam. Hilde hatte die Gabe, Menschen in ihren Bann zu ziehen.«

Der Regisseur und Autor des neuen Studiofilms, Hans Fritz Köllner, wollte Hilde für die Hauptrolle. Else Bongers war dagegen und setzte sich durch. Hilde bekam die zweite große Rolle in dem Film. Die Bongers erhob keinen Einspruch und der Regisseur war zufrieden. Er wählte mit großer Sorgfalt Hildes Kleidung aus, erarbeitete die Rolle mit ihr, ließ sie in Großaufnahmen fotografieren. Im Vorspann stand sie zur großen Überraschung der anderen an erster Stelle. »Wir verstanden die Welt nicht mehr. Hilde verfügte über eine Eigenschaft, die uns sehr beeindruckte. Sie konnte auf Kommando weinen. Tränen flossen wie Wasser aus ihren Augen, schwämmten förmlich alles Leid aus ihr heraus, nie musste man mit Glyzerintropfen nachhelfen. Eine reife Leistung.«

Als Hilde eines Tages in Woltersdorf in Tränen aufgelöst vor Maria Milde stand und sie um Beherbergung bat, hatte diese Mitleid und teilte mit ihr nicht nur das Zimmer, sondern auch das Bett in ihrer Schmargendorfer Wohnung. »Es war nicht einfach«, erinnert sie sich, »mit ihr zusammen zu sein. Hilde war sehr rücksichtslos, wenn sie spät nachts nach Hause kam. Sie klapperte mit den Türen, machte Schränke auf und zu. Auch menschlich kamen wir uns in dieser Enge nicht näher. Sie war ständig in Abwehrhaltung, so, als kämpfe sie gegen alle Freundlichkeit und Nähe an. Sie nahm gerne mit der größten Selbstverständlichkeit, was ich bereit war zu teilen, gab aber nichts zurück. All ihre Gedanken kreisten ausschließlich um ihr eigenes Fortkommen und ihr persönliches Wohlergehen.« Erst später fand Maria heraus, dass Hilde gar nicht ausgebombt worden war. Bis heute weiß sie nicht, ob Hilde zu ihr ziehen wollte, um nicht allein mit dem Stiefvater zusammen wohnen zu müssen, oder ob sie Maria als Konkurrentin

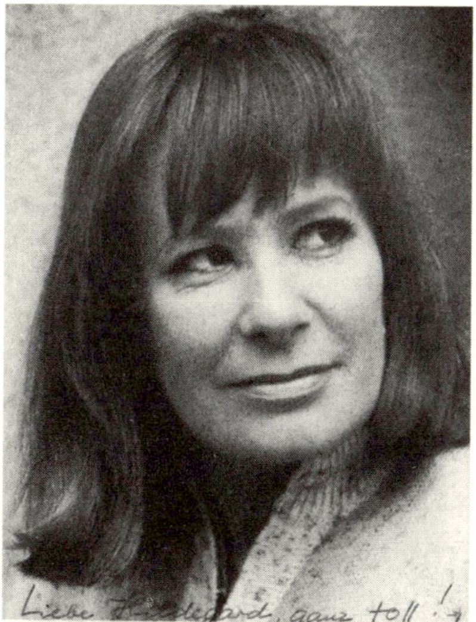

Maria Milde, Hildes ehemalige Mitschülerin in der Schauspielschule.

betrachtete und sie aus nächster Nähe studieren wollte. Bei einem späteren Wiedersehen habe Hilde sich ihr gegenüber ausgesprochen distanziert verhalten, was dafür sprechen könnte, dass es ihr unangenehm war, einem Menschen aus dieser Zeit wieder zu begegnen.

Else Bongers zog zu den Schauspielschülern nach Woltersdorf, als ihr Haus im Berliner Westend ausgebombt wurde. Sie belegte das letzte freie Feldbett neben Hilde. Monatelang versuchte sie vergeblich, Hilde in einer Filmproduktion unterzubringen. Sie war sich ihrer Entdeckung sicher und gab nicht auf.

Inge Bartsch unterrichtete Hilde in Chanson-Vortrag. Nach Wochen der Probe stellte sie ein Programm zusammen, das nach erfolgreicher Generalprobe vor Lehrkräften und Regisseuren vor Soldaten im Havelland aufgeführt wurde. Die Soldaten hatten eigens dafür eine Bühne gezimmert und die Schüler im Militärbus an den Ort der Aufführung gefahren. Eingekleidet aus dem Fundus der Ufa singt Hilde zum ersten Mal das Lied »Unter einem Regenschirm am Abend«, das später, während der Truppenbetreuung, zu *ihrem* Lied werden sollte.

Hilde bekam auch weiterhin intensiven Sprechunterricht. Dass sie aus Berlin stammte, war immer noch allzu deutlich zu hören. Die

Lehrerin trainierte mit ihr die Betonung der Endsilben und arbeitete daran, Hilde das gelispelte S abzugewöhnen. Die Endsilbenbetonung gelang, ein schwaches Lispeln, wenn man genau hinhörte, blieb Hilde aber zeitlebens erhalten.

Die Schule wurde nach Babelsberg zurückverlegt, als sich herausstellte, dass in der Nähe des Woltersdorfer Ausweichquartiers Munitions- und andere Fabriken angesiedelt waren, die Ziele von Bombenangriffen werden könnten. Wer von den Schülern keine Unterkunft hatte, durfte jedoch weiterhin dort wohnen. Hilde nahm das Angebot an und pendelte fortan zwischen der Filmschule in Babelsberg, der Wilmersdorfer Wohnung des Stiefvaters und ihrer Woltersdorfer Bleibe. Wenn es einmal spät wurde, schlief sie in Filmgarderoben, bei Mitschülerinnen auf dem Sofa oder auf Fußböden und häufig auch in Kellern. Die Tage waren angefüllt mit harter Arbeit, an Freizeit war nicht zu denken, und überall herrschte Hunger. »Wenn man jung ist«, sagte sie später einmal, »hat man noch sehr viel Kraft und Reserven, die brauchen sich dann leider im Laufe eines Lebens auf.«

Die Sonntage, die Hilde meistens bei ihrem Stiefvater verbrachte, waren ihr verhasst. Die beiden hatten sich nicht viel zu sagen. Hilde wollte ihn nicht an ihrem Leben teilhaben lassen und erzählte nichts vom Ballett- und Fechtunterricht, von Klavier- und Gesangsübungen. Sie weigerte sich, dem Wunsch des Stiefvaters nachzukommen, etwas aus einem Stück zu rezitieren, das sie gerade einstudierte. Die Mutter und der Halbbruder waren noch immer in Uelzen. Hin und wieder erhielt Hilde von der Mutter ausführliche Briefe, in denen diese sich über die Lieblosigkeit der Verwandten beklagte, bei denen sie untergekommen waren. Es sei ihr auch gar nicht recht, schrieb sie im April 1944, dass Willy Wulfestieg während seiner Besuche immer den Gönner spielte. Er zeigte sich dann über Gebühr großzügig, doch sobald er nach Berlin abgereist war, dachten die Verwandten nicht mehr daran, mit ihr und Heinz zu teilen.

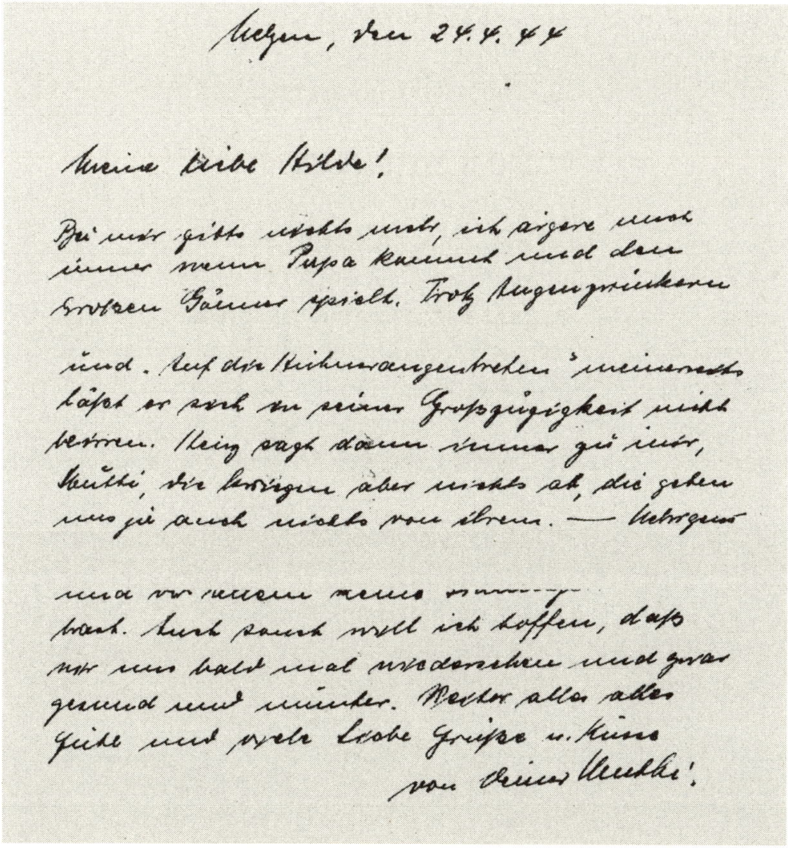

Uelzen, den 24.4.44

Meine liebe Hilde!

Bei mir gibts nichts mehr, ich ärgere mich immer wenn Papa kommt und den Großen Gönner spielt. Trotz Augenzwinkern

und. Auf das Hühneraugentreten meinerseits läßt er sich in seiner Großzügigkeit nicht beirren. Heinz sagt dann immer zu mir, Mutti, die kriegen aber nichts ab, die geben uns ja auch nichts von ihrem. — [illegible]

[illegible]

hat. Auch sonst will ich hoffen, daß wir uns bald mal wiedersehen und zwar gesund und munter. Weiter alles alles Gute und viele liebe Grüße u. Küsse

von Deiner Mutti!

Brief von Hildes Mutter vom 24. April 1944

Der Krieg geht zu Ende

Am 2. August 1944 verkündete Joseph Goebbels die »Maßnahmen zum totalen Kriegseinsatz«. Die Akademie stellte am 1. September 1944 den Unterricht ein. Kampftaugliche Lehrer und Schauspielschüler wurden eingezogen, Schülerinnen zum Arbeitseinsatz verpflichtet. Davon ausgenommen war nur, wer bei Dreharbeiten kriegswichtiger Filme – neben der Wochenschau die einzigen Filme, die noch produziert werden durften – mitwirkte. Jeden Sonntag wurde Hilde zur Truppenbetreuung nach Gardelegen, unweit von Magdeburg, oder nach Rathenow an der Havel gefahren. Unter tosendem Beifall der jungen Soldaten singt sie immer wieder *ihr* Lied »Unter einem Regenschirm am Abend« und tanzt dazu mit einem Schirm in der Hand über die roh gezimmerten Behelfsbühnen.

Ihr Stiefvater wohnte mittlerweile zur Untermiete. Dauerhaft bei seiner Frau und seinem Sohn in Uelzen zu sein blieb ihm verwehrt, er durfte sie nur gelegentlich besuchen. Der Großvater lebte weiterhin im Garten in Zossen.

In diesem letzten Kriegsjahr lernte Hilde anlässlich einer Filmvorführung in seiner Dahlemer Villa in der Gelfertstraße 37–39, Ewald von Demandowsky kennen, den Chef der Tobis-Film. Von Demandowsky war 36 Jahre alt und mit der Schauspielerin Helene Neumann alias Lena Normann verheiratet, mit der er zwei Kinder hatte. Seine Frau und seine Kinder waren aus Sicherheitsgründen evakuiert, hielten sich in der Ostmark auf. Offenbar war es keine Seltenheit, dass er die Nächte mit anderen Frauen verbrachte. Als Hilde eines Morgens in der Villa seiner Mutter gegenüberstand, schien diese ganz und gar nicht überrascht über die Anwesenheit der jungen Frau zu sein.

Ewald von Demandowsky war nicht sehr groß, worauf Hilde zukünftig Rücksicht nahm. Beim Schuhkauf waren ihr Form und Farbe der Schuhe völlig egal, Hauptsache, sie hatten einen flachen Absatz.

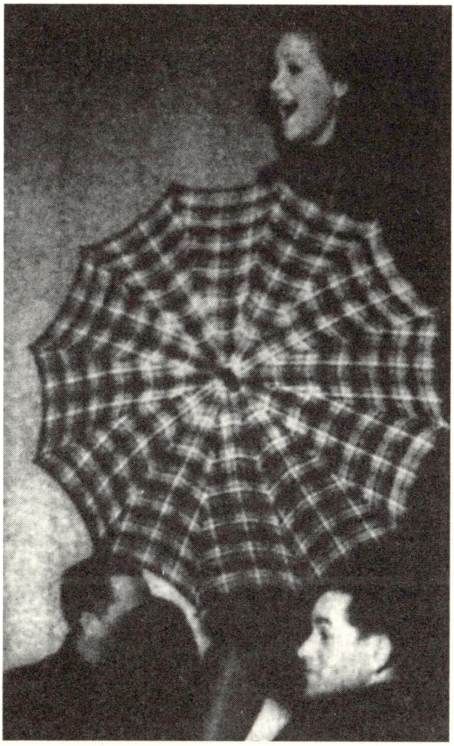

Hildes erster öffentlicher Gesangsauftritt. Sie trägt während der Truppenbetreuung 1944 »Unter einem Regenschirm am Abend« vor.

Als die Verkäuferin bemerkte, sie hätte doch so schöne Füße, für welchen Anlass sie denn absatzlose Schuhe tragen wollte, kam die prompte Antwort: »Es gibt keinen bestimmten Anlass, ich trage sie zu einem kleinen Mann.« Hilde nannte Ewald von Demandowsky schon bald liebevoll Mischa. Seine geringe Körpergröße kompensierte er mit einem sehr starken Willen. Er war klug und zielstrebig und legte den Menschen seiner Umgebung gern seine Meinung dar, um sie davon zu überzeugen.

Hilde fühlte sich auf die Dauer nicht wohl in der Rolle des Gastes in dieser luxuriösen, wohlgeordneten Umgebung. Sie wäre gern selbst Gastgeberin in ihrem eigenen Reich gewesen, das sie sich aus eigener Kraft erarbeiten wollte. Sie suchte sich in Zehlendorf eine neue Bleibe und zog zu dem älteren Ehepaar Fritz und Alike Dippert. Die beiden

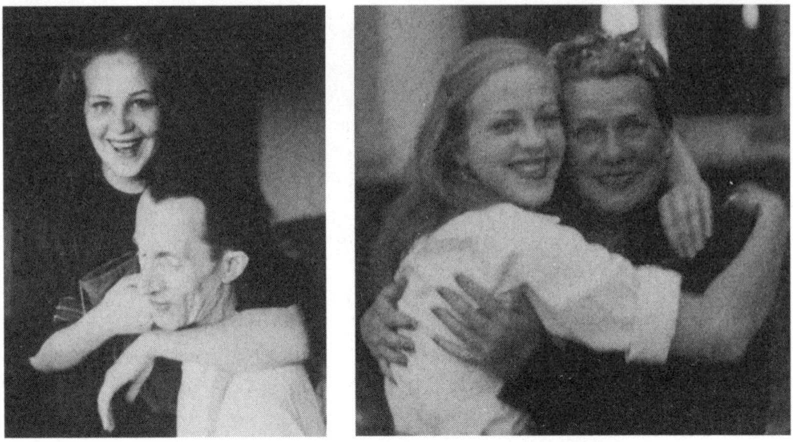

Hilde fand nicht nur ein neues Zuhause bei den Dipperts, sondern war Alike und Fritz auch sehr innig verbunden.

nahmen sie wie eine Tochter auf und kümmerten sich liebevoll um ihre Martl oder Martina, wie sie Hilde nannten. Alike war es auch, die Hilde davor warnte, dass von Demandowsky Nationalsozialist sei. Ein Foto, das Hilde von ihm besaß, zeigte ihn im Profil, darunter standen die Zeilen: »Ein jedes Jahr bringt neue Wünsche und erweckt neue Hoffnungen: diese zu erfüllen, wird unser aller Streben sein! 19. Juli 1939«. Dass Ewald von Demandowsky überzeugter Nazi war, konnte Hilde nicht verborgen geblieben sein, doch sie schlug die Warnung der fürsorglichen Alike in den Wind. Liebeneiner, so meinte sie, sei auch kein Nazi und arbeite dennoch bei der Ufa. Hilde unterstellte Alike Eifersucht. Alike sollte jedoch Recht behalten. Aus den Unterlagen des Bundesarchivs geht hervor, dass von Demandowsky bereits am 1. Mai 1931 in die NSDAP eingetreten (Mitgliedsnummer 530.919) und ein knappes Jahr später, am 15. April 1932, wieder ausgetreten war. Er verehrte Joseph Goebbels wie einen Mentor und pflegte eine enge Beziehung zu ihm. Bis 1937 war er Redakteur beim *Völkischen Beobachter*. Am 1. Mai 1937 wurde von Demandowsky erneut Mitglied der Partei (Mitgliedsnummer 5.849.603) und gehörte sowohl der NS-Volkswohlfahrt als auch der Deutschen Arbeiterfront an. Im selben Jahr (1937) ernannte sein Gönner ihn zum Reichsfilmdramaturgen, was er bis 1939 war. Ab Frühjahr 1939 war von Demandowsky Pro-

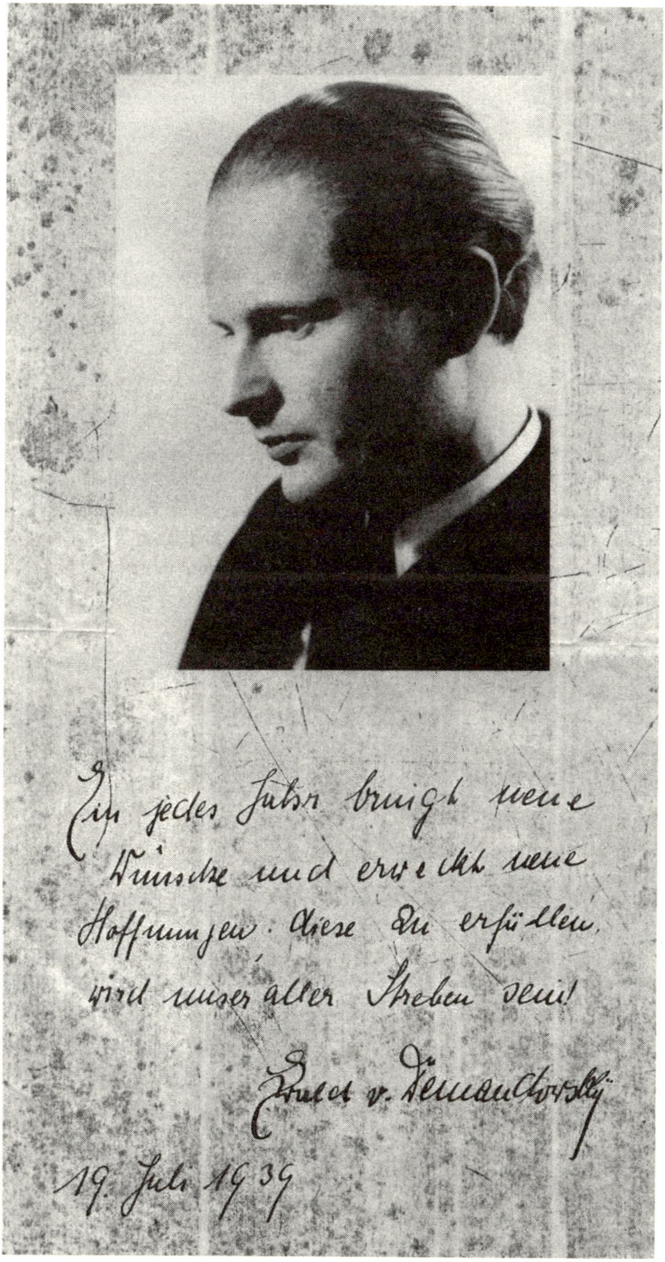

Ewald Demandowsky war Chef der Tobis-Film.

duktionschef bei der Tobis-Film. Goebbels verlieh ihm das Goldene Parteiabzeichen, mit dem eigentlich nur Mitglieder geehrt wurden, die bereits 1925 in die Partei eingetreten waren, oder die sich, wie im Fall Ewald von Demandowsky, im Kampf um die Erreichung der Ziele der nationalsozialistischen Bewegung besonders verdient gemacht hatten. Unter seiner Führung wurden bei der Tobis Durchhaltefilme produziert wie »Wir tanzen um die ganze Welt« (1939, Regie: Karl Anton), »Meine Frau Theresa« (1942, Regie: Arthur Maria Rabenalt), »Altes Herz wird wieder jung« (1942/43, Regie: Erich Engel) und »Akrobat schö-ö-ö-n« (1942/43, Regie: Wolfgang Staudte), aber auch antisemitische, wie der 1939 unter der Regie von Hans Zerlett gedrehte Film »Robert und Bertram«. Selbst Hildes alter Lehrer Wolfgang Liebeneiner führte Regie bei NS-Propagandafilmen wie »Bismarck« (1940) und »Ich klage an« (1941). Letzterer sollte die Akzeptanz für die Tötung geistig und körperlich behinderter Menschen in der Bevölkerung erhöhen. Liebeneiner wurde 1943 von Goebbels mit dem Professorentitel ausgezeichnet.

Im Juni 1944 spielte Hilde eine kleine Rolle an den berühmten Kammerspielen des Deutschen Theaters. In »Der kleine Herr Niemand« musste sie »Hände hoch!« rufen. Hauptdarsteller waren Alice Treff und Carl-Heinz Schroth. Im selben Jahr noch bekam Hilde ein erstes seriöses Filmangebot. Sie setzte sich gegen den Willen ihrer Lehrer Liebeneiner und Bongers durch, die es verfrüht fanden, dass sie schon vor der Kamera stehen sollte. Sie spielte in dem Film »Träumerei« mit, war aber nie auf der Leinwand zu sehen, da ihre Szene dem Schnitt zum Opfer fiel. 1945 spielte sie in vier weiteren Filmen mit, wenn auch nur in kleinen Nebenrollen. Helmut Käutners »Unter den Brücken« wird unter schwierigsten Bedingungen in den letzten Kriegsmonaten hauptsächlich an der Glienicker Brücke, dem Wahrzeichen der ab 1961 geteilten Stadt Berlin, gedreht. In »Die Brüder Noltenius« kann man Hilde in einer winzigen Rolle entdecken und in dem Film »Frühlingsmelodie« spielt sie zusammen mit ihrer Mitschülerin Maria Milde ein Zwillingspaar. Der Film blieb unvollendet. In dem Film »Fahrt ins Glück« von Erich Engel, nach dem Drehbuch von Thea von Harbou, spielt sie zusammen mit der Schauspielerin Käthe Dorsch, die ab 1940 vor allem am Wiener Burgtheater arbeitete,

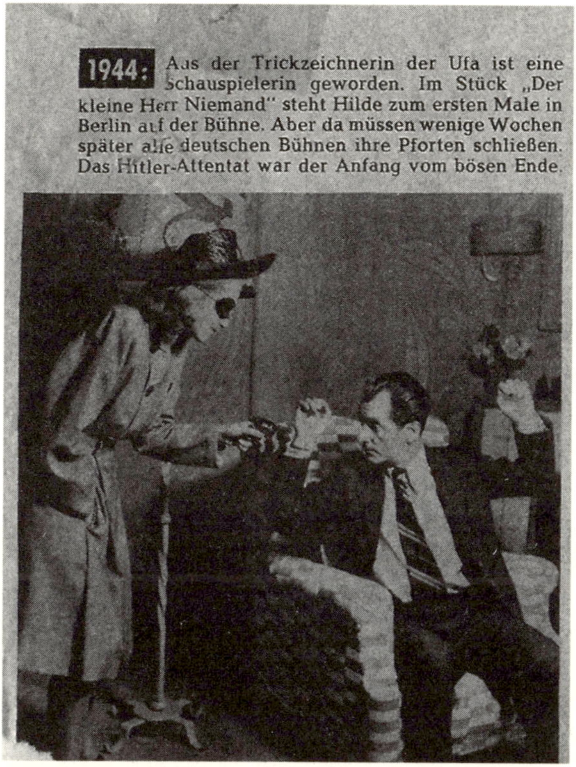

1944: Aus der Trickzeichnerin der Ufa ist eine Schauspielerin geworden. Im Stück „Der kleine Herr Niemand" steht Hilde zum ersten Male in Berlin auf der Bühne. Aber da müssen wenige Wochen später alle deutschen Bühnen ihre Pforten schließen. Das Hitler-Attentat war der Anfang vom bösen Ende.

Hilde hatte einen einzigen Auftritt in »Der kleine Herr Niemand«. Hier mit Carl-Heinz Schroth.

und dem Charakterdarsteller Rudolf Forster, der in dem Film um die Hand der Knef kämpft. Es sollte in Babelsberg und am Attersee in Österreich gedreht werden. Die Bongers zögerte, ihre Einwilligung zu geben. Klug wie sie war, sah sie voraus, dass es nach Kriegsende zu einem Neuaufbau der Filmindustrie kommen würde und neue Gesichter gefragt sein würden. Für Hildegard Knef wäre es folglich von Vorteil gewesen, erst nach dem Krieg eine Hauptrolle wie diese zu spielen. Sie ließ sie dennoch ziehen in der Hoffnung, dass Hilde in Österreich gut zu essen bekommen und bei ihrer Rückkehr nicht mehr so dünn sein würde. Die Dreharbeiten verliefen nicht ohne Komplikationen. Hilde wurde krank, bekam hohes Fieber, Diagnose: Nierenentzündung. Sie hatte Schmerzen, wagte aber nicht, es zu sagen, aus Angst, die Rolle zu

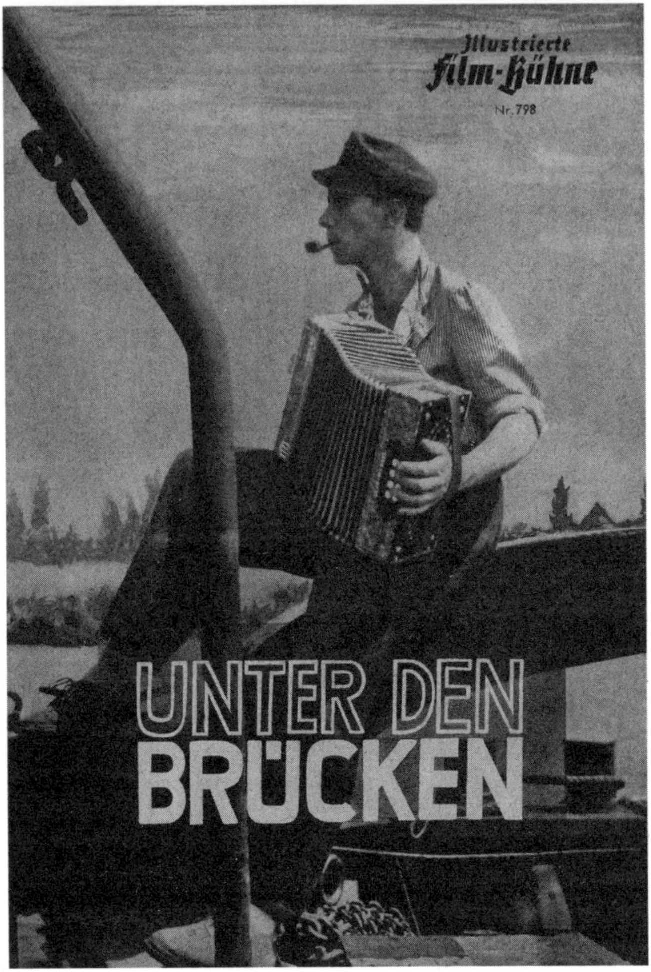

»Unter den Brücken« – Hilde spielt in dem völlig unpolitischen Film, in dem es um Liebe, Freundschaft und Glück geht, eine kleine Rolle.

verlieren. Schon diese frühe Filmproduktion zeigt, wie unnachgiebig Hildegard Knef gegen sich selbst war, mit welch eiserner Disziplin sie auch körperliche Schwächen bezwang, um zu arbeiten. Diese Einstellung zur Arbeit sollte sich nie ändern.

Der Film »Fahrt ins Glück« wurde erst 1948 von der sowjetrussischen Filmkontrolle für Ost-Berlin und Ost-Deutschland freigegeben und kam 1950 in West-Berlin und in der Bundesrepublik in die Kinos zur Erstaufführung. Der Fernsehsender RTL strahlte »Fahrt ins Glück« Anfang der 1990er Jahre im deutschen Fernsehen aus. Vorab wurde Hildegard Knef in ihrer Münchener Wohnung in Bogenhausen interviewt.

Sie sieht gut und wohl aus, trägt ein weißes Kleid, das handbreit über dem Knie endet und viel Bein zeigt, dazu eine Perlenkette, ein dreireihiges Perlenarmband und passende Ohrringe. Ihre schulterlangen Haare sind rotblond gefärbt, ihre Lippen und ihre Augen hinter einer großen Brille wie gewohnt sorgfältig geschminkt. In der Hand hält sie eine Zigarette.

»Es war kein Film, sondern eine Zumutung, ein Lebensrettungsunternehmen«, sagt sie. »Ich war Schülerin bei der Ufa, die Russen waren im Anmarsch auf Warschau, die Akademie wurde aufgelöst, die Studenten kamen in Fabriken. Liebeneiner, Chef der Ufa, rief mich an. Er war kein Nazi und kein Parteigenosse. Else Bongers sagte: ›Es ist kein toller Film, es ist einfach nur so, dass ihr rauskommt. In Österreich, da kriegst du Milch und Butter, bevor hier die Hölle losgeht, die Russen stehen unmittelbar vor der Tür.‹ Die drei Wochen haben mir das Leben gerettet. Der Regisseur war während des Films nicht zugegen. Russen vor Warschau, das ist alles, was ich über den Film zu sagen habe.«

Ab Mitte 1944 musste Hilde täglich zur Akademie der Künste in der Hardenbergstraße fahren, nicht etwa um Schauspielunterricht zu nehmen, sondern um in der Gemeinschaft vieler anderer namhafter Berliner Schauspieler Leuchtziffern auf die Armaturenbretter für Flugzeuge, Typ Nachtjäger, zu malen. Sie verrichteten diese Arbeit frierend in den ungeheizten Räumen der Akademie. Goebbels hatte diejenigen seiner einstigen Günstlinge zu Zwangsarbeit verpflichtet, die trotz aller Ehrungen keine begeisterten Nationalsozialisten werden wollten.

Ewald von Demandowsky hatte Hilde in »Fahrt ins Glück« gesehen und sie daraufhin zu Probeaufnahmen für den Film »Am Brunnen vor dem Tore« eingeladen, dessen Handlung um die Wende vom 19. ins 20. Jahrhundert spielte. Peinlich genau achtete Hilde während der Arbeit darauf, dass ihre Beziehung zu von Demandowsky nicht bekannt wurde, um dem Vorwurf der Protektion aus dem Weg zu gehen. Weil die Front immer näher heranrückte, wurde der Film jedoch nicht gedreht.

Die Abende verbrachte Hilde in diesen Monaten oft in trauter Dreisamkeit mit Fritz und Alike. Hildes Mutter zeigt sich über die Fürsorge des Ehepaares Dippert sehr froh, verhehlte aber in ihren Briefen auch nicht ihre Eifersucht auf die enge Beziehung der beiden Frauen zueinander. Alike war es, die Hilde in die Kunst des Deutens von Horoskopen einführte. Zeit ihres Lebens ließ sich Hilde von Astrologen, Wahrsagern und Parapsychologen beraten. Sie glaubte fest an übersinnliche Kräfte, die den Lebensweg bestimmen, und richtete ihr Leben immer wieder nach den Prognosen von Wahrsagern ein. Das scheint genetisch bedingt gewesen zu sein, denn ihre Mutter hatte dieselben Verhaltensweisen.

Wie viele junge Frauen folgte Hilde dem Aufruf des Reichspropagandaministeriums, Briefe an Frontsoldaten zu schreiben, um den jungen Männern zu zeigen, dass sie in der Heimat nicht in Vergessenheit geraten waren. Hilde schrieb viele Briefe, ehrliche Briefe, und beantwortete die, die sie erhielt, und in denen die jungen Soldaten ihr Herz ausschütteten. Mit zwei Briefpartnern, Hannes Emmert und Manfred Edward, führte sie einen besonders innigen Briefwechsel. Der verheiratete Edward, mit dem sie sich außerordentlich gut verstand, war Architekt. Er bot ihr an, sich bei schönem Wetter sein Kanu aus dem Bootshaus am Kleinen Wannsee zu holen. Hilde nahm das Angebot gerne an und unternahm einige Male in Gesellschaft von Alike und Fritz Dippert eine Kanupartie. Edward war es auch, der ihr ein Geschenk machte, mit dem sie zunächst nichts anzufangen wusste: den hölzernen Deckel eines Sarkophags von außerordentlichem Wert. Hilde hütete ihn wie ihren Augapfel und vergrub ihn im Garten Ewald von Demandowskys, als dieser zum Volkssturm einberufen wurde und sie sich ihm anschloss. Nach ihrer Rückkehr grub sie den Deckel im Beisein des befreundeten Schauspielers und Regisseurs Viktor de Kowa und seiner Frau, der Japanerin Michiko Tanaka, wieder aus und war erleichtert, ihn unversehrt zu finden. In allen ihren Häusern und Wohnungen bekam der Sarkophagdeckel einen Ehrenplatz. Manfred Edward wollte ihn nach dem Krieg nicht zurückhaben, weil er überzeugt war, dass er Hilde Glück gebracht hatte. Als Hildegard Knef 1989 Amerika verlässt, um nach Deutschland zurückzukehren, trennte sie sich von dem kostbaren Glücksbringer und schenkte ihn einem Freund. In dessen Wohnung verbrannte er einige Jahre später bei einem verheerenden Feuer, das 1993 in Los Angeles wütete.

Als Hilde sich während der Dreharbeiten in Österreich zu »Fahrt ins Glück« nicht bei den Dipperts meldet, ist Alike verärgert und wirft ihr Egoismus, Verschlossenheit und Launenhaftigkeit vor. Doch als Hilde wegen anhaltender Halsschmerzen die Mandeln entfernt werden, besuchte Alike sie im Krankenhaus und bangte mit ihr um ihre unverwechselbare Stimme. Sie schrieb an Hildes Mutter in Uelzen und berichtete über den Gesundheitszustand der Tochter. Postwendend kam ein besorgter Brief der Mutter an ihr »liebes, armes Würmchen«, in dem sie es bedauerte, nicht bei Hilde am Krankenhausbett sein zu können. Sie erkundigte sich, ob Hilde, die doch bei ihrem Besuch in Uelzen vor einer Woche noch ganz ohne Halsbeschwerden gewesen sei, noch Schmerzen habe. Auch Ewald von Demandowsky besuchte Hilde im Krankenhaus. Er hatte sich ernsthaft in sie verliebt und hätte sich in Friedenszeiten von seiner Familie getrennt – das behauptete er zumindest.

Flüchtlinge, die nach Berlin kamen, berichteten immer häufiger von den Gräueltaten der russischen Soldaten. Hilde wollte sich mit dem Fahrrad nach Uelzen zur Mutter durchschlagen. Aber auch von dort wurden Kämpfe und Tote gemeldet. Der Kontakt brach ab – es gab weder Telefon- noch Postverbindung. Hilde zögerte, ins Ungewisse aufzubrechen, und als Ewald von Demandowsky zum Volkssturm eingezogen wurde, entschloss sie sich spontan, mit ihm zu gehen. Die Erlebnisse aus dieser Zeit schildert sie in ihrem Buch »Der geschenkte Gaul« mit viel Fantasie.

Ein Brief vom 9. September 1945 an ihre »geliebte gute Mutti« gibt sehr zeitnah – und deshalb glaubhaft – die Ereignisse wieder:

»... D. war zum Volkssturm einberufen worden, da war also das Haus auch leer. Ich weiss noch, dass ich einen Abend ziemlich geknickt mit seiner alten Mutter, die einem aber auch ziemlich auf die Nerven geht, in Dahlem sass und die Artellerie brummeln hörte. (...) Da kam v. D. angesaust und hatte noch über irgendwelchen geheim-

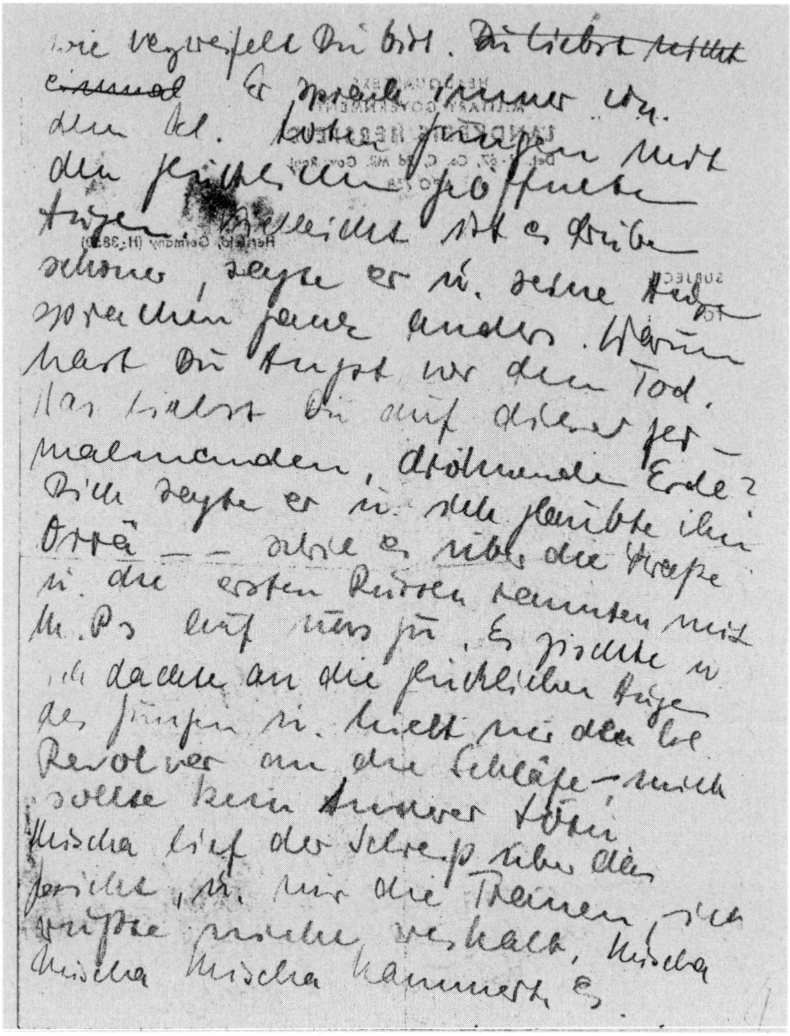

nisvollen Wegen 2 Tage Urlaub herausgeschunden. Das erste, was er tat, er machte mir den 2. ernsthaften Heiratsantrag, – bisher drückte ich mich vor diesem Thema, denn grosse Entscheidungsfrage war: Beruf oder …! Ausserdem fand ich alles noch ziemlich früh. Seine Scheidung hatte er in den letzten Tagen wohl noch durchbekommen. Ich hätte in diesen chaotischen Tagen, wo ja doch die Angst vor dem

Alleinsein überwiegend war, ja, gesagt, – aber das Schicksal und der liebe Gott machen immer so, wie es richtiger ist, denn die Ereignisse überschlugen sich, so dass dies Thema plötzlich von allein in den Boden sank. Immer schlimmere Nachrichten aus den Vororten kamen und die Möglichkeit als noch nicht 70jährige den Vergewaltigungen zu entgehen war gleich 0,0. Ich machte v. D. den Vorschlag mich einfach mitzunehmen, wir überlegen furchtbar; aber allein in dem Haus oder bei Dipperts; alles schien noch gefährlicher, als nun wirklich die Kämpfe mitzumachen und genug Mut habe ich ja, – jetzt kann ich das glaube ich mit ruhigem Gewissen behaupten, denn ich habe in den 4 Wochen, die ich unterwegs war, wohl mehr erlebt, als mancher lang gedienter Frontsoldat, und ich glaube, dass ich unter dem Schutz meines Vaters stand, denn von 70 Mann, mit denen wir zusammen waren, leben heut noch 4 und wir gehören merkwürdigerweise dazu.«

Hilde war als Mann verkleidet. Sie und von Demandowsky trugen Uniformen, die vermutlich aus dem Fundus der Tobis stammten. Ein Gerücht besagt, dass von Demandowsky sie nach Maß hatte schneidern lassen. Hilde schreibt in ihrer Autobiografie, dass sie selbst im Hauptquartier eingekleidet wurde mit Jacke, Mütze, Koppel. Von Demandowsky stellte sie als seine Braut vor. Beide nahmen sie an den Straßenkämpfen in Berlin teil, hockten bei eisiger Kälte in Schützengräben, schoben Wache, während um sie herum Soldaten sterben. Zu essen gab es immer genug, erinnerte sich Hilde: Pellkartoffeln, Gulasch, Brot. Das Schlimmste war für sie die anhaltende Müdigkeit. Ihr einziger Trost bestand darin, dass von Demandowsky bei ihr war. Sie hielten sich bei den Händen, versprachen sich ewige Liebe. Ein Erlebnis bleibt ihr in unvergesslicher Erinnerung: Sie sitzt im Halbdunkel in einem kalten Raum mit Feldbetten, schmiert Brote und schneidet Fleisch in Würfel. Ganz unvermittelt nimmt Ewald von Demandowsky ihre Hände, küsst sie und verbirgt sein Gesicht darin. Als er wieder zu ihr aufsieht, hat er Tränen in den Augen.

Eine Granate traf das Haus, in dem sie sich aufhielten. Beide konnten sich unverletzt auf die Straße retten. Doch die Lage wurde immer aussichtsloser. Beide schrieben unter Tränen ihre kurzen Testamente und Briefe an ihre Mütter. Hilde erzählte ihm ihre Lebensgeschichte, wie sie als Tochter eines Schuhmachers reparierte Schuhe ausgetragen, Schuhränder schwarz angemalt und Schnürsenkel verkauft hatte. Er küsste ihre Augen – ein Zeichen seiner Zuneigung, das sie für kurze Momente alles um sich herum vergessen ließ. Doch die Anspannung wuchs, die Stunden schlichen dahin, und Hilde begann an ihrer Liebe zu zweifeln, die sie in diese Situation gebracht hatte. Gleichzeitig ärgerte sie sich aber auch über ihre Schwäche, die sie ihrer Müdigkeit, ihrer Trauer und Erschöpfung zuschrieb. Sie und von Demandowsky versprachen einander, dass einer den anderen erschießen würde, sollte er verwundet werden, um ihn nicht in die Hände des Feindes fallen zu lassen. Ewald von Demandowsky zeigte ihr die Stelle an der Schläfe, auf die sie zielen müsste. Es kam anders: Sie wurden von den Polen gefangen genommen. In dem oben zitierten Brief an die Mutter schildert Hilde die Flucht:

»... Ich versuchte zu Dir durchzukommen, bis Friesack hatten wir uns mit 2000 Mann durchgeschlagen, die alle auf die Westseite wollten, dann wurden wir gefangen genommen. Erst gab ich mich nicht als Frau zu erkennen, nach 2 Tagen nutzte aber alles nichts mehr. Sie wollten mich nach Berlin zurückschicken, aber wir wussten, dass die Kämpfe noch nicht ganz vorüber waren und allein als Frau in diesen Siegestaumel der russischen Truppen zu kommen. (...) Ich bat und bettelte, sie möchten mich noch einige Tage behalten. v. D. und ich mussten uns in dieser Zeit natürlich als Mann und Frau ausgeben – es war schon abenteuerlich. Am dritten Tag lieferten uns die Polen, in deren Gefangenschaft wir waren, an die Russen aus. Dann gingen die Märsche los, eine Woche lang, jeden Tag 30 km mit fürchterlichem Frass – und die machten nun auch gar keine Miene mich als Frau frei zu lassen. Uns wurde ja nun etwas mulmig. Bis Biesenthal kamen wir also. Wir hatten in Kirchen geschlafen, Gräben, Scheunen und weiss der liebe Himmel, wo überall. Dauernd rückten welche aus, für die dann wiederum mehrere erschossen wurden. Also in B-thal endlich eines abends um 10 Uhr im Hauptlager gelandet, erklärte der Kommandant ich müsste als Frau schleunigst verschwinden. Weit und breit keine Zivilisten, es war also erfreulich, ich verabschiedete mich von D., der so ziemlich die Nerven verlor, was ich nun nicht so sehr schätze, und versteckte mich erst einmal drei Tage im Ort bei dort etwas freier arbeitenden Kriegsgefangenen, denn ich hatte keine Papiere bei mir. (...) Dann latschte ich munter in zwei Tagen gen Berlin. (...) Ich latschte nach Wilmersdorf, und siehe da, das liebe Vaterherz war strahlend und noch nicht unterernährt in alter Stätte ...«

In ihrer Autobiografie hat Hilde vermutlich die Erlebnisse anderer Kriegsgefangener verarbeitet. Das Romanhafte der Schilderungen liegt nach Kenntnis des Briefes auf der Hand. Ein Arzt will im Gefangenenlager entdeckt haben, dass Hilde eine Frau ist, und rät ihr zur Flucht. Doch als die Russen das Lager übernehmen, ist es zu spät. Sie verhören Hilde in dem Glauben, sie sei eine Spionin. Sie wird geschlagen und in Einzelhaft gesperrt. In der Dunkelheit entdeckt sie, dass sie nicht allein, sondern mit einer toten, bereits verwesten Frau eingesperrt ist. Ein traumatisches Erlebnis, das sie zeitlebens nicht mehr loslässt. Sie kann seitdem nur noch schwer allein sein. So lautete die oftmals von ihr erzählte Geschichte. Ewald von Demandowsky beschwört sie zu fliehen. Durchhalteparolen, Durchhaltephrasen fallen ihm schon lange nicht mehr ein. Tausenden gelingt in diesen Wochen ja die Flucht aus den Lagern. Sie versucht vergeblich, ihn zu überreden, sie zu begleiten. Er hat Angst davor, auf der Flucht erschossen zu werden und bleibt. Hilde ist bereit zur Flucht, in der Tasche hat sie einen Brief von ihm an den Schauspieler Viktor de Kowa, bei dem sie sich melden soll. Hilde gelingt die Flucht. Um sich vor den Übergriffen russischer Soldaten zu schützen, täuscht sie ein Hinken vor, zieht ein Kopftuch tief ins Gesicht und klebt sich zerquetschte Mohnkerne auf die Wangen, in der Hoffnung, überzeugend eine ansteckende Krankheit zu simulieren. Für die 50–70 km bis Berlin braucht sie zu Fuß einige Tage, immer wieder muss sie sich verstecken. Als sie Berlin schließlich erreicht, bricht sie vor Erschöpfung fast zusammen. Verlaust und verdreckt klingelt sie bei Viktor de Kowa und seiner Frau, der Japanerin Michiko Tanaka. Nach kurzem Zögern – zu viele Kollegen und Kolleginnen hatten die beiden bereits in ihrer Villa in Berlin-Ruhleben untergebracht – nehmen sie Hilde doch auf. Nach Wochen kann sie wieder mal ein Bad nehmen und in einem Bett schlafen. Diese dramatische Schilderung will so gar nicht zum »latschte ich munter in zwei Tagen gen Berlin« passen.

Sie erzählt de Kowa und seiner Frau vom Gefangenenlager, in dem Ewald von Demandowsky zurückgeblieben ist. Als Hilde beschließt zurückzugehen, um den Geliebten zur Flucht zu überreden, hält de Kowa sie entschieden davon ab. Er ist es auch, der ihr rät, aufzuschreiben, was sie erlebt hat. 1970 wird ihre Autobiografie »Der geschenkte Gaul« erscheinen. Als eines der erfolgreichsten deutschen Bücher seit 1945 wird es in 17 Sprachen übersetzt werden.

Die damals 19-Jährige schrieb aber nicht nur ihre Erlebnisse der letzten Kriegstage auf, sondern verarbeitete die Trennung von dem Geliebten in einem erschütternden Brief, in dem all ihr Schmerz und ihre Sehnsucht Ausdruck fanden. Er gelangte nicht in seine Hände und ist so der Nachwelt erhalten geblieben:

»Die Zeit, die Stunden stehen, – wie sie fliehen, wenn Du da bist. Es gibt keine Einzelheiten mehr in meiner Erinnerung, nur noch ein Ganzes, Unbezaehmbares. – Ob ich je im Arme eines anderen Mannes Dich vergessen kann? - Mein sezierender Verstand muss diese Frage stellen und kann wie mein Gefuehl nicht antworten. Deine Naehe wird sie nichtig, ungefragt machen.

Was fang ich mit Deinem Leid an?

Meine Hand, die Dich troesten will, sinkt herab und die Worte ersterben, es gibt keine mehr …

Wir hoeren den dumpfen Schlag unserer Herzen, und verkapseln uns wieder in eigenem Ich auf der Suche nach Trost und Verstehen. Vielleicht treffen wir uns wieder, bald, gleich — nie?

Auf dieser schwankenden Welt schwanken auch wir. Aber wenn wir uns aneinander festhalten, spueren wir es nicht so.

Zu nehmen ist eine Kunst, die so schwer ist, wie das Geben. Und der Stolz quaelt die Liebe und macht sie bitter.

Die Armut eines Erdteils steht zwischen uns und scheint trotz unserer Kraft unueberwindlich. Kraft und sezierender Verstand schrumpfen neben meinem Gefühl zusammen wie welke Fruechte, – verzeih.

Aber das Leben ist nicht nur schwierig, sondern auch wir. Und es muss gut so sein. Mein Leben und Dein Leben sind eins geworden.

Wir stehen davor, kaempfen um unseren Egoismus, den wir vergessen haben, kämpfen gegen das Schicksal und die Verzweiflung.

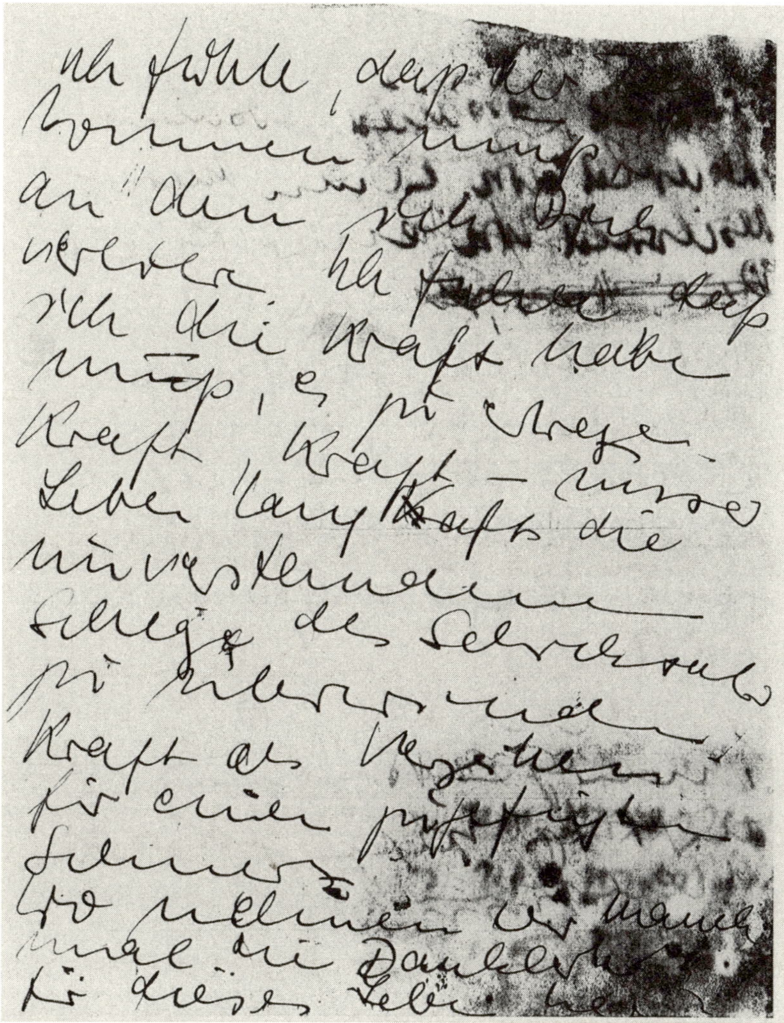

Jede Traene, die geweint wird, ist um Dich, um uns, aus betaeubenden Gedanken geboren. Die Demütigungen erkenne ich lächelnd und weinend zugleich mit der reifen Erkenntnis, die liebenden Menschen beschert ist.

Die wehmuetige Liebe bindet umso mehr.

Ich fühle, daß der Tag kommen muß, an dem ich Dich verliere.

Ich fühle, daß ich die Kraft haben muß, es zu ertragen. Kraft – Kraft – unser Leben lang Kraft die unverstehenden Schläge des Schicksals zu überstehen – Kraft des Verzeihens für einen zugefügten Schmerz.

Wo nehmen wir manchmal die Dankbarkeit für dieses Leben her?

Abschied, Abschied, Abschied! Abschied von einem Menschen, Abschied von einer Liebe. Dies verfolgende Wort steht wie ein Fluch in unserem Leben. Es macht die gezählten Stunden süß und bitter.

Es steht vor jeder innigen Begegnung mit einem geliebten Menschen.

Unsere Gefühle sind wie die kleinen Wachsteilchen in den brennenden Kerzen, immer der unstet flackernden Flamme ausgesetzt.

Wir ziehen uns zusammen um dann wieder zu schwimmen in der Unbeherrschtheit einer Liebe. In dem anfliessenden Gefühl einer Hingabe.

Sind wir zwei Kinder, die sich lieben oder sind wir durch die Liebe wieder zu Kindern geworden?

Die Masse Mensch schwirrt um uns und wenn wir uns ihr anschließen, verlieren wir uns aus den Augen.

Du bist mir dann so fern und die Blicke Anderer lenken mich von Dir, meiner Liebe ab. Ich verlange, verlange zu viel.

Du bist fern und ich meide Menschen mit realen, zu realen Gedanken. Ich denke daran, wie es ist, wenn wir uns in wenigen Stunden im kleinen Raum wiederfinden u. unsere Augen sich ohne Vergleiche treffen und ich in Deinen Armen nachher sein darf.

Wie Tropfen in einen See fallen die Tage, unaufhörlich, unaufhaltsam. Ich kann sie nicht aufhalten, wie Wasser durch Finger läuft die Zeit und mit ihr meine Kraft.

Ich spüre nichts Erlösendes mehr in mir, – all meine belastenden Gedanken ballen sich zu einem fast körperlichen Schmerz zusammen. Ich kann nicht mehr, ich kann nicht mehr schreit es. Was sollst Du denn können antwortet es, was erwartet Ihr denn, was sucht Ihr denn? Warum merkt Ihr denn noch immer nicht, daß Ihr alle nur kommt u. geht. Wo habt Ihr denn Euer höchstes Glück, letzte Erfüllung? Im Animalischen schützt Euch Euer Verstand davor? Was berechtigt Euch mehr zu wollen die Ihr die Gottesgabe des Verstandes nur zum Vernichten habt. Und die Sühne trifft alle, auch Dich.

Wie viele werden weinen wenn Du nicht mehr leben willst. Wie viele freuen sich wenn du lebst?

Gott und ich will an das Leben und das Schicksal glauben.

Die Laternen des Schicksals sind so dem Wind freigegeben und er weht aus vielen Winkeln.«

Ob dieser Brief, in Anbetracht des Briefes von Hilde an die Mutter eine Ernst zu nehmende Dokumentation ist, oder es sich dabei um schriftstellerische Fingerübungen einer jungen künstlerisch ambitionierten Frau handelt, dass ist nicht mehr nachzuvollziehen. Jedenfalls gibt es zwei handschriftliche Aussagen mit unterschiedlichem Inhalt von Hildegard Knef, die zeitlich nicht sehr weit auseinander liegen. Bemerkenswert ist allerdings, dass Hilde einige Zeit später mitteilt, dass sie an einem Roman schreibe, sie könne sich auch vorstellen, dass es ein guter Filmstoff sei.

Im Hause de Kowa gelang Hilde die langsame Rückkehr ins alltägliche Leben. Ein Astrologe, den Michiko nach Hildes Sternen befragt, sagt nur Gutes voraus, die Mutter lebe und Hilde würde sehr bald von ihr hören.

Schon Mitte Mai 1945 trommelten die Russen, nachdem sie Berlin eingenommen hatten, Schauspieler und Musiker – unter ihnen auch Hilde – in der Stadt zusammen und fuhren sie auf Lastwagen nach Kladow. In einer Turnhalle mussten sie mit Volksliedern und anderen musikalischen Beiträgen für Stimmung sorgen. Nach der Vorführung stiegen alle Künstler wieder auf die Lastwagen und wurden in ein Waldgelände gefahren. Auf einer von Kerzen und Fackeln erleuchteten Lichtung war auf einer Tischdecke im Gras ein üppiges Picknick vorbereitet. Mehrere Stunden lang durften sich die Ausgehungerten, die langsam ihre Angst verloren, satt essen und natürlich so viel Wodka trinken, wie sie vertrugen, bevor sie wieder nach Hause gefahren wurden. Diese Veranstaltungen wiederholten sich, allerdings labten sich die Künstler anschließend nicht mehr bei einem Picknick, sondern sie erhielten stattdessen wertvolle Pajoks, Lebensmittelpakete, die Fleisch, Butter, Wurst, Zigaretten und sogar Bonbons enthielten.

Viktor de Kowa hatte die Lizenz erhalten, ein Theater zu eröffnen, es war die »Tribüne« am Knie, heute Ernst-Reuter-Platz. Am 16. Juni 1945, nur wenige Wochen nach Kriegsende, nahm das Theater mit dem Kabarettprogramm »Heute Abend um sechs« seinen Betrieb auf. Gemeinsam putzten die Schauspieler, unter ihnen Ilse Werner, Günther Lüders und Karl Schönböck, die Bühne, nähten aus Laken Abendkleider und lernten die von de Kowa umgeschriebenen Wilhelm-Busch-Verse. Hilde durfte die Ansage übernehmen und verdiente eigenes Geld. Alles schien perfekt – bis sie zweieinhalb Wochen später einen mehrseitigen Brief von ihrem Großvater erhielt – es war sein Abschiedsbrief an die geliebte Enkelin. Karl Groehn hatte am 3. Juli 1945 mit 79 Jahren Selbstmord begangen. Während des Krieges hatte er immer Tabletten bei sich getragen, die er nehmen wollte, falls er bei einem Bombenangriff verschüttet worden wäre. Die Vorstellung, von einem Berg von Trümmern begraben zu sein, zu verdursten und zu verhungern, war ihm schrecklicher gewesen als der Gedanke, seinem Leben selbst ein Ende zu setzen. Nun hatte er diese Tabletten genommen, nachdem der Krieg zu Ende war. Er hatte sich in der Nachkriegswelt nicht zurechtgefunden und war zu stolz gewesen, die Hilfe des ungeliebten Schwiegersohnes anzunehmen. Er hatte sich von seinen Lieben nicht mehr gebraucht gefühlt. Der Verlust schmerzte Hilde sehr – die Leere, die sie empfand, füllte sie mit unermüdlicher Arbeit und dem täglichen Kampf ums Überleben.

Als Hilde zwei ernst zu nehmende Rollen angeboten bekam, riet ihr Viktor de Kowa zuzugreifen und dafür die allabendlichen Ansagen auf seiner Bühne aufzugeben. Er besetzte Hildes Rolle um, und sie sagte zu. Man kann sich ihre Enttäuschung vorstellen, als die Angebote mit der Begründung zurückgenommen wurden, sie sei mit Ewald von Demandowsky befreundet gewesen. Hilde war glücklich, als diese Entscheidung einige Zeit später revidiert wurde. Die Proben begannen, und sie verließ die de Kowas. Zu Alike und Fritz Dippert konnte und wollte sie nicht zurückkehren. Zum einen war ihr Zimmer an eine Finnin vermietet, zum anderen hatten ihr Alikes einstige Vorwürfe und Ratschläge missfallen. In ihrer Not, eine Bleibe finden zu müssen, fuhr sie in die Zehlendorfer Villa Ewald von Demandowskys. Das Haus stand leer. Ohne lange zu zögern zog sie mit ihrem kleinen Handgepäck dort ein. Es dauerte nicht lange und Ewalds Mutter leistete Hilde Gesellschaft, zusammen mit ihrer Betreuerin. Die beiden Frauen hatten bis dahin im Keller einer benachbarten Villa gelebt.

Das Schicksal Ewald von Demandowskys blieb viele Jahre ungeklärt. In einem Gespräch mit Freunden berichtete Hilde Jahrzehnte später von einer Begegnung, die sie mit ihm gehabt hätte und von der nur sie sagen konnte, ob sie wahr gewesen ist. In ihrer Autobiografie schreibt sie, dass er in dem Gefangenenlager umgekommen sei, in dem sie ihn zurückgelassen hatte. Dem Brief an ihre Mutter ist hingegen zu entnehmen, dass sie mit ihm zusammen heil aus der Gefangenschaft zurückgekehrt war: »… denn von 70 Mann, mit denen wir zusammen waren, leben heut noch 4 und wir gehören merkwürdigerweise dazu.« Glücklich sei sie gewesen, erzählte sie den Freunden, ihm zufällig eines Tages auf dem Berliner U-Bahnhof »Oskar-Helene-Heim« gegenübergestanden zu haben. Er habe sich ängstlich nach allen Seiten umgesehen, bevor er sie auf Russisch ansprach. Auf Deutsch habe er dann in knappen Sätzen erklärt, dass dies ihre letzte Begegnung sei, weil er nicht gut für sie wäre. Wenige Minuten später habe er sich von ihr verabschiedet. Ein letztes Mal habe sie ihn gesehen, als sie ihn zusammen mit ihrem späteren Ehemann Kurt Hirsch im amerikanischen Militärkrankenhaus in der Straße »Unter den Eichen« besucht habe. Die Version, die sie der Nachwelt in ihrem Buch »Der geschenkte Gaul« unterbreitet, beschränkt sich darauf, dass er in Gefangenschaft umgekommen sei. Wie ambivalent Hildes Verhältnis zu Ewald von Demandowsky war, belegt ein langer Absatz in dem Brief vom September 1945 an die Mutter:

»… Um auf das Thema v. D. zurückzukommen. Was soll ich da noch weiter sagen? Sicher wirst Du mich verstehen. Ich habe eben das erlebt, allerdings mit einigen Variationen, was andere auch erleben. Ich hatte mich in einen Mann verliebt – oder liebte ihn auch – denn zum Flirt eigne ich mich ja nicht so sehr, von dem ich plötzlich in den grossen Bewährungsmomenten merkte, dass er es nicht ganz wert war, dass er zwar doppelt so alt, aber halb so viel Initiative und Vitalität hatte, wie ich und dass man am Sichersten auf seinen eignen Beinen steht. Außerdem ein Mann ist, der, auf das Materielle zu kommen, eine disponierte Stellung mit politischem Beigeschmack hatte, die ihm ja

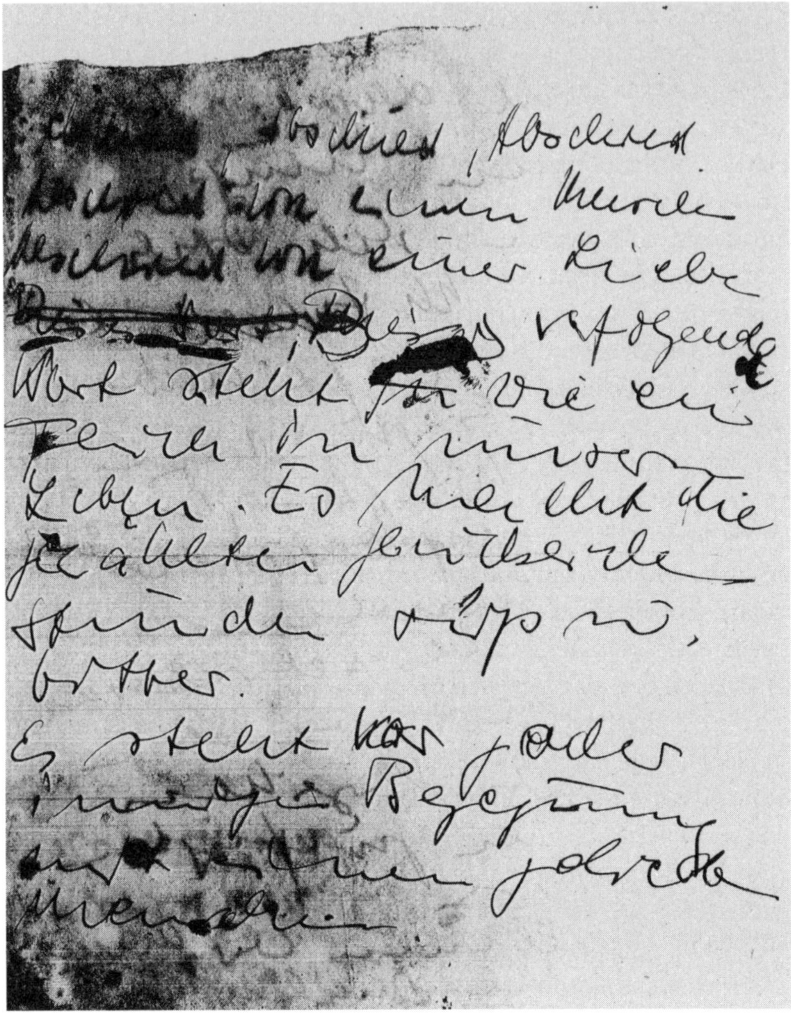

heute auch nicht gerade von Nutzen sein wird. Das ist aber nicht so entscheidend, wie eine rein menschliche Enttäuschung, die ich eben erlebt habe und erleben musste, ich bin durch sie ein bisschen älter geworden und das ist ganz gut so, XXXX ich es ihm auch vorsichtig aber klipp und klar gesagt,- es war nicht schön aber notwendig, ich fühle mich befreit und frei (…) Das Kapitel ist also zu Ende, es war nicht gross, aber abwechslungsreich (…)

Mutti – ganz ganz liebe Küsse und viele Gedanken an Dich und Heinz

Immer Deine Hilde«

Unter der Regie von Felix Möller, der sich in seinen Filmen auf die Suche nach Spuren bedeutender Persönlichkeiten wie Leni Riefenstahl, Marlene Dietrich oder auch der Verhoevens begibt, entstand 2005 der Film »Hildegard Knef – Die frühen Jahre«. Seine Version des Schicksals Ewald von Demandowskys unterscheidet sich von der, die das Deutsche Rote Kreuz im Mai 1957 den Hinterbliebenen der Familie des Verstorbenen in Paris mitteilte, wonach er am 7. Oktober 1947 verstorben sei. Nach seiner Heimkehr aus dem russischen Gefangenenlager habe er, so das Rote Kreuz, von August bis Oktober 1945 im Nachbarhaus seiner Villa in der Gelfertstraße 37 gewohnt, bis die amerikanische Militärpolizei ihn verhaftet und am 26. Februar 1946 den Russen übergeben habe. Er sei zu zehn Jahren Lagerhaft verurteilt worden, die er in Sachsenhausen antrat, bevor er nach Russland deportiert wurde und dort laut Sterbeurkunde des Standesamtes Moskau vom 14. März 1957 am 7. Oktober 1947 an Kardialparalyse verstarb. Möller hingegen hatte herausgefunden, dass von Demandowsky durch das Militärtribunal der Garnison der sowjetischen Zone in Berlin am 6. Juli 1946 zum Tod durch Erschießen verurteilt und das Urteil am 7. Oktober 1946 vollstreckt worden sei. Im Jahr 2005 hatte der russische Geheimdienst den Angehörigen eine weitere Sterbeurkunde übermittelt und im April desselben Jahres seine Rehabilitation bekannt gegeben.

Der genaue Grund für die Verhaftung und Verurteilung von Demandowskys ist nie zweifelsfrei geklärt worden. Es gab auch Mutmaßungen im Zusammenhang mit einer Filmproduktion der Mars-Film GmbH. Die Filmproduktionsfirma wurde 1941 eigens zu dem Zweck gegründet, Lehr- und Ausbildungsfilme für die Wehrmacht zu drehen, insbesondere für die Luftwaffe. Der Flugzeugingenieur und Raketenpionier Julius »Uss« Hatry, der seine Forschungen wegen seiner jüdischen Wurzeln 1935 einstellen musste, war von 1943 bis 1945 Produktionsleiter und Regisseur bei der Mars-Film. Im Winter 1944 wurde auf dem Truppenübungsplatz Zeithain bei Riesa der Film »Flugabwehr aller Waffen« gedreht. Er ist nie fertig gestellt worden. Einige Schauspieler waren vor Ort, Soldaten wurden als Komparsen eingesetzt. In der Nähe des Truppenübungsplatzes befand sich das Kriegsgefangenenlager Zeithain, in dem Zehntausende russische Kriegsgefangene starben. Nach dem Wintereinbruch sollten die richtigen Bedingungen am Drehort geschaffen werden: Der Film begann in schneefreier Landschaft. In Anwesenheit von Ewald von Demandowsky mussten die Gefangenen, schwer bewacht von deutschen Soldaten, Schnee von den Wegen räumen und aus den Baumkronen schütteln. Es ist also durchaus denkbar, das ein Überlebender des Lagers Ewald von Demandowsky nach Kriegsende angezeigt hat.

Die Wohngemeinschaft in der Gelfertstraße, die Hilde, von Demandowskys Mutter und deren Betreuerin bildeten, wurde so schnell aufgelöst, dass die Bewohner kaum Zeit hatten, das Haus zu räumen. Die Amerikaner beschlagnahmten die Villa, und Hilde musste binnen zwei Stunden ihre Koffer packen. Die Mutter Ewald von Demandowskys zog mit ihrer Betreuerin zurück in den Keller der Nachbarvilla, Hilde zu der befreundeten Schauspielerin Hilde Körber.

Am 27. Mai 1945 fand im Renaissance-Theater die vom sowjetischen Militärkommandanten genehmigte Aufführung des Schwanks »Der Raub der Sabinerinnen« statt. Das Privattheater war 1943 von den Nationalsozialisten enteignet worden und hieß seitdem »Das kleine Haus des Schiller-Theaters der Reichshauptstadt«. Es unterstand dem Generalintendanten des Schillertheaters, Heinrich George, den Posten des Geschäftsführers hatte Kurt Raeck inne. Am 23. November 1943 war das Gebäude bei einem Luftangriff zerstört worden. Auf Betreiben des Ensembles, das im Schillertheater »Der Raub der Sabinerinnen« gespielt hatte, wurde im Mai 1945 der Vierakter von Franz und Paul von Schönthan im Renaissance-Theater gespielt. Die Regie führte Karl Heinz Martin. Als eine der Schauspielerinnen erkrankte, dachte Kurt Raeck sofort daran, Hilde für die Rolle der Paula zu engagieren. Er hatte sie in einer Vorstellung bei seinem Kollegen de Kowa in der »Tribüne« gesehen. Hilde lernte die Rolle blitzschnell und stand schon am nächsten Tag auf der Bühne.

Nachdem die vier Besatzungsmächte im Juli 1945 Berlin in Sektoren aufgeteilt hatten, befand sich das in Charlottenburg gelegene Renaissance-Theater nunmehr in der britischen Zone. Karl Heinz Martin wurde von den Engländern mit der Eröffnung des Theaters beauftragt.

Am 7. Juli 1945 standen unter seiner Regie »Der Grüne Kakadu« von Arthur Schnitzler und »Der Kammersänger« von Frank Wedekind auf dem Spielplan. An der Seite Hubert von Meyerincks spielte Hilde, wie es die Rolle verlangte, einen begeisterungsfähigen Backfisch mit amerikanischem Akzent. Obwohl die im Parkett sitzenden Engländer und Amerikaner nicht viel vom Text verstanden, missfiel ihnen das Ganze außerordentlich, fühlten sie sich durch die Nachahmung doch veralbert. Nach wenigen Aufführungen wurde das Theater von den Engländern für die Truppenbetreuung beschlagnahmt. Hildegard Knef bekam von den Engländern keine Arbeitserlaubnis für den britischen Sektor – ihre Beziehung zu Ewald von Demandowsky war kein Geheimnis geblieben.

In dieser Situation, Hilde war von einem Tag auf den anderen arbeitslos geworden, trat der Regisseur Boleslaw Barlog auf den Plan und bat sie um ihre Mitarbeit am Schloßparktheater in Steglitz, für das er 1945 die Lizenz erhalten hatte. Es ging um die Inszenierung des Curt-Goetz-Stückes »Hokuspokus«. Hilde und Barlog waren sich während ihrer Schauspielausbildung bei der Ufa schon einmal begegnet. Damals hatte er sie für die Hauptrolle in dem Film »Der grüne Salon« gewinnen wollen, den er für die Terra vorbereitet hatte. Wolfgang Liebeneiner hatte ihr jedoch keinen Urlaub gegeben, weil er selbst mit ihr drehen wollte. Dieses Mal konnte Hilde mit Freuden zusagen. Barlog war es auch, der Hilde ihre neue Bleibe bei der Schauspielerin Hilde Körber vermittelte. Die Körber war, genau wie Barlog, Jahrgang 1906 und arbeitete seit 1924 an Berliner Theatern, seit 1936 auch beim Film. Sie war die zweite Frau Veit Harlans, des linientreuen Lieblingsregisseurs von Goebbels. Mitte der 1930er Jahre hatte sie sich von ihm getrennt. Harlan hatte die zu trauriger Berühmtheit gelangten Propagandafilme der Nazis »Jud Süß« und »Kolberg« gedreht.

Die große Wohnung, in der Hilde Körber lebte, war von den Amerikanern nicht beschlagnahmt worden, und Hilde konnte für vierzehn Tage bei ihr unterkommen, bekam zu essen und ein Fahrrad geliehen. Wenn auch nur für kurze Zeit genoss sie das Gefühl, zu Hause zu sein.

Hildes Mutter war währenddessen von Uelzen nach Berlin unterwegs. Sie beabsichtigte, die Familie wieder zu vereinen. Doch Hilde hatte schon zu lange selbstständig für sich gesorgt, als dass sie wieder mit Stiefvater, Mutter und Halbbruder hätte zusammenziehen können. Sie richtete sich stattdessen für kurze Zeit in einer Pension ein, die, wie sich herausstellte, ein Bordell war. Schon bald pflegte Hilde einen freundschaftlichen Umgang mit den Bewohnerinnen – nachdem diese gemerkt hatten, dass sie keine Konkurrenz für sie war.

Um eine Arbeitsgenehmigung für das Schloßparktheater im amerikanischen Sektor Berlins und die erhoffte zukünftige Filmtätigkeit zu bekommen, musste Hilde unzählige Fragebögen und Formulare beim Office of Military Government for Germany/United States (OMGUS) ausfüllen. Ungeduldig wartete sie auf die Genehmigung. Eines Tages traf sie auf dem Kurfürstendamm zufällig Sonja Ziemann, die ihr von dem Singspiel »Liebe auf den ersten Blick« erzählte, in dem sie mitwirken sollte. Es würde noch eine weibliche Darstellerin gesucht, die singen konnte. Hilde begleitete sie zu den Proben, die in der Wohnung des Produzenten Willi Richter-Constantin am Kurfürstendamm stattfanden, und bekam die Rolle als Partnerin von Sonja Ziemann. Sie spielten an der Seite von Trude Haefelin und Herbert Wilk. Das Stück wurde in einem Pankower Kino auf der Schönhauser Allee aufgeführt, aber schon bald wieder abgesetzt. Jetzt blieb ihr nur noch die Tätigkeit beim Radiosender in der Masurenallee, wo sie sonntags von 9 bis 10 Uhr, Gedichte von Theodor Storm vortrug.

Boleslaw Barlog hatte die Zeit genutzt und sein Theater in Steglitz wieder aufgebaut, das während des Krieges durch eine Brandbombe stark beschädigt worden war, selbst die Stuhlreihen waren teilweise verbrannt. Alle Schauspieler halfen neben den Proben zu »Hokuspokus« beim Wiederaufbau. Barlog setzte alles daran, Hildegard Knef in sein Ensemble aufzunehmen. Er sah in ihr eine junge, hoffnungsvolle Schauspielerin, deren Gesicht weder durch Vorkriegs- noch durch Kriegsfilme bekannt war. Er bat sie, sich Hans Söhnker vorzustellen, dem Star seines Ensembles, und dessen Einverständnis für ihre Mitarbeit einzuholen. Die Proben waren schon angelaufen, als Hilde im Frühherbst an die Tür der Garage klopfte, in der Söhnker lebte, und ihn fragte, ob er etwas dagegen hätte, wenn sie das Dienstmädchen in

»Hokuspokus« spielte. Er war einverstanden. Die Arbeit konnte beginnen. Im Haus der Barlogs in Lichterfelde tippte Hilde ihre Rolle aus dem einzigen vorhandenen Manuskript ab. Das Ehepaar fütterte sie mit selbstgezogenen Tomaten aus dem Garten – etwas anderes hatten die Barlogs nicht zu essen.

An einem grauen, verregneten Tag, als Hilde zur Probe ins Theater hetzte, hielt neben ihr ein Jeep. Ein junger, gut aussehender amerikanischer Soldat bot ihr in akzentfreiem Deutsch an, sie ein Stück mitzunehmen. Hilde lehnte ab. Einige Tage später wiederholte sich die Begegnung. Diesmal stieg sie ein und ließ sich chauffieren. Der GI schlug ein Treffen am nächsten Vormittag vor, doch sie entschuldigte sich mit der Theaterprobe, die sie hätte.

Die große Enttäuschung erwartete Hilde kurz vor der Premiere von »Hokuspokus« Anfang November 1945. Barlog teilte ihr mit, dass Söhnker sich Winnie Markus als seine Partnerin wünsche, die am Max-Reinhardt-Seminar ausgebildet worden war und bereits einen Namen beim Film hatte. Es waren wirtschaftliche Gründe, die Barlog und Söhnker für diese Entscheidung anführten. Das Stück musste ein Erfolg werden, um dem Theater den Weg in die Zukunft zu ebnen. Barlog bot ihr stattdessen Goethes Prolog »Der Anfang ist an allen Sachen schwer« aus den »Theaterreden gehalten zu Weimar« an. Hilde war enttäuscht, beugte sich aber der Entscheidung. Abend für Abend sprach sie den Prolog mit großer, kunstvoller Eindringlichkeit – zur Freude Barlogs und der des jungen amerikanischen First Lieutenant, der bei jeder Vorstellung im Theater saß und es verließ, sobald Hilde den Prolog beendet hatte. Den Kollegen war der offensichtlich für Hilde schwärmende Besucher natürlich aufgefallen, und sie machten sich über seine Beharrlichkeit lustig. Doch diese sollte sich für ihn auszahlen, denn Hilde und er lernten sich bald näher kennen. Sein Name war Kurt Hirsch. Er war Jude und hatte bis zu seinem 14. Lebensjahr mit seinen Eltern in der Tschechoslowakei gelebt. Seine Familie war vor den Nazis nach New York geflohen, und sie hatten dort die amerikanische Staatsbürgerschaft angenommen. Die beiden wurden ein Paar.

Hildes Stunde an der Seite Hans Söhnkers schlug, als Winnie Markus eines Abends wegen Krankheit ausfiel. Hilde, die die Rolle aus dem Effeff beherrschte, sprang ein und rettete die Vorstellung.

Die Zeiten waren hart. Die Zuschauer saßen in Mäntel gehüllt im ungeheizten Theater. Die häufigen Stromausfälle wusste Barlog geschickt zu umgehen: Er nutzte seine Freundschaft mit dem Chefarzt der benachbarten Klinik. Immer wenn Stromausfälle drohten, meldete dieser Operationen an. Um den Krankenhausbetrieb aufrecht zu erhalten, wurde sofort Strom bereitgestellt. Da das Theater am selben Stromkreis angeschlossen war, konnte dann dort gespielt werden.

Es mangelte an allem, so auch an Nägeln für das Bühnenbild, deshalb wurden die Besucher um Spenden gebeten – wenigstens ein Nagel pro Kopf wurde auf einer Tafel im Foyer erbeten. Es gab wenig zu essen. Barlog trat nach einer Premiere vor den Vorhang und forderte das Publikum auf, für eine gerechtere Einstufung der Schauspieler in die Kategorie I – das hieß für Schwerarbeiter – für den Bezug von Lebensmittelkarten einzutreten. Der Theaterarzt verteilte Vitaminampullen, die er unter großer Gefahr beschafft hatte. Es war Hildes erste Erfahrung mit Präparaten, die den Körper auf künstliche Weise anregten. Sie dachte nicht weiter darüber nach und nahm, was man ihr gab, um mehr Kraft für das Spiel auf der Bühne zu haben.

In ihrer Not, eine Bleibe zu finden, zog Hilde wieder zu Alike und Fritz Dippert. Die Ressentiments der Vergangenheit wurden auf beiden Seiten begraben und man teilte, was man hatte – Hilde konnte nun ihre Gage beisteuern, die die Dipperts auf dem Schwarzmarkt in Lebensmittel umsetzten. Jetzt war es ein gerechtes Geben und Nehmen.

Die beiden folgenden Inszenierungen, in denen Hilde Nebenrollen und zeitweise auch die weibliche Hauptrolle spielte, waren Romain Rollands »Ein Spiel um Tod und Liebe« (Premiere am 8. Dezember 1945) und »Danach«, eine Kriegstragödie von Helmut Weiss (Premiere am Neujahrstag 1946). Beide Inszenierungen fielen beim Publikum durch und wurden von Barlog nach 19 beziehungsweise 21 Vorstellungen abgesetzt.

Hauptdarstellerin: Hildegard Knef

Am 20. Februar 1946 fand im Schlosspark-Theater die Premierenvorstellung des Marcel-Pagnols-Stück »Zum goldenen Anker« statt. Als die Hauptdarstellerin Gerty Soltau kurz danach an Masern erkrankte und ausfiel, sprang Hilde für sie ein. Sie hatte die Rolle einstudiert, ohne für sie besetzt zu sein – und sie lieferte eine großartige Vorstellung ab. Das Publikum feierte sie in der Rolle der Fanny. Sie riss ihren Partner Hans Söhnker dermaßen mit, dass er sie, statt sie in einer Szene nur anzuschreien, sogar ohrfeigte – was einer lebenslangen Freundschaft aber keinen Abbruch tat. Erst nach 49 Vorstellungen wurde das Stück abgesetzt.

Ein kurioser Dialog zwischen Kurt Hirsch und Hilde ist überliefert. Als Hilde ihm von dem geplanten Pagnol-Stück erzählte, musste er zugeben, den Autor nicht zu kennen. Hilde rügte ihn scherzhaft, er sollte sich das Stück des Franzosen anschauen, damit er wisse, mit wem sich die Amerikaner verbündet hätten. Woraufhin er, nicht weniger schlagfertig, erwiderte: »Mir genügt es, wenn ich die Leute kennenlerne, mit denen wir uns nicht verbündet haben, mit denen ich mich aber verbünden möchte.«

In der darauf folgenden Inszenierung von Shakespeares »Wie es euch gefällt« begeisterte Hilde die Zuschauer gar 68 Mal mit ihrer frischen und natürlichen Art.

In diese Zeit fällt auch ein Erlebnis, das sie tief verstört haben muss. Kurt Hirsch nahm sie zu einer Filmvorführung der russischen Alliierten mit, die eine Dokumentation über das Konzentrationslager Auschwitz nach der Befreiung zeigten. Sie sah die Baracken, in denen die Gefangenen hausen mussten, die Leichenberge, die ausgehungerten Häftlinge und das Grauen im Lager. Hilde hatte dieses Ausmaß des Horrors nicht geahnt, die Bilder prägten sich ihr tief ein. Mit Hirsch konnte sie nicht darüber sprechen, er hatte 16 Familienmitglieder im Konzentrationslager verloren. Ihre Kriegserinnerungen wurden wieder lebendig, und sie stellte sich die Frage, wer von den Verbrechen der Nazis gewusst haben musste. Sie selbst machte nach Kriegsende die bittere Erfahrung, dass der Antisemitismus in den Köpfen vieler Menschen weiterlebte, als die Theatersekretärin sie vorwurfsvoll fragte, wie sie sich mit einem Juden wie Kurt Hirsch hätte einlassen können.

In dieser Zeit fing Hilde an zu rauchen. Ein Kollege hatte ihr Zigaretten angeboten, und sie hatte festgestellt, dass das Rauchen die anhaltenden Magenkrämpfe linderte, an denen sie litt. Zigaretten waren auf dem Schwarzmarkt zwar teuer, aber immer erhältlich – im Gegensatz zu Lebensmitteln.

Mitte August 1946 war Premiere des Schwankes »Drei Mann auf einem Pferd«. Schon im Foyer herrschte Rennplatzatmosphäre. Barlog hatte die Wände mit Pferdesportbildern bekleben und die Kasse als Wettschalter dekorieren lassen. Die Namen der Schauspieler standen in großen Lettern als Favoritentipp an der Wand, und eine Startglocke läutete ohrenbetäubend laut den Beginn des Stückes ein. Für Hilde war die Rolle der Mabel eine Paraderolle, und sie spielte sie »so schön doof«, wie der Theaterkritiker Friedrich Luft schrieb. Hilde war eigentlich zu jung für die Rolle der ordinären, abgetakelten Tänzerin aus der amerikanischen Provinz, aber ihr überzeugendes Spiel ließ den Zuschauer ihre Jugend vergessen. Auf Anweisung Barlogs hatte sie sich für das Stück ein Lispeln zugelegt. Es klang so echt, dass Barlog sich genötigt sah, auf einem Aushang vor dem Theater darauf hinzuweisen, dass die Darstellerin nicht an einem Sprechfehler litt. Prominente Zuschauer wie Gustaf Gründgens, Wilhelm Furtwängler oder auch Bertolt Brecht erkannten neidlos an, dass hier großes Theater von grandiosen Schauspielern gemacht wurde.

Barlog verlangte von seinen Schauspielern bedingungslose Hingabe ans Theater, echte künstlerische Leidenschaft, Pflichtbewusstsein und Teamgeist, Einsatzfreude und Pünktlichkeit. Liebenswürdigkeit und Humor waren Charakterzüge, die er voraussetzte, und Hilde arbeitete hart an sich, um den Ansprüchen Barlogs zu genügen. Wie ernst es ihm damit war, demonstrierte Barlog in der Saison 1967/68, als er die Schauspielerin Marthe Keller feuerte, weil sie, durch Film-

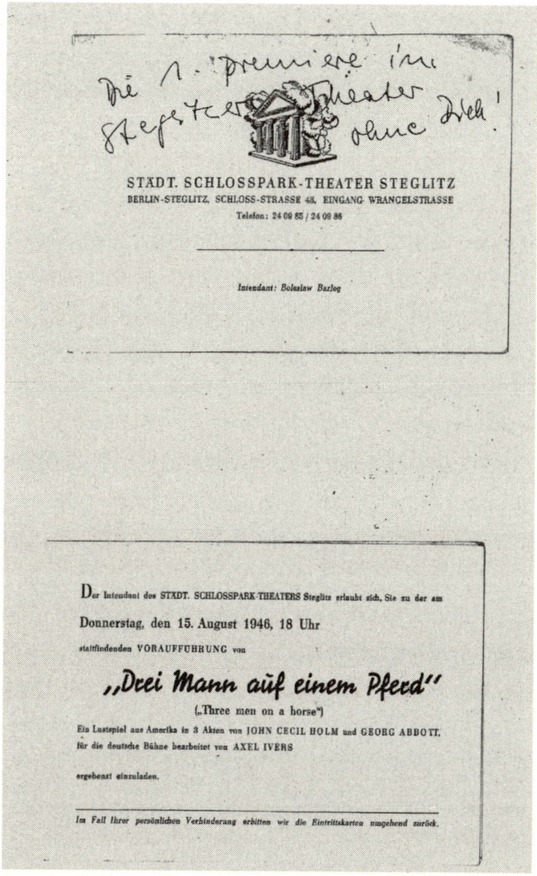
Die 1. Premiere im Steglitzer Theater ohne Dich!

STÄDT. SCHLOSSPARK-THEATER STEGLITZ
BERLIN-STEGLITZ, SCHLOSS-STRASSE 48, EINGANG WRANGELSTRASSE
Telefon: 24 09 85 / 24 09 86

Intendant: Boleslaw Barlog

Der Intendant des STÄDT. SCHLOSSPARK-THEATERS Steglitz erlaubt sich, Sie zu der am
Donnerstag, den 15. August 1946, 18 Uhr
stattfindenden VORAUFFÜHRUNG von
„Drei Mann auf einem Pferd"
(„Three men on a horse")
Ein Lustspiel aus Amerika in 3 Akten von JOHN CECIL HOLM und GEORG ABBOTT,
für die deutsche Bühne bearbeitet von AXEL IVERS
ergebenst einzuladen.

Im Fall Ihrer persönlichen Verhinderung erbitten wir die Eintrittskarten umgehend zurück.

aufnahmen aufgehalten, zu spät zu einer Aufführung von »Ein Sommernachtstraum« kam. Es sollte ihr nicht schaden, sie wurde eine bekannte Filmschauspielerin und spielte 1977 an der Seite von Hildegard Knef in »Fedora«.

Kurt Hirsch hatte in die USA zurückkehren müssen, weil seine Militärzeit abgelaufen war. Aber bald schon hatte er so große Sehnsucht nach Hilde, dass er sich auf ein weiteres Jahr verpflichtete. Auch Hilde sehnte sich nach ihm. Auf ein Theaterprogramm für »Drei Mann auf einem Pferd«» schrieb sie: »Die 1. Premiere im Steglitzer Theater ohne Dich!« Als Kurt zu ihr zurückkehrte, gestand er ihr ein, wie entsetzt seine Eltern darüber seien, dass er mit einer Deutschen befreundet sei.

Hilde war mit Kurt Hirsch im Januar in ihre Geburtsstadt Ulm gereist. Sie liebe diese Stadt »symbolisch«, schrieb sie in ihr Tagebuch, weil ihr Vater in Ulm gestorben sei und sie selbst dort das Licht der Welt erblickt hatte. Erst 1952 sollte sie wieder nach Ulm kommen, zur Premiere von »Alraune«. Keiner der Ulmer Politiker wollte Hilde empfangen, die Rolle, die Hilde in dem Film spielte, missfiel ihnen. Sie traf stattdessen Freunde der Eltern. Die ablehnende Haltung der Stadtoberhäupter mag dazu beigetragen haben, dass Hilde 1967 in einem Interview mit Friedrich Luft leugnete, nach ihrer Geburt jemals wieder in Ulm gewesen zu sein.

Bis zur ihrem erneuten Besuch in Ulm hatte Hilde unter der Regie Wolfgang Staudtes »Die Mörder sind unter uns« gedreht, den Film, der sie berühmt machte. Staudte hatte sie auf der Bühne des Schlosspark-Theaters gesehen und zu Probeaufnahmen eingeladen. Er war von Beruf Automobil- und Flugzeugingenieur, hatte sich aber während des Krieges mit dem richtigen Parteibuch und eiserner Disziplin als Filmregisseur einen Namen gemacht. Vier Filme hatte er bei der Tobis gedreht. Er war nicht nur von Hildes Schauspielkunst begeistert, sondern hoffte auch, dass seine Zuneigung zu ihr auf Gegenliebe stoßen würde. Doch da erlebte Staudte eine Enttäuschung, denn Hilde und Kurt Hirsch hatten nur Augen füreinander. Staudte suchte ein neues, unverbrauchtes und kriegsunbelastetes Gesicht für den Film »Der Mann, den ich erschießen werde« – es war der Arbeitstitel des weltbekannten DEFA-Films »Die Mörder sind unter uns«. Es sollte ein Film gegen das Vergessen der Kriegsschuld der Deutschen werden, dem Volk die Wahrheit zeigen und das Gewissen wachrütteln – so die Ankündigung. Hilde war von dem Projekt fasziniert, sie freute sich, im ersten deutschen Nachkriegsfilm mitwirken zu dürfen. Für die männliche Hauptrolle wollte Staudte Carl Raddatz gewinnen – der lehnte ab, weil die Deutschen seiner Meinung nach in dem Film zu schlecht wegkämen. Nach dieser Absage fiel Staudtes Wahl auf Ernst Wilhelm Borchert. Gezeichnet von den Leiden des Krieges – sein Onkel hatte in einem Anfall geistiger Umnachtung seine ganze Familie ausgelöscht – arbeitete er Tag und Nacht, um zu vergessen.

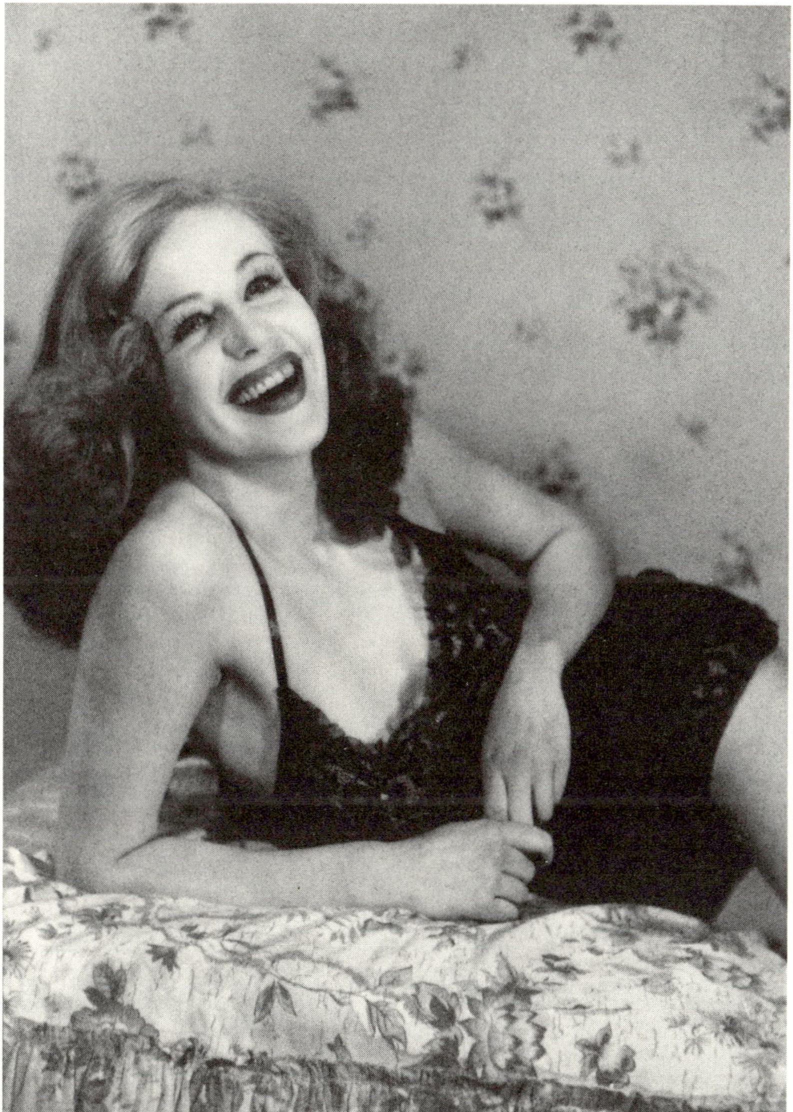

219-Mal steht Hilde als lispelnde Mabel auf der Bühne.
Gustaf Gründgens soll nach dem Besuch im Schlosspark-Theater gesagt haben:
»Ich habe seit Chaplin nicht mehr so gelacht«.

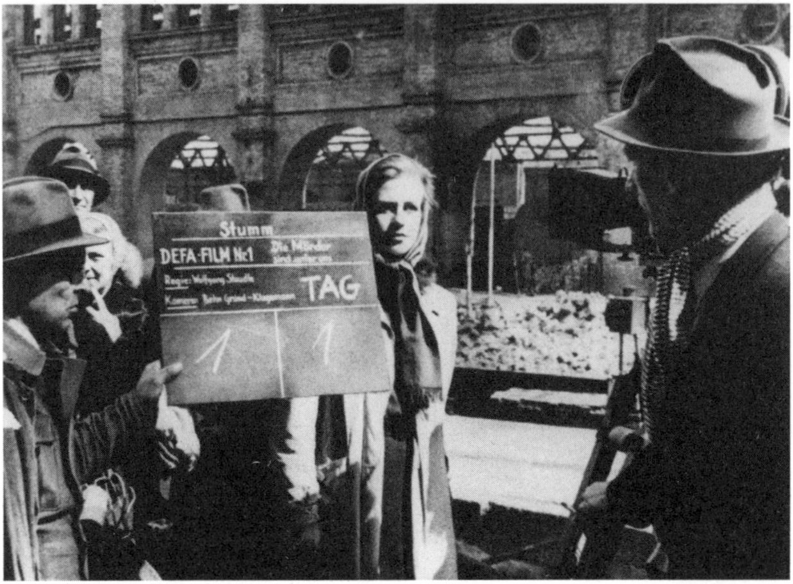

1. Klappe für den ersten deutschen Nachkriegsfilm »Die Mörder sind unter uns«. Hildegard Knef mit Kopftuch, vorne rechts der Regisseur Wolfgang Staudte.

Bei den Aufräumarbeiten im Hebbel-Theater fanden die Amerikaner in einem Panzerschrank Unterlagen, die Borcherts Mitgliedschaft in der NSDAP seit 1. Mai 1933 und später auch in der SA bezeugen. Aus Angst, keine Arbeitsgenehmigung zu bekommen, hatte er in den Fragebögen diese Details seiner Vergangenheit verschwiegen. Als ihn die amerikanische Militärpolizei daraufhin wegen Falschaussage verhaftete, stellte die DEFA eine Kaution für ihn, und er kam auf freien Fuß.

Hilde musste sich gegen die Vorbehalte Barlogs zur Wehr setzen, bei dem sie noch unter Vertrag stand. Er hielt es für unwahrscheinlich, dass Hilde nach den Dreharbeiten pünktlich zur Abendvorstellung auf seiner Bühne stehen konnte. Sie belehrte ihn eines Besseren und erschien jeden Abend zuverlässig zur Vorstellung im Schloßparktheater, um sich durch die Rolle der Mabel in »Drei Mann auf einem Pferd« zu lispeln.

Eine zweite Hürde war behördlicher Natur: Das Schlosspark-Theater lag im amerikanischen Sektor Berlins, womit Hilde den amerikanischen Kulturoffizieren unterstand, gedreht werden sollte aber im sowjetischen Sektor. Barlog selbst machte sich für sie stark und sprach mit dem Drehbuch unterm Arm bei den Kulturoffizieren vor. Bereits 24 Stunden später kam die Antwort: »Das ist ein ausgezeichneter Film! Wir haben nichts dagegen, dass Fräulein Knef die Hauptrolle spielt.«

Der Film spiegelt auf erschütternde Weise einen dramatischen Konflikt im zerstörten Nachkriegsberlin wider. Als der von schrecklichen Kriegserlebnissen traumatisierte Militärarzt Dr. Hans Mertens (Ernst Wilhelm Borchert) seinem einstigen Vorgesetzten, dem Hauptmann Ferdinand Brückner (Arno Paulsen), wiederbegegnet, richtet er die Waffe auf ihn. Brückner hatte im Krieg in einem polnischen Dorf unschuldige Zivilisten erschießen lassen. Ausgerechnet die KZ-Überlebende Susanne Wallner, gespielt von Hildegard Knef, hält Mertens davon ab, den Kriegsverbrecher zu erschießen. Der Film, der in den Trümmern Berlins gedreht wurde, zeigte das ganze Ausmaß der Zerstörung der Stadt wie auch die der Seelen ihrer Bewohner. Die Dreharbeiten dauerten von Mitte März bis August 1946. Staudte griff auf ein erfahrenes Kamerateam zurück: Friedl Behn-Grund, der seit 1924 hinter der Kamera stand und noch am letzten Tag des Krieges sein Bein durch eine Granate verlor sowie Eugen Klagemann, Kameramann der höchst umstrittenen nationalsozialistischen Propagandafilme »Bismarck« und »Ich klage an«. Beide waren sie Meister der Improvisation. Mit Handwagen, auf denen die Kameras festgeschraubt waren, zogen sie durch die Trümmer Berlins und lieferten beeindruckende Bilder.

Staudte und Hilde lernten sich während der Dreharbeiten schätzen. Staudtes Humor rettete das Team über bitterste Entbehrungen hinweg. Beleuchter und Bühnenarbeiter brachen während der Arbeit zusammen, weil sie seit Tagen keine warme Mahlzeit mehr zu sich genommen hatten. Den Schauspielern erging es nicht besser. Hinzu kam die Kälte. Hilde focht das alles nicht an, nichts war ihr zu schwer. Allen Widrigkeiten zum Trotz arbeitete das Team mit größter Intensität. Hildes Darstellung der vom Leid gezeichneten und zugleich voller Optimismus in die Zukunft schauenden Susanne Wallner begeisterte nicht nur Wolfgang Staudte. Hunderttausende erkannten sich in der Hauptfigur wieder, litten mit ihr und schöpften daraus neue Kraft.

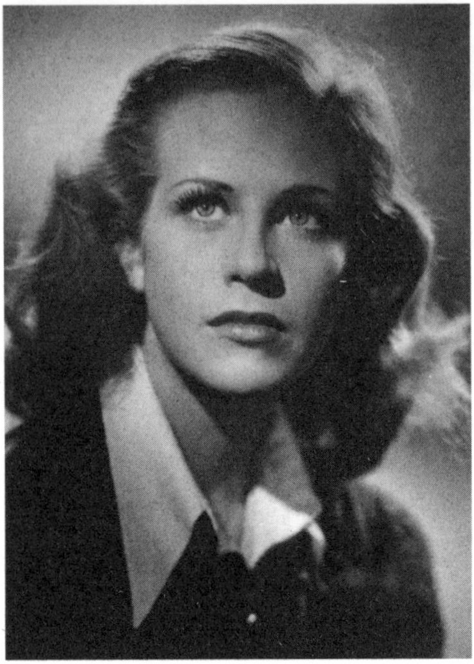

Hildegard Knef in»Die Mörder sind unter uns«

Vor der Premiere war vor allem die Reaktion des Publikums auf den Schauspieler Ernst Wilhelm Borchert ungewiss – im wirklichen Leben einst Nazi und nun, im Film, in der Rolle des Regimegegners. Wegen seiner Vergangenheit befürchtete man einen Skandal und überlegte, die Aufführung zu verschieben, bis sich die Wogen geglättet haben würden, entschied sich dann aber doch für den geplanten Termin. Die Filmpremiere fand im Admiralspalast statt. Hohe Offiziere der Alliierten saßen im Publikum, selbstverständlich auch die Kulturoffiziere sowie deutsche Film- und Theaterprominenz, die Mitglieder des Berliner Magistrats und Vertreter der Presse.

Die Presse im In- und Ausland reagierte positiv. Die *Daily Mail* verglich den Film – allerdings erst Monate später unter der Überschrift »Deutschland macht wieder Filme« – mit der Remarque-Verfilmung »Im Westen nichts Neues«. Billy Wilder zeigte den Film in Hollywood vor geladenen Gästen, die gebannt und erschüttert waren. Auch in Moskau, Wien, Venedig und Paris war das Publikum begeistert. Allein die

Reaktion der deutschen Zuschauer war verhalten – nach der Niederlage und dem Elend, das der Krieg über das Land gebracht hatte, wollte oder konnte man sich mit der Schuldfrage nicht auseinandersetzen.

Hilde schildert die Filmpremiere in ihren Erinnerungen allerdings ganz anders. Die Engländer hätten die Einladung nicht angenommen mit der Begründung, einer der Schauspieler sei NSDAP-Mitglied gewesen. Die anderen Alliierten hätten sich für den Film nicht interessiert. Während der Vorführung habe der Ton ausgesetzt, der Film wäre dann zu langsam gelaufen, sodass das Bild zu dunkel und die Stimmen zu verzerrt gewesen seien. Schließlich sei der Film gerissen.

Der berühmte Fotograf Walter Sanders hatte während der Filmpremiere ununterbrochen Fotos von Hilde für das *Life Magazine* gemacht, und am 19. Mai 1947 erschien ein vierseitiger Bericht mit dem Titel »New German Star: Hilde Knef«. In diesem Artikel erwähnte Hilde erstmals, dass sie gerne in Hollywood arbeiten würde.

Indes forderte die Vergangenheit ihren Tribut. Nachdem Borchert im Anschluss an die Premierenvorführung drei Mal die Gelegenheit hatte, sich vor dem Publikum zu verbeugen, wurde er von den Amerikanern in Handschellen abgeführt. Weder Staudte noch Hildegard Knef wagten es, sich für ihn einzusetzen, zu groß war ihre Angst, selber in den Fokus zu geraten. Noch oft sah sich Hilde dem Vorwurf ausgesetzt, mühelos vom Bett des Nazis in das des Juden gestiegen zu sein – so der ungarische Regisseur Géza von Cziffra, der Hilde für keine einzige Rolle in seinen zahlreichen in den 1950er- und 1960er-Jahren gedrehten Filmen engagierte.

In der sowjetischen Besatzungszone wurde »Die Mörder sind unter uns« von vier Millionen Menschen gesehen. In Westdeutschland kam er hingegen erst 1959* in die Kinos, während die Amerikaner ihn bereits 1948 im Kino zeigten. Der Film wurde ein großer Erfolg, und unaufhaltsam begann Hildegard Knefs Stern aufzugehen.

* In Amerika lief er bereits 1948. Nachdem er 1947 in Baden-Baden und 1948 in Bochum aufgeführt wurde, trat hierzulande eine lange Spielpause ein. 1954 wurde er der Freiwilligen Selbstkontrolle (FSK) vorgelegt, im Januar 1959 wurde er für die Bundesrepublik freigegeben. Die Erstausstrahlung des Filmes erfolgte im DDR-Fernsehen am 1. November 1955. Am 18. Dezember 1971 war der Film dann auch zum ersten Mal im Bundesdeutschen Fernsehen zu sehen.

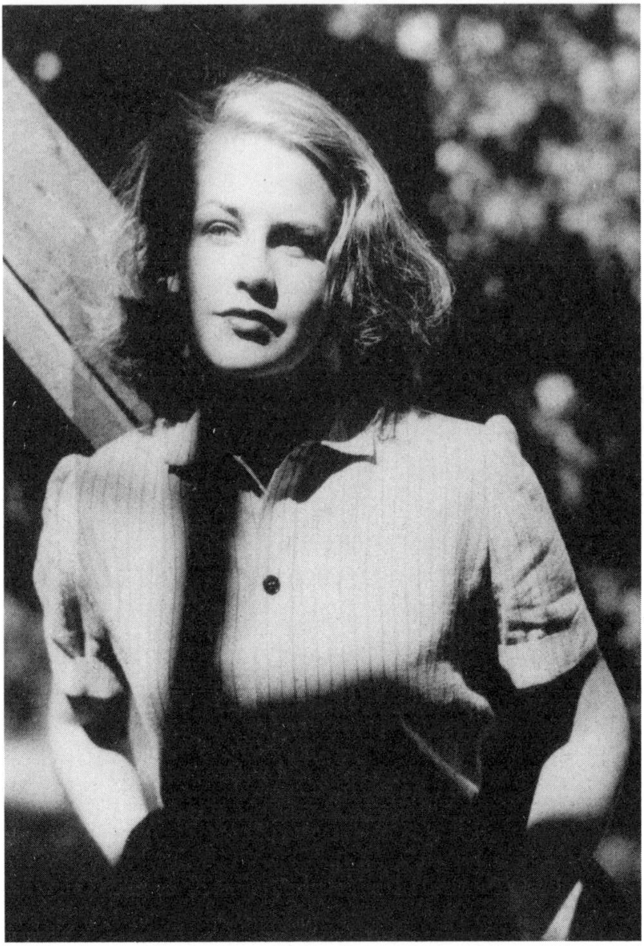

Hildegard Knef im Alter von 22 Jahren.

Hildegard Hirsch, geb. Knef

Im Winter 1946 arbeitete Hilde erstmals als Synchronsprecherin für sowjetische Filme bei der DEFA in Berlin-Johannisthal. Schließlich musste sie Geld verdienen. Außerdem spielte sie im Ensemble des Schloßparktheaters. Auf dessen Bühne sah sie auch der Filmproduzent Erich Pommer, der bereits 1933, mit 44 Jahren, nach Amerika emigriert war und 1946 als amerikanischer Filmoffizier unter seinem neuen Namen Eric Pommer nach Deutschland zurückkehrte. Seine Aufgabe war es, in der amerikanischen Zone die Filmindustrie wieder aufzubauen,

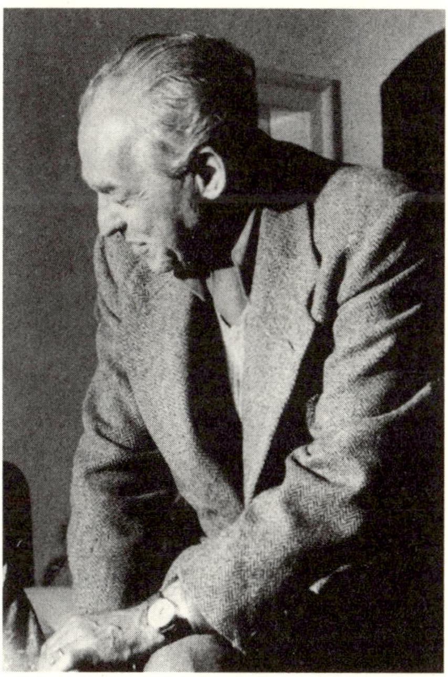

Der 1889 geborene Erich Pommer spielte eine wichtige Rolle in Hildes Leben. Er verstarb 1966 in Los Angeles.

die Entnazifizierung deutscher Filmschaffender voranzutreiben und in der Folge Produktionslizenzen zu erteilen. Er bot Hilde an, sie zu beraten. Als er von ihrer Liaison mit Kurt Hirsch erfuhr, der mittlerweile wieder in Berlin lebte, ernannte er Hirsch zu seinem Assistenten. In der Nähe des Schlachtensees, einer von Kriegszerstörungen verschonten Villengegend Berlins, stellte Eric Pommer Kurt Hirsch und Hilde die von den Amerikanern beschlagnahmte Villa in der Kleiststraße 9 zur Verfügung. Hier sollte sich Hilde nach ihrer Arbeit erholen. Und das tat sie auch. Sie genoss ihr Leben an der Seite von Kurt. Das Glück des Liebespaars spiegeln folgende Tagebuchaufzeichnungen wider:

Unser Buch – für *unsere* Gedanken unsere Wünsche u. unsere Liebe
Weihnacht 1946
Deine Hildegard

Januar 1947

Es ist Nacht, ganz still, ganz behutsam – Du liegst ermattet und glücklich – ganz nah sind wir uns – und dankbar! Sehr dankbar!
Dieses Jahr möge uns viele innige Stunden geben – stille Stunden des Glücks – und große Stunden des Glücks, des Erfolges in der lauten Welt – die uns unsere innigen Nächte möglich machen.
Hand in Hand mag das Schicksal, wie in diesen ersten reinen Stunden in einem Neuen Jahr beschenken.
Wir wollen uns neigen vor der Liebe, vor der Güte und die Kraft aus ihr schöpfen für das Neue – Du – wir – unser Leben

4.1.47

Es ist so albern und doch lächeln wir uns infantil verstehend an –
Du hast dieselbe dumme Krankheit an derselben Stelle, wie ich vor 5 Wochen – Sympathiekrankheit!
Pommer war heut bei uns – er ist ganz duldsamer Pappi – hoffentlich bleibt er uns weiter so gesinnt. –
Gestern war die 175. Vorstellung von »Three men …« Es macht immer noch Freude – ich befürchte nur einen künstlerischen Stillstand, wenn ich nicht eine kleine Pause haben kann.
Unsere Hoffnung ist unsere geplante Reise nach Bayern – vielleicht

können wir für ein paar Tage unseren wehleidig geprägten Satz »No Time for love« vergessen.

8.1.47

Nun haben wir Zeit für unsere Liebe und nun sind wir in Heidelberg – und Du bist krank,—

Mit vielen Alltäglichkeiten beschäftigt, war die Freude und Aufregung fast zu klein, als wir zum ersten Mal gemeinsam Berlin verließen.

Allmählich spüre ich wie die Großstadt abfällt – die Ruhe und Naivität in dieser unzerstörten Stadt mit ihrer alten Schloßruine ist so wohltuend.

Wir sind den ganzen Tag zusammen und nehmen es schon wieder selbstverständlich. – Du, glaube ich, mehr als ich. –

Du findest Dich scheinbar so schnell in alles ein. –

Aber ich kenne Dich zu gut und weiß dass es tatsächlich nur scheinbar ist.

Ich wünsche, dass Du ganz schnell wieder glücklich lachst und gesund bist.

Heidelberg, 10.1.

Es war unsere schlimmste, schwerste Nacht, wir hielten uns aneinander fest und doch schien alles zerbrochen –

unsere Tränen waren wie ein nicht versiegender unglückbringender Strom. –

Du warst ganz weit fort von mir – ich zählte Deinen Herzschlag und doch schienst Du tot für mich.

Die Welt drehte sich weiter – pulsierte – unsere Welt stand still.

Tränen, Tränen und Verzweiflung – wie damals …

Mein Gott – in dieser Nacht sah ich meinen Vater, – ganz nah war sein Gesicht und ich bat ihn um Hilfe – auch für Dich – für uns.

Und wie immer, wenn meine Kraft zusammenbricht, wenn ich ihn hilfesuchend rufe – kommt er und beschützt.

Ehe ist nicht nur glücklicher Rausch – eine Verpflichtung wie sie größer nicht sein kann – wird uns auferlegt. –

Ich hatte es im egozentrischen Schmerz vergessen – und der Egoismus wird bestraft.

Lieber Gott, gib ihn den Glauben an mich zurück und laß uns reifer durch das Erlebte und Stärke haben. Bitte!

Ulm 17.1.

Nach 21 Jahren verbringe ich meinen ersten Tag in Ulm – Ulm dass ich symbolisch liebe – Vater beendete und ich begann das Leben hier. Es ist kalt und Du, Geliebter bist traurig. –
Es ging auf dieser Reise nicht alles so glatt, wie Du es gewöhnt bist – Du haderst dann mit Dir und dem Schicksal – Geliebter – kleinen Ärger in der großen Welt gibt es immer – ich liebe ihn auch nicht und doch kann ich mich schneller mit abfinden. Der Krieg hat mich oft nur bis zur Vorfreude kommen lassen – ich war damals so zerschlagen. Man wird reifer – ganz allmählich – hastend begreift man, dass die Welt mit ihren Alltäglichkeiten nicht so wichtig ist, wie wir mit 20 Jahren denken.
Seit 2 Tagen sind wir nun in Berlin – ich spiele nicht und führe einen Tag, der ganz Dir gewidmet ist.
Heut Abend packte mich die Sehnsucht nach meinem Theater, nach Publikum und Bühne. Ganz kurz und heftig. Wir sind alle so undankbar und wir müssen uns bemühen, nach der Erkenntnis auch die Besserung anzustreben. – Ich war so glücklich andere Luft zu atmen – nach 2 Jahren mal Berlin verlassen zu können – mit Dir zusammen!

27.1.

Ich bin krank und warte – liege und warte.
Warte auf das Gesundwerden auf Dein Nachhauskommen auf eine liebe Unterbrechung – alles vibriert in mir – ich möchte laufen, arbeiten, lieben alles was meine Vitalität verlangt – aber ich warte – die Minuten werden langsam zu Stunden und ich verfolge das Steigen und Fallen des Tages. Es tropft … es ist so still, dass ich meine Gedanken zu hören glaube.
Wenn Du das Zimmer verläßt und die Tür schlägst, hab ich einen beinahe physischen Schmerz – ich zucke zusammen, wenn etwas zu Boden gleitet. Die Stickereien auf meiner Decke erkenne ich als Grabkreuze – ich habe Angst – eigentlich vor mir. Ich bin ungerecht gegen Dich – Du schreist – Ich weine

Alles ist gegen meine Natur, gegen unseren Lebenswillen – meine Gefühle sind anders, als ich bin – einfach krank – ich bin krank, wenn ich Deine Liebe – Dein Verlangen – Deine Anlehnung nicht spüre – ich bin krank wenn ich nicht Dich und meinen Beruf habe.«

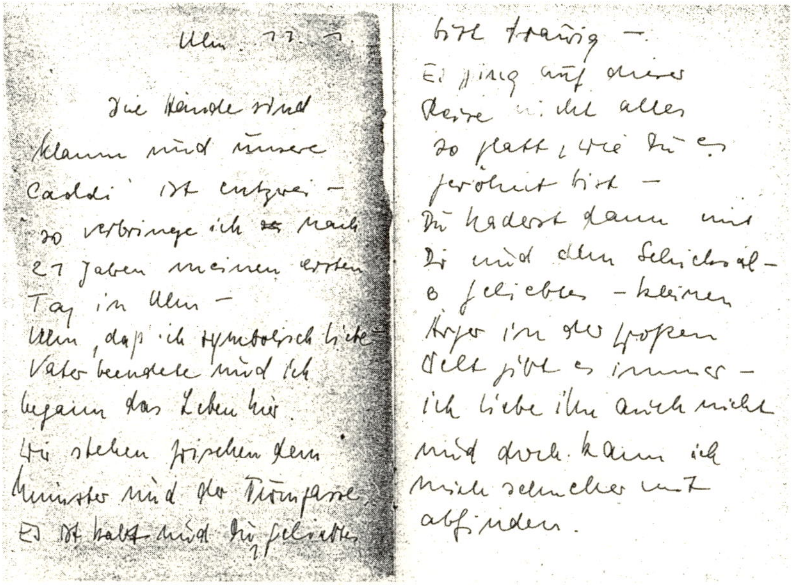

Ulm. 11.

Die Hände sind klamm und unsere Caddi ist entzwei – so verbringe ich nach 27 Jahren meinen ersten Tag in Ulm – Ulm, daß ich symbolisch liebe – Vater beendete und ich begann das Leben hier. Wir stehen zwischen dem Münster und der Promenade. Es ist kalt und Du, geliebter, bist traurig – Es ging auf dieser Reise nicht alles so glatt, wie Du es gewöhnt bist – Du haderst dann mit Dir und dem Schicksal – o Geliebter – kleinen Ärger in der großen Welt gibt es immer – ich liebe ihn auch nicht und doch kann ich mich schneller mit abfinden.

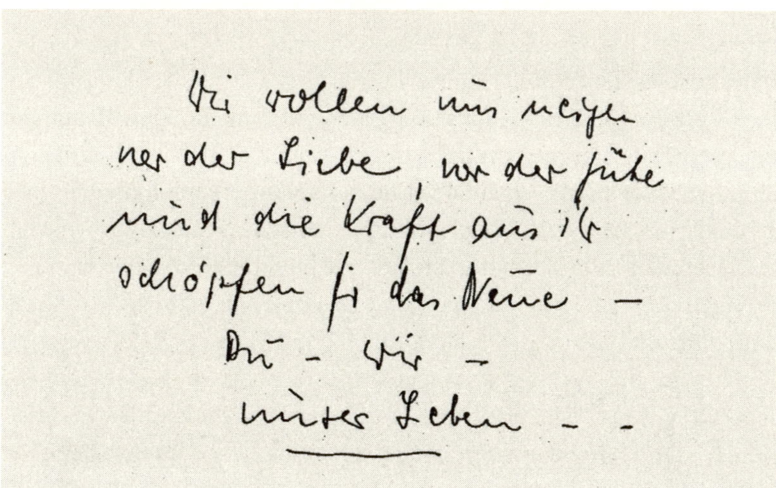

Wir wollen uns neigen vor der Liebe, vor der Güte und die Kraft aus ihr schöpfen für das Neue – Du – Wir – unser Leben – –

Von Kurt Hirsch findet sich lediglich eine Tagebuchaufzeichnung vom 15. Juni 1947, 6 Uhr:

»Morgen kommst Du zurück. Endlich. Ich bin so ungeduldig wie vorigen Sommer während der letzten Tage am Schiff. Ich laufe in unsrer Wohnung hin und her lese, mache, schreibe höre Musik tue und mache hunderte Sachen zu gleich und nichts mit ganzer Concentration. Man würde es als zappelndes Glück bezeichnen. Ich war so kraftlos ohne Dich. Langsam spüre ich wieder wie das Leben wieder Sinn bekommt, und wie arm ich ohne Dich war. Komme schnell, schnell! Ich bete zu Gott, dass er uns nie trenne möchte und doch zittere ich wenn ich daran denke, dass unser Glück oft an einer Schraube, einen Rad, einer Achse oder einem Überfall auf nächtlicher Strasse hängt. Du mußt auf Dich aufpassen wie ich auf mich aufpassen will, nicht aus Egoismus oder Selbsterhaltungstrieb, sondern um Dich, wie Du für mich. Mein Glück !!!«

In dem zweiten westdeutschen Nachkriegsfilm »Zwischen gestern und morgen« bekam Hilde wieder eine Rolle. Ursprünglich sollte der Film »Palasthotel« heißen. Gedreht wurde vom 1. April bis 15. Juni 1947 in der Bavaria Filmstadt Geiselgasteig. Das im Krieg vollständig zerstörte Hotel Regina wurde in den Studios nachgebaut. Hilde spielte an der Seite von Viktor de Kowa, Willy Birgel, Winnie Markus und Erich Ponto. Pommer war es, der Hilde engagierte – auch er zweifelte keine Sekunde daran, dass sie der Star von morgen sein würde. Sie unterschrieb am 17. März 1947 ihren Vertrag, der ihr 10.000 Reichsmark zusicherte, 25 Reichsmark Diäten pro Tag und Unterkunft auf dem Bavaria-Gelände. Hildes Name tauchte nun in allen Reklamen auf, die für den Film gemacht wurden, und stand im Vorspann – in alphabetischer Folge – neben denen der anderen Hauptdarsteller. Sie unterschrieb eine Erklärung, dass sie deutsche Staatsangehörige sei und nach den Entnazifizierungsvorschriften nicht belastet wäre.

»Zwischen gestern und morgen« ist der erste Münchener Nachkriegsfilm des Jahres 1947. Auch dieser Film thematisiert die jüngste Geschichte, die Verfolgung von Juden und politisch Andersdenkenden, die Posttraumata des Krieges. Hildegard Knef spielt hier, wie auch schon in dem Film »Die Mörder sind unter uns«, eine lebensbejahende junge Frau.

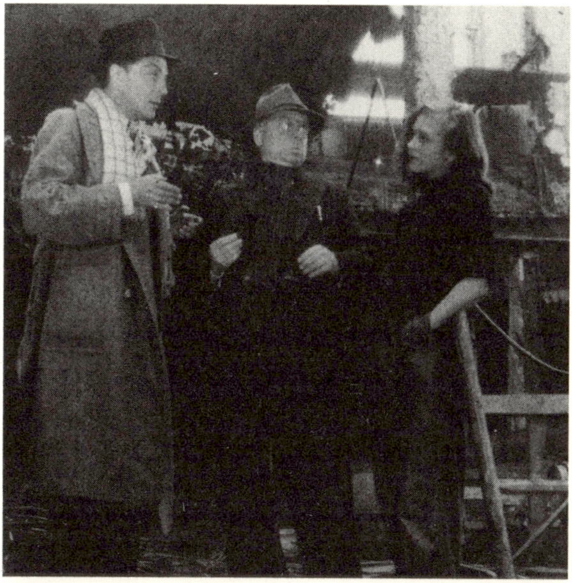

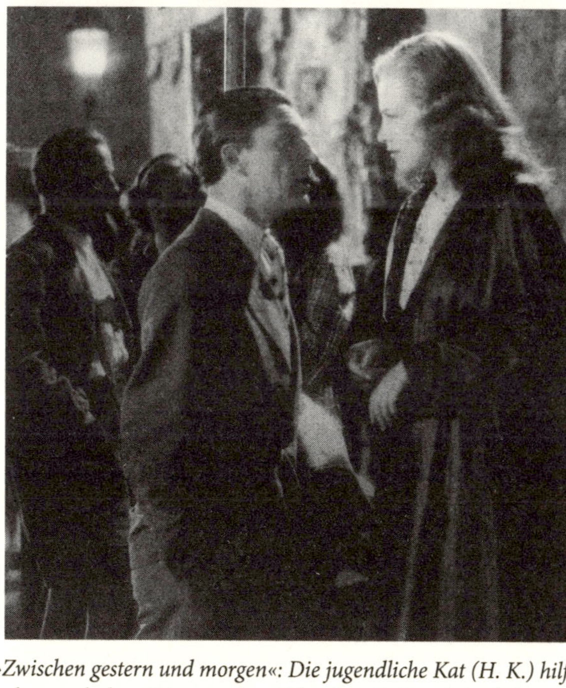

»Zwischen gestern und morgen«: Die jugendliche Kat (H. K.) hilft dem nach dem Krieg aus dem Schweizer Exil zurückgekehrten Zeichner Michael Rott (Viktor de Kowa) sich zu rehabilitieren.

NEUE DEUTSCHE FILM GESELLSCHAFT
M. B. H.

MÜNCHEN, -Geiselgasteig,
Bavariafilm-Platz 7,

Vertrag

Zwischen der Neuen Deutschen Filmgesellschaft m.b.H., München-Geiselgasteig, Bavariafilm-Platz 7,
- im Folgenden kurz Firma genannt -

und Frau Hildegard K n e f , Berlin-Zehlendorf-West, Kleiststr. 9,
- im Folgenden kurz Mitarbeiterin genannt -

wird folgender Vertrag geschlossen:

1.) Die Mitarbeiterin steht der Firma

als Darstellerin

in dem Film mit dem voraussichtlichen Titel "Palasthotel!" ausschliesslich zur Verfügung.

2.) Die Vertragszeit beginnt am 1. April und endet am 15.Juni 1947.

3.) Die Mitarbeiterin erhält einschliesslich des gesetzlichen Steuerabzuges

RM 10.000,-- als Pauschale für die Dauer des Films.

(Diesem Vertrag liegt eine Tagesgage von RM 400,-- zugrunde).

Ausserdem erhält die Mitarbeiterin für die Dauer ihres Aufenthaltes in München Diäten in Höhe von RM 25,-- pro Tag. Gleichzeitig wird der Mitarbeiterin versichert, dass sie während der Dauer ihrer Anwesenheit in München einen Wohnraum auf dem Bavariagelände in Geiselgasteig erhält.

Sollten nach der durch die Firma erfolgten Abnahme der Musterkopie noch Neuaufnahmen vorgenommen werden, so erhält die Mitarbeiterin für jeden Tag ihrer Mitwirkung ein Tageshonorar, bei Mitwirkung an einer Synchronisation die Hälfte dieses Honorars.

Vertrag zwischen der »Neuen Deutschen Filmgesellschaft m. b. H.« und Hildegard Knef für den Nachkriegsfilm »Zwischen gestern und morgen« der ursprünglich »Palasthotel« heißen sollte.

4.) Die Mitarbeiterin versichert, dass sie vor Abschluss dieses Vertrages keine anderen als die nachstehend benannten Verpflichtungen einschliesslich ausserfilmischer Verpflichtungen eingegangen ist:

Es ist der Firma bekannt, dass die Mitarbeiterin vertraglich an das Steglitzer-Schlosspark-Theater gebunden ist.

5.) Besondere Vereinbarungen:

Die Firma verpflichtet sich der Mitarbeiterin gegenüber, ihren Namen im Vorspann und sämtlichen Reklamen nicht grösser und auch nicht kleiner als alle anderen Hauptdarsteller zu nennen. Die Reihenfolge der Namensnennung erfolgt alphabetisch.

6.) Die Mitarbeiterin erklärt nach bestem Wissen, dass sie deutsche Staatsangehörige und Deviseninländerin ist.

7.) Die Mitarbeiterin versichert und steht dafür ein, dass sie durch keine Entnazifizierungsvorschriften belastet ist. Es ist ihr bekannt, dass die Auswertbarkeit des Films im Falle unrichtiger Angabe gefährdet ist. Für hieraus etwa entstehende Schäden ist sie der Firma voll haftbar.

8.) Sollte dieser Vertrag von der Genehmigung irgendeiner Stelle der Besatzungsbehörden abhängig sein, so wird der Vertrag erst mit deren Erteilung wirksam.

München, am 17. März 1947

NEUE DEUTSCHE FILMGESELLSCHAFT
M.B.H.

Hildegard Knef
....
(Unterschrift d.Mitarbeiterin)

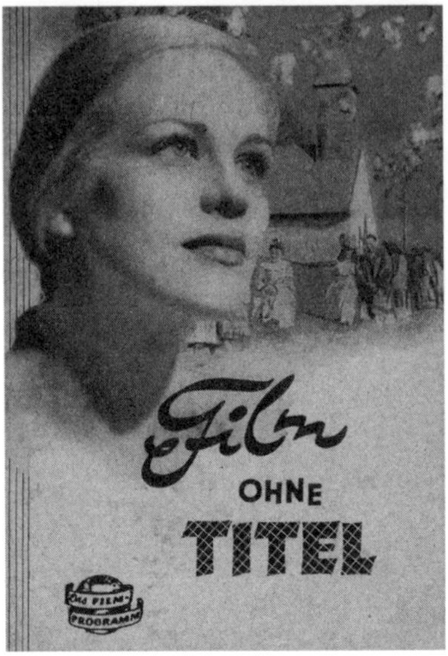

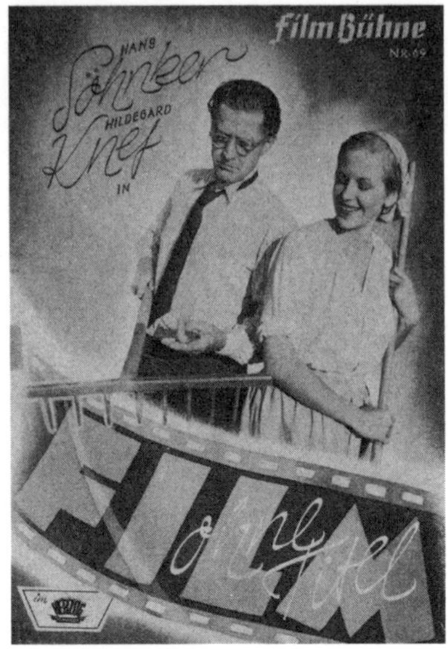

Das Bauernmädchen Christine (Hildegard Knef) und der Kunsthändler Martin Delius (Hans Söhnker) verlieben sich ineinander und es gelingt ihnen, trotz des Standesunterschiedes und gegen alle Vorurteile zueinanderzukommen.

Noch im selben Jahr drehte Rudolf Jugert mit Hilde die Komödie »Film ohne Titel« nach dem Drehbuch von Helmut Käutner, Ellen Fechner und Jugert selbst. Hilde spielt darin die Bauerntochter Christine, die sich in den Antiquitätenhändler Martin Delius, gespielt von Hans Söhnker, verliebt. Das Paar durchlebt ein Wechselbad der Gefühle, denn so unwohl sich Christine bei dem gesellschaftlich höhergestellten Delius in Berlin fühlt, so deplatziert fühlt sich Delius, als er Christine nach Kriegsende auf dem Bauernhof ihrer Eltern wiedertrifft. Beide kämpfen um ihre gemeinsame Zukunft, und es gibt ein Happy End. Die Briten verlangten, dass die weibliche Hauptrolle von einer Schauspielerin mit »sauberer« politischer Vergangenheit gespielt werden sollte und schlugen Kristina Söderbaum vor. Am nächsten Tag wurde der Vorschlag zurückgenommen, weil sie herausgefunden hatten, dass die Söderbaum seit 1939 die Ehefrau Veit Harlans war. Söhnker, der Hilde sehr gut kannte, empfahl sie wärmstens für die Rolle. Hilde unterschrieb einen Vertrag mit der Camera Filmproduktion GmbH über eine Gage von 20.000 Reichsmark, was für damalige Verhältnisse keine wirklich große Summe war, wenn man bedenkt, dass zwanzig amerikanische Zigaretten schon 150 Reichsmark, 1 Kilogramm Kaffee 1100 Reichsmark und ein Ei zwölf Reichsmark kosteten. Die Außenaufnahmen fanden in dem idyllischen Dorf Dannenberg, unweit der Elbe statt. Die Unterbringung des Teams war problematisch, denn Hotels und Bauernhöfe waren mit Flüchtlingen belegt. Kurzentschlossen zogen Schauspieler, Kameramänner und Tontechniker zusammen in einen von der Reichsbahn gemieteten D-Zug-Wagon ein. Es sollte die harmonischste Zusammenarbeit werden, die Hilde je erlebte. »Film ohne Titel«, wurde im Spätherbst 1947 fertig gestellt. Die Presse und das Publikum waren begeistert, zeitlebens war er auch Hildes Lieblingsfilm. Bei der Premiere im Marmorhaus wurden die Zuschauer von der Produktionsfirma gebeten, einen Titel für den Film vorzuschlagen. Der beste sollte mit 3.000 Reichsmark prämiert werden. Nach der Vorführung trat Hans Söhnker, einen Stuhl in der Hand, vor den Vorhang und wandte sich mit folgenden Worten ans Publikum: »Der Stuhl soll den leer gewordenen Platz symbolisieren, den Hilde Knef zurückgelassen hat. Zu dieser Stunde fliegt sie über den Atlantik, und unsere guten Wünsche und Gedanken sind bei ihr.«

Hilde und Kurt hatten sich entschlossen zu heiraten und Eric Pommer gebeten, ihr Trauzeuge zu sein. Pommer hatte versucht, die beiden von dieser Idee abzubringen. Für Hilde bedeutete die Heirat mit Kurt Hirsch, dass sie das Land innerhalb von dreißig Tagen verlassen musste und sie ihre Staatsangehörigkeit verlor. Kurt Hirsch musste zurück in die Heimat und den Dienst in der Armee quittieren. Er hatte keinen Beruf erlernt, würde in Amerika also vor dem Nichts stehen. Auch von Pommers Warnung, dass bisher keine Ehe, die unter seiner Trauzeugenschaft geschlossen worden war, Bestand gehabt hätte, ließ sich das Paar nicht von seinem Entschluss abbringen. Aber nicht nur Pommer, auch Else Bongers führte schwerwiegende Argumente gegen die Eheschließung ins Feld. Vergeblich – das Paar schlug alle Einwände in den Wind und heiratete am 15. Dezember 1947. Hilde nahm den Familiennamen ihres Mannes an, arbeitete als Schauspielerin aber weiterhin unter ihrem Mädchennamen.

In einem Brief vom 8. Januar 1948 nahm Hilde von ihrem Filmvater Carl Voscherau Abschied:

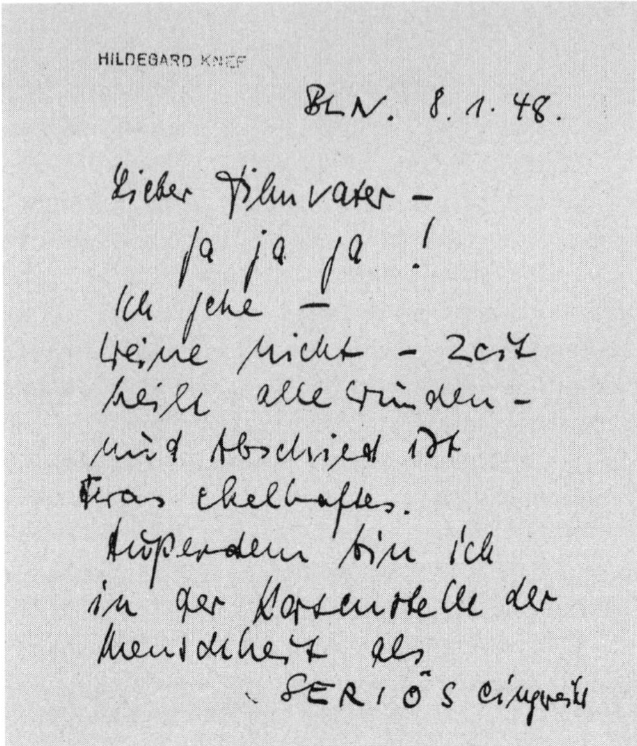

HILDEGARD KNEF

BLN. 8.1.48.

Lieber Filmvater –
Ja ja ja!
Ich gehe –
weine nicht – Zeit
heilt alle Wunden –
und Abschied ist
was ekelhaftes.
Außerdem bin ich
in der ersten Stelle der
Menschheit als
SERIÖS eingestuft

»Lieber Filmvater – Ja Ja Ja! Ich gehe – weine nicht – Zeit heilt alle Wunden – und Abschied ist was ekelhaftes.

Außerdem bin ich in der ersten Stelle der Menschheit als SERIÖS eingestuft. Ich habe geheiratet – Lach nicht – sondern schreib mir – ich bin nicht aus der Welt. –

Am 23.1. ist Premiere in BERLIN. Genau um diese Zeit sitze ich im Flugzeug von LONDON n. NEW YORK und kotze – (ich bin nicht schwindelfrei!)

Toi toi toi für Alles –

Herzlichen Kuß mein lieber Voschi – behalt den Hanseatenblick – und mich lieb.

Deine Filmtochter Christine.

Die Adresse durch die Du mich weiterhin erreichst (Die Post wird mir von dort aus nachgeschickt: Mr. Eric Pommer …«

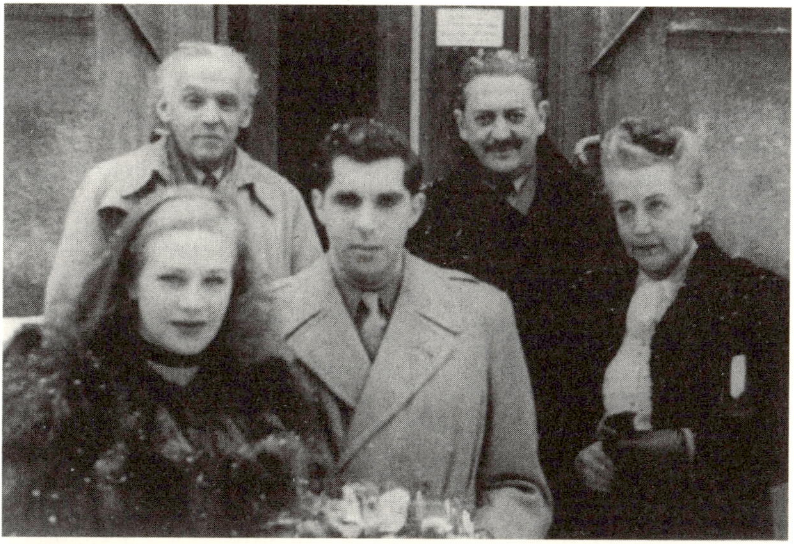

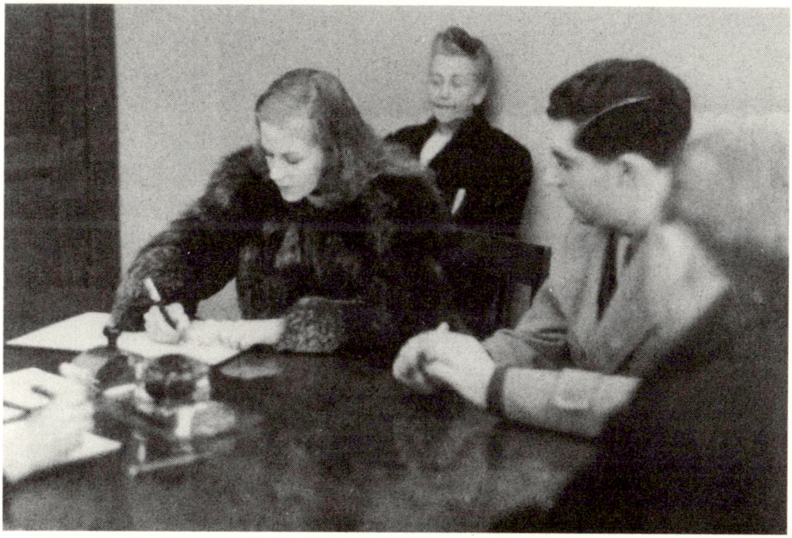

Oben: 15. Dezember 1947: Hilde und Kurt Hirsch heiraten.
Im Hintergrund Eric Pommer, Carl Winston und Hildes Mutter Frieda Wulfestieg.
Unten: Hilde beim Unterzeichnen der Heiratskunde.

»Film ohne Titel« wurde ein Riesenerfolg und eines der wichtigen Dokumente der Stunde Null. Bereits am 2. Dezember 1947 war in der Probenummer der englisch lizenzierten Tageszeitung Excelsior ein Porträt Hildegard Knefs abgedruckt, des feingliedrigen, sehr mädchenhaften neuen Filmstars. Innerhalb weniger Wochen hatte der Film ein Vielfaches seiner Kosten eingespielt. 1948 erhielt Hilde als erste deutsche Schauspielerin nach dem Krieg auf dem Internationalen Filmfestival von Locarno für ihre Rolle des Bauernmädchens Christine den Preis als beste Schauspielerin. Die erste Ausgabe der Illustrierten stern titelte am 1. August 1948: »Der Stern unserer Zeit ist kein extravaganter Star. Natürliche Anmut bewundern wir an Hildegard Knef«, darüber ein Foto; Hilde im Heu liegend, das Gesicht umrahmt von langen blonden Haaren, Mund und Augen sorgfältig geschminkt. Die Zeitschrift erschien im Verlag Henri Nannen in Deutschland unter Zulassung der Militärregierung. Den Herausgeber lernte Hilde erst 1953 kennen.

»Film ohne Titel« wurde 1949 beim Filmfestival in Mailand als bester Film ausgezeichnet. Den Bambi als kassenstärkster Film erhielt allerdings »Das Lied von Bernadette«.

Die Dreharbeiten hatten Hilde auch wieder mit Helmut Käutner zusammengebracht, unter dessen Regie sie bereits 1945 in dem Film »Unter den Brücken« gearbeitet hatte. 1951 sollte sie in dem Film »Nachts auf den Straßen« spielen, für den Käutner das Drehbuch verfasste. Käutner war für Hilde ein wichtiger Begleiter auf dem ersten Stück ihres Weges zum Erfolg – sie vergaß ihm seine Hilfe nie, war ihm treu ergeben und dankbar bis zu seinem Tod am 20. April 1980. Für das *Hamburger Abendblatt* schrieb sie einen Nachruf, der in dem Taschenbuch »Helmut Käutner. Seine Filme – sein Leben« abgedruckt wurde:

»Ich bin sehr erschüttert über den Tod Helmut Käutners. Ich habe einen Freund verloren und Deutschland einen seiner besten, engagiertesten Regisseure, einen fantasiereichen Künstler, der vor Einfällen schier barst und von dem ich mir überhaupt nicht vorstellen kann, dass er, dies Bündel geballter Energie, plötzlich von uns gegangen sein soll.

Ich habe mit ihm zu Beginn meiner Karriere zusammengearbeitet und ihm viel zu verdanken. Den jungen Regisseuren des neuen deutschen Film war er eine der wenigen Vaterfiguren. Er hat auf diesem zernarbten Boden Deutschlands mit Kameras, die kaum funktionierten, unter unsäglichen Schwierigkeiten Meisterwerke geschaffen – ein ganz großer Könner des deutschen Films.«

Bevor Hilde Deutschland verlassen hatte, war sie Elli Silman – mit Geburtsnamen Elly Silbermann – begegnet, die ihre erste Agentin wurde. Bis 1933 hatte Elli Silman bei der Ufa gearbeitet und alle Großen des Films wie Pommer, Siodmak, Moissi, Jannings, Albers, Wilder und die Bergner kennen gelernt. Noch im Jahr der Machtübernahme durch die Nazis hatte die Ufa Elly Silbermann wegen ihrer jüdischen Abstammung gekündigt, und sie war nach Amerika emigriert. In Hollywood wurde sie Agentin vieler aus Deutschland emigrierter Schauspieler. Bald schon kannte sie jeden Star, jeden Regisseur. Bei Kriegsausbruch trat sie in die Armee ein, kehrte im Dezember 1945 als Filmoffizierin aus Amerika nach Deutschland zurück und scharte die Filmwelt in Berlin um sich. Sie stellte Hilde einen Vertrag mit David O. Selznick, dem Produzenten des Films »Vom Winde verweht« in Aussicht. Die Verhandlungen fanden in London statt, weil die Amerikaner zu diesem Zeitpunkt keine Verträge mit Deutschen auf dem ehemaligen Kriegsgebiet abschließen durften. Einen Vertrag erhielt Hilde aber nicht. Die Geschäftsbeziehung zwischen Hilde und Elli Silman scheiterte, als Hilde ihrer Agentin Ende der 1950er-Jahre vorwarf, sie finanziell betrogen zu haben. Hildes Ebbe auf dem Konto ging vermutlich einzig und allein auf ihre eigene wirtschaftliche Ungeschicklichkeit zurück. Elli Silman war so klug und professionell, kein einziges Wort über ihre Geschäftsbeziehung zu Hildegard Knef preiszugeben. Nach diesem Bruch – Hilde trennte sich von einem Tag auf den anderen von Elli Silman – gaben sich die Agenten bei Hilde die Klinke in die Hand.

Am 21. Januar 1948 flogen Hilde und Kurt Hirsch nach einem tränenreichen Abschied von der Familie von Berlin-Gatow via Hamburg und London nach New York. In Hamburg hatten Hilde und Kurt einen zwanzigminütigen Aufenthalt. Sie verließen das Flugzeug, und Hilde gab Interviews. Als große Überraschung wartete Helmut Käutner in Begleitung von Irene von Meyendorff – sie spielte an der Seite von Hildegard Knef in »Film ohne Titel« eine Episodenrolle – und Dr. Heinz

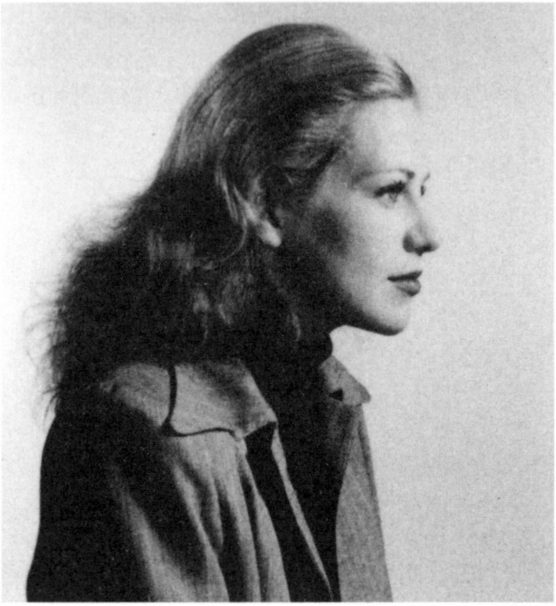

Passfoto für Hildes Reisepass

Wiers, Chef der Deutschen Wochenschau, mit riesigen Blumensträußen auf dem Rollfeld, um Lebewohl zu sagen. Von Hamburg aus flog das Ehepaar nach London, wo die drei größten Hollywood-Filmfirmen ihre Europavertretungen hatten. Der Vertragspoker um Hildegard Knef nach dem Motto, wer das Meiste an Rollen, Möglichkeiten und Gage bietet, begann. Elli Silman hatte einen Presseauftrieb für »Miss Knef« arrangiert. Täglich waren drei Stunden für Fototermine und Interviews festgesetzt. Hilde ist also nicht, wie sie immer sagte mit einem Hollywoodvertrag in der Tasche in die USA gereist, sondern mit der Hoffnung auf einen Hollywoodvertrag.

Es blieb neben den öffentlichen Terminen auch genug Zeit für ein umfangreiches Besichtigungsprogramm der Stadt. Besonders von der Westminster Abbey war Hilde ganz begeistert. Und dann erwies sich Kurt, den sie liebevoll Schnuet nannte, auch noch spendabel. Er kaufte Hilde zwei Mäntel und eine Tasche. Die Mäntel seien von einem Charme und Schnitt, schrieb sie ihrer Mutter, wie englische Rennpferde.

Nach einer Woche flogen Hilde und Kurt nach New York, wo sie wegen eines Schneesturms nicht landen konnten, und ihr Flug nach Boston umgeleitet werden musste. Von dort gelangten sie schliesslich per Bahn, Bus und Untergrundbahn nach New York.

New York – Hollywood

New York – die Stadt der Wolkenkratzer und der Straßenschluchten, schüchterte Hilde in den ersten Tagen ein und stimmte sie traurig. Sie lernte die Familie ihres Mannes kennen und hatte den großen Wunsch, Kurts Eltern eine gute Schwiegertochter zu sein. Die Eltern nahmen sie, trotz aller Vorurteile, freundlich auf. Sie kauften Hilde zur Begrüßung drei Paar Schuhe auf einmal und freuten sich über die hübsche blonde Frau, die ihr Sohn nach Hause gebracht hatte. Voller Stolz wurde sie den Nachbarn vorgestellt und durfte die Schwiegereltern mit Vornamen, Regina und Edmund, ansprechen. Hilde wurde strikt untersagt, im Haushalt auch nur einen Finger zu rühren, sie sollte es so bequem wie möglich haben und sich wohlfühlen. Die gute Stimmung schlug unerwartet von heute auf morgen um: Hilde konnte den beiden auf einmal nichts mehr recht machen. Kurts Eltern lebten in einer grauen Mietskaserne in Astoria, einem ärmlichen Stadtteil im Nordwesten von Queens. Sie pflegten die jüdischen Bräuche und feierten die jüdischen Feste. Plötzlich störte es sie, dass Hilde sich damit nicht auskannte, dass sie deutsche war, sie beschimpften sie regelmäßig wegen ihrer Herkunft und sahen in ihr, wie in jedem Deutschen, einen Nazi. Sie regten sich über die Briefe von Hildes Mutter auf, die natürlich besorgt war und nachfragte, ob es ihrer Tochter auch gut ginge. Zuerst war Hilde begeistert von ihrem neuen Zuhause, doch als die Stimmung gegen sie umgeschlagen war schrieb sie der Mutter, dass sich Regina wohl so bös benehme, weil sie in den Wechseljahren sei. Die Schwiegermutter klagte darüber, dass die Schickse keinen Handschlag im Haushalt tat, faul sei und das hart verdiente Geld des Sohnes für Kleider, Mäntel und Möbel ausgab. Der Schwiegervater soll Hilde sogar einmal tätlich angegriffen haben, was diese als Mordversuch wertete. Das Leben unter einem Dach war unmöglich geworden, zumal sie Hilde von allen Gesprächen ausschlossen, indem sie sich nur noch auf

Tschechisch unterhielten. Die Schwiegereltern interessierten sich weder für Hildes Leben in Deutschland noch für ihren Beruf. Kurt hatte seinen Eltern vor der Rückkehr den gesparten Sold geschickt, damit sie ihn verwalteten. Jetzt, als das junge Paar das Geld dringend gebraucht hätte, hielten sie es zurück und drängten den Sohn, sich von Hilde zu trennen. Die Situation war dramatisch. Hilde und Kurt zogen in ein Hotelapartment. Hildes Sehnsucht nach der Familie füllte seitenlange Briefe an die »geliebte Mamucka«, den lieben Papa und den Bruder »Heinzelmann«. Sie schickte Pakete voller Köstlichkeiten, Kaffee, Kakao, Speck, aber auch Strümpfe, Seife, Vitamintabletten, Hundefutter, Lebertran für den Stiefvater und Bonbons, Kaugummis und sogar Indianerfedern für Heinz. Als die Mutter in einem Brief über Schmerzen in den Beinen klagte, schickte Hilde ihr wollene lange Militärunterhosen von Kurt, die sie im Schuhmacherladen tragen sollte. Warum sie in ihren Erinnerungen davon spricht, dass sie aus Geldmangel lediglich Saftbüchsen an die Familie in Deutschland schickte, bleibt ein Rätsel.

Der Beginn ihres neuen Lebens in New York fiel Hilde schwer, sehr schwer. Sie hatte in Berlin eine komfortable Wohnung, ihren Beruf, ihren Erfolg, ihre Freunde und Mentoren zurückgelassen und musste wieder ganz von vorne anfangen. Außer Kurt kannte sie niemanden. Hinzu kam eine große Enttäuschung. Sie hatte noch immer keinen Vertrag unterschrieben, obwohl sie sich, wie in Amerika üblich, einer Agentur anvertraut hatte. Das Interesse an ihrer Person blieb aber aus. Als sie Selznick von 20th Century Fox wiedertraf, konnte der sich gerade mal an ihre Rolle in »Die Mörder sind unter uns« erinnern. Er bemängelte ihre englische Aussprache und verlangte von ihr, hart daran zu arbeiten. Trotz der negativen Stimmung handelte ihre Agentin Elli Silman mit Selznick einen Siebenjahresvertrag aus – sieben Jahre würde es ihrer Meinung nach dauern, Hilde auch in Amerika zum Star aufzubauen. Anfang März 1948 unterschreibt Hilde den Vertrag, der ihr 250 Dollar Gage wöchentlich zusichert. Sprachausbildung und Training sind für ein halbes Jahr garantiert. Nach diesem halben Jahr werden ihr 500 Dollar Gage zugesichert. Schon im April musste Hilde in Hollywood sein. Im März brachen sie und Kurt mit dem Auto Richtung Kalifornien auf. Sehr herzlich wurden die beiden bei einem Zwischenstopp in Chicago von der Familie ihres Onkels, Kurt Groehn, dem Bruder der Mutter, aufgenommen. Sie begegnete erstmals ihren beiden Cousins, den Söhnen Kurts und seiner Frau Ida. Als Onkel und Tante von der prekären Situation ihrer Familie in Deutschland erfuhren, waren sie sofort bereit, sie mit Paketen zu unterstützen.

Hilde und Kurt setzten nach kurzem Aufenthalt ihre Reise mit dem Cadillac auf der berühmten Route 66 fort. Hilde schrieb ihrer Mutter begeisterte Briefe, in denen sie von der Landschaft schwärmte, die sie durchfuhren. In Hollywood wartete auf das Paar eine schöne Wohnung in einem Haus mit drei Mietparteien. Das Filmgelände von Hollywood war im Vergleich zu dem der Ufa klein. Es wirkte geradezu dörflich. Auf dem 460.000 Quadratmeter großen Gelände in Babelsberg hatten überall Fahrräder herumgestanden, um die entlegenen Gebäude – insgesamt waren es 42 – schneller erreichen zu können. Hier konnte man alles zu Fuß bewältigen. Die Ansiedelung des Filmgeländes in Hollywood war mit Bedacht geschehen: Die Sonne schien das ganze Jahr über – ideal für Filmaufnahmen. Als Hilde nach Los Angeles kam, kämpfte die Filmmetropole Hollywood noch mit den Folgen der Weltwirtschaftskrise.

Der Pressechef empfing Hilde mit der Anordnung Mr. Selznicks, sich mit ihm auf einen neuen Namen für sie zu einigen. Knef klänge zu deutsch und wäre für Amerikaner schwer auszusprechen. Man einigte sich auf Hildegarde Neff. Alles, was Hilde weiter zum Thema Namensänderung in ihrem späteren Buch »Der geschenkte Gaul« preisgibt diente dem Zwecke einer schönen Geschichte. Hilde schrieb, sie sollte Gilda Christian heißen. Das ist sehr unwahrscheinlich und wäre ein Überangebot von Christians gewesen. Seit 1948 drehte Paul Hubschmid unter dem Pseudonym Paul Christian in Hollywood. Eine weibliche Schauspielerin Namens Christian gab es auch. Linda Christian war von 1949 – 1956 die zweite Ehefrau von Tyrone Power, der einige Jahre später der Liebhaber von Hilde wurde. Aus dieser Ehe ging die Tochter Romina hervor die mit ihrem Ehemann Al Bano ein gefeiertes Pop Duo bildete. Romina Power schrieb Anfang der 80iger Jahre einen Brief an Hilde und wollte Näheres über ihren Vater Tyrone wissen. Hilde fand das eine Zumutung und beantwortete den Brief nicht. Doch nicht nur ihr Name wurde in Neff geändert, auch ihre Biografie sollte geschönt werden. Hilde sollte aus Österreich stammen und von den Nazis verfolgt worden sein – das würde sich gut machen, so der Pressechef. Als Hilde ihm daraufhin erklärte, Hitler wäre Österreicher gewesen, war dieser sehr überrascht und er beließ es bei ihrem wahren Lebenslauf. Danach wurde sie zum Fotografen geschickt, der für eine Pressemappe Aufnahmen von ihr machte. Hilde bekommt in den ersten sechs Monaten die vereinbarten 250 Dollar pro Woche, danach das Doppelte. Sie und Kurt mieteten ein etwas heruntergekommenes Haus mit sechs Zimmern im Benedict Canyon und nannten es »Schnütenhaus«, abgeleitet von ihren Kosenamen Schnüt und Schnütina, die sie sich schon in Berlin gegeben hatten. Hildes Plan war, ihre Familie nachzuholen. Sie beschwor ihre Mutter, den Vater zur Auswanderung zu überreden, und versuchte, sie davon zu überzeugen, dass eine gute Schulausbildung für Heinz sehr wichtig sei. Die Bürgschaft für die Einreise würde selbstverständlich sie übernehmen. Erst einmal ließ sie ihr Klavier, das sie aus Deutschland mitgenommen, aber bisher nicht hatte unterbringen können, aus dem Speicher kommen und hämmerte zum Leidwesen von Kurt Hirsch hin und wieder darauf herum. Das Haus wurde nicht nur von streunenden Katzen heimgesucht, für die Hilde immer Milchschälchen bereitstellte, sondern auch von Klapperschlangen, die sich, angelockt von Katzen und Milch, bald schon im Garten heimisch fühlten. Man musste auf der Hut sein, nicht gebissen zu werden. »Meine Kurzsichtigkeit bewahrte mich vor mancher Schrecksekunde«, schreibt Hilde in »Der geschenkte Gaul« (wobei sie einige Seiten darauf behauptet, dass ihre Kurzsichtigkeit eine Folge der Masern gewesen sei, die sie später während ihrer Zeit am Broadway, wo sie in dem Musical »Silk Stockings« auftrat, bekommen habe). Ihr Leben war sehr harmonisch – Kurt kümmerte sich um den Haushalt, ging einkaufen und brachte die Wäsche zur Reinigung. Weil sie beide nicht kochen konnten, gingen sie ins Restaurant oder ernährten sich von Dosengerichten. Die Mietwohnung, die sie zuvor bewohnt hatten, war von einer schwarzen Haushälterin zwei- bis dreimal wöchentlich geputzt worden. Im Haus fehlte bislang eine solche Hilfe. Eines Tages klingelte das Telefon, und eine sympathische Frauenstimme fragte nach Katherine Hepburn. Hellwach erkundigte sich Hilde nach ihrem Anliegen. Als sie erfuhr, dass die Frau bei der berühmten Schauspielerin den Haushalt geführt hatte und nach einer Pause gern wieder für diese arbeiten wollte, reagierte Hilde blitzschnell: Sie lud die Frau zu sich ein. Ihr erster Eindruck am Telefon bestätigte sich – und von Stund an kümmerte sich Frau Tischendorf, die aus Thüringen stammte, um den Haushalt und verwöhnte das Ehepaar Hirsch mit ihren Kochkünsten.

In Berlin hatte sich die Lage derweil zugespitzt. Auf das Ansinnen der Briten und Franzosen sowie der Vertreter der Beneluxländer während der Sechs-Mächte-Verhandlung, Deutschland an den Westen anzubinden, reagierte die Sowjetische Militäradministration am 1. April 1948 mit der kurzzeitigen Schließung der Grenzen. Die Westalliierten mussten ihre Truppen über den Luftweg versorgen. Als sie am 20. Juni 1948 im Alleingang die Währungsreform in den drei Westzonen der Stadt durchführten, reagierten die Sowjets mit einer Währungsreform im Osten und der Berlin-Blockade. Die Versorgungswege durch ihre Besatzungszone in den Westteil der Stadt waren bis Mai 1949 blockiert. Die Westmächte waren gezwungen, die Bevölkerung der Westsektoren über eine Luftbrücke zu versorgen oder die Stadt aufzugeben. Am Abend des 23. Juni 1948 landete das erste Versorgungsflugzeug in Westberlin, voll beladen mit Kartoffeln.

Hilde stand während dieser Zeit in regem Briefwechsel mit Boleslaw Barlog, der ihr über die Berliner Ereignisse berichtete. Hilde machte sich Sorgen um ihre Familie und schickte Dutzende von Carepaketen an Verwandte und Freunde, die unter anderem warme Kleidung für den bevorstehenden Winter enthielten. Nicht nur Barlog schrieb ihr aus Berlin, sondern auch ein Berliner Astrologe, der ihr in diesen unsicheren Zeiten ihre Zukunft, die ihres Mannes und ihrer Eltern voraussagte.

In Hollywood machte Hilde sehr bald schon die Bekanntschaft des berühmten Philosophen und Schriftstellers Ludwig Marcuse. Er hatte Deutschland 1933 nach der Machtübernahme durch die Nationalsozialisten verlassen und war nach Frankreich gegangen. Bis 1939 lebte er in Sanary-sur-Mer, um dann nach einem halbjährigen Aufenthalt in der Sowjetunion nach Amerika zu emigrieren. 1940 nahm er eine Professur für deutsche Literatur und Philosophie an der Universität von Süd-Kalifornien an. Marcuse lebte in einem kleinen, rot gestrichenen Häuschen in den Hügeln von Beverly Hills, damals noch keine vornehme Gegend.

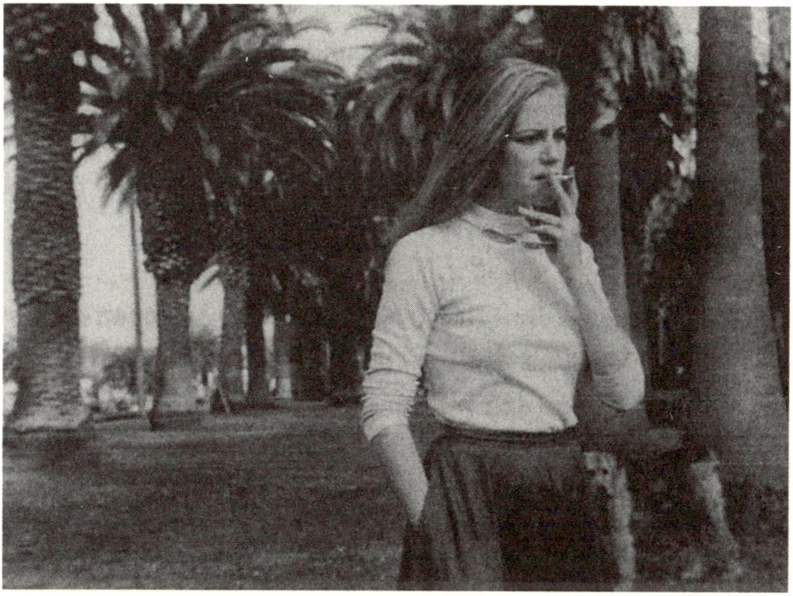

Hilde erholt sich unter Palmen vom Englischunterricht

Vor dem Haus hatte er eine Birke gepflanzt, die ihm ein Stück Heimat bedeutete – er hatte die immergrünen, staubigen Palmen satt. Marcuse und der Journalist und spätere MGM-Drehbuchautor Jan Lustig, beide 1902 in Brünn geboren und in den 1920er-Jahren in Berlin ansässig, wo Marcuse ein enger Freund Billy Wilders wurde, hatten sich Hildes angenommen und gaben ihr mit großem Vergnügen Nachhilfeunterricht in Literatur und Philosophie. Marcuse fütterte sie mit Lesestoff jedweder Art und verlangte von ihr, kleine Essays über das Gelesene zu verfassen. Nie war er zufrieden, er forderte immer mehr von ihr, als sie zu Papier gebracht hatte. Hilde war anfangs enttäuscht von seiner Beurteilung ihrer Arbeit, dankte ihm später aber sein Engagement.

Hilde erzählte mir von einem Gespräch, das sie mit Marcuse über den Film »Zwischen gestern und morgen« gehabt hatte, in dem er auf die dargestellte moralische Überlegenheit des Daheimgebliebenen im Verhältnis zum heimkehrenden Emigranten hingewiesen hatte. Während dieser nach seiner Rückkehr misstrauisch auf Herz und Nieren geprüft wurde, hinterfragte niemand die Haltung des Daheimgebliebenen während des Krieges. Aus der Sicht des Emigranten hatte Hilde den Film nie betrachtet. Marcuse hatte ihr die Augen für die Nöte und Ängste all derer geöffnet, die ins Exil gezwungen worden waren.

Charlotte, die Ehefrau von Jan Lustig, sorgte für Hildes körperliches Wohlergehen, indem sie sie bekochte und mit erlesenen Köstlichkeiten verwöhnte. Der Kontakt zum Ehepaar Lustig brach erst ab, als Hilde in Deutschland ihre Karriere aufzubauen begann. Jan Lustig kehrte nach dem Tod seiner Frau nach Deutschland zurück und begegnete Hilde noch einmal zufällig in München auf der Straße, wo sie der gemeinsamen Zeit in Hollywood gedachten. Hilde lernte in den Staaten auch bald den österreichischen Schriftsteller und Journalisten Hans Habe kennen, mit dem sie eine lange Freundschaft verbinden und der ihren Lebensweg noch häufig kreuzen sollte. Habe – sein Geburtsname lautete János Békessy – wurde 1911 in Budapest geboren. Nach dem Ersten Weltkrieg verließen seine Eltern mit ihm Ungarn und gingen nach Wien. Dort schrieb er später für mehrere Zeitungen. Wegen seiner jüdischen Abstammung wurde er 1938 mit dem Anschluss Österreichs ans Deutsche Reich ausgebürgert, seine Werke wurden verboten. Er floh mit seiner Frau nach Frankreich und kämpfte in der Fremdenlegion gegen die Deutschen, bis er in Gefangenschaft geriet. 1940 gelang ihm die Flucht über Portugal in die USA. Seine Fluchtgeschichte war es, die Erich Maria Remarque in seinem weltberühmten Roman »Die Nacht in Lissabon« beschrieben hat. Mit Hans Habe hatte Hilde einen unentbehrlichen Gesprächspartner gefunden, er schätzte sie als sehr gute Zuhörerin. Hilde hatte viel Zeit zum Zuhören – die Zeit, die sie mit Warten auf das ersehnte erste Rollenangebot verbrachte. Sie vergnügte sich tagsüber am Strand und bestaunte abends von den Hügeln aus den Sonnenuntergang. Sie ging zu Partys, lernte Englisch und wurde amerikanischer als die Amerikanerinnen. Die Rollenangebote freilich blieben aus, und sie fing an, die Entscheidung, nach Amerika zu gehen, zu bereuen. Es war noch zu früh, um als Deutsche gleichwertig neben den amerikanischen Schauspielern zu bestehen. Die amerikanische Filmindustrie band europäische Schauspieler an sich, nur um sie nicht in Europa zu Berühmtheit kommen zu lassen. Hollywood wollte konkurrenzlos sein.

Hilde unterdrückte ihr Heimweh. Als sie von einem jungen Journalisten erst in ihrem Haus und später am Strand interviewt wurde, antwortete sie auf die Frage, ob sie Sehnsucht nach der Heimat bekäme,

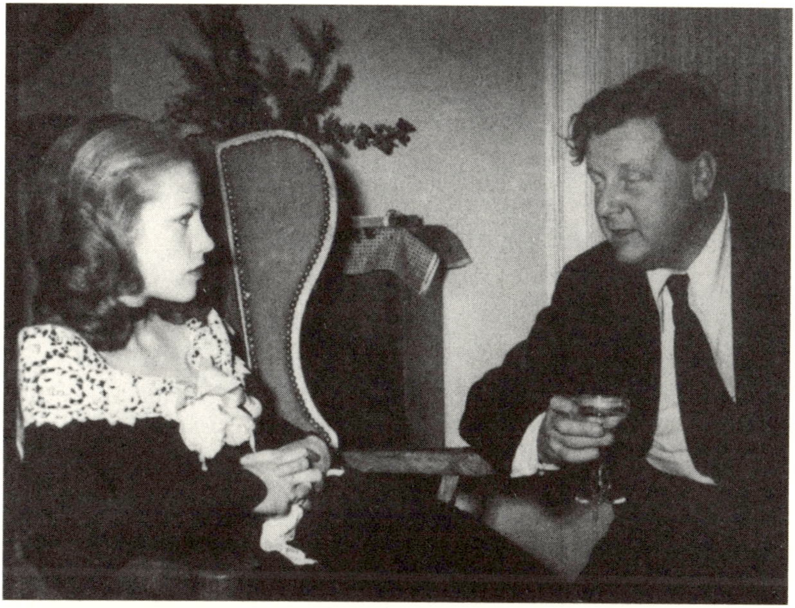

Hilde mit dem amerikanischen Schauspieler Walter Slezak, Sohn des Operntenors Leo Slezak, bei einer Weihnachtsparty 1949.

wenn sie aufs Meer hinausblickte, ganz entschieden mit Nein. Auf die überraschte Nachfrage des Reporters erwiderte sie schlagfertig, dass auf der anderen Seite des Wassers Japan liege und nicht Deutschland.

Die deutsche Presse fragte nach ihren Filmrollen in Amerika. Fotos würden sie immer nur im Privaten zeigen, nie bei der Arbeit. Man wartete nur darauf, dass sie klein beigab und reumütig zurückkehrte. Doch Hilde überstürzte nichts. Sie war fest entschlossen, jeden weiteren Schritt genauestens zu überlegen.

Der bekannte Journalist Ernst Jaeger führte mit Hilde ein Interview, dass er gezielt in der deutschen Presse veröffentlichen wollte, um ihre Haltung verständlich zu machen und ihre Position zu stärken. Um ihr eine Freude zu machen, schrieb Jaeger nach getaner Arbeit einen ausführlichen, sehr humorvollen Brief an ihre Mutter, um den Eindruck zu schildern, den er in seinem Interview gewonnen hatte:

»Brief an eine glueckliche Mutter in Berlin

Ich, Endunterzeichneter, erkläre im Übermut meiner fünfzig Lenze, dass ich soeben mit Ihrer Tochter Hilde zu Abend gespeist habe.

Unter Eid sei versichert: ich lebe noch, obwohl sie selbst gekocht hatte. Es gab als Hauptgericht Gulasch, und ›Blondie‹ das liebenswerte deutsche Hundevieh lebt auch noch. Sie servierte so viel Pilzsuppe, dass ich die Bohnen und den Reis stehen lassen musste. Der Nachtisch bestand aus Mischfrucht aus der Blechbüchse. Sie vergaß, mir Kaffee anzubieten, den ich nicht abgelehnt hätte. Als ein berufsmäßiger Kritikaster werde ich Ihrer Tochter diesen verpassten (oder nicht verpassten) Kaffee nie verzeihn; aber meine Offenheit gegenüber Ihrer, die Kochkunst nunmehr erstaunlich meisternden Tochter, mag Ihnen als Grundlage zu der Annahme dienen, dass auch das nachfolgende nicht-amtliche ›Statement‹ (Erklärung) auf Wahrheit beruht: Ihre Tochter Hilde, 22 Jahre alt, blond, einen Fuß sieben groß ist die lieblichste Gabe Europas an Californien seit Greta Garbo. Ich weiß nicht, ob Greta Garbo besseren Gulasch kochen kann, da sie bekanntlich Vegetarierin ist; aber ich weiß, dass es keines Stillers bedarf, um auch Hildegarde Neff eine der größten internationalen Stars unserer Zeit werden zu lassen. Der Regisseur, der ihr zu dieser begnadeten Zukunft verholfen hat, ist nämlich unsere furchtbare Zeit und das gewaltige Schicksal, das Berlin heißt. Aus ihm ist Hilde nicht geflohen, sie ist gesandt. Sie wird noch ein lebender Zeuge dieser Stadt sein und eine Herzbürgerin ihres Unvergänglichen, wenn das heutige Berlin längst … Sie ist ihre Tochter, sie ist eine Schülerin aller derer, die sie möglich machten, indem sie dieses einzige Talent entdeckten, von Wolfgang Liebeneiner, zu Erich Engel von Barlog zu Pommer, von Hans Söhnker zu Kurt Hirsch. Aber Sie bleiben ihre wahre und wirkliche Entdeckerin und ich gratuliere noch nachträglich zu Hildes Geburtstag in Ulm 1925. ›Das mit Ulm ist reiner Zufall‹ sagt Hilde. Ich habe hunderte der Filmgrößen der Erde gesprochen, noch niemand hat vergessen, mir Kaffee anzubieten. Ich habe fünf große Persönlichkeiten der deutschen Filmkunst weiblichen Geschlechts als unvergessliche Eindrücke mit mir herumgeschleppt, und eine darunter ist noch nicht einmal ›entlaust‹. Zum ersten Mal aber bin ich einer neuen Garbo begegnet; die ›alte‹ ewige Greta sah ich zum ersten Mal in Berlin 1925. Hildes Englisch ist in sechs Monaten wundervoll in ihre rauhe Kehle eingesetzt; aus der Küche konnte sie noch ein ›Wat is los?‹ zu mir herausbrüllen, das auch den lärmendsten Walkürenchor überdeckt hätte. Sie ist hier weder verglamourized noch versimpelt. Sie hat Dutzende von Interviews mit Eins bestanden – und ich wünschte, man hätte dem früheren deutschen Filmchef, Herrn Dr. Goebbels, mal früher so viele Fragen in zwei Wochen vorlegen dürfen wie ihr. Er wäre rechtzeitig geplatzt. Auch in Hollywood werden eine Reihe lieblichere Talente ›platzen‹, wenn Hilde anrückt, verrückt, aufrückt. Einer der gefürchtetsten Federn Amerikas war so von Hilde beeindruckt, dass er ihr das größte Kompliment (hinter ihrem Rücken) macht, das ein amerikanischer Mann verteilt: sie ist hinreißend, schön und ›hart‹. In Wirklichkeit ist sie hart wie ein Berliner Pfannkuchen. Mit dem ›hart‹ meinte er die Sicherheit und die Entschlossenheit, ihr einziges Talent in ›harter‹ Arbeit durchzusetzen. Wenn Sie ›Minna‹ in Hildes hübsches Heim in Benedict Canyon purren hören könnten, wüssten Sie wie ich, daß das Glück mit ihr wohnt. Katzen haben eine feine Witterung. Bevor Sie sich selbst persönlich von der Richtigkeit obiger Ausführungen überzeugen können, erwähnen Sie bitte in einem Ihrer nächsten Briefe, dass sich Hilde auch die Kunst des Schnell-Kaffee-Brühens Marke Nescafe aneignen sollte. Ich bin sicher, Sie können Ihr ein altes Familienrezept verraten, wie man Wasser kocht …

Ernst Jaeger – Hollywood«

Hilde lernte ganz nebenbei den Umgang mit der sensationslüsternen Presse. An der hartnäckigen Belagerung berühmter Künstler, um etwas über deren Privatleben zu erfahren, hat sich bis heute nichts geändert. Die zwei Jahre, in denen Hilde ohne Filmrollen in Hollywood verbrachte, waren auch in dieser Hinsicht Lehrjahre.

Die wichtigsten Kontakte knüpfte Hilde auf Partys, einer davon sollte für ihre berufliche Zukunft von besonderer Bedeutung sein. Hilde schilderte in ihren Erinnerungen auf besonders amüsante Weise, wie ihr auf einer Party bei Billy Wilder Max Colpet vorgestellt wurde. Colpet, russischer Jude und 1905 in Königsberg geboren, hatte Deutschland 1933 verlassen müssen und war nach Frankreich und in die Schweiz ins Exil gegangen, bevor er nach Amerika auswanderte. Ab 1948 wohnte er zehn Jahre lang in Hollywood. Dort schrieb er Chansons, Schlager, Musicals, Drehbücher und Kabarett-Texte. Eines seiner Lieder wurde weltberühmt durch die Interpretation Marlene Dietrichs: »Sag mir, wo die Blumen sind«. Max, der ein enger Freund

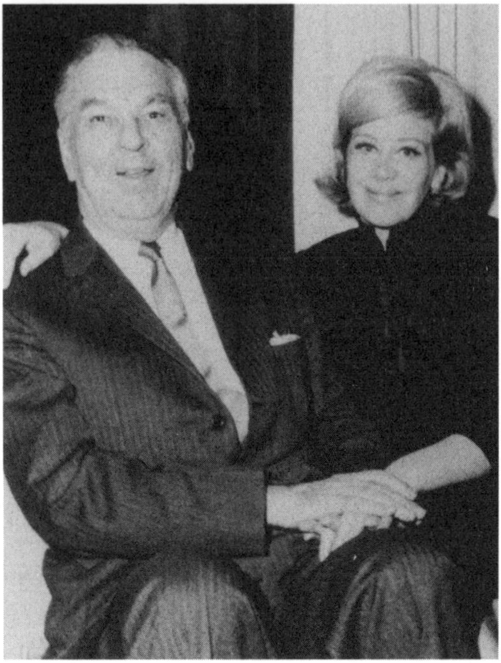

Hilde und ihr Astrologe Carroll Righter

Marlene Dietrichs war, wurde ein guter Freund Hildes. Er machte auch die beiden Frauen bekannt. In seinem Buch »Sag mir, wo die Jahre sind«, beschreibt er das Ereignis wie folgt: Marlene und ich waren bei Wilder zu einer Party eingeladen, auf der Hilde nicht anwesend war. Wir langweilten uns, weil die anwesenden Filmgrößen nur über Steuerfragen redeten. Marlene hatte keine Lust mehr zu bleiben und wollte die Party schon früh wieder verlassen. Sie bat mich, sie zu ihrem Bungalow des Beverly-Hills-Hotels zu fahren. Als Max ihr vorschlug, noch auf eine andere Party zu gehen – zu Freunden, wo mit Sicherheit nicht über Steuern gesprochen werden würde – war Marlene dabei.

Hilde gab, obwohl sie für ihren Lebenswandel zu wenig verdiente und Kurt nur Gelegenheitsjobs hatte oder Arbeitslosenunterstützung bekam, häufig Feste. Sie waren nicht so pompös wie bei manch anderem, aber es war ihr ein Bedürfnis, regelmäßig als Gastgeberin aufzutreten. Überdies war es ungeschriebenes Gesetz in Hollywood, Partys zu geben und auszugehen, auch wenn man es sich nicht leisten konnte. Sich in bestimmten Kreisen nicht mit dem dazugehörenden »keep smiling« zu präsentieren hieß, nicht an sich zu glauben, erfolglos oder gar krank zu sein.

Es war also eines dieser Feste, zu dem Hilde eingeladen hatte. Paul Hubschmid, der unter dem Pseudonym Paul Christian in Hollywood drehte und seine Frau Renate gehörten zu den Gästen. Colpet war Marlene vorausgeeilt und begrüßte die Gesellschaft mit den Worten: »Ich komme nicht allein.« Worauf Hilde scherzhaft erwiderte: »Du musst auch immer jemand mitbringen, statt an etwas zu saufen zu denken.« Er überhörte den Vorwurf geflissentlich. »Wer ist es denn?«, fragte Kurt neugierig. »Eine Schauspielerin.« »Amerikanerin?« »Ja, aber sie spricht Deutsch.« »Kennen wir sie?«, mischten sich jetzt die anderen ein. »Möglich«, erwiderte Colpet grinsend. »Na gut, bring sie rauf!«, sagte Hilde schließlich. Die allgemeine Verblüffung bei Marlenes Eintreten war noch größer, als Max erwartet hatte. Alle starrten den unerwarteten Gast sprachlos an. Hilde war die Erste, die sich wieder fasste und begrüßte Marlene herzlich: »Da hat Max uns ja schön auf den Arm genommen«, sagte sie lachend. Marlene lachte mit – der Bann war gebrochen. Sie blieb lange an diesem Abend. Hilde und Marlene verstanden sich auf Anhieb. Kein Wunder, sie waren schließlich beide - fast - waschechte Berlinerinnen.

Hilde hat die erste Begegnung mit Marlene Dietrich in ihrem Buch »Der geschenkte Gaul« völlig anders geschildert. Sie schreibt, dass sie von Marlene ins berühmte philippinische Restaurant »Beachcomber« zum Essen eingeladen worden ist. Als ich Hilde fragte, was denn nun richtig ist, sagte sie, sich ertappt fühlend, dass Colpets Version stimmt.

Max und Marlene arrangierten die erste Begegnung Hildes mit Carroll Righter. Er war Sternendeuter und gelangte als solcher später zu Weltberühmtheit. Eine seiner ersten Klientinnen war Marlene Dietrich. Als alle Prophezeiungen eintrafen, die er ihr machte, begann sie, in der Filmwelt Werbung für ihn zu machen. Bald schon wurde er für alle Lebenslagen ein gefragter Berater, auf den ganz Hollywood hörte. Für Hilde erstellte er honorarfrei ein Horoskop, das alle Gefahren nachzeichnete, in denen sie während des Krieges geschwebt hatte. Er sagte ihr voraus, dass sie in Amerika erst erfolgreich sein würde, wenn sie nach Deutschland zurückkehrte.

Kurze Heimkehr

Schließlich war es so weit: Hilde bekam von der Fox ein Rollenangebot. Sie sollte an der Seite von Montgomery Clift die weibliche Hauptrolle spielen. Die Produktionsfirma plante »The Big Lift«, einen Film über die Luftbrücke in Berlin. In die deutschen Kinos kam er erst 1953 unter dem Titel »Die viergeteilte Stadt«. Gedreht werden sollte in Berlin. Hilde war also nach Hollywood gegangen und hatte dort zwei Jahre ohne Engagement ausgeharrt, um nun zum Arbeiten nach Berlin zurückzukehren.

Die Familie bereitete ihr bei der Landung ein großes Willkommen, und auch die Presse begrüßte sie voller Begeisterung. Alle Welt feierte ihre Rückkehr – bis auf einen. George Seaton, der Regisseur des Films, war verzweifelt, weil Hilde angeblich viel zu amerikanisch aussah, um eine Berlinerin zu spielen. Kurz nach ihrer Ankunft wurde ihr mitgeteilt, dass sie die Rolle nicht spielen würde und mit Cornell Borchers bereits Ersatz gefunden worden sei. Für Hilde eine unmögliche Situation, aus der sie dennoch erhobenen Hauptes herausfand. Nachdem sie ihre alten Freunde, die Bongers und im Schloßparktheater Barlog, besucht und sich von ihnen verabschiedet hatte, um angeblich für einige Tage nach München zu reisen, flog sie stattdessen zurück nach Hollywood. Später erfuhr Hilde die eigentlichen Gründe für die Absage: die Akte Ewald von Demandowsky war wieder ausgegraben worden. Hinzu gekommen war, dass der Chefproduzent der amerikanischen 20th Century Fox seine Freundin Cornell Borchers in der Hauptrolle hatte sehen wollen.

Nach der Premiere des Films 1950 in New York rief Marlene Dietrich Hilde an, um sie zu trösten: der Film sei schlecht. Marlene war Hilde in dieser Zeit sehr zugetan; sie schätzte ihre Willenskraft und ihre Klugheit. 1951 wurde »The big Lift« für den Golden Globe Award nominiert.

Hilde war immer von einem Schwarm von Männern, Agenten und Anhängern umgeben. Die Ehe mit Kurt Hirsch bekam erste Risse. Ohne ein festes Ziel vor Augen, lebten beide in den Tag hinein. Hirsch war ohne Arbeit, ohne Ehrgeiz und ohne Perspektive. Er wich seiner Frau nicht von der Seite und belauerte eifersüchtig die vielen jungen Männer, die ihr den Hof machten. Hilde ließ sich treiben und verschloss die Augen vor der unausweichlichen Entfremdung zwischen ihnen. Wenn schon der berufliche Erfolg ausblieb, wollte sie sich zumindest als Frau wahrgenommen und begehrt fühlen.

Am 14. April 1950 hatte Hilde die amerikanische Staatsbürgerschaft zugesprochen bekommen und erhielt nach Jahren der Staatenlosigkeit wieder einen Pass. Die Schauspielerin Peggy Moran und ihr Mann, der erfolgreiche Filmregisseur und Drehbuchautor Henry Koster, richteten aus diesem Anlass eine Party für sie aus, das Büfett war über und über mit amerikanischen Fähnchen gespickt.

Im Juni 1950 lernten Hilde und Kurt den Autor von »Hokuspokus« kennen – Curt Goetz. Es war das Stück, in dem Hilde im Schloßparktheater mit dem Goethe-Prolog aufgetreten war. Goetz, 1888 geboren, weilte in Hollywood, um an dem Drehbuch zu dem Film »Im Dutzend billiger« mitzuarbeiten. Es ergab sich, dass er den beiden seinen neuen deutschen Film »Dr. med. Hiob Prätorius« vorführte. Hilde gefiel er, vor allem wegen der guten Dialoge. Goetz wiederum war von Hilde begeistert und lud sie zu sich und seiner Frau Valérie von Martens zum Essen ein. Er wollte alles über Barlogs Inszenierung am Schloßparktheater wissen. Der vergnügliche Abend klang mit Berliner Witzen aus. Als das Ehepaar Goetz seinen Gegenbesuch bei Hilde und Kurt machte, übergab Curt Goetz seinen Film Kurt Hirsch, damit er ihn in Hollywood verkaufte – eine ehrenvolle Aufgabe, wie Hilde fand, die ihr Mann sicherlich meistern würde. Curt Goetz konnte wegen seines schlechten Englisch nicht als Autor in Amerika arbeiten, was Hilde sehr bedauerte. Auch sie sollte nicht mehr lange in Amerika bleiben.

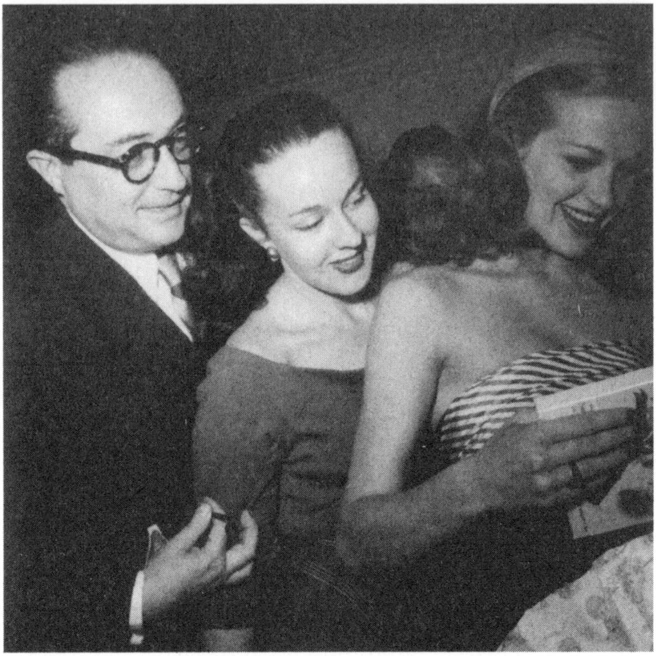

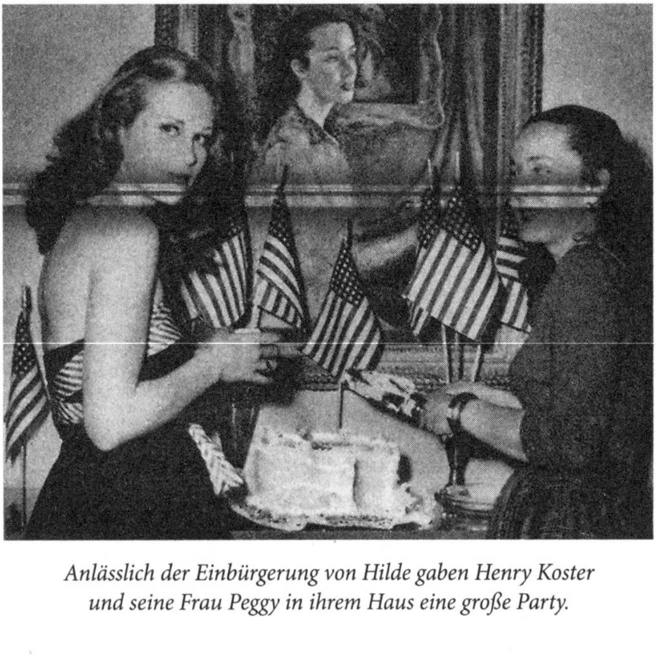

Anlässlich der Einbürgerung von Hilde gaben Henry Koster und seine Frau Peggy in ihrem Haus eine große Party.

Die Sünderin

Mitte 1950 wurden Hildegard Knef zwei Filmrollen auf einen Schlag angeboten. Einer der beiden Filme sollte in Amerika gedreht werden; das zweite Angebot kam vom österreichischen Regisseur Willi Forst alias Wilhelm Anton Frohs, der Hilde für die Hauptrolle in dem Film »Die Sünderin« engagieren wollte. Sich für dieses Angebot zu entscheiden hieß für Hilde, nach Deutschland gehen zu müssen. Die Schmach, die sie bei ihrem letzten Aufenthalt erlitten hatte, war noch nicht vergessen. Ihre amerikanische Agentin riet ihr ab. Als sie in ihrer Unentschlossenheit Carroll Righter befragte, sagte er ihr voraus, dass die amerikanische Filmproduktion nicht zustande kommen würde. Aber auch das deutsche Filmprojekt würde Schwierigkeiten mit sich bringen. Hilde entschied sich für »Die Sünderin«. Righter erwies sich als treuer Freund, er übernahm die ausstehende Miete und bezahlte die Flugtickets für Hilde und Kurt nach Deutschland. Marlene kleidete sie neu ein und stellte ihr eine Reiseapotheke für alle nur denkbaren Wehwehchen sowie eine Ärzteliste zusammen. Kurt und Hilde traten die Reise nach Europa an. Hildes Ziel war das Filmstudio Bendestorf in Niedersachsen, 30 Kilometer südlich von Hamburg, während Kurt nach München ging, wo erstmals wieder eine Stelle bei der Fox als Assistent und Dolmetscher auf ihn wartete. Endlich hatte auch er wieder eine Aufgabe, die ihn unabhängig von Hilde machte.

Bereits in London hatte Hilde Eric Pommer getroffen, der ihr nicht seine Sorge verhehlt hatte, dass der Nimbus der Sünderin an ihr haften bleiben würde, übernähme sie diese Rolle. Er warnte sie vor der irreparablen Zerstörung ihrer Zukunft als Schauspielerin. Die Presse lauere geradezu auf Verrisse deutscher Schauspieler. Überliefert sind seine Worte »Ich brauch ein Waschbecken. Ich möchte meine Hände in Unschuld waschen. Kommt hinterher nicht zu mir, wenn Hilde Zeit ihres Lebens ›Die Sünderin‹ bleibt.« Hilde sollte im Film die Prostituierte

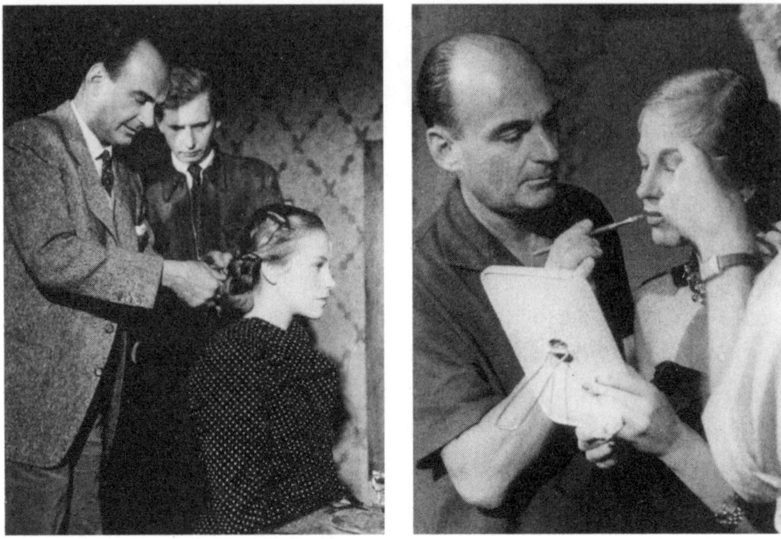

»Die Sünderin«: Regisseur Willi Forst überlässt nichts dem Zufall. Er kümmert sich auch um das Aussehen seiner Hauptdarstellerin Hildegard Knef.

Marina spielen, die anfangs anschaffen geht, um im Krieg zu überleben, und später, um das Geld für die Operation ihres kranken Mannes zusammenzubekommen. Als für ihn keine Aussicht auf Heilung mehr besteht, tötet Marina ihn wie versprochen mit Schlaftabletten und geht anschließend auf dieselbe Art aus dem Leben.

Elli Silman überzeugte Hilde, die Rolle unbedingt anzunehmen, und Hilde wollte endlich wieder arbeiten.

Erst wenige Tage vor Drehbeginn lernte Willi Forst seine Hauptdarstellerin kennen – und war begeistert. Sie brachte alles für die Rolle mit, was er sich erhofft hatte, und verkörperte ideal das junge, verführerische Mädchen – lasterhaft und sündig auf den ersten Blick, doch mit einem weichen, liebenswerten Kern. Diese Eigenschaften hatte Hilde kurz zuvor bei Marilyn Monroe entdeckt, als die beiden Schauspielerinnen sich zum ersten Mal auf dem Filmgelände in Hollywood begegnet waren. Hilde hatte sich mit der Monroe unterhalten und war von ihr überrascht gewesen: ein Kindergesicht, das Verruchtheit ausstrahlte, aber dahinter eine schüchterne, ja sogar ängstliche Frau, die Rilke las und Hilde um ihre Theatervergangenheit beneidete. Sie spielte nach außen hin lächelnd das Spiel der Filmbosse mit und ließ sich als Sexsymbol verkaufen. Ihren Wunsch, anspruchsvolle Rollen zu spielen konnte sie nicht durchsetzten.

Sehr zum Leidwesen von Forsts Ehefrau Melanie stürzten sich Hilde und ihr Regisseur Hals über Kopf in eine Liebesbeziehung und waren am Set unzertrennlich. Forst war immerhin 22 Jahre älter als Hilde. Er wachte mit größter Sorge über seinen Star, ja er korrigierte sogar eigenhändig das Make-up. Hilde erinnerte sich einmal an eine besonders komische Situation während der Dreharbeiten. Sie sollte im Film für Sekunden nackt zu sehen sein. Forst verlangte, dass bis auf den Kameramann und den Beleuchter alle das Studio verlassen sollten. Während die Kamera bereits lief, hörte er ein leises Rascheln im Hintergrund. Wütend unterbrach er die Arbeit. »Welches Schwein hat sich da versteckt, um zu spannen?«, brüllte er. In der hintersten Eckes des Raumes gab sich der Maskenbildner Julius Paschke zu erkennen, von allen nur liebevoll Jupp genannt, »Keine Angst, ick werde der Hilde schon nichts abgucken. Schließlich habe ich ihren ganzen Körper für die Aufnahme geschminkt, da werde ich doch wohl zusehen, so quasi mein Gepinsel überwachen dürfen.« Forst schüttelte nur missbilligend den Kopf, und der Dreh konnte ohne weitere Störung fortgesetzt werden.

Der Film – ursprünglich sollte er »Monolog« heißen, weil die Hauptfigur erzählt, was sich auf der Leinwand ereignet – wurde planmäßig abgedreht. Forst galt als Starregisseur mit Diven-Allüren. Er begann seinen Drehtag nie vor 11 Uhr, was die Gerüchte zu bestätigen schien, er führe ein ausschweifendes Nachtleben. Tatsache war, dass er nachts für den nächsten Tag probte und daher zwanzig Einstellungen täglich drehen konnte. Selbst Pannen wie das Auslaufen des Kunstteiches, an dem die nackte Sünderin liegen sollte, brachten ihn nicht aus der Ruhe.

Forst hatte zu knapp kalkuliert, das Mischen des Films in Geiselgasteig musste deshalb mit einem Kredit finanziert werden. Alles hing nun vom Publikum und der Reaktion der Presse ab. Gerüchte wurden gestreut, der Film sei unsittlich – vermutlich Teil einer geschickten Werbekampagne, die öffentlich mit »Laster und Liebe, Schuld und Sühne« oder auch »Der ungewöhnlichste Film des Jahres« warb. Bei der Frankfurter Uraufführung fiel der Film durch. Die Presse verriss ihn einhellig. Am folgenden Abend war Premiere in Hamburg. Wieder allgemeine Ablehnung. Es sah aus, als würde der Film sang- und klanglos in der Versenkung verschwinden. Bis die katholische Kirche auf den Plan trat. Priester wetterten von der Kanzel und verlangten den Boykott des Films und den Boykott der Kinos, in denen er gezeigt wurde. Anfangs waren nicht die Prostitution, nicht die Tötung auf Verlangen und auch nicht der Selbstmord Steine des Anstoßes, sondern in erster Linie war es die Nacktszene. Die katholische Kirche wiegelte zu Unruhestiftung auf. Sie erreichte natürlich das Gegenteil, von Stund an wollte jeder den Film sehen. Die Kinos, die den Film zeigten, waren auf Wochen ausverkauft. Die Hoffnungen der Filmgesellschaft erfüllten sich, der Film spielte Millionen ein. Polizeiaktionen und Verhaftungen begleiteten die Aufführungen. Aber nicht nur die katholische Kirche ging auf die Barrikaden, schrieb Hirtenbriefe und hielt wütende Kanzelreden. Politiker ließen Flugblätter unter der Bevölkerung verteilen auf denen zu lesen war: »Die Sünderin – Ein Faustschlag ins Gesicht jeder anständigen deutschen Frau! Hurerei und Selbstmord! Sollen das die Ideale eines Volkes sein?« Es befriedete die angespannte Situation nicht, dass in den Filmprogrammen neben einer kurzen inhaltlichen Beschreibung die tiefere Bedeutung des Films analysiert wurde: »Urteilt nicht allzu rasch über Menschen. Seht genauer hin, und ihr werdet bei jedem Menschen eine liebenswerte Seite entdecken. Horcht auf, und ihr werdet das Herz des anderen schlagen hören. Bedenkt, dass es im Leben der Menschen nicht immer so ist, wie es die meisten gern wahrhaben möchten und dass sie der Nachsicht und Güte ihrer Mitmenschen bedürfen.« Und mit erhobenem Zeigefinger endet der Text: »… und wer von euch ohne Sünde ist, der werfe den ersten Stein auf sie.«

Sie warfen keine Steine, sondern Stinkbomben und wurden dafür von der katholischen Kirche beklatscht. Eine Gruppe junger Männer störte auf diese Weise die Filmvorführung im Lichtspieltheater Gloria in Düsseldorf. Vor Gericht sagte der Anführer aus, er berufe sich auf das Recht der Nothilfe, sie hätten die Kinobesucher vor sittlicher und religiöser Unmoral retten wollen. Das Gericht befand den Angeklagten für schuldig wegen Nötigung der Zuschauer, Gefährdung des Straßenverkehrs, Störung der öffentlichen Ordnung und wegen Wi-

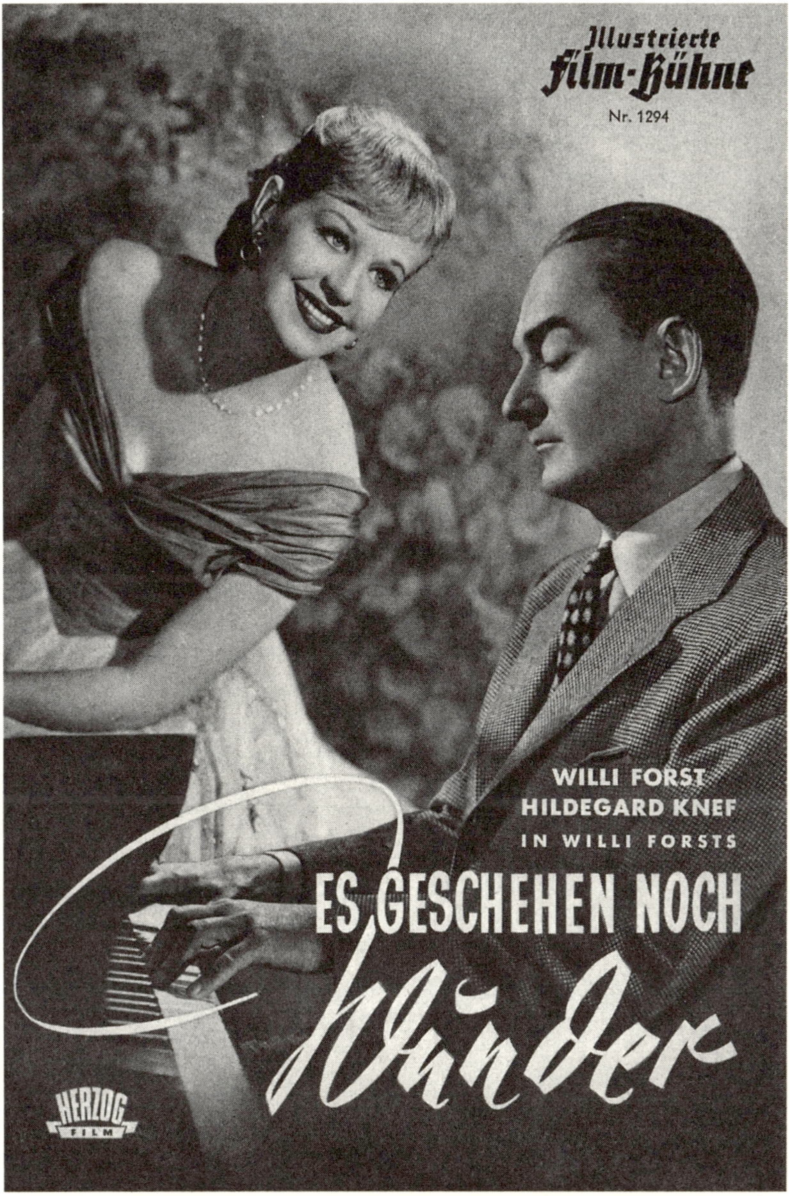

»Es geschehen noch Wunder« ist ein Liebesfilm über einen Schlagerkomponisten und eine Pianistin. Der Film wurde kein Erfolg.

derstands gegen die Staatsgewalt. Der Film »Die Sünderin« ging damit in die deutsche Rechtsgeschichte ein.

Eric Pommer und Else Bongers sollten mit ihrer Warnung recht behalten, Hildegard Knef werde nach dem Film den Ruf der Sünderin nicht mehr loswerden. Sie wurde öffentlich an den Pranger gestellt, alles sprach nun gegen sie, ihr Lachen, ihr Gang, ihre Art, sich zu kleiden. Die Leute verließen sogar fluchtartig das Restaurant, wenn sie es betrat. Hilde verstand die ganze Aufregung nicht, sie hatte sich in einer Filmszene für Sekunden nackt gezeigt, was für sie nicht ungewöhnlich war. Schon in der Zeichenschule der Ufa waren alle Schüler mal an der Reihe gewesen, Akt zu stehen. Jetzt wurde ihr nicht mehr nur die Nacktszene übel genommen – es war auch unverzeihlich, eine Prostituierte zu spielen, die ihren Mann und sich selbst tötet. Hilde blieb zeitlebens die Sünderin. Keine Talkshow, in der sie nicht auf den Film angesprochen wurde. Geduldig gab sie immer wieder dieselbe Antwort: »Dieses dämliche Melodrama würde heute bedenkenlos in jeder Kinderstunde gezeigt werden können.« Hilde beließ es aber nicht dabei, sondern ging zum Gegenangriff über: »Bei einem Film rennen sie auf die Straße, veranstalten lautstark Demonstrationen. Bei Auschwitz, Bergen-Belsen, Majdanek hat keiner geschrien.« Empört war sie darüber, dass alle Ablehnung allein sie traf, weder ihr Filmpartner Gustav Fröhlich noch der Regisseur Willi Forst wurden vom Publikum angegriffen. Oftmals sagte Hilde zu mir: »Weißt du, der Forst hat sich an dem Film dumm und dösig verdient und ich hatte für lausige 19.000 DM Gage die Schande.«

Die Hetze gegen Hilde nahm solche Ausmaße an, dass sich die bekannte deutsche Autofirma Opel von ihr als Werbeträgerin distanzierte, nachdem sie bereits Fotos mit Hilde und dem Wagen der Luxusklasse hatte machen lassen. Pommer riet ihr, sich aus der Öffentlichkeit zurückzuziehen, um weiteren Anfeindungen aus dem Wege zu gehen. Doch dieser Gedanke lag Hilde fern. Nichts wäre für sie schlimmer gewesen, als zurückgezogen und einsam zu leben. Pommer wusste, warum er Hilde vor dem Film »Die Sünderin« gewarnt hatte. Sicher spielten da auch persönliche Gründe eine Rolle, denn er wollte mit Hilde seinen ersten deutschen Nachkriegsfilm machen, aber er hatte auch politische Motive.

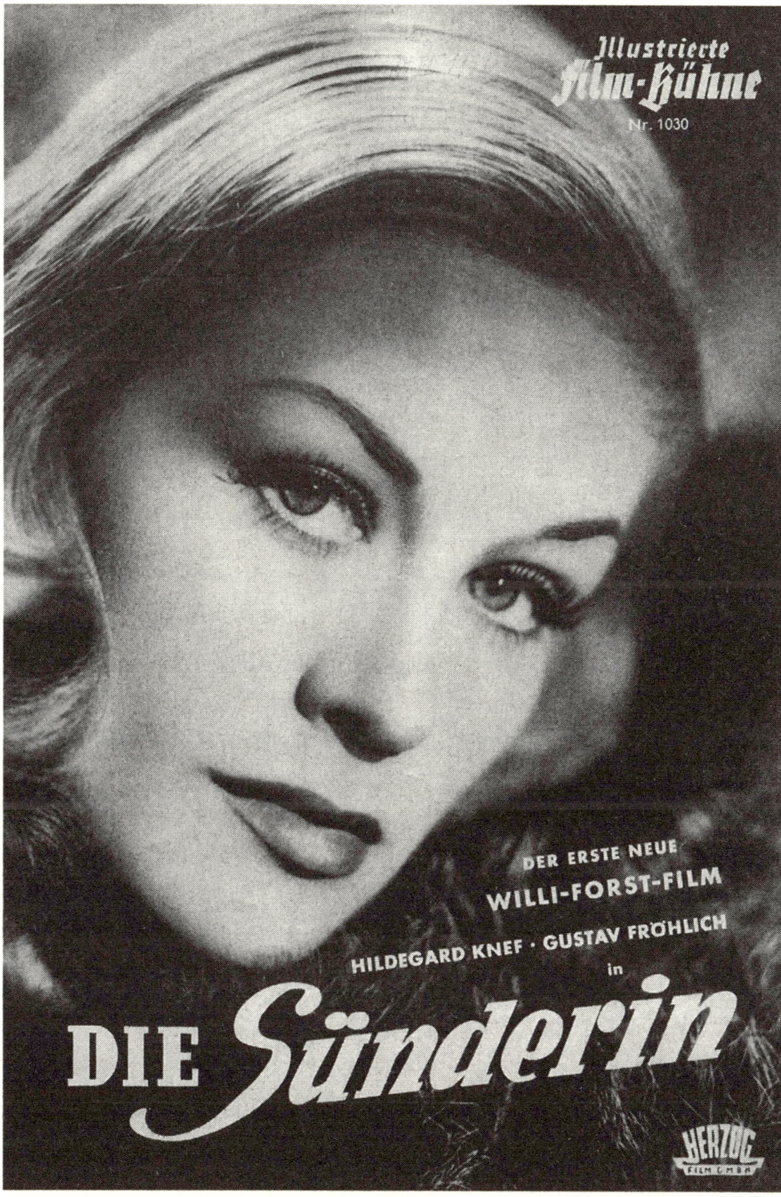

»Die Sünderin«
Der Film löste den größten Skandal des deutschen Nachkriegsfilmes aus.

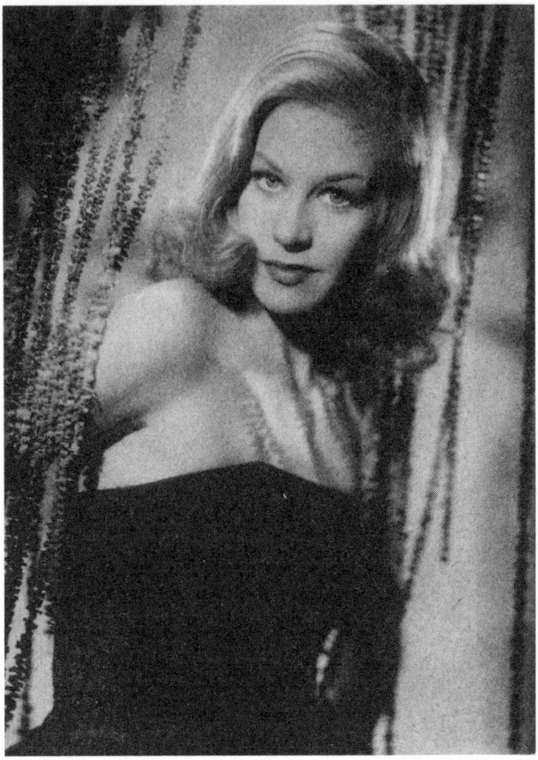

Hildegard Knef in »Die Sünderin«

Um den deutschen Film der Militärzensur zu entziehen und eine Reglementierung durch den Staat auszuschließen gründete Eric Pommer gemeinsam mit dem Regisseur Curt Oertel und dem Filmverleiher Horst von Hartlieb die Freiwillige Selbstkontrolle (FSK), die aus Vertretern der Filmwirtschaft, Vertretern der Länder und aus Vertretern der Katholischen Jugend Bayerns und der Kirche bestand. Vorbild hierfür war der in den USA bestehende Hays Code. Besondere Aufmerksamkeit wurde dem Jugendschutz gewidmet. Am 18. Juli 1949 wurde der FSK der erste Film zur Freigabe vorgelegt, die während der Nazizeit verbotene Komödie – Intimitäten – von Paul Martin. Eine harmlose Kuss-Szene wurde dem Film beinahe wieder zum Verhängnis. Es fand eine heftige Diskussion statt, schließlich erfolgte aber doch die Freigabe. Regisseur Helmut Käutner erlebte wiederum die Macht der Kirche sehr massiv. »Der Apfel ist ab«, (1948) eine politisch – religiöse Satire, die beim Publikum total durchfällt, führt aber zum Rechtsstreit zwischen dem Jesuitenpater Max Gritschneder und Käutner. Die katholische Kirche bezog Stellung gegen den Film, lehnte ihn wegen der satirisch angelegten Schöpfungsgeschichte ab. Käutner warf Gritschneder vor, das Drehbuch gestohlen und kopiert zu haben zum Zwecke der Verunglimpfung des Filmes. Käutner wurde verklagt und musste wegen Beleidigung des Paters 300 Mark Strafe zahlen. Das ganze Hickhack um die Satire war eine wohl ungewollte Werbung und steigerte die Besucherzahlen. Kurz nach dem Prozess brannte Käutners Haus nieder, das am Rande des Filmgeländes in Geiselgasteig stand. Bei den Ermittlungen stellten die Experten fest, dass der Brand durch leicht entzündbare Zelluloidfilmrollen, die in der Dachrinne lagen, entstanden war. Es keimte der Verdacht der Brandstiftung auf, wurde aber nie bestätigt. Käutner verließ daraufhin Bayern und zog nach Norddeutschland.

Hilde lebte derweil abseits allen filmgeschichtlichen Geschehens friedlich und gemütlich in Hollywood. Sie machte sich ausschließlich Gedanken um ihre eigene Karriere. Vielleicht wäre sie aber doch vorsichtiger gewesen und hätte die Rolle »Der Sünderin« nicht angenommen, wenn sie von den Ereignissen in der Heimat gewusst hätte.

Deutsche Schauplätze

Zu Beginn der Dreharbeiten für den Film »Die Sünderin« tauchte der Regisseur Anatole Litvak in München auf. Er bot Hilde eine Rolle in seinem von der 20th Century Fox produzierten Film »Entscheidung vor Morgengrauen« an, in dem sie an der Seite von Oskar Werner spielen würde. Litvak drehte den Film 1951 mit Schauspielern aus Amerika, Deutschland und Frankreich an Originalschauplätzen in Deutschland. Am Drehbuch arbeitete unter anderem Carl Zuckmayer mit, die Dialogregie übernahm der deutsche Regisseur und Drehbuchautor Alfred Vohrer. Litvak, 1902 in Kiew geboren, war schon 1937 in die USA emigriert. Zuckmayer, Jahrgang 1896, wurde 1939 von den Nazis ausgebürgert, wanderte noch im selben Jahr in die USA aus und kehrte nach dem Krieg als Zivilangestellter der amerikanischen Regierung zurück, um über den Status quo des Kulturlebens in Deutschland und Österreich zu berichten.

Der Film, ein beklemmender Spionagefilm, basierte auf einer wahren Begebenheit, die sich im Zweiten Weltkrieg zugetragen hatte. Ein Sanitäter, gespielt von Oskar Werner, entschließt sich 1944, in den antifaschistischen Widerstand zu gehen. Er wird von den Nazis enttarnt und unter dem Vorwurf des Landesverrats gehängt. Die Szene der Hinrichtung eines Deserteurs, der mit einem Schild um den Hals zur Abschreckung aufgehängt wird, ging noch jahrzehntelang um die Welt und tauchte als authentisches Fotodokument für NS-Verbrechen in Schul- und Geschichtsbüchern auf. Hildes Szene in diesem Film dauerte 13 Minuten; sie ist auf den Überläufer angesetzt. Diese Rolle spielte sie so eindrucksvoll, dass die Oscar-Jury in Erwägung zog, sie für die Prämierung der besten weiblichen Nebenrolle zu nominieren. Aus Angst vor der Kritik, kurz nach Kriegsende eine Deutsche zu ehren, wurden diese Überlegungen wieder fallen gelassen. Die Amerikaner bezeugten Hilde auf andere Weise ihre Anerkennung: Am 13. Dezem-

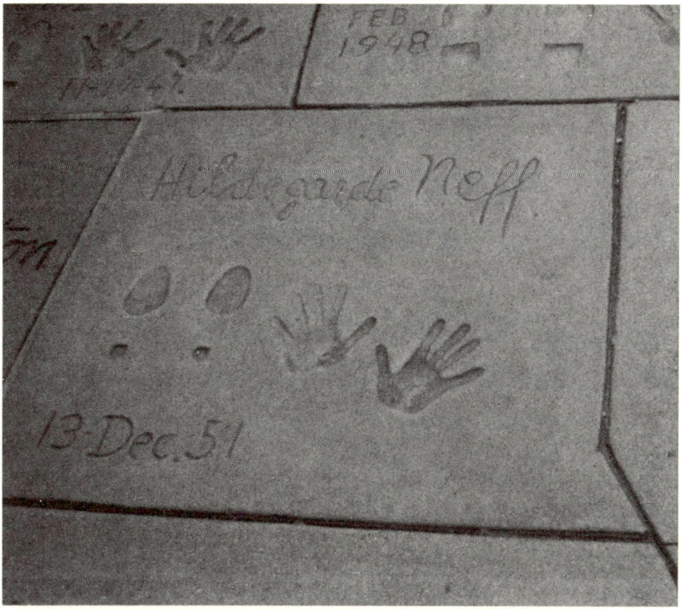

Hildegard Knefs (Hildegarde Neffs) Hand- und Schuhabdrücke

ber 1951 wurden ihre Hand- und Schuhabdrücke vor Grauman's Chinese Theatre in Hollywood in Zement verewigt, darunter ihr amerikanischer Künstlername Hildegarde Neff. Die Abdrücke kann man noch heute bewundern, während die vieler anderer Prominenter baulichen Veränderungen weichen mussten.

Die Rolle des Nazi-Obersts von Ecker spielte O. E. Hasse, mit dem sich Hilde auf Anhieb gut verstand. Hasse war homosexuell. Er hatte an der Max-Reinhardt-Schule am Deutschen Theater Schauspiel studiert und begann seine Theaterkarriere 1939 am Deutschen Theater in Prag. Hasse begleitete Hilde bei offiziellen Anlässen und Empfängen – er wurde ihr »Walker«.

Tagsüber drehte Hilde »Entscheidung vor Morgengrauen« und nachts synchronisierte sie »Die Sünderin«. Kurt Hirsch kam hin und wieder zu Besuch, Hilde vermisste ihn aber auch nicht, wenn er abwesend war. Litvak und sie waren sich während des Drehs nähergekommen. Er war es auch, der sie überredete, mit ihm nach Frankreich zu gehen, als sie in Deutschland als »Sünderin« angefeindet wurde. Litvak

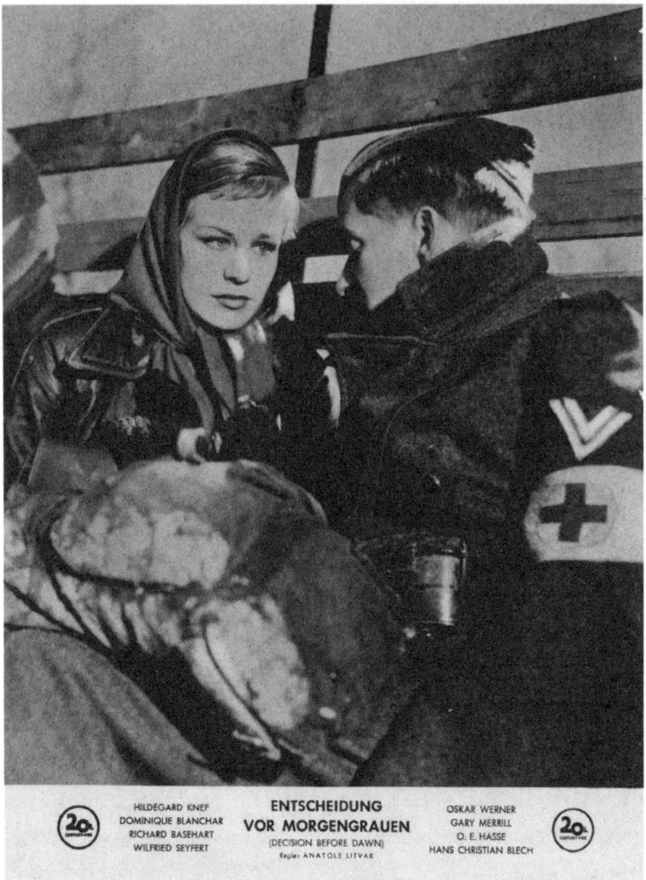

»Entscheidung vor Morgengrauen«
Hildegard Knefs erster Hollywoodfilm.

lehrte sie die Umgangsformen der weltgewandten Europäerin. Hilde hatte während der Jahre in Amerika nicht verfolgt, welche Entwicklungen – politische wie kulturelle – es in Europa jenseits der deutschen Grenzen gegeben hatte und nahm nun dankbar alle neuen Erfahrungen auf. An Litvaks Seite lernte sie, sich in der mondänen Welt zu bewegen, den Anlässen gemäß zu kleiden und an seiner speziellen Leidenschaft teilzuhaben, dem Spielen in Casinos. Aber bald schon hatte sie ausgelernt und war der Bevormundung überdrüssig – sie trennten sich. In einem Interview wurde sie 1952 auf die Zeit mit Litvak angesprochen und erklärte:

»Ja, wir hatten vor zu heiraten. Aber kann ich denn einem Mann zumuten, mit mir zu leben? Anatole möchte nach der aufreibenden Dreharbeit ein Heim, eine vergnügte, junge Frau für sich haben! Aber wenn ich nicht mehr filmen darf, würde ich so nach und nach die unangenehmste Ehefrau der Welt werden. Immer mürrisch. Das kann man doch einem guten Mann nicht zumuten! Das hat er nicht verdient. Und ein Mann, der nur mein Diener sein will, nein, solchen Mann will ich nicht! Es gibt wohl immer nur eines, entweder Beruf oder Privatleben. Wenn ich mich aber doch einmal verlieben werde, wird es sehr wehtun, denn auch dann würde ich meinen Beruf wählen. Wenigstens für die nächsten fünf Jahre.«

1951 spielte Hilde in dem Film »Es geschehen noch Wunder«. Johannes Mario Simmel schrieb das Drehbuch, Willi Forst führte Regie und spielte die männliche Hauptrolle. Es war eine seichte Liebeskomödie, die floppte. Der Film ist bis auf 18 erhalten gebliebene Minuten verloren gegangen, hieß es immer. Doch 2010 wurde er im Filmmuseum in Amsterdam entdeckt. Nach Klärung der Rechte soll der 105 Minuten lange Film auf DVD erscheinen.

Ebenfalls 1951 beschließt Eric Pommer, nach der langen Zeit als Kulturoffizier endlich wieder einen Film zu drehen. In den Hauptrollen in »Nachts auf den Straßen« wollte er Hans Albers und Hildegard Knef besetzen. Albers konnte längere Zeit schon nicht mehr an seine Vorkriegserfolge anknüpfen. In Pommers Film sollte er einen in die Jahre gekommenen Fernfahrer spielen, der die junge Hilde als Anhalterin mitnimmt. Um ihn für Schiebergeschäfte zu gewinnen, verdreht sie ihm den Kopf. Einmal mehr spielte Hilde eine Frau, die ihren Körper einsetzt, um ihr Ziel zu erreichen. Der verführte Fernfahrer wie auch die Verführerin sehen am Ende des Films das Unrecht ihres Handelns ein: Der Fernfahrer kehrt reumütig zu seiner Ehefrau zurück, und die junge Frau steigt aus den betrügerischen Geschäften aus. Am Set herrschte eine außerordentlich gute Stimmung. Da die Dreharbeiten mit vierwöchiger Verspätung begonnen hatten, geriet Hilde unter Zeitdruck. Laut ihrem Vertrag mit der Fox sollte in drei Wochen Drehbeginn für den Film »Diplomatic Courier« sein. Hilde konnte Hans

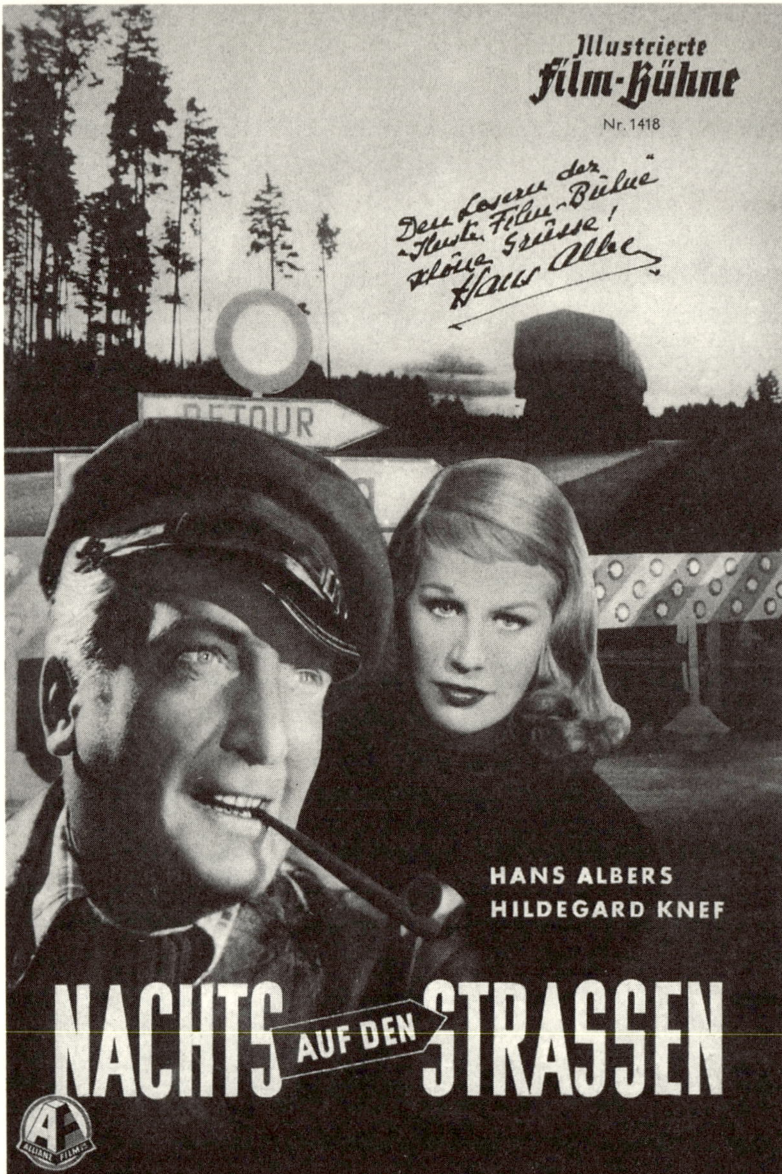

In »Nachts auf den Strassen« soll Inge Hoffmann (Hildegard Knef) auf Verlangen ihres Freundes dem viel älteren Fernfahrer Heinrich Schlüter (Hans Albers) schöne Augen machen, um seinen LKW zum Rauschgiftschmuggel benutzen zu können.

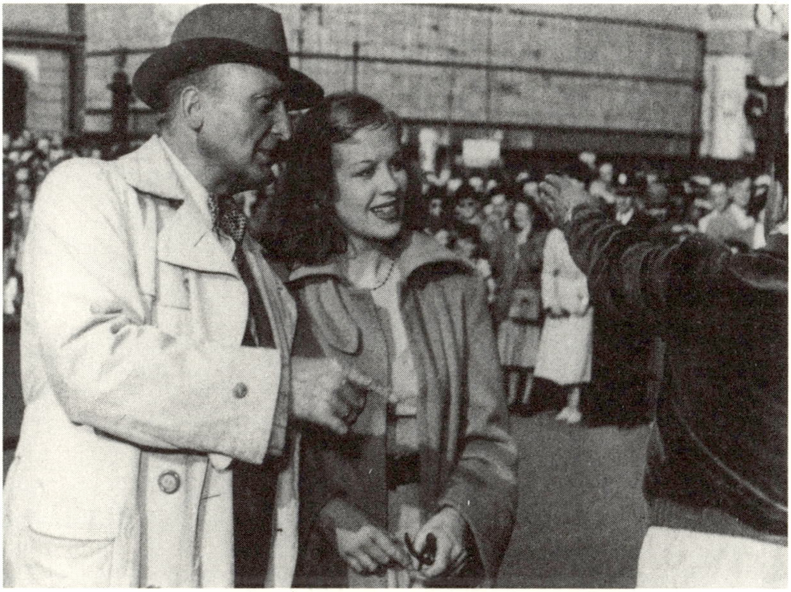

Hildegard Knef und Hans Albers am Filmset für »Nachts auf den Strassen«.

Albers überreden, Tag und Nacht zu drehen. Das gesamte Filmteam von »Nachts auf den Straßen« unterstützte Hilde; sie landete völlig erschöpft, aber pünktlich in Amerika.

Als der Film 1952 in die Kinos kam, brachte er Albers wieder ins Gespräch. Hilde hatte von Pommer zu dessen großer Empörung verlangt, ihren Namen auf den Filmplakaten genauso groß zu drucken wie den ihres Filmpartners. Pommer rückte ihr den Kopf zurecht und erklärte ihr, dass es nicht auf die Schriftgröße, sondern auf die schauspielerische Leistung ankäme. Die Kritik war einhellig positiv – Pommer verbuchte einen großen Erfolg. Der Film wurde bei der Verleihung des Bundesfilmpreises 1953 mit dem »Goldenen Leuchter«, einem Wanderpreis für den besten abendfüllenden Spielfilm, ausgezeichnet. Der Regiepreis in Gold ging an Rudolf Jugert, das Filmband in Gold erhielten Helmut Käutner und Fritz Rotter.

Hans Albers schätzte seine junge Kollegin sehr und ermutigte sie: »Du hast es vor dir, ich hab's hinter mir.« Diese anerkennende große Geste vergaß ihm Hilde nie. Als Albers sterbenskrank war, besuch-

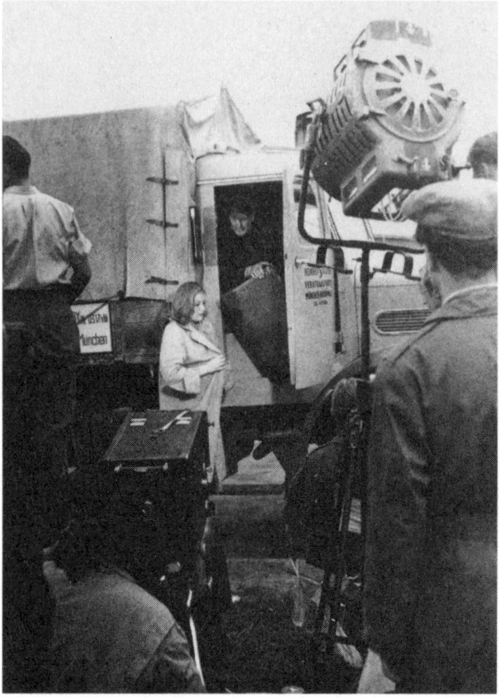

Hans Albers und Hildegard Knef bei Außenaufnahmen

te sie ihn am Starnberger See. Die meisten seiner Freunde hatten ihn schon vergessen. Hilde verabscheute die Brutalität der Filmbranche, in der ein alternder, nicht mehr »funktionierender« Schauspieler rücksichtslos fallen gelassen wurde. Er weinte Freudentränen, als sie einander wiedersahen. Es waren nicht die ersten Tränen, die er ihretwegen vergoss. In der Schlussszene von »Nachts auf den Straßen« verlangte das Drehbuch, dass er Hilde ohrfeigte. Er brachte es erst nach langem Bitten und drei Cognac über sich, allerdings hatte er vergessen, vorher seinen Siegelring vom Finger zu ziehen. Er traf sie damit so unglücklich, dass Hilde ohnmächtig zusammenbrach. Als sie wieder zu sich kam, sah sie einen weinenden, ununterbrochen Entschuldigungen murmelnden Albers über sich gebeugt. Hans Albers starb 1960. In einer Fernsehsendung anlässlich seines 100. Geburtstags am 22. September 1991 erzählte Hilde von ihrer Arbeit mit ihm, erinnerte sich seiner Hilfsbereitschaft und seiner Güte.

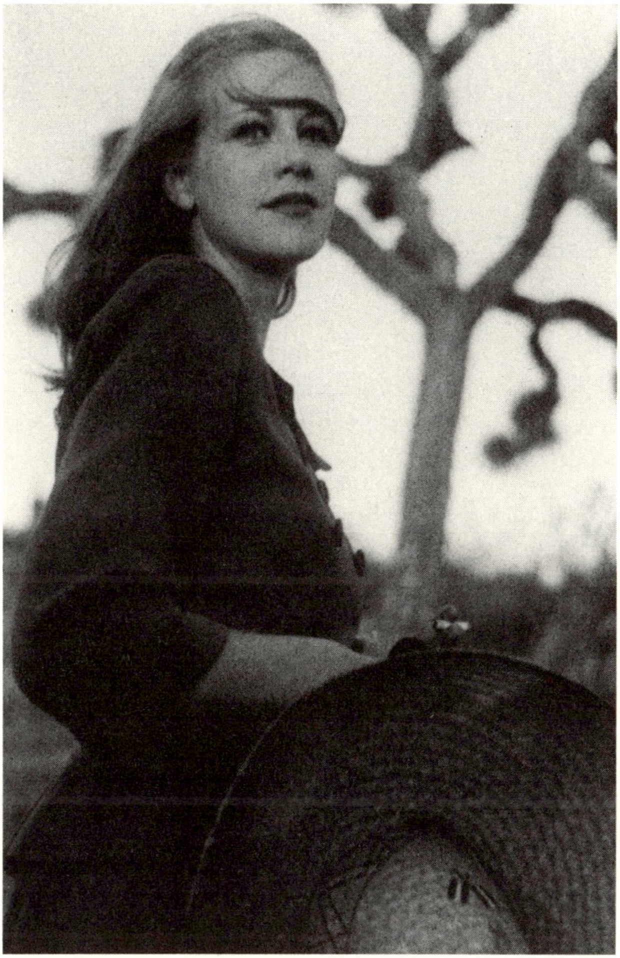

Hildegard Knef 1952 in Hollywood

Back to Hollywood

Hollywood hatte sich verändert. Die McCarthy-Ära war auf ihrem Höhepunkt. Die Angst vor den Nationalsozialisten war verflogen. Der neue Feind, den es zu bekämpfen galt, waren nicht mehr die Nazis sondern die Kommunisten. Schauspieler, Autoren und Regisseure wurden gezwungen, vor dem »Komitee für unamerikanische Aktivitäten« Freunde und Bekannte zu verraten, die kommunistische Ansichten vertraten. Künstler und Politiker, Beamte und Wissenschaftler wurden ohne Unterschied mit Arbeitsverboten belegt, und angeklagt, kommunistische Agenten zu sein; des Landes verwiesen, sogar zum Tode verurteilt wie das jüdische Ehepaar Ethel und Julius Rosenberg wegen angeblicher Atomspionage. 1952, auf dem Zenit der politischen Hexenjagd, kehrte Hildegard Knef nach Hollywood zurück. Sofort wurde sie von der Presse zu ihrer politischen Haltung und zu ihrer persönlichen Erfahrung mit dem Kommunismus im demokratischen Teil Berlins befragt. Man wollte wissen, ob sie die Rolle der Sünderin auch in ihrem privaten Leben spielen würde – die Prüderie der Amerikaner heizte die Stimmung im Land noch zusätzlich an.

Vollkommen erschöpft von der aufreibenden Tag- und Nachtarbeit in Deutschland begann für Hilde die Arbeit an dem antikommunistischen Spionage-Thriller »Diplomatic Courier« – in der deutschen Synchronfassung hieß der Film »Kurier nach Triest«. Sie spielte an der Seite von Tyrone Power. Der Stoff für den Film beruhte wieder einmal auf einer wahren Begebenheit. Seine Schauplätze waren Salzburg, Paris und Triest, gedreht wurde aber ausschließlich in Hollywood. Selbst der Arlbergexpress wurde für 39.000 Dollar im Atelier nachgebaut.

Nach dem Ende der Dreharbeiten reiste die deutsche Journalistin Anneliese Uhlig zum Interview für das einflussreiche Filmmagazin *Film und Mode Revue* an. Sie besuchte Hilde in ihrem Haus in Westwood Village, einer teuren Gegend, die fünf Autominuten von den

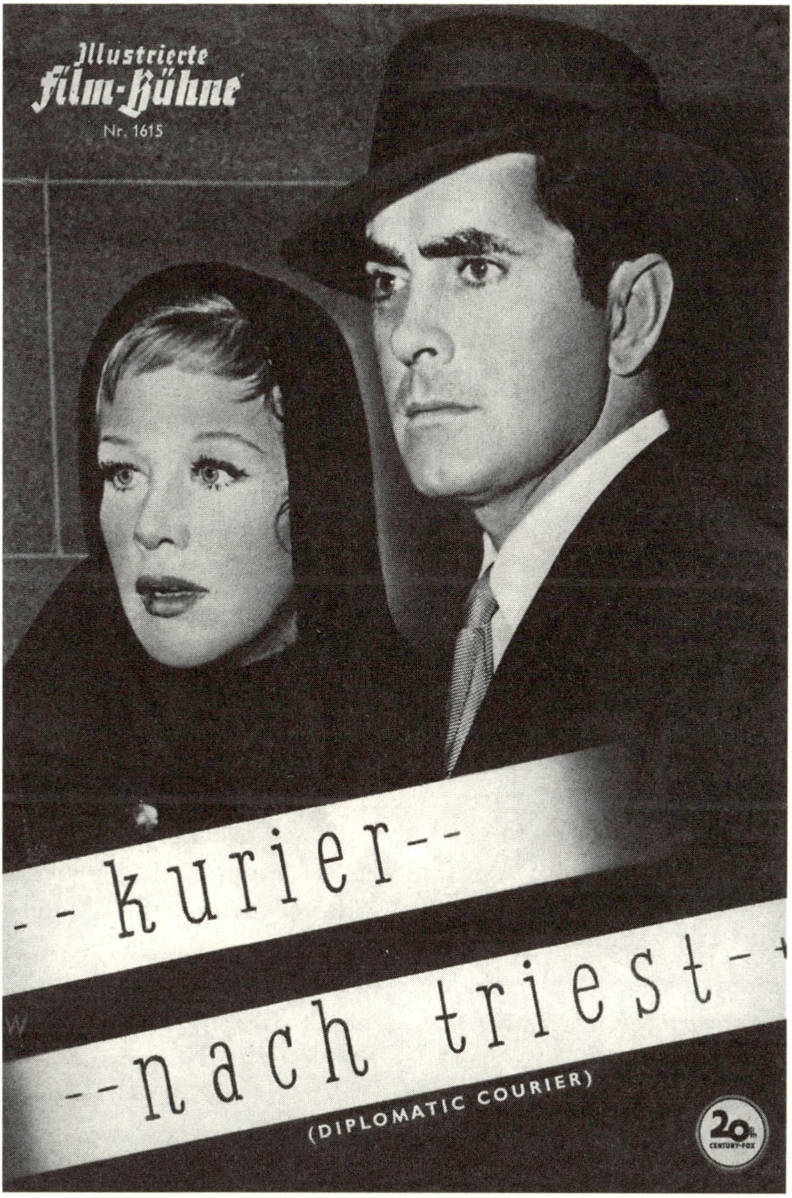

Der antikommunistische Spionage-Thriller »Diplomatic Courier« – in der deutschen Fassung »Kurier nach Triest«.

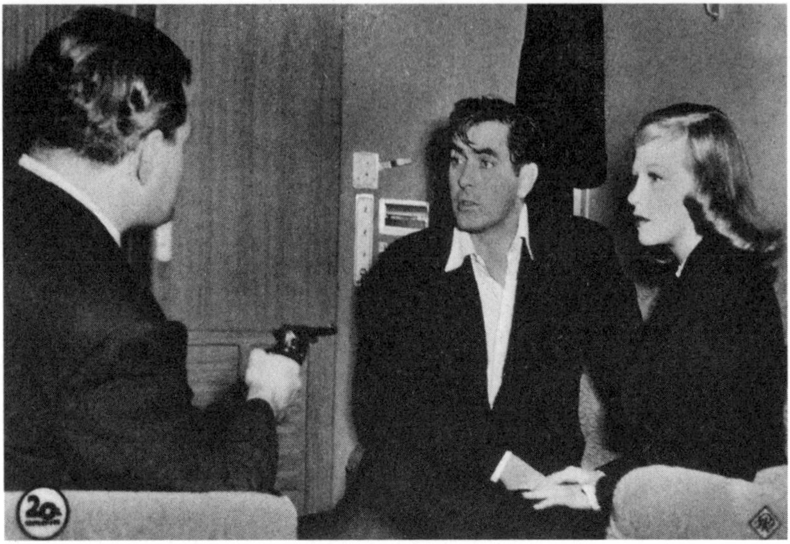

In »Kurier nach Triest« ist Power in ein internationales Spionagekomplott geraten, als er den Tod seines Freundes aufklären will.

Fox Studios entfernt lag. Hier wohnten vor allem Menschen, denen eine vornehme Adresse wichtig war und die dem Touristen- und Star-Rummel von Hollywood entfliehen wollten. Anneliese Uhlig beschrieb Hildes neues Heim, das ganz im Stil eines Herrenhauses der frühen Kolonialzeit erbaut und mit Bücherregalen bis zur Decke vollgestellt war. Hilde sprach gern über Bücher, die sie gelesen hatte, und verlieh sie auch großzügig an Freunde. Eines Tages fiel ihr eine Lücke in einem der Regalfächer auf. Sie konnte sich beim besten Willen nicht daran erinnern, wem sie das fehlende Buch geliehen hatte. Sie ließ sich einen Stempel anfertigen, mit dem sie fortan jedes ihrer Bücher versah. Bald schon hatte ihr Vorgehen allerdings den gegenteiligen Effekt: Ein Buch mit dem Namensstempel »Hildegard Knef« wurde nun erst recht nicht mehr zurückgegeben, weil es sich um eine begehrte Rarität handelte.

Hildes Glück über die große Würdigung ihrer filmischen Leistungen im *Life Magazine* und vielen anderen amerikanischen Zeitungen war nur von kurzer Dauer. Ein deutsches Filmmagazin hatte einen besonders gehässigen Artikel über sie veröffentlicht, der sie schwer enttäuschte. Hilde wurde nicht müde, über ihn zu schimpfen, da sie doch bis an

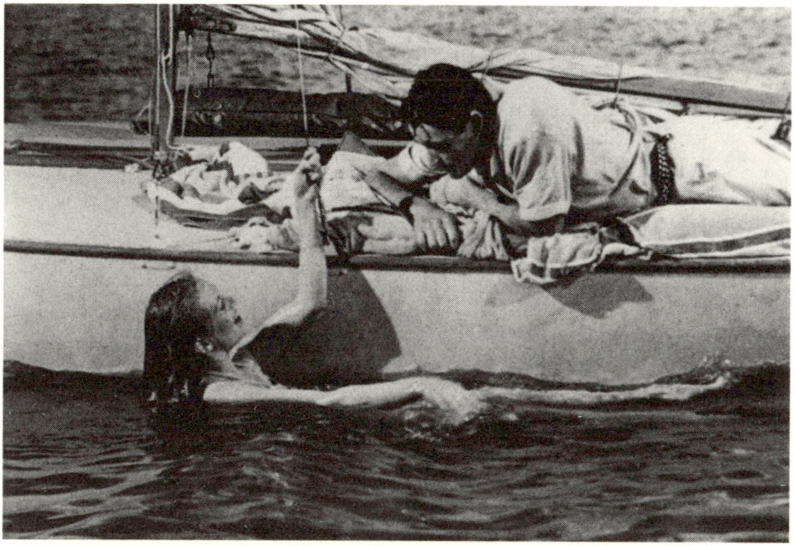

Hildegard Knef mit Gregory Peck im Film »Schnee am Kilimandscharo«. Hilde erzählte schmunzelnd: » … während ich mehrmals durchs kalte Wasser schwimmen musste, lümmelte Peck gemütlich auf dem Boot.

den Rand der Erschöpfung gearbeitet hatte. Es lag ihr viel daran, auch in der Heimat Anerkennung zu finden, umso trauriger machte sie der Beitrag. Hilde wusste, wie schwer es war, international bekannt zu werden, und dass dazu mehr als nur guter Wille und Beziehungen gehörten.

Darryl F. Zanuck, der Produktionschef der Fox, wartete ungeduldig auf das Ende der Dreharbeiten. Gleich im Anschluss daran wollte er mit Hildegard Knef »Schnee am Kilimandscharo« nach dem Hemingway-Bestseller drehen. Hilde sollte die Rolle der Gräfin Liz spielen, einer Lebefrau, die in den schönsten Roben eine Party nach der anderen gibt und Gregory Peck den Kopf verdreht. Hilde war glücklich, endlich eine mondäne Frau zu spielen, noch dazu eine, die singen musste – Cole Porter-Songs. Porter war einer der wichtigsten amerikanischen Musical- und Filmkomponisten, und Hilde fühlte sich sehr geehrt, seine Lieder zu interpretieren. Während der Dreharbeiten erkrankte sie an einer schweren Grippe. Sie bekämpfte sie erfolgreich mit gewaltigen Mengen von Penicillin, um den Drehplan nicht zu gefährden. Vier Wochen lang wurde an jeder Nuance ihres Gesangs gearbeitet. Sie selbst hatte viele Ideen, wie sie die Lieder vortragen wollte. Im Land

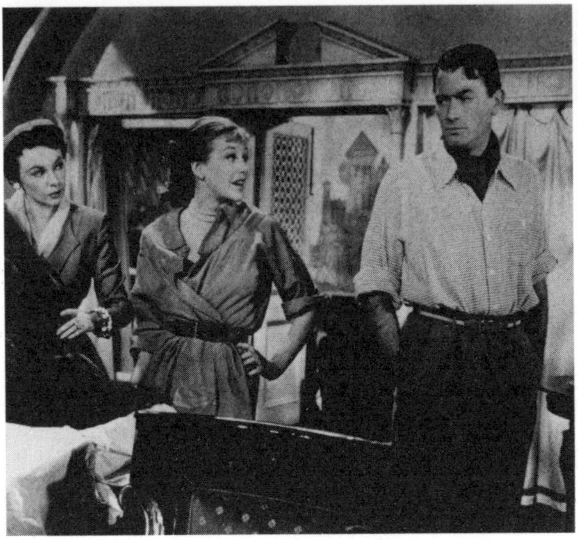

Hildegard Knef spielt Gräfin Liz, die Geliebte von Gregory Peck.

der Musicals und der markanten Stimmen hatte sie den Ehrgeiz, unverwechselbar zu klingen. Ihr unbekümmerter, tiefer Sprechgesang war von besonderem Sexappeal und eine Offenbarung für die Filmwelt. Die Amerikaner waren begeistert von »You do something to me« und »Just one of those things«. Hilde machte die Entdeckung, dass sie aus ihrer Stimme Kapital schlagen konnte. Sie ließ die Lieder in der deutschen und französischen Fassung nicht synchronisieren, sondern sang sie in der jeweiligen Sprache selbst. »Just one of those things« wurde aus der Endfassung des Film leider herausgeschnitten.

Hilde geriet in die Schlagzeilen. Es hieß, sie solle den französischen Schauspieler Jean-Pierre Aumont über den Tod seiner Frau Maria Montez hinweggetröstet haben. Ein andermal wurde gesagt, sie küsse Gregory Peck auch nach Drehschluss. Hilde dementierte damals diese Gerüchte nicht, um im Gespräch zu bleiben.

Immer wieder wurde sie auf »Die Sünderin« angesprochen. Sie verteidigte sich damit, dass sie die Hüllen im Dienste der Kunst hätte fallen lassen.

Für die Amerikaner wurde sie zum Inbegriff des ewig lockenden Weibes mit dem besonderen Etwas, und Hilde verstand es, das Inter-

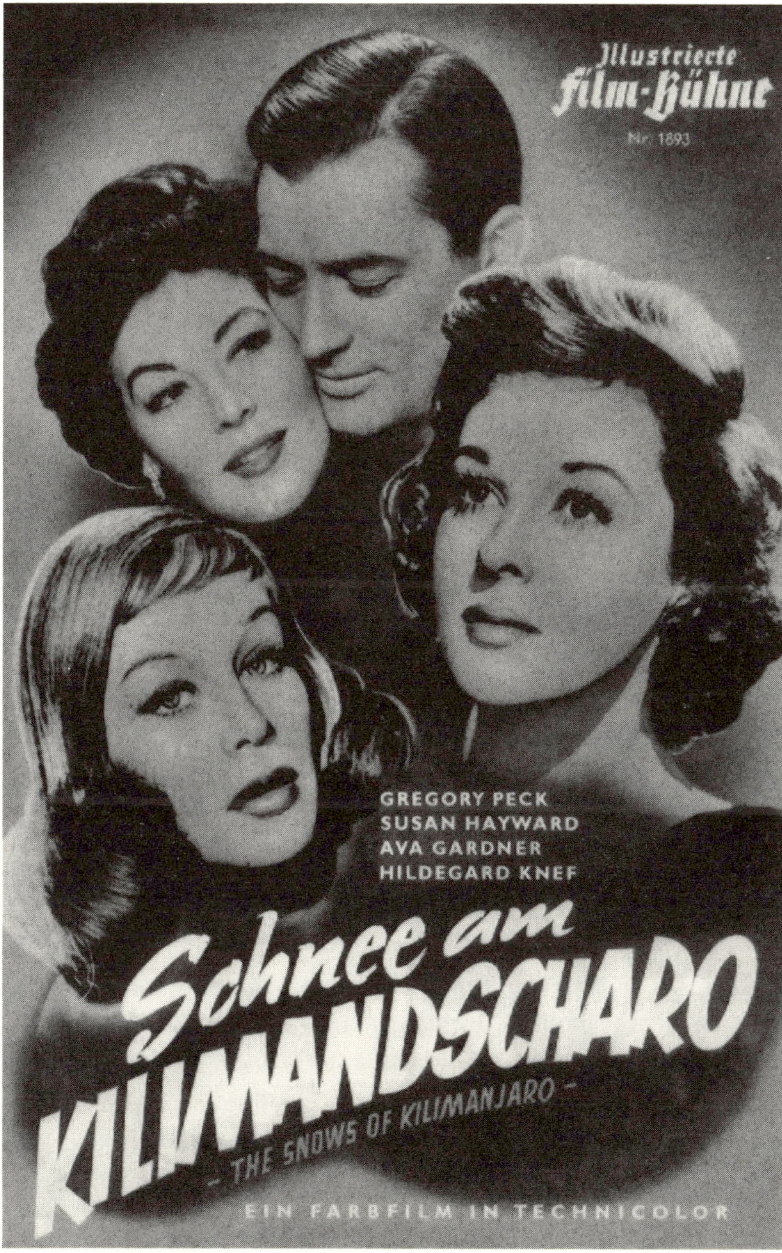

Hildegard Knef, Susan Hayward, Ava Gardner mit Gregory Peck im Film »Schnee am Kilimandscharo«.

esse an ihr nicht erlöschen zu lassen. In Amerika hatte sie es geschafft, nicht mehr auf bestimmte Rollen festgelegt zu werden. Zum »Star« aber fehlten ihr noch ein paar Hauptrollen, wie Gregory Peck 1953 in einem Interview anlässlich der Düsseldorfer Premiere des Films verlauten ließ. Mindestens fünf Hauptrollen, so Peck, müsse man aufweisen können, um in Amerika als Star zu gelten.

In diese Zeit fiel die Trennung von Kurt Hirsch. Er hatte keinen Ehrgeiz, einen Beruf zu erlernen, und ging nicht auf Hildes Rat ein, die Möglichkeit zu nutzen, als ehemaliger Soldat auf Kosten des Landes zu studieren. Stattdessen schlug er sich mit Gelegenheitsjobs durch. Im November 1951 entschloss sich Hilde, die Trennung auch amtlich zu vollziehen. Ihre Agentin Elli Silman drängte sie dazu, vor dem Richter auszusagen, Kurt Hirsch sei der schuldige Part für das Scheitern der Ehe gewesen. Anfangs wehrte Hilde sich gegen die wissentliche Falschaussage, hörte dann aber auf die Warnung ihrer Agentin, sie würde andernfalls ihre Karriere gefährden. Sie ließ sich dazu hinreißen auszusagen, Hirsch hätte ihr nicht einmal Geld für Seidenstrümpfe gegeben. Sie schämte sich dafür, hatte aber erreicht, was sie wollte. Am 15. Januar 1952 wurde die Ehe vor einem kalifornischen Gericht geschieden und im November desselben Jahres war die Scheidung rechtsgültig. Später revidierte Hilde den Scheidungsgrund: Ihr »Zigeunerleben« hätte das Zusammenleben mit Kurt Hirsch unmöglich gemacht.

Der Tod ihres Stiefvaters im April des Jahres 1952 erschütterte Hilde sehr. Sie wusste, wie hart es für ihre Mutter werden würde, nun allein für sich und den Sohn sorgen zu müssen.

Die Schauspielerin Ilse Werner zog für einige Wochen zu Hilde. Hilde freute sich, sie in Kalifornien wiederzusehen, nachdem sie sich einst im Hause de Kowa bei einer Party kennengelernt, dann aber aus den Augen verloren hatten. Ilse musste sie damals bei ihrem Besuch im Hause de Kowa so überrascht angeschaut haben, dass Hilde unsicher frage: »Nich', ich seh furchtbar aus?« Woraufhin Ilse sie beruhigte: »Sie sehen nicht furchtbar aus, Sie haben nur ein Kleid an, das ich in dem Film ›Wunschkonzert‹ getragen habe. Deshalb mein verwunderter Blick.« Hilde hatte sich kurz vor dem Einrücken der Russen noch ein, zwei Kleider aus dem Fundus in Babelsberg geholt, darunter das Filmkleid von Ilse Werner. Diese lustige Begebenheit legte den Grundstein

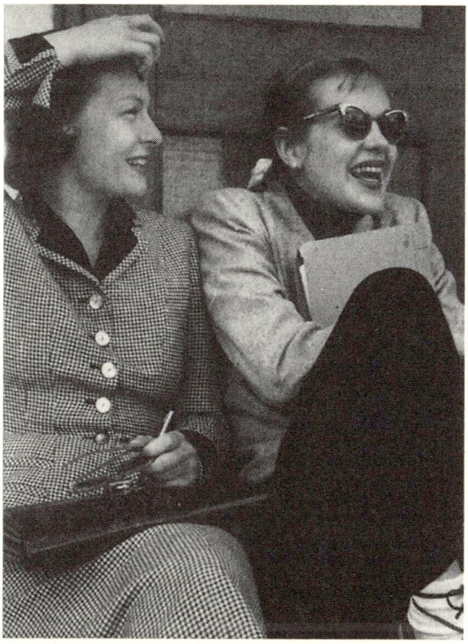

Ilse Werner, mit dem amerikanischen Journalisten John de Forest verheiratet (1948 bis 1953), lebte bis zu ihrer Scheidung in Los Angeles und war dort oftmals mit Hildegard Knef zusammen.

für die Freundschaft der beiden. Ebenso wie Hilde hatte Ilse einen Amerikaner geheiratet und war ihm nach Nordkalifornien gefolgt. Sie überraschte Hilde nun mit ihrem Anruf in Hollywood. Hildes spontaner Einladung kam Ilse schon bald nach und logierte in ihrem Gästezimmer. Wenn Hilde von den Aufnahmen nach Hause kam, plauderten die beiden stundenlang. Hilde genoss Ilses Gesellschaft, die sie das Alleinsein vergessen ließ. Als Ilse ihr eines Tages gestand, ihre neue Heimat nicht besonders zu mögen, konnte Hilde nur zustimmen: »Du wirst furchtbar lachen, mir gefällt sie auch nicht, aber man muss das Beste daraus machen.« Hilde führte Ilse in die Filmkreise Hollywoods ein. Sie ging mit ihr auf Partys und stellte sie einflussreichen Filmleuten vor. Als Hilde die Stadt zu Außenaufnahmen für »Schnee am Kilimandscharo« verlassen musste, hatte Ilse die Wohnung für sich. Ilse strebte aber keine Schauspielkarriere in Amerika an. Sie ging später zurück nach Deutschland und spielte wichtige Rollen in unzähligen Filmen.

Dieses ihrer Freundin gestandene »Heimweh nach dem Kurfürstendamm« sollte Hilde nie verlassen. 1952 erschien das Buch mit dem gleichlautenden Titel von Paul Marcus – sein Pseudonym als Journalist und Schriftsteller war PEM. Das Buch trug den Untertitel »Aus Berlins glanzvollsten Tagen und Nächten« – gemeint waren die der 1929er-Jahre. Er widmete Hilde das Buch mit den Worten: »Für Hilde, die diese Zeit nachsitzen muß« und vermerkte handschriftlich auf der ersten Seite: »Für Hildegard Knef mit einer Zukunft – von Pem – mit einer Vergangenheit. London Nov. 1952«. PEM war einer der wichtigsten Klatschkolumnisten jener Jahre. Unmittelbar nach Hitlers Machtergreifung war er nach London emigriert und hatte als britischer Soldat gegen die Nationalsozialisten gekämpft. Er kannte jeden und schrieb über alle wichtigen Ereignisse. Durch ihn erfuhr man in Deutschland, wo die Emigranten lebten und wer von ihnen fernab der Heimat erfolgreich war. Auf diese Weise half er, den Kontakt der Emigranten untereinander aufrechtzuerhalten.

Hilde drehte 1952 noch vier weitere Filme: »Night without sleep«, ein kompliziertes Psychodrama, das es nicht in die deutschen Kinos schaffte, »Alraune«, ein Film, der sich der Frankenstein-Thematik, also dem Versuch, einen Menschen zu erschaffen, widmet. Es folgte »La fête à Henriette«, »Ein Fest für Henriette«, in dem sich Hildegard Knef als Zirkusreiterin Rita Solar am französischen Nationalfeiertag einer flüchtigen Liebelei mit einem Fotoreporter hingibt. Nachdem er sich in ihrem Album verewigt hat, lässt sie ihn, genau wie seine Vorgänger, gefühlskalt fallen. Den vierten Film, »Illusion in Moll«, produzierte wieder Eric Pommer. Hilde spielte darin eine krebskranke Frau. In diesem Film sang sie das Lied »Illusionen«, das weltberühmt wurde.

In »Alraune« spielte sie an der Seite von Erich von Strohheim und Karlheinz Böhm. Auf dem Filmplakat wurde Hilde als »Deutschlands berühmteste Chansonsängerin« angekündigt. Sie singt »Das Lied vom einsamen Mädchen« und »Heut' gefall' ich mir«; die Schallplatte kam kurz darauf in den Handel.

Hildes erste Begegnung mit von Stroheim, die sie in ihrer Autobiografie schildert, verlief äußerst kurios. Der große Mime wollte seine Filmpartnerin vor Beginn der Dreharbeiten erst einmal unter vier Augen in ihrem Hotelzimmer treffen. Von Stroheim war ein sehr scheuer

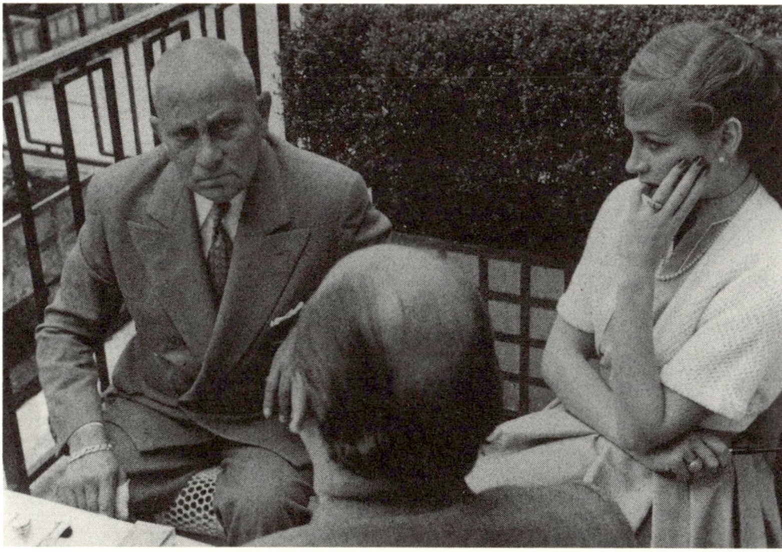

Bei einem Arbeitsgespräch zu »Alraune« mit Erich von Stroheim.

Mann. Zum verabredeten Zeitpunkt wurden zuerst riesige Blumensträuße durch einen Boten mit besten Empfehlungen von Herrn von Stroheim in Hildes Zimmer geliefert. Hilde hatte die blühende Pracht gerade in Vasen untergebracht, als es wieder an der Tür klopfte. Sie öffnete in der freudigen Erwartung, endlich ihrem Filmpartner gegenüberzustehen, doch war es wieder nur ein Bote, der ihr, mit besten Wünschen von Erich von Stroheim, eine Riesenschachtel mit edelstem Konfekt überreichte. Eine Weile später erneutes Klopfen an ihrer Tür. Diesmal stand Frau von Stroheim davor, die das Erscheinen ihres Mannes ankündigte. Dann schließlich ein zaghaftes Anklopfen. Diesmal war es Erich von Stroheim höchstselbst, 67-jährig, mit Monokel im Auge und in steifer Körperhaltung. Erleichtert bat Hilde ihn einzutreten. Nach dem förmlichen Austauschen von Höflichkeiten und dem Bekunden gegenseitiger Hochschätzung ging das Gespräch schon nach wenigen Minuten in zwangloses Plaudern über. Beide waren erleichtert und überzeugt, dass sie bei den Dreharbeiten gut miteinander auskommen würden.

Der zweite männliche Hauptdarsteller des Films war Karlheinz Böhm, der den Neffen des Wissenschaftlers spielte, in den sich Alraune, das künstlich gezeugte Mädchen, verliebt. 32 junge Schauspieler hatten sich für die Rolle beworben, darunter auch der 24-jährige Karlheinz Böhm – ein Debütant. Böhm war der Sohn eines berühmten Künstlerpaars. Seine Mutter war die Sopranistin Thea Linhard, sein Vater der Dirigent Karl Böhm. Der Regisseur Arthur Maria Rabenalt bat Böhm, irgendeinen Text vorzusprechen, weil das Drehbuch zu »Alraune« noch nicht vorlag. Böhm trug einen Monolog aus »Armut« von Anton Wildgans vor und fiel bei Ilse Kubaschewski, der Chefin der Gloria-Film, und Willy Haas, dem Co-Produzenten, durch. Hilde aber, die ihr Mitspracherecht bei der Besetzung der anderen Rollen vertraglich hatte festlegen lassen, hielt Böhm für talentiert und genau richtig für die Rolle des Frank Braun. Böhm war schüchtern, ein Grund für Hilde, mit ihm auszugehen, um ihm seine Hemmungen zu nehmen. Es muss ein vergnüglicher Abend gewesen sein, an dem Hilde ihm versprach, für ihn ein Wort einzulegen. Und sie hielt ihr Versprechen. Zu gegebener Zeit wurde Böhm zu Probeaufnahmen eingeladen. Hilde und er studierten mit Rabenalt eine Filmszene ein und diesmal überzeugte Böhm mit seinem Spiel die Zweifler. Er bekam die Rolle. Die beiden wurden gute Freunde. Später amüsierten sie sich bei der Erinnerung daran, wie Hilde sich bei ihm während des Drehs der großen Liebesszene beschwerte: »Mensch, du liegst mir auf der Brust wie'n Stein, ich kann ja gar nicht atmen.«

Karlheinz Böhm begann mit »Alraune« seine Filmkarriere. Berühmt wurde er 1955 als Kaiser Franz Joseph in »Sissi« an der Seite von Romy Schneider.

»Alraune« war der erste Film, der im Cinerama-Filmsystem mit Rundhorizont und drei Projektionsapparaten vorgeführt wurde. Der Erfinder dieses Systems, Fred Waller, verstarb 1954. Der Film rief wieder einmal die katholische Kirche auf den Plan, die sich diesmal aber vergeblich für einen Boykott aussprach. Trotz der Aufmerksamkeit, die dem Film zuteil wurde, blieb der große Kassenerfolg aus.

Hilde hatte in diesem Jahr ein übermäßiges Arbeitspensum zu bewältigen. Von Montag bis Donnerstag drehte sie »Alraune« und von Freitag bis Sonntag unter der Regie von Julien Duvivier in Paris »La fête à Henriette«. Duvivier bewies mit der Wahl einer Deutschen als seine Hauptdarstellerin großen Mut, doch Hilde war genau die gewe-

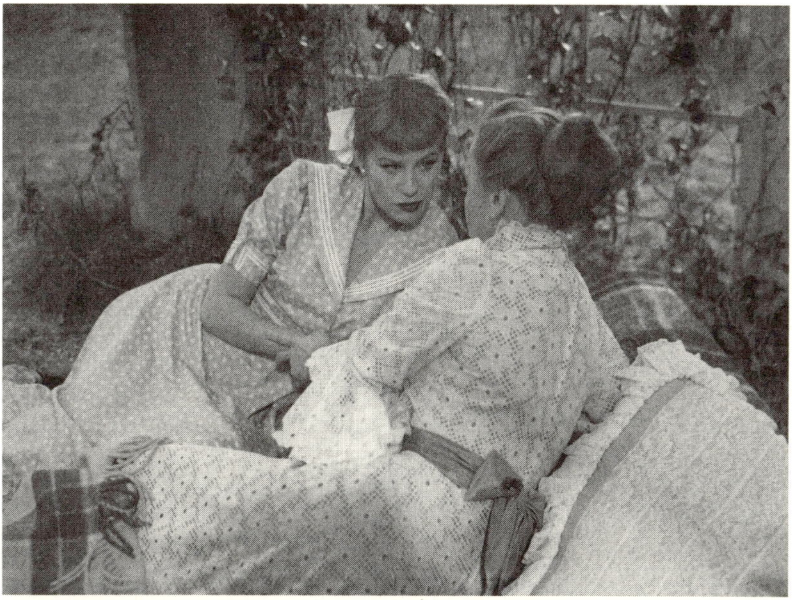

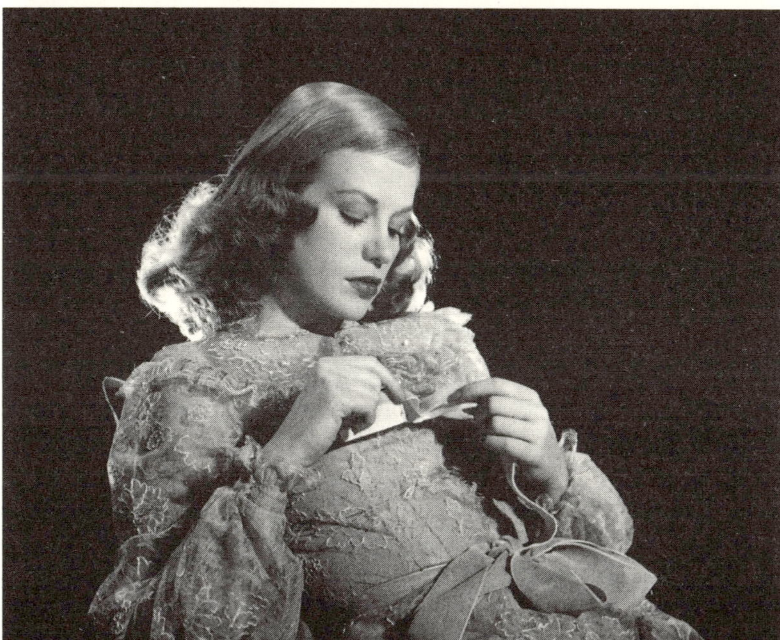

Hildegard Knef 1952 im Film »Alraune«

sen, die er gesucht hatte: Die blonde Zirkusreiterin Rita Solar war eine heißblütige »Schlange« mit Witz, verführte mit rauer Stimme, höchstes Glück und leidendes Herz verheißend – kurz gesagt eine Frau, die schillert und funkelt wie ein Brillant, eben die Knef. In Frankreich erschienen in jeder Zeitung Artikel über sie – fortan kannte alle Welt ihr Gesicht mit den rätselhaften grünen Augen. Besondere Beachtung schenkten die Franzosen natürlich Hildes Garderobe. Zur Vertragsunterzeichnung trug sie ein maßgeschneidertes sündhaft teures Kleid, schwarze Spitze über weißem Duchesse. Sie überragte die zierlichen Französinnen deutlich. Die Knef prägte sich ein. Nun galt es, den Franzosen ihr Talent zu beweisen. Sie stand von früh bis spät im Studio und lernte nebenbei noch Französisch. Im Nu hatte sie die Sympathie des gesamten Filmteams gewonnen – sie war für alle »Ildegarde« – und nach Fertigstellung des Films die Herzen der Franzosen: »Sie hat nicht nur zwei Kontinente erobert, sondern auch Paris. Das ist viel schwerer.« Sie erhielt für ihre Leistung den Französischen Kritikerpreis. Der Film »La fête à Henriette« war es auch, durch den sich einige Jahre später der Schauspieler David Cameron in Hilde verliebte. Er sah den Film zusammen mit einem Freund in Oxford. Hilde verkörperte für ihn eine Frau, die weiß, was sie will und es auch auslebt. »That's a woman and a half«, begeisterte sich auch sein Freund für Hilde. David sollte Hilde drei Monate später kennenlernen und mit ihr zusammenarbeiten.

Hildes Erfolg hielt die Presse in Atem. Immer wieder wurde sie gefragt, ob sie ihre Karriere strategisch geplant hätte, und immer wieder antwortete sie, dass sie zwar Vorsätze hätte, aber im konkreten Fall dann doch anders handle, und dass das Glück auf ihrer Seite sei. Nach der Premiere des Films »Illusion in Moll« schrieb ein Kritiker, dessen Name und Zeitschrift nicht bekannt sind, da es sich lediglich um die Abschrift des Artikels handelte, den Hilde zur Freigabe zugeschickt bekam:

»Hildegard Knef weiß, daß nur Wandlungen, innere wie äußere, stete Verwandlung den darstellenden Künstler vorwärtsbringt. Immer mehr muß die Hülle der Routine abgelegt, gesprengt werden, nur so kommt die wahre, echte Persönlichkeit zum Durchbruch. Die Knef, arbeitsbesessener denn je, ist eine Frau, die nichts so sehr verabscheut

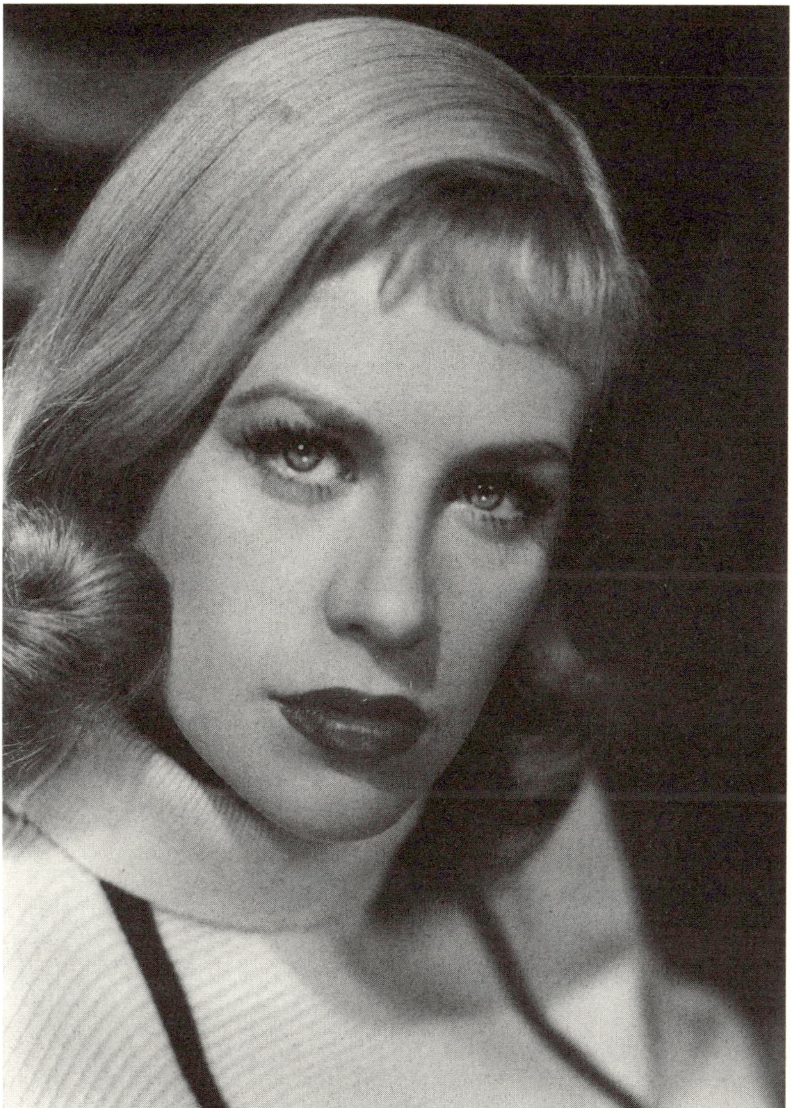

Hildegard Knef 1952 im Film »Illusion in Moll«

wie den Begriff des Stars und sie tut alles, um als Schauspielerin ein Mensch zu sein und zu bleiben. Die Gestalt der Lydia in ‚Illusion in Moll' ein weiterer Meilenstein am Wege dieser Filmkarriere.«

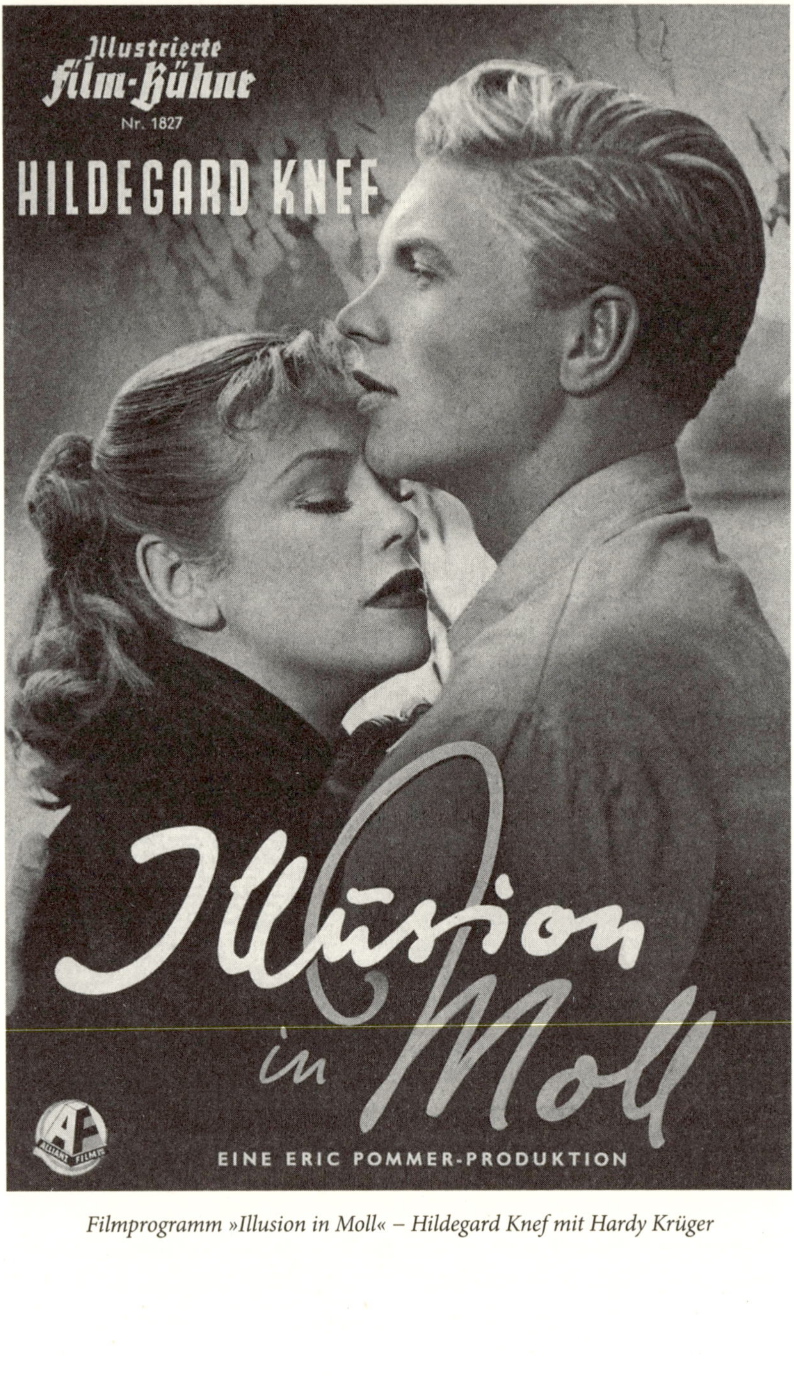

Filmprogramm »Illusion in Moll« – Hildegard Knef mit Hardy Krüger

Hilde lebte in diesem Jahr nur in Hotels und aus dem Koffer. »Will ich hier ein bestimmtes Jäckchen zu einem Abendkleid anziehen, stelle ich fest, ich habe es im Münchener Bayerischen Hof hängen lassen. Suche ich nach einem gewissen Handschuhpaar, fällt mir ein, dass ich das in Paris vergessen habe, und irgendein Paar schicke Sandaletten liegen bestimmt in Hollywood auf dem Speicher.« So schildert sie selbst ihr »Zigeunerleben«. Hilde hatte ihr Privatleben dem beruflichen ganz und gar untergeordnet. Sie klagte mir ihr Leid, sich nie zurückziehen zu können:

»Immer muss man konzentriert sein. Filmen besteht ja nicht nur aus Berühmtsein, es sind auch lange Texte zu lernen, aber dazu habe ich kaum Zeit. Immerzu möchte jemand etwas von mir. Manchmal flüchte ich ins Badezimmer, sperre ab, setzte mich auf den Badewannenrand und atme auf. Endlich allein!«

Bei allem Erfolg, den Hilde hatte, blieb sie in gewisser Weise bescheiden. Sie träumte von einer eigenen gemütlichen, aber nicht mondänen Wohnung, trank keinen starken Alkohol, aß gerne gut, konnte aber auch ohne weiteres monatelang von Rührei und Würstchen leben. Wenn sie an einer Rolle arbeitete, war Jazzmusik ihr »seelischer Papierkorb«. Zum Entspannen hörte sie in ihren Hotelzimmern klassische Musik. Mit dem Begriff »Heim« verband sie vielmehr ein freundschaftliches Zusammengehörigkeitsgefühl mit Freunden in aller Welt und auch während der Dreharbeiten, wie mit Eric Pommer und seiner »Filmfamilie« in Geiselgasteig, wo sie besonders gern drehte.

Nach dem intensiven Arbeitsjahr 1952 beschloss Hilde, gemeinsam mit Elli Silman in Ascona für mehrere Wochen ein Haus zu mieten und sich zur Erholung dorthin zurückzuziehen. Von dort schrieb sie wieder seitenlange Briefe an ihre »geliebte Mamucka«. Sie wollte wieder am Leben der Mutter und des Bruders teilhaben, erkundigte sich besorgt nach ihrem Befinden und nach dem Tagesablauf des Bruders, und ob ihnen auch genug Geld von ihrem Konto überwiesen würde. Sie bat die Mutter, Zeitungsartikel über sie zu sammeln und an den Bayerischen Hof zu senden, der diese zu ihr in die Schweiz weiterschicken würde. Hilde teilte auch alle traurigen Ereignisse mit der Mutter. So berichtete sie ihr vom Tod des Freundes Theo Mackeben, der die

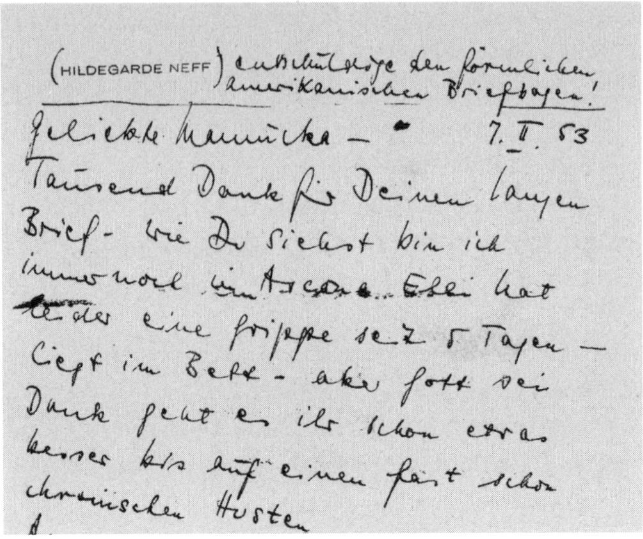
(HILDEGARDE NEFF) entschuldige den förmlichen amerikanischen Briefbogen!

Geliebte Mamucka – 7. II. 53

Tausend Dank für Deinen langen Brief – wie Du siehst bin ich immer noch in Ascona. Ebbi hat leider eine Grippe seit 5 Tagen – liegt im Bett – aber Gott sei Dank geht es ihr schon etwas besser bis auf einen fast schon chronischen Husten

»Geliebte Mamucka«

Musik zur »Sünderin« und zu »Es geschehen noch Wunder« komponiert hatte, und vom Autounfall des Freundes und Schauspielkollegen im Film »Alraune«, Harry Meyen, den er glücklicherweise unverletzt überlebt hatte. Der Briefwechsel zwischen Mutter und Tochter bezeugte ein inniges Verhältnis in dieser Zeit.

Hilde empfing in Ascona aber auch Besuch – unter anderem von dem Drehbuchautor Answald Krüger, der für Intercontinental Film den Vertrag für »Eine Liebesgeschichte«, nach einer Erzählung von Carl Zuckmayer, mit Hilde abschließen sollte. Wie es der Zufall wollte, war Krüger unsterblich in Hilde verliebt. Er schrieb ihr glühende Liebesbriefe, wenn sie einander nicht sahen. Die beiden führten bei seinem Besuch auch Vorgespräche für den Film »Geständnis unter vier Augen«, bei dem Krüger am Drehbuch mitarbeitete und der 1954 produziert werden sollte. Sie war für die Rolle der Reporterin vorgesehen, die auf der Suche nach einem Verbrecher die schmerzhafte Entdeckung machen muss, dass der Mann, den sie liebt, der Gesuchte ist.

Besonders erfreut war Hilde über den Besuch ihres Freundes George Minter, Filmproduzent und Autor. Er schlug ihr vor, in der geplanten Neuverfilmung der Gruselgeschichte »Trilby« von George

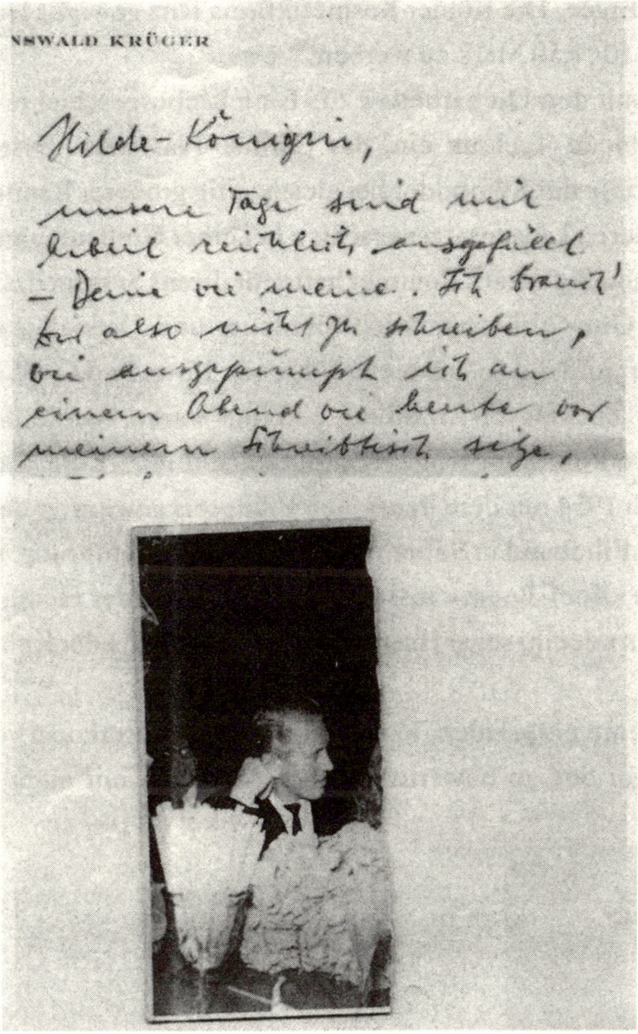

NSWALD KRÜGER

Hilde-Königin,

unsere Tage sind mit Liebe reichlich ausgefüllt – Deine wie meine. Ich brauch' Dir also nicht zu schreiben, wie ausgepumpt ich an einem Abend wie heute vor meinem Schreibtisch sitze,

Answald Krüger hatte an dem Drehbuch zu »Geständnis unter vier Augen« mitgeschrieben. Ihn verband eine kurze Liebesbeziehung mit Hilde.

du Maurier aus dem Jahr 1894 das Model Trilby zu spielen, das durch den Fluch des Musikgenies Svengali zur Diva wird, die er bis zu seinem Tod als sein Werkzeug benutzt. Der Film wurde 1954 unter dem Titel »Svengali« realisiert.

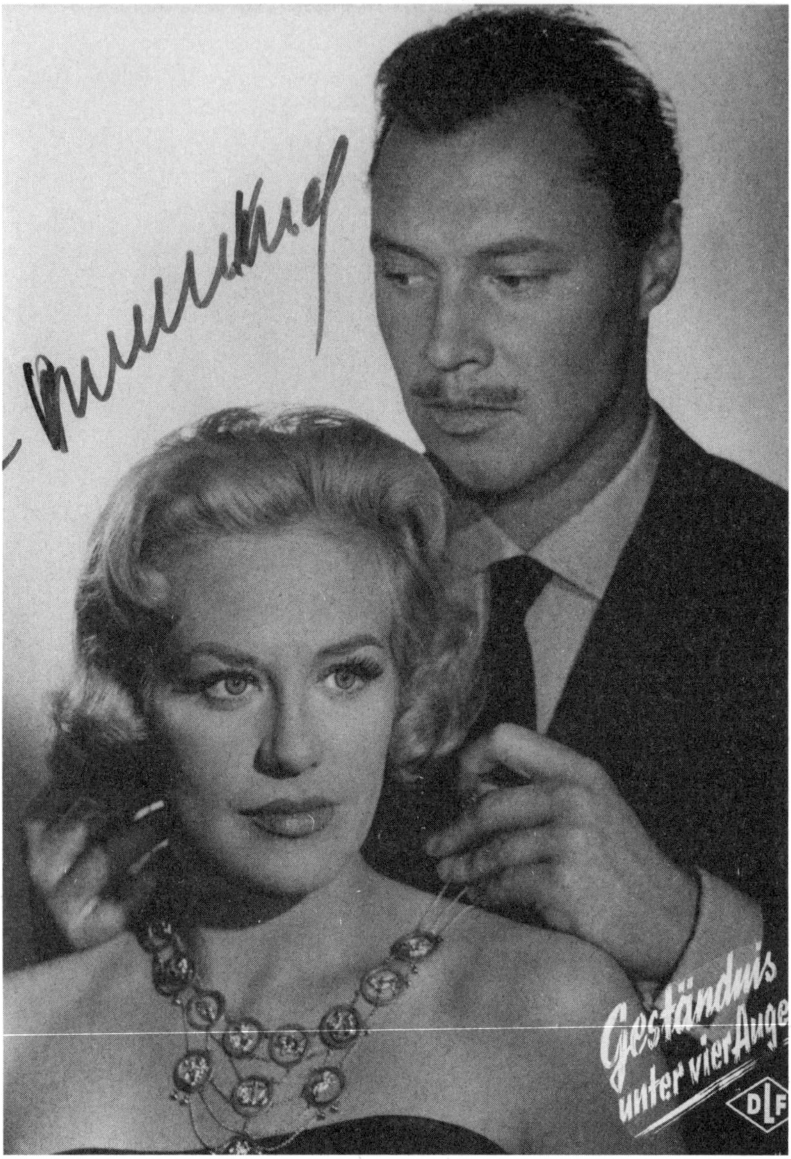

Filmplakat »Geständnis unter vier Augen«

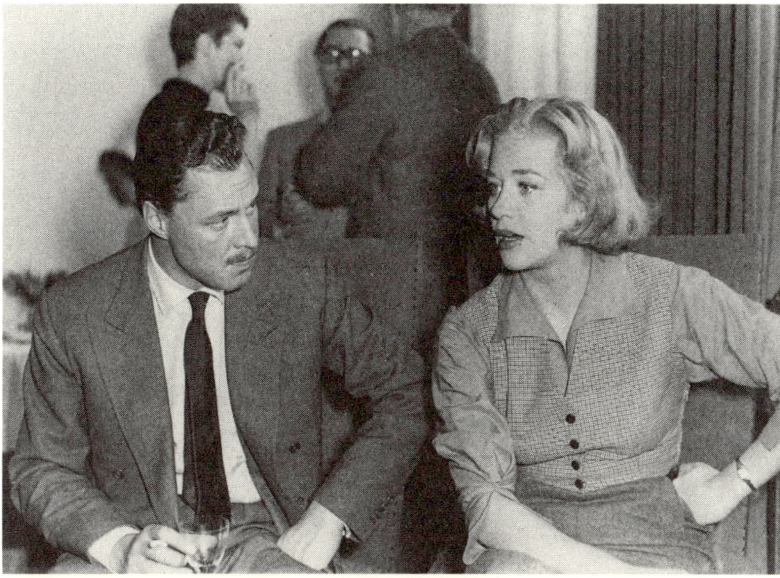

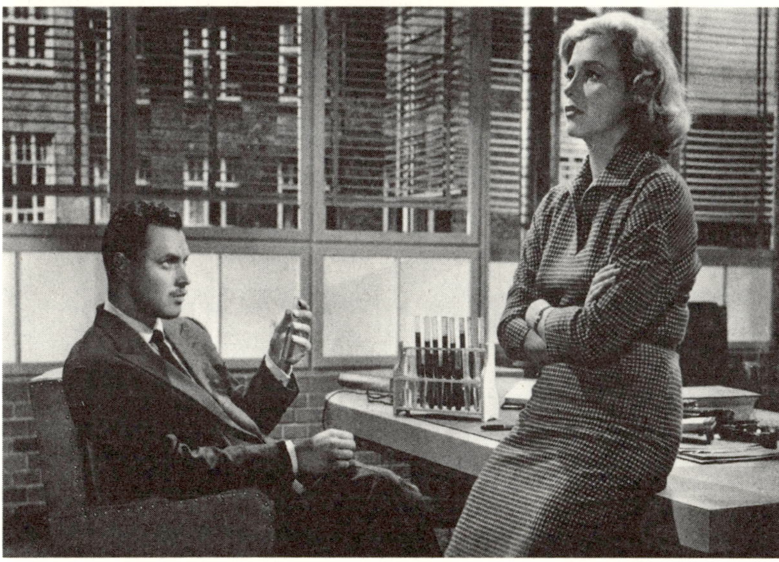

Oben: Hildegard Knef und Ivan Desny während der Drehpause.
Unten: Ausschnitt aus dem Film »Geständnis unter vier Augen«.

Der Aufenthalt in Ascona war für Hilde so erholsam, dass sie die Einladung der Filmfirma ausschlägt, zur Premiere von »Illusion in Moll« nach Deutschland zu kommen. »Ich lese viel, schlafe viel und spreche wenig«, schrieb sie an ihre Mutter. Schließlich reiste sie mit einem Zwischenstopp im Münchener Bayerischen Hof mit neu gepackten Koffern am 20. Februar 1953 nach Berlin.

In der Januarausgabe 1953 erschien in *Sonny – Die Zeitschrift für unsere Mädel* ein Interview mit Hildegard Knef. Unter der Headline »Hildegard Knef *grüßt Euch!*«, mit langen blonden Haaren, seltsam grünlichen Augen, so wie sie uns aus ihren vielen Filmen und von Fotos her bekannt ist, sollte sie jungen Mädchen etwas über sich erzählen. Hilde entschloss sich, eine lustige Begebenheit an einem Weihnachtsfest preiszugeben.

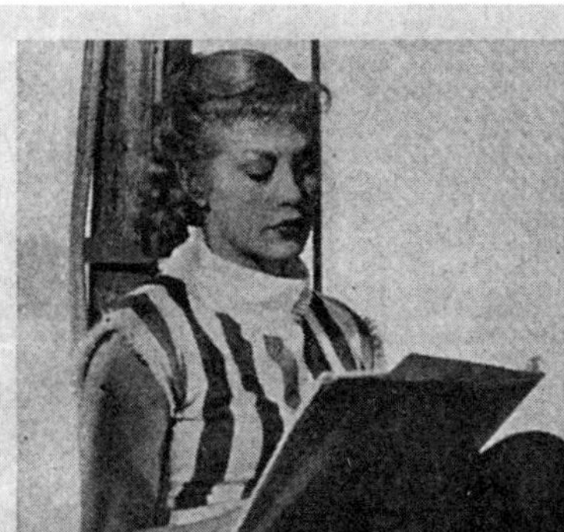

HILDEGARD KNEF *grüßt Euch!*

. . . mit langen blonden Haaren, seltsam grünlichen Augen, grad so wie sie uns aus ihren vielen Filmen und von Fotos bekannt ist, sitzt sie mir gegenüber. „Was kann denn wohl die Sonny-Leserinnen interessieren?", fragt sie. „Ach, richtig, das wär vielleicht was! — Es ergab sich nämlich mal wieder ganz verrückt! Nun habe ich zehn Filme hinter mir, lebe nur in Hotels und sitze doch tatsächlich Weihnachten in Hamburg wieder im Hotel. — Ich hatte aber meine Mutter und meinen Bruder aus Berlin kommen lassen, und wir feierten einen wunderbar ruhigen Abend. Wunderbar ruhig fand's vor allem meine Mutter und das kam so:
Mein Bruder Heinz ist jetzt 17 Jahre alt und studiert Musik. Er ist leidenschaftlicher Jazz-Anhänger und seine Trompete liebt er über alles. Natürlich hatte er sie mitgebracht und konnte gar nicht erwarten, sie in Aktion zu setzen! Aber kaum hatte er seinen Blues unter großartiger Kraft schmetternd angesetzt, — da öffnete sich die Tür — und eine um Verständnis bittende Hotelstimme erinnerte an Rücksicht auf die übrigen Hotelgäste. Das sah Heinz resignierend ein. Gottlob fand er gleich seinen letzten Trost. Er hatte ja seine Jazz-Platten mitgebracht! Aber auch das sollte für Heinz eine ‚Panne' werden! Das Hotel verfügte nämlich nur über Gleichstrom und mein Reise-Plattenspieler ist nur auf Wechselstrom eingestellt. Ja, da saß nun das arme Brüderlein und mußte so am Heiligen Abend auf seine größten Seligkeiten verzichten! Das Muttchen aber strahlte heimlich — und fand dieses Weihnachtsfest in Hamburg ganz besonders schön. Eben, weil's so herrlich ruhig war!" ———
„Ob das wohl was für die Sonny-Leserinnen ist?", forscht mit großen fragenden Augen Hildegard Knef. — Ich glaube schon, und der Heinz würde sicher prima in Sonnys Korona passen — meint Ihr nicht auch?
Abschließend schrieb mir Frau Knef noch dies für Euch auf:

Unseren Sonny-
Freundinnen
mit herzlichen Gruss
Hildegard Knef
Januar 1953

3

Sonny – die Zeitschrift für unsere Mädel – erschien in Hamburg

»Die Feiertage verbrachte ich in einem Hamburger Hotel. Um nicht alleine zu sein, ließ ich meine Mutter und meinen Halbbruder aus Berlin anreisen. Heinz, ein leidenschaftlicher Jazz-Fan hatte seine geliebte Trompete mitgebracht und begann auch gleich im Hotelzimmer lautstark einen Blues darauf zu spielen. Prompt hagelte es Beschwerden von Seiten der anderen Gäste, die sich in ihrer Ruhe gestört fühlten. Heinz musste mit dem Spielen aufhören. Er hatte aber eine andere Idee. Er kramte seine mitgebrachten Jazz-Platten hervor und wollte sie auf meinem Plattenspieler abspielen. Doch dieser war nur auf Wechselstrom eingestellt, währenddessen das Hotel mit Gleichstrom ausgestattet war. So konnte man einen ruhigen Heiligen Abend genießen, sehr zur Freude von meiner Mutter und mir.«

Hilde musste nicht lange auf den ersten Werbevertrag warten. Die Seifenmarke Luxor wollte mit ihr in deutschen Illustrierten Reklame machen. Neben ihrem Foto, das sie mit offenen, um das rechte Ohr gewellten Haaren und sehr kurzem Pony zeigte, die Toilettenseife in der Hand stand der Slogan »Ein Luxor-Bad ist eine wahre Erquickung«. Und Reader's Digest warb mit ihren schönen Beinen für Strumpfhosen von Ergee. Die Kölner Kosmetikfirma Ritz gewann Hilde, für den »Volkslippenstift« für 1,50 DM und für das Make-up »Happy-End« zu werben.

Das Jahr 1953 begann mit den Dreharbeiten zu »Eine Liebesgeschichte«. Pommer setzte eine brandneue Technik ein, das Garutso-Plastorama-System. Es schuf eine neue Raumtiefe der Filmbilder bei gleichzeitig größerer Randschärfe. Mit Hilfe eines besonderen Linsensatzes erschien bei einer Großaufnahme auch der Hintergrund gleichmäßig scharf. Pommer hatte für dieses System das alleinige Auswertungsrecht. Obwohl hochkarätige Filmleute und Darsteller wie der Regisseur Rudolf Jugert und die Schauspieler Viktor de Kowa und O. W. Fischer an der Verfilmung der Zuckmayer-Erzählung beteiligt waren, wurde der Film kein Erfolg. Presse wie Publikum reagierten zurückhaltend. Der Film wurde dennoch 1954 mit dem deutschen Filmpreis gewürdigt und Hans Schneeberger mit dem Filmband in Silber für die beste Kameraführung ausgezeichnet. Der Film löste einen wahren »Knef-Boom« aus. Fans warteten vor Hildes Hotel, um ein

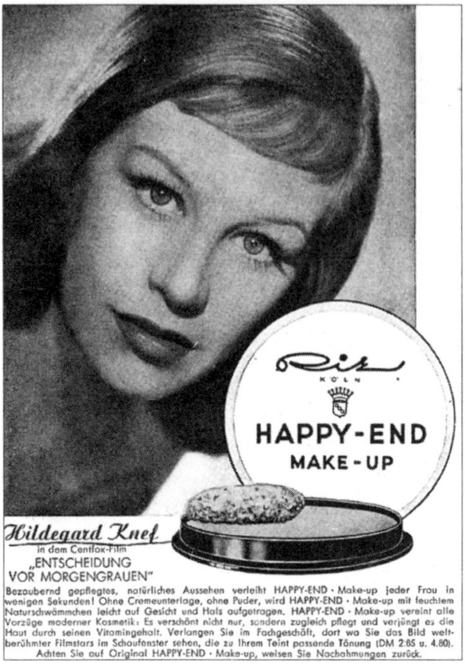

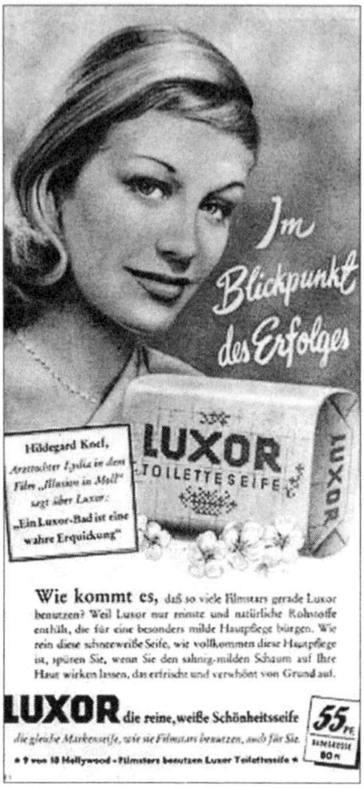

Werbeanzeige »Happy – End« und »Luxor«

Autogramm zu ergattern oder ihr sogar Haarbüschel auszureißen oder Knöpfe von ihrer Kleidung.

Immer größer wurde die Zahl der Veranstaltungen, zu denen Hilde als Prominente eingeladen wurde. So wurde sie zum Beispiel gebeten, als Jury-Mitglied den Lichterkorso von Booten auf dem Starnberger See zu bewerten oder in München mit einer Ehrenrunde auf dem Fahrrad das Sechs-Tage-Rennen zu eröffnen. Mädchen kopierten ihre Frisur, aus dem Hotelzimmer oder ihren Garderoben wurde Kleidung und Wäsche entwendet. Eine New Yorker Modelagentur wählte sie zu der Frau, die in den USA den europäischen Kontinent am vorbildlichsten vertritt. Und Hilde gönnte sich keine Ruhe. In Drehpausen reiste sie von Premiere zu Premiere, um Werbung für ihre Filme zu machen. Die Konsequenz dieser übermenschlichen Anstrengung ließ nicht lange auf sich warten: Hilde wurde mit einer Nervenentzündung ins Krankenhaus gebracht, die sie acht Tage ans Bett fesselte.

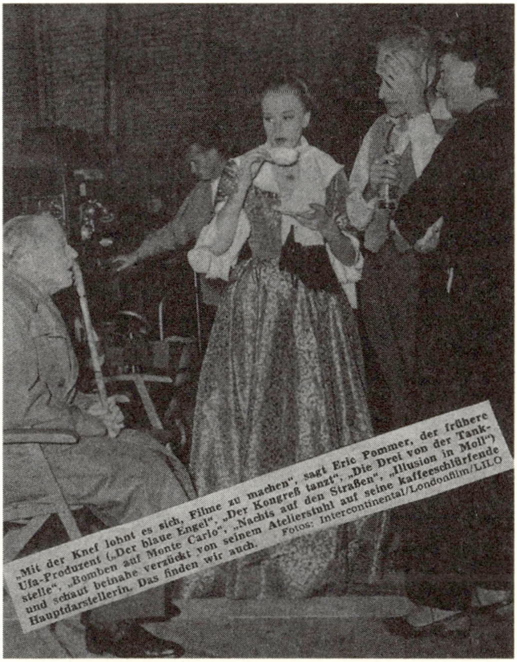

Eric Pommer (sitzend) war der Produzent von »Eine Liebesgeschichte«. Es war der letzte Film, den Hildegard Knef für seine Firma Intercontinental gemacht hat.

Der Beginn einer lebenslangen Freundschaft fiel ebenfalls in dieses Jahr 1953. Nachdem Hilde genesen war, reiste sie zur Premiere der »Sünderin« am 19. August nach London und wurde dort von Henri Nannen überrascht, dem Chefredakteur und Herausgeber des *stern*, der ihr vorschlug, sie ins Kino zu begleiten. Nannen und Hilde waren sich vermutlich erst in diesem Jahr zum ersten Mal auf einer Gesellschaft begegnet, die Richard Gruner, der Hamburger Großverleger, in Lokstedt gegeben hatte. Der Funke muss sofort übergesprungen sein. Sie hatten sich auf dem Empfang besonders angeregt unterhalten, was auch Nannens anwesender Ehefrau Martha nicht entgangen war. Irgendwann einmal gestand Nannen Hilde, dass ihn ihre »schmerzliche« Schönheit tief berührte. Am Tag nach der Premiere zog eine Londoner Zeitung über das Paar her, es hieß, dass die Hauptdarstellerin sich von ihrem SS-Bodyguard begleiten ließ. Nannen hatte während des Krie-

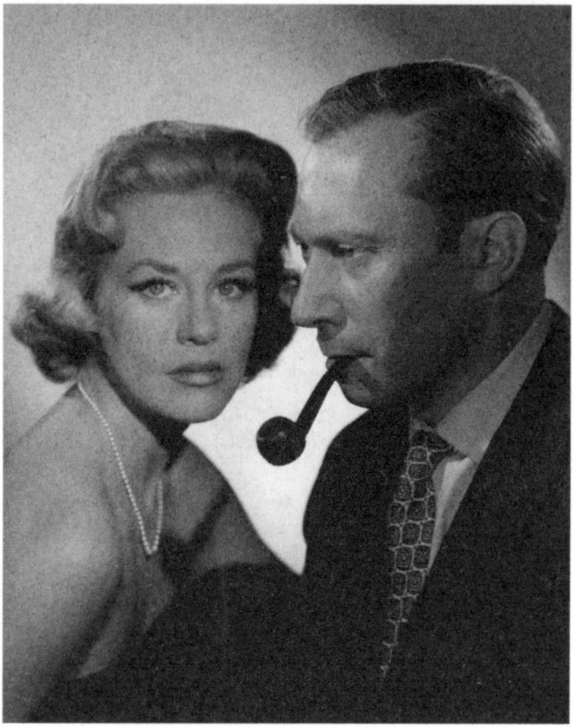

Hildegard Knef und Carl Raddatz im Film »Geständnis unter vier Augen« von 1954. Carl Raddatz spielt den Kriminalrat Dr. Frigge.

ges mehrere linientreue Artikel verfasst und war zudem acht Sekunden in Leni Riefenstahls Olympia-Film »Fest der Völker« zu sehen. Er distanzierte sich später von diesen journalistischen Arbeiten, wie viele andere hätte auch er »mit den Wölfen geheult«. Hilde profitierte von dieser Freundschaft – mindestens einmal im Jahr war sie das Covergirl des *stern*. Sie war Nannens intellektuelle Antwort auf Brigitte Bardot und Sophia Loren, die allein mit ihren körperlichen Reizen für sich warben. Es ist überliefert, dass Nannen seine Redakteure mit »Hilde meint, Hilde hat gesagt« zur Verzweiflung trieb. Im Frühjahr 1954 gelang Hilde, dank ihres sensiblen Gespürs, die Aussöhnung zwischen Henri Nannen und Hans Habe, mit dem sie sich in Hollywood angefreundet hatte. Die beiden standen im Krieg an gegnerischen Fron-

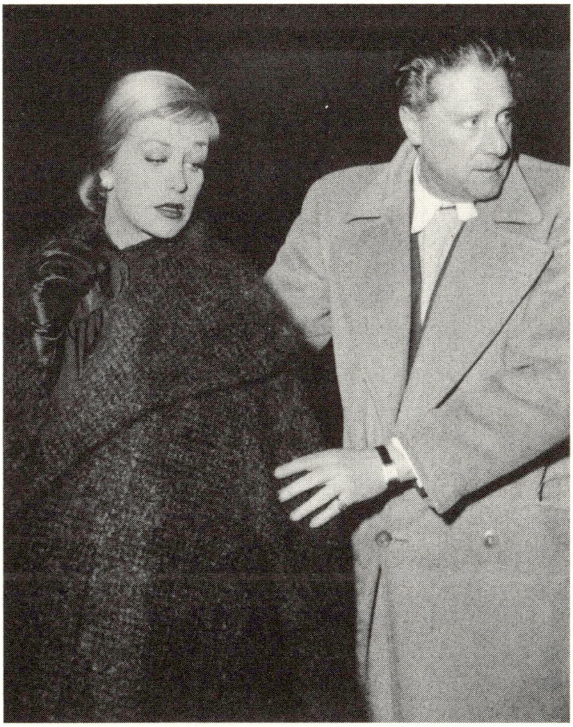

»Gefährlicher Urlaub« ist Hildegard Knefs erster englischer Spielfilm. Das Foto zeigt sie mit Carol Reed. Als erster britischer Filmregisseur wurde Reed 1953 von der Queen zum Ritter geschlagen.

ten. Habe hatte für die Franzosen gegen die Deutschen gekämpft und Nannen schrieb für die Deutschen. Nach dem Krieg war Habe mit der Aufgabe nach Deutschland gekommen, den Aufbau der Lizenzpresse voranzutreiben. Nannen polemisierte unentwegt im *stern* gegen ihn, und Habe revanchierte sich wortreich. Hilde empfand das Verhalten der beiden Männer so unwürdig, dass sie sie zu einer Aussprache überredete, die mit einem Waffenstillstand endete.

Hilde drehte auch wieder in Berlin. Unter der Regie des Engländers Carol Reed, der sich mit dem Film »Der dritte Mann« einen Namen gemacht hatte, arbeitete sie fünf Monate lang an der Seite von James Mason und Claire Bloom an dem Film »The man between« – in der deutschen Fassung hieß der Film »Gefährlicher Urlaub«.

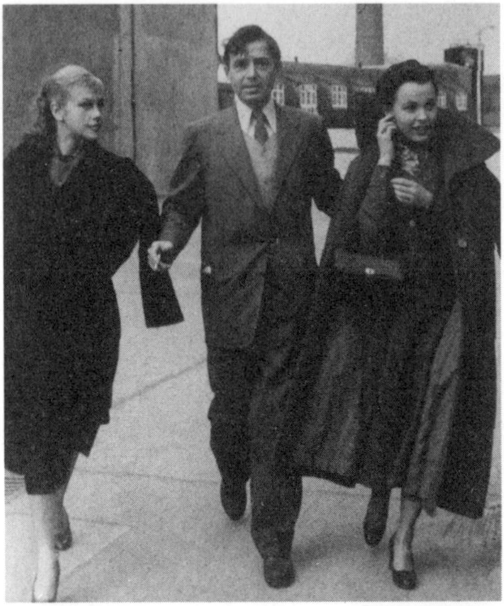

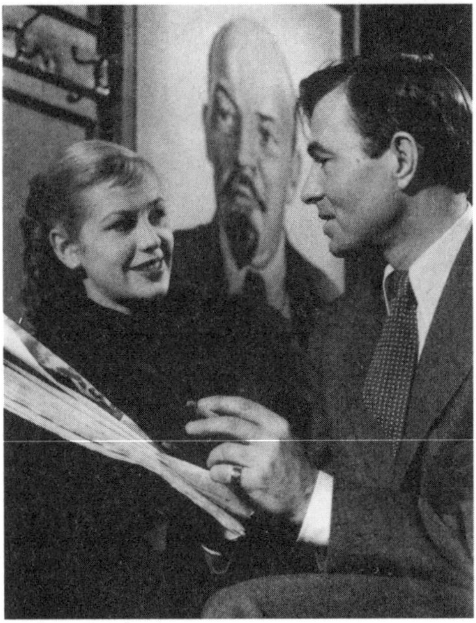

In »The man between – Gefährlicher Urlaub« arbeitete Hildegard Knef an der Seite von James Mason und Claire Bloom.

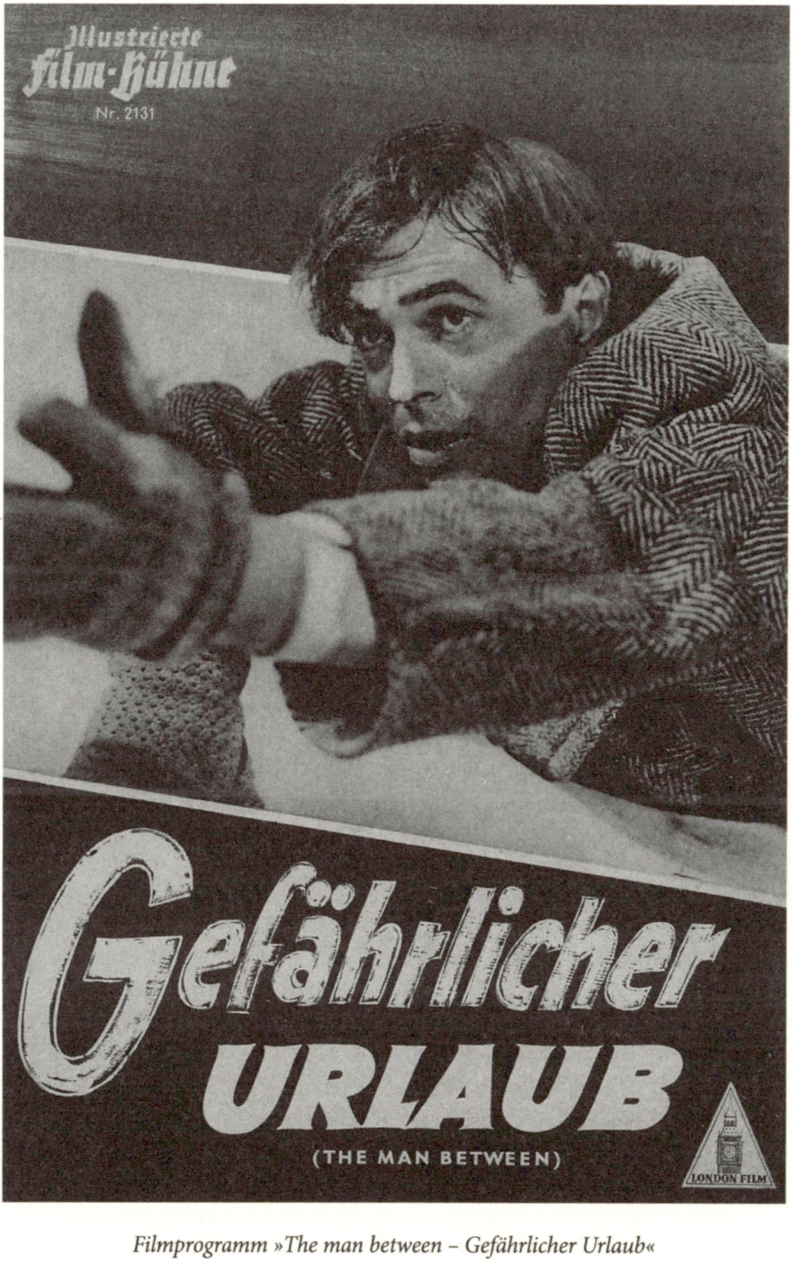

Filmprogramm »The man between – Gefährlicher Urlaub«

Die wenige freie Zeit verbrachte sie mit ihrer Mutter und ihren Lehrern Barlog und Bongers. Die Bongers war es auch, die ihr riet, nicht jedes Filmangebot anzunehmen, ihr Talent und ihre Kräfte nicht zu verschwenden. Die Studioaufnahmen zum Film »Gefährlicher Urlaub« fanden in London statt. Dort wurde ihr auf einer Pressekonferenz die Frage gestellt, ob sie die Stadt kenne. Kühl und etwas gelangweilt antwortete Hilde selbstbewusst: »Nein, ich kenne London noch nicht, aber London kennt mich.« Während der Drehaufnahmen bekam Hilde eine Blinddarmentzündung – sie drehte weiter mit einem Eisbeutel auf dem Bauch. Hilde wurde mit England nicht warm und die Engländer nicht mit ihr. Als sie vom Balkon des ungarisch-britischen Regisseurs und Filmproduzenten Alexander Korda einem Festumzug zu Ehren von Königin Elizabeth II. beiwohnte, fühlt sie sich unangenehm an die Aufmärsche der Nationalsozialisten erinnert, die sie während des Krieges miterleben musste und mit denen sie Zerstörung und Tod assoziierte.

Die Dreharbeiten zu »Svengali« gestalten sich schwierig. Robert Newton, der die Hauptrolle spielte, war schwer alkoholkrank und fiel kurz vor Abschluss der Dreharbeiten ins Delirium tremens. Der Regisseur Noel Langley musste die Rolle mit Donald Wolfit umbesetzen und alle bereits gedrehten Szenen wiederholen. Langley war besonders angetan von Hildes ernstem Spiel, und er hielt dies mit besonderem Feingefühl mit der Kamera fest. Erst viel später wurde Hilde bewusst, dass ihr dieser Film sehr naheging.

Nach den Dreharbeiten des Films »Geständnis unter vier Augen«, ließ sie sich in Hamburg endlich ihren Blinddarm operieren, der kurz vor dem Durchbruch stand. Von Hilde gefragt, wie Blinddärme eigentlich aussähen, antwortete der Chirurg: »wie Filzläuse« und fügte noch hinzu, sie möge sich in der streng katholischen Klinik »anständig« benehmen. Als ihr die Schwester einen in Goldpapier eingewickelten Maikäfer mit den besten Grüßen vom Arzt überbrachte, klebte Hilde ihn sich noch rasch mit Wimpernkleber auf den Bauch, bevor sie in Narkose sank. Als die Operation überstanden war, spielte der Arzt den Empörten – die Demontage des Käfers hätte die Operation unnötig verzögert. Beide lachten Tränen, Hilde mit schmerzendem Bauch.

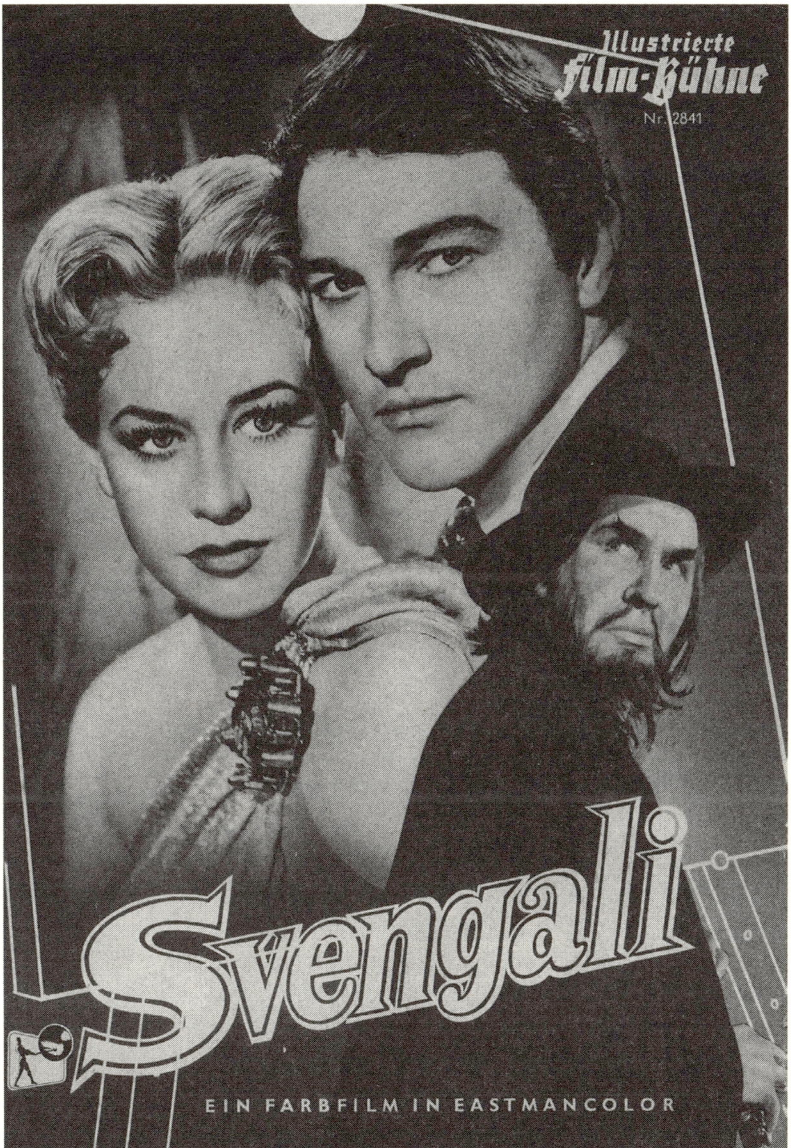

Filmprogramm »Svengali«

1967 schrieb sie in Erinnerung an ihre Blinddarmoperation ein Gedicht über das abhandengekommene Körperteil.

Der Blinddarm

Was ist wohl mit meinem Blinddarm passiert?
Ob er sich geniert,
so ganz ohne mich
im Freien?
Er war doch mal mein,
mehr als mein Mann,
er war ein Teil vom Ganzen,
zwar unbemerkt
und ungeliebt,
bis es ihn trieb,
mir zu zeigen:
Ich bin nicht dein fügsames Eigen.

Jetzt liegt er im Glas
oder auch nicht,
hat ein erloschenes
oder gar kein Gesicht,
verärgert gegangen,
hinterließ rosa Farbe
in Form einer Narbe.

Ihre Mutter erfuhr aus der Presse vom Krankenhausaufenthalt der Tochter – Hilde hatte sie nicht in Angst versetzen wollen – und eilte zu ihr. Und noch ein anderer Besucher sorgte sich um Hilde: Henri Nannen. Er saß mehrmals an ihrem Krankenbett. Die beiden bewunderten einander, hatten denselben Humor und teilten die Begeisterung für ihre Gespräche. Wann immer Hilde zukünftig in Bendestorf zu Film- oder Synchronisationsaufnahmen war, verabredeten sie sich. Nannen gestand später einer Jugendfreundin, dass er sogar daran gedacht hatte, seine Frau und sein Kind für Hilde zu verlassen, ohne dass sie selbst jemals davon erfuhr. Niemals hätte Hilde zugelassen, eine

Familie auseinanderzubringen. In der Erinnerung warf sie sich vor, seine Zuneigung unterschätzt, nicht sensibel genug auf seine familiäre Situation Rücksicht genommen zu haben.

Hilde war verliebt, aber nicht in Nannen, sondern in einen jungen Engländer: Kenneth Harper, 37 Jahre alt, groß, blond. Harper hatte bei der MCA, der Music Corporation of America, einer der größten international tätigen Hollywood-Agenturen gearbeitet, bevor er sich als Produzent der Associated British Pictures Corporation in London selbstständig machte. Hilde hatte ihn bei einem Zwischenstopp in London, von Hollywood kommend, kennengelernt. Ihre Unzertrennlichkeit ging so weit, dass Hilde jedes Telefonat aus London sofort zu sich durchstellen ließ, egal zu welcher Tages- oder Nachtstunde, egal ob sie drehte oder synchronisierte. Dieses Verhalten widersprach ganz und gar ihren sonstigen Gewohnheiten – er musste ihr sehr wichtig sein. Als Harper sie einmal in München besuchte, ging das Paar abends in Begleitung des Drehbuchautors Macky Boettcher und Hildes Managerin Ilse Alexander – sie war die Ehefrau des Filmkomponisten Charly Niessen – in den Prominenten-Nachtclub »Intermezzo«, in dem Hilde einen Stammplatz in einer Nische hatte. Vier Tische weiter entdeckte sie Kurt Hirsch an der Seite der Filmschauspielerin Katharina M. Zwischen Hilde und ihm bestand sofort stilles Einvernehmen darüber, dass immer dann, wenn einer der beiden mit seinem neuen Partner die Tanzfläche betrat, der andere diskret wegschaute oder ihm die Runde überließ. Sie sprachen den ganzen Abend über kein einziges Wort miteinander, grußlos verließ Hilde den Club weit nach Mitternacht. Leider hatte auch die Beziehung zu Harper keine Zukunft. Er war noch verheiratet und Hilde wollte nicht wegen einer Scheidungsgeschichte von den Medien angegriffen werden. Sie trennten sich schweren Herzens voneinander.

Hilde war trotz ihres Erfolgs unzufrieden. Sie hatte ihre Ehe nicht retten können und eine weitere gescheiterte Beziehung hinter sich. Ihr Wunsch nach dauerhaftem Glück im Privaten wuchs. Was sie in dem Moment nicht sehen konnte, war ihr großes Verdienst, das Ansehen der Deutschen in der Welt wieder gehoben zu haben. Sie ebnete vielen Künstlern den Weg ins internationale Filmgeschäft, ohne dass diese sich für ihre Herkunft entschuldigen mussten.

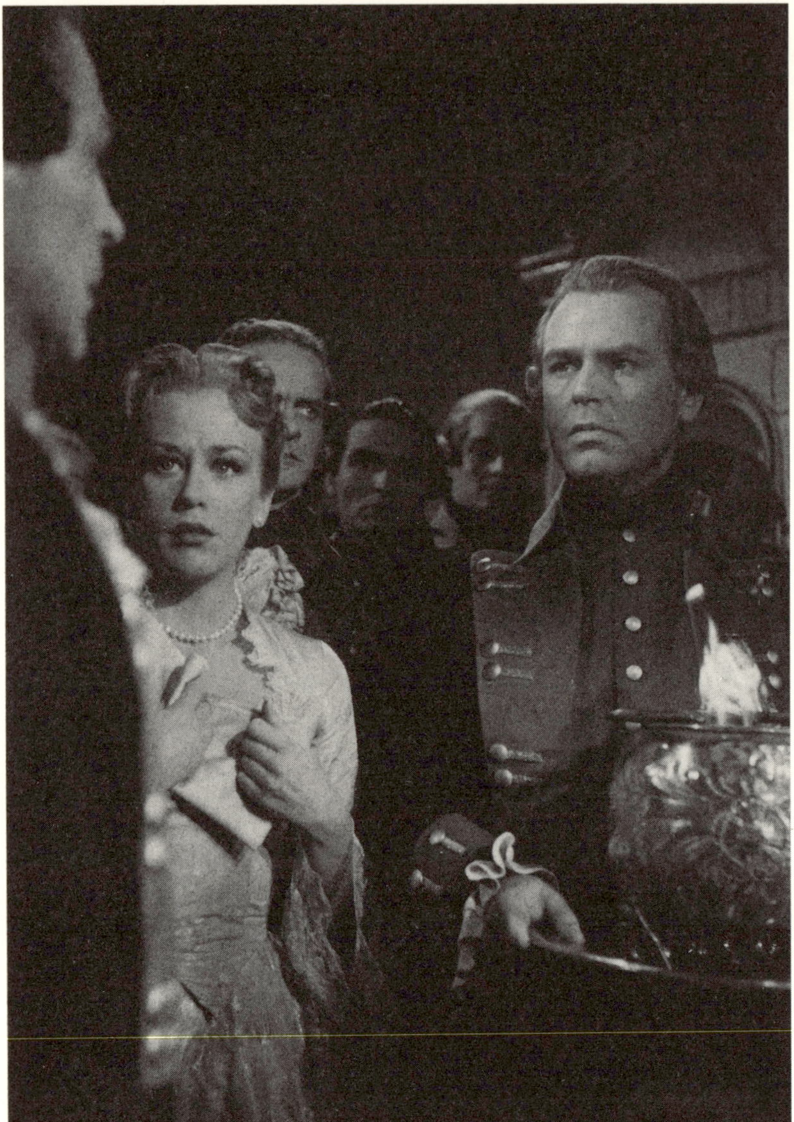

Hildegard Knef an der Seite von Viktor de Kowa und O. W. Fischer in der Verfilmung der Zuckmayer-Erzählung »Eine Liebesgeschichte«. Der Film wurde 1954 mit dem deutschen Filmpreis gewürdigt und Hans Schneeberger mit dem Filmband in Silber für die beste Kameraführung ausgezeichnet. Der Film löste einen wahren »Knef-Boom« aus.

Silk Stockings

In den Wochen der Erholung nach der Operation erreichte Hilde das Angebot, am Broadway in dem Cole Porter-Musical »Silk Stockings« die Rolle der Ninotschka zu spielen. Hilde hatte gegen Greta Garbo anzutreten, die in der gleichnamigen Verfilmung des Stoffes einige Jahre zuvor die Hauptrolle gespielt hatte. Es ist die Geschichte einer russischen Kommissarin, die drei vom Weg abgekommene Handelsvertreter nach Russland heimholen soll und dabei selbst in den Armen eines Kapitalisten ihre kommunistische Überzeugung verliert.

Hilde war nicht so naiv, das Angebot sofort jubelnd anzunehmen. Sie sah die Herausforderung und die möglichen Schwierigkeiten deutlich voraus, die die Arbeit an einem Musical mit sich bringen würden. Sie müsste hauptsächlich singen, noch dazu in einer fremden Sprache und auf einer Bühne, das hieß live. Sie verfügte nicht über Musical-Erfahrungen und würde sich dem unmittelbaren Vergleich mit Greta Garbo – der Göttlichen – stellen. Für die Annahme des Angebots sprach die wunderbare Musik Cole Porters, den Musicalkönig des Broadways, die sichere Hand der erfolgreichen Produzenten Cy Feuer und Ernie Martin, die Zusammenarbeit mit Regisseur George Kaufmann und nicht zuletzt die reizvolle Rolle der Ninotschka, für die sie zudem eine Topgage bekommen sollte. Hilde entschloss sich, zu Vorgesprächen nach New York zu fliegen. Die Herren waren von ihr begeistert, obwohl sie immer wieder betonte, dass sie nicht singen könne. Um ihr die Entscheidung leichter zu machen, wurde sogar der Probenbeginn um drei Monate verschoben, damit sie in Deutschland noch die drei Filme »The man between«, »Svengali« und »Geständnis unter vier Augen« abdrehen konnte. Ihr Freund und Berater Eric Pommer warnte sie vor einem möglichen Misserfolg am Broadway. Auch die Bongers war unsicher, ob sie ihrer ehemaligen Schülerin zu- oder abraten sollte. Doch diesmal sollten sich die beiden Pessimisten gründlich täuschen.

Hilde nahm das Wagnis auf sich. Sie bekam 14 Tage lang Gesangsunterricht von Herbert Green, der auch das Orchester dirigierte, damit ihre Stimme das zweitausend Menschen fassende Imperial Theatre füllte. Green nahm ihr die Angst, ihre eigene Stimme zu hören. Besonders angenehm überrascht war sie bei der ersten Begegnung mit ihrem Musical-Partner Don Ameche – mit bürgerlichem Namen Dominic Felix Amici. Er war 17 Jahre älter als sie und Vater von sechs Kindern. Don Ameche feierte bereits in den 1940er-Jahren große Erfolge als Filmschauspieler. Als seine große Zeit im Kino vorüber war, spielte er in Fernsehproduktionen und auf Theaterbühnen.

Die Proben zur Uraufführung von »Silk Stockings« verliefen chaotisch. Der Darsteller des Oberkommissars war nicht in der Lage, seinen Text zu behalten, fatal, denn in Amerika gab es keinen Souffleur. Das Ballett fand sich auf der zwar breiten, aber nicht sehr tiefen Bühne nur schwer zurecht, die Kostüme passten nicht und die Bühnendekoration fügte sich nicht ineinander. Ständig wurden neue Lieder geschrieben und die Texte entweder gekürzt oder geändert. Mal war das Stück zu lang, mal nicht rund genug. Schließlich dauerte es drei Stunden und fünfundvierzig Minuten, die Hilde fast ununterbrochen auf der Bühne war. Hilde nahmen die Strapazen so mit, dass sie 10 Pfund abnahm. Sie sah ihr Hotelzimmer so gut wie nie, arbeitete Tag und Nacht.

Dann war es so weit – doch die Premiere fand nicht etwa in New York statt, sondern in der Provinz, in Philadelphia. Bevor ein Stück am Broadway Premiere hatte, musste es anderswo der Kritik und dem Urteil des Publikums standhalten. Am 22. November 1954 war es so weit. Marlene Dietrich, der Sterndeuter Carroll Righter und der englische Schauspieler, Dramatiker und Musiker Noël Coward saßen in der ersten Reihe und drückten allen Beteiligten die Daumen. Es wurde ein Erfolg. Presse und Publikum waren begeistert. Von nun an stand Hilde acht Mal pro Woche auf der Bühne – Mittwoch und Samstag gab es zusätzlich zu den Abendveranstaltungen Matineen. Immer wieder wurden neue Lieder eingebaut und Szenen neu inszeniert. In der spielfreien Zeit wurde geprobt.

Nur sechs Tage nach der Premiere erkrankte Hilde an Masern, einer Kinderkrankheit, die bei Erwachsenen selten ohne Komplikationen verläuft und noch dazu ansteckend ist. Das Ensemble konnte sich keinen Spielausfall leisten. Es einigte sich darauf, dass Hilde für die Öffentlichkeit Nesselfieber hatte, was ähnliche Rötungen der Haut aufwies, und dass weitergespielt werden sollte. Unter größter Kraftanstrengung und mit regelmäßigen von einem Arzt verabreichten Injektionen stand Hilde weiter auf der Bühne. Nach vier Wochen war sie geheilt. Als Folgen der Krankheit blieben ihr Kurzsichtigkeit und ihr Spitzname »Hilde the Hunn«. Das Ensemble bezeugte ihr mit einem riesigen Orchideen-Bouquet seine große Anerkennung für ihre Leistung. Auf der beiliegenden Karte stand: »For Hilde the Hunn, we all like you very much«.

Am Broadway war das Musical bereits bis August 1955 ausverkauft. Die Premiere hatte man für den 30. Dezember 1954 angekündigt, doch sie wurde noch einmal verschoben. Stattdessen fand eine weitere Probeaufführung in Boston statt. Im stern Heft 4 vom 23. Januar 1955 wurden unter der Headline »Seidenstrümpfe mit Laufmasche« Befürchtungen laut, Hildegard Knef werde Opfer des härtesten Konkurrenzkampfes auf dem amerikanischen Unterhaltungsmarkt werden. Hilde widersprach dem vehement – sie habe sich sehr auf die Rolle der Ninotschka gefreut und tue nun alles, um durchzuhalten.

Am 10. Januar 1955 traf Hildes Mutter in Boston ein. Hilde hatte ihr schon lange zugeredet, das Schuhmachergeschäft zu schließen und sich auf ihr Altenteil zurückzuziehen. Diesmal hatte sie eingewilligt. Heinz, mittlerweile 19 Jahre alt, blieb in Berlin zurück. Er war ein talentierter Trompeter und am Konservatorium aufgenommen worden. Hilde hatte die Kosten der Ausbildung übernommen und ihm ein Instrument geschickt. Aber Heinz war nicht im Entferntesten so ehrgeizig wie seine Schwester. Er übte zu wenig, reagierte jähzornig, wenn seine Mutter ihm Hilde als leuchtendes Vorbild vor Augen hielt, und suchte, statt seine Begabung voranzutreiben, schon als Teenager Bestätigung bei Frauen. Er verlor jeglichen Halt, als seine Mutter nach Amerika flog. Sie wollte nicht nur in Hildes Nähe sein, sondern die Gelegenheit auch dazu nutzen, ihren Bruder in Chicago wiederzusehen. Hilde genoss es, ihre Mutter endlich wieder um sich zu haben. Nach einem Zwischenhalt in Boston und Detroit, wo Hilde weitere Probeaufführungen von

● Skandal am Broadway?
● Neid gegen die Deutsche?
● Schuld der Manager?

New York, 16. Februar

Was ist mit Hildegard Knef los? Ihre seit Monaten angekündigte Broadway-Premiere in der musikalischen Bühnenfassung des Greta-Garbo-Films „Ninotschka" ist dreimal verschoben worden — das hat überall in Deutschland eine Welle von Vermutungen und Gerüchten ausgelöst!

So jagten sich in den letzten Wochen die Meldungen:

● Intrigen um Hildegard Knef!

● **Man gönnt „der Deutschen" keinen Erfolg!**

● Manager verhindern Knef-Start in New York!

● **Berufsbosheit — Kollegenneid — Theaterskandal …**

Wo liegt die Wahrheit in diesem Gestrüpp der Gerüchte um die blonde Hildegard? BILD-Korrespondenten in New York und Hollywood haben die Hintergründe aufgedeckt:

„Seidenstrümpfe" (Silk Stockings) heißt das Lustspiel mit Musik, mit dem geschäftstüchtige Produzenten den Broadway erobern wollen.

400 000 Dollar haben sie bisher in diese Neufassung von „Ninotschka" gesteckt. Darum muß sie mindestens 40 Wochen am Broadway laufen, wenn es der große Erfolg werden soll.

Um das Risiko eines Mißerfolgs möglichst auszuschalten, werden Broadway-Premieren zunächst in Provinz-Städten zurechtgeschliffen. Auch „Seidenstrümpfe" — Hauptrolle Hildegard Knef — reist durch die Probier-Theater.

Nach der Premiere in Philadelphia entbrannte unter den Kritikern eine Diskussion um die Tendenz, ob es geschmackvoll sei, ein rosarotes Operettenspiel, um den Kommunismus aufzuführen.

In einem Punkt aber waren sich alle einig — im Lob über Hildegards Darstellungskunst! „Sie spielt eine ‚Ninotschka', die das geflickte Stück an den Nähten zum Platzen bringt"! lobte sie ein New-Yorker Journalist.

Die Produzenten der „Seidenstrümpfe" haben für Hildegard mächtig die Trommel gerührt und in Cole Porter einen unerhört populären Komponisten gewonnen.

Und doch erhielten die Besitzer von Premierenkarten dreimal ihr Eintrittsgeld zurück — das Stück „Seidenstrümpfe" reist weiter durch die Provinz.

Aber es gibt keine Intrigen! Die Verschiebung der Broadway-Premiere hat einen ganz simplen Grund: Die Geldgeber glauben, das Stück sei noch kein „hit" — kein durchschlagender Erfolg.

Am 24. Februar soll Hildegard Knef nun endgültig im Scheinwerferlicht eines Broadway-Theaters stehen.

„Ich glaube, es ist so viel umgeschrieben worden, daß ich die Rolle kaum zweimal in der gleichen Version gespielt habe", sagte Hildegard zu Bild. „Wir haben gearbeitet wie die Pferde. Seit 17 Wochen immer nur Probe, Aufführung, umschreiben. Der Broadway wird geradezu eine Erholung werden …

Eins ist klar: Am Broadway rettet kein „Name" ein schlechtes Stück. So mußte selbst Jennifer Jones kürzlich nach drei Abenden ihr neues Stück, „Das Porträt einer Dame", absetzen. Eine Broadway-Katastrophe mit 270 000 Dollar Verlust!

Wird „Seidenstrümpfe" ein Mißerfolg — dann hat es bestimmt nichts mit Machenschaften gegen „die Deutsche" zu tun: Denn nur ein kleiner Prozentsatz aller Broadway-Stücke macht eben das große Rennen. (Von 68 Stücken der letzten Saison fielen [illegible] durch).

Wird es ein Erfolg — dann hat Hildegard Knef einen Orden verdient!

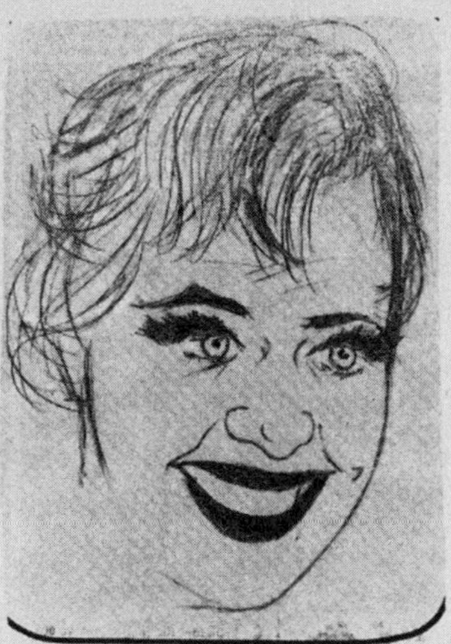

… und so sieht BILD-Zeichner Ole Jensen Film-Star Hilde Knef

Der 1924 in Berlin geborene Karikaturist Ole Jensen fertigte für die Bild-Zeitung ein gelungenes Porträt von Hildegard Knef.

»Silk Stockings« durchstehen musste, zogen Mutter und Tochter in New York zusammen in ein Penthouse auf dem Grosvenor Hotel, das ihr ein Freund empfohlen hatte. Hier wollte sie sich in Ruhe zurückziehen und, wenn sie es wünschte, vom Hotelpersonal versorgt werden können. Drei Wochen vor der Premiere am Broadway bat Hilde überraschend darum, aus dem Vertrag entlassen zu werden, zu viel hätte sich an ihrer

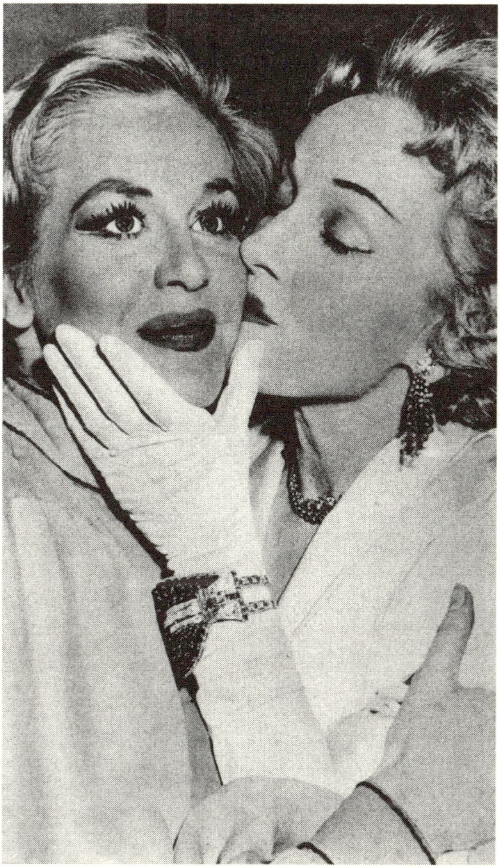

Marlene Dietrich freut sich mit Hilde über die erfolgreiche »Silk Stockings – Premiere«.

Rolle verändert. Alle beruhigten sie, dass der große Broadway-Erfolg bevorstünde und sie gemeinsam an einem Strang ziehen müssten. Hilde ließ sich überreden weiterzumachen. Dann war es endlich so weit: Am 24. Februar 1955 fand die Generalprobe in New York statt. Tosender Beifall! Hilde litt unter schrecklichem Lampenfieber und erlebte den Abend wie in Trance: Autogrammjäger, jubelnde, klatschende, singende Fans, Blumen über Blumen, ein Cadillac vor dem Bühneneingang, der sie zu »Sardi's« fuhr, wo Marlene Dietrich sie zu der von ihr organisierten Party mit den Worten empfing: »Du musst den größten

Abend deiner Karriere doch standesgemäß feiern!«. Der Trinkspruch des Abends war: »Auf mindestens zwei Jahre!« Hilde ahnte zu diesem Zeitpunkt noch nicht, was diese zwei Jahre für sie bedeuten würden. Noch in derselben Nacht rief Hildes Mutter aus Chicago an, um ihr zu gratulieren – sie hatte in den Nachrichten von dem Erfolg des Musicals gehört. Am nächsten Morgen las Hilde zusammen mit Don Ameche die Kritiken in den Zeitungen. »Hildegarde Neff ist in die Schuhe der Garbo gestiegen und läuft mit ihnen davon«, so lautete eine Schlagzeile. Und die berühmte Jazzsängerin Ella Fitzgerald soll die Knef geadelt haben, sie sei die beste Sängerin ohne Stimme. Glückwunschtelegramme aus aller Welt trafen ein. Auf dem Kaffeetisch fand Hilde ein kleines Päckchen. Der Regisseur George Kaufmann und seine zweite Frau, die Schauspielerin und Autorin Leueen McGrath, dankten ihr mit einer goldenen Cartier-Uhr, eingraviert waren die Worte: »To Hildegard with love. Leueen und George Kaufmann«. Hilde war sehr gerührt und hütete die Uhr ihr Leben lang wie ihren Augapfel.

Hildes Leben als Broadwaystar begann: Sie bekam in noch so überfüllten Restaurants sofort einen Platz, Ärzte behandelten sie außerhalb der Sprechzeiten, Taxifahrer weigerten sich, Geld fürs Chauffieren zu nehmen.

Die Anstrengung, die die Bühnenshow für alle Beteiligten mit sich brachte, war nur durchzustehen, weil große Kollegialität und ein freundschaftliches Miteinander herrschte. Die Streiche, die man sich gegenseitig spielte, waren deftig, versprachen aber immer gute Lacher. Einmal hing an Don Ameches Garderobentür ein Schild, auf dem zu lesen war: »Italienern ist der Zutritt strengstens untersagt. Zuwiderhandlungen werden gesetzlich verfolgt«, ein andermal an Hildes Garderobe: »Krauts go home«. Türklinken wurden mit Honig bestrichen oder die Ärmel eines Hemdes von Don Ameche zugenäht. Besonders aufwendig war der Spaß, den sich ein Kollege erlaubte, der eine Zeitungsseite drucken ließ mit der Schlagzeile »Hildegarde Neff to sing at Met«. Einmal an der Metropolitan Opera singen … So ausgelassen das Leben am Theater schien, so streng waren aber auch die Regeln. Unpünktlichkeit wurde beim ersten Mal mit einer Verwarnung, beim zweiten Mal aber schon mit einer Gagenkürzung um zwei Drittel geahndet, bei der dritten Verspätung drohte sogar Kündigung.

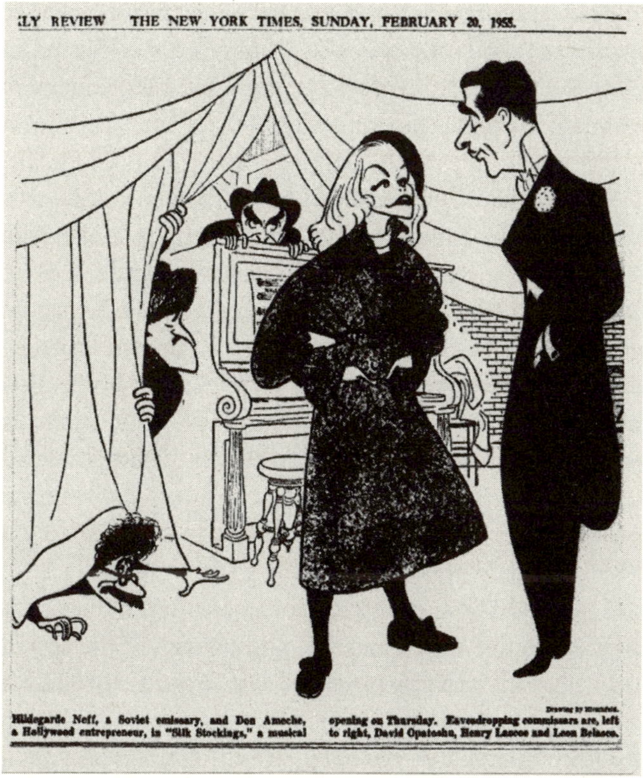

Diese Karikatur vom 1903 geborenen Al Hirschfeld erschien am 20. Februar 1955 in der New York Times. Sie zeigt Hildegarde Neff (H. K.) als sowjetische Gesandte und den Hollywood Unternehmer Don Ameche in dem Musical »Silk Stockings«.

Völlig unvorbereitet traf Hilde ein Artikel, der in einer Berliner Tageszeitung erschien. Die Aufführung von »Silk Stockings« am Broadway sei ein Misserfolg und Hilde fühle sich in New York einsam und verlassen. Voller Empörung rief Hilde den verantwortlichen Redakteur Oswalt Kolle an, um ihn zur Rede zu stellen. Was sie herausfand, enttäuschte sie umso mehr. Es war ein alter Freund, der wissentlich Lügen über sie verbreitete, um Geld damit zu machen. Kein anderer als Hans Habe hatte Kolle den Beitrag verkauft – unter der Bedingung, als Autor anonym zu bleiben. Kolle wie Habe entschuldigten sich bei Hilde. Dem einen verzieh sie nach einiger Zeit, die Nachricht ungeprüft veröffentlicht zu haben, dem anderen nicht.

Der Broadway-Erfolg zog wichtige Bekanntschaften nach sich. Hilde lernte Tennessee Williams kennen, und die Freundschaft zu Noël Coward wurde enger. Coward war es auch, der die Produzenten unmissverständlich darauf hinwies, dass Hildes Kostüme unmöglich seien. Marlene Dietrich kümmerte sich rührend um Hilde, bekochte sie und versorgte sie nach wie vor mit Medikamenten aller Art. Und auch Kurt Hirsch tauchte eines Tages wieder in ihrer Garderobe auf. Er war gealtert, hatte sein jungenhaftes Aussehen verloren – seine Eltern waren gestorben. Hilde plagte ein schlechtes Gewissen, sich von ihm getrennt zu haben, was Marlene vergeblich versuchte, ihr auszureden.

Hildes Filmpartner aus »Diplomatic Courier«, Tyrone Power, war ständiger Gast im Theater. Er stand zur selben Zeit in einem anderen New Yorker Theater auf der Bühne. So oft es seine Zeit zuließ, besuchte er Hilde, nicht nur, um sie als Ninotschka zu sehen, und wunderte sich über ihre und Ameches Albernheiten.

Doch am prägendsten war für Hilde in dieser Zeit die Begegnung mit dem 32 Jahre älteren Manfred George. Der Berliner Journalist war 1933 über Prag in die USA emigriert und leitete in New York die von jüdischen Einwanderern gegründete Monatszeitung Aufbau, für die er mit Hilde ein Interview geführt hatte. Unter seiner Leitung erschien die Zeitschrift bald schon wöchentlich und konnte die Auflage von 8000 Exemplaren nahezu verdoppeln, zu Kriegsbeginn erreichte sie schließlich 50.000. Der Aufbau war das wichtigste Organ der deutsch sprechenden Emigranten im Exil. Hans Habe bezeichnete es einmal als »unser aller Tagebuch«. Es war wieder das Verhältnis des weisen Älteren zu seiner deutlich jüngeren Schülerin. George und Hilde gingen zusammen ins Museum und ins Kino, er lieh ihr Bücher, die er für wichtig hielt, er animierte sie, wieder zu malen – diesmal in Öl – und die beiden führen lange, ernsthafte Gespräche. Hilde hatte anfänglich nicht gewusst, dass George verheiratet war und zwei Kinder hatte. Deshalb verbrachte sie sehr viel Zeit mit ihm. Georges Frau hatte sich längst, wenn auch schweren Herzens, damit abgefunden, dass ihr Mann gern flirtete und anderen Frauen den Hof machte. Hilde hatte da noch einige Konkurrentinnen, doch das wusste sie auch nicht.

Hilde wurde krank. Sie nahm bedrohlich an Gewicht ab. Sie schob es anfangs auf die anstrengende Arbeit am Theater bei bis zu 47 Grad

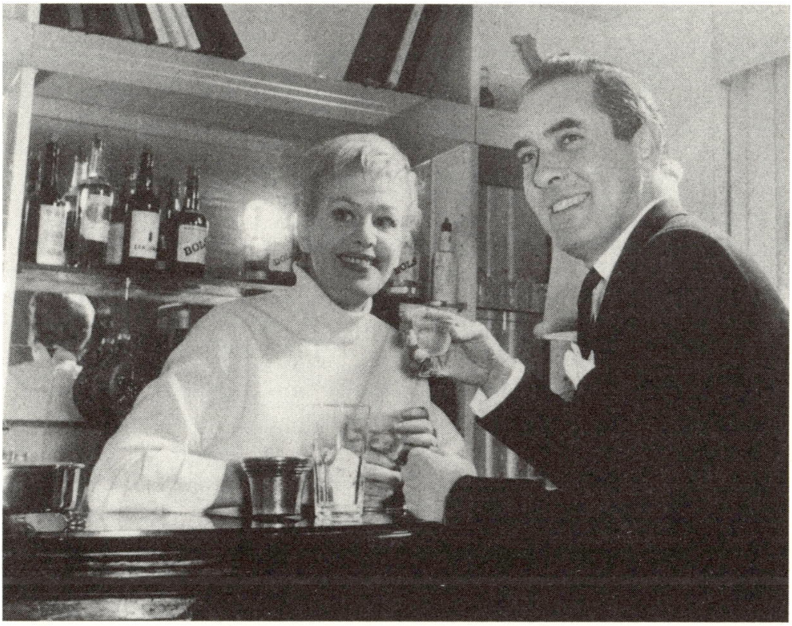

Hilde und Tyrone Power waren eng befreundet, bis dieser 1958 an den Folgen eines Herzinfarktes starb.

auf der Bühne. Ein Internist wurde zu Rate gezogen, der nach einer Blutabnahme Leukämie diagnostizierte. Hilde vertraute sich in ihrer Verzweiflung ihrer Mutter an, die ihr den Rat gab, sich an Carroll Righter zu wenden. Righter glaubte der Diagnose nicht und empfahl ihr, den Test zu wiederholen. Der Arzt reagierte befremdet, schickte die Blutproben aber dennoch an drei verschiedene Labors – die Ergebnisse waren negativ. Es konnte keine krankhafte Veränderung festgestellt werden. Hildes erste Probe war verwechselt worden. Zur Stärkung des Organismus bekam sie nun lediglich Vitamin-B12-Injektionen verschrieben. Hilde erholte sich und schwor seitdem auf B-12-Injektionen.

Unendlich viele Prominente gaben sich die Ehre, wollten Hilde auf der Bühne sehen und ihr ihre Aufwartung machen, unter ihnen Otto Hahn, Charles Laughton, John Steinbeck, Otto Suhr und schließlich auch ihr alter Lehrer Barlog und seine Frau Herta. Barlog war ganz der Alte und korrigiert nach kurzer Orientierung ihr Spiel in einigen Szenen.

Einen Gast allerdings musste sie auf Anweisung des Produzenten Cy Feuer abweisen. Herbert von Karajan hatte anlässlich des Konzertes, das er in New York gab, um Karten für das Musical gebeten. Feuer fürchtete einen Skandal, wenn Hilde sich mit dem einstigen NSDAP-Mitglied sehen ließ. Sie erinnerte sich in ihrer Autobiografie besonders bildhaft, wie Feuer sie bittet, sich nicht mit dem Dirigenten fotografieren zu lassen, um nicht die Show zu gefährden. Hilde hielt sich an die Anweisungen.

Der erste Lufthansaflug über den Atlantik brachte hingegen Anfang Juni 1955 sehr willkommene Gäste: Henri Nannen in Begleitung des *Spiegel*-Herausgebers Rudolf Augstein, Falk Volkhard, Direktor des Hotels Bayerischer Hof, und Prinz Konstantin von Bayern, der Hilde ein von ihm verfasstes Drehbuch mit der Bitte überreichte, sie möge die Hauptrolle spielen. Hilde lud nach der Vorstellung zu einer Party in ihrem Penthouse ein. Ihre Mutter hatte bei deutschen Bäckern und Metzgern für ein »deutsches« Büfett eingekauft. Zu Gast waren außerdem ihr Freund Manfred George und der Schriftsteller William Faulkner. Die Stimmung war ausgelassen, Faulkner hatte sich irgendwann in eine der beiden Hängematten auf Hildes Terrasse gelegt, um seinen Vollrausch auszuschlafen. In der allgemeinen Heiterkeit kam einer der Gäste – es ist nicht mehr auszumachen, wer es war – auf die Idee, Rudolf Augstein anzutragen, dass Hilde gern mit ihm alleine wäre, ohne dass sie davon wusste. Augstein gelang es tatsächlich, die Situation herbeizuführen, und der armen Hilde war es überlassen, ihm reinen Wein einzuschenken. Den Scherz sollte Hilde teuer bezahlen. Zwei Jahre lang wurde sie in keinem einzigen Spiegel-Artikel erwähnt, obwohl sie bereits in der Ausgabe vom 10. Mai 1947 auf dem Titelblatt der Zeitschrift zu sehen gewesen war.

Nannen war ständig in Hildes Nähe, sogar im Theater, wo er den Bühnenarbeitern im Weg stand. Augstein nannte ihn, nicht zuletzt wegen der erlittenen Niederlage, spöttisch »Hildes Stage-door-Johnny«. Selbst aus Augsteins Nachruf auf Nannen im Jahr 1996 hört man die Kränkung noch heraus: »Henri hatte in New York zu jener Zeit (1955) einen Stützpunkt, nämlich unsere gemeinsame Freundin Hildegard Knef.«

Zweihundert Vorstellungen hatte »Silk Stockings« bereits hinter sich und die Show war auf weitere fünf Monate ausverkauft, da wählte eine

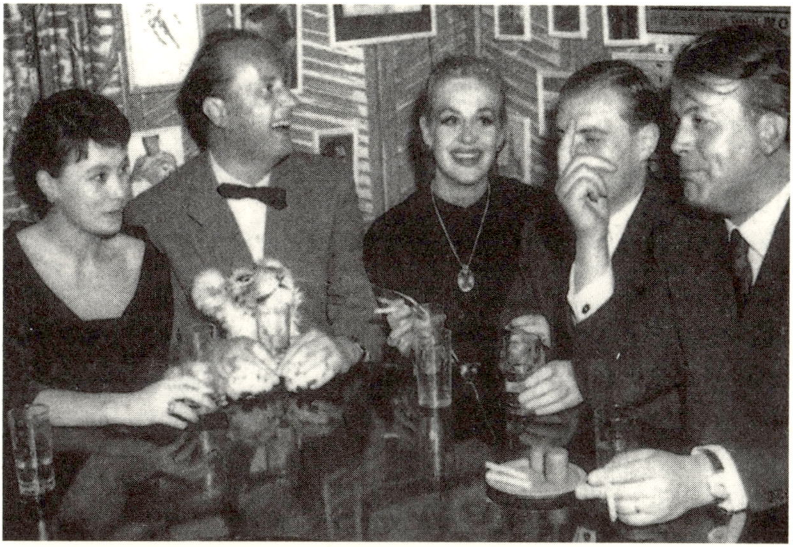

Party im Penthouse von Hildegard Knef. Von links nach rechts: Haide Wenger, Prinz Konstantin von Bayern, Hildegard Knef, Rudolf Augstein, Henri Nannen.

amerikanische Künstlergruppe Hildes Gesicht zum ausdrucksstärksten der New Yorker Theaterwelt. Die mittlerweile erschienene Langspielplatte hatte einen erfolgreichen Start. Nur in Deutschland gönnte man ihr den Erfolg nicht. Ein weiterer zweiseitiger Artikel in einer der größten Berliner Tageszeitungen, der BZ, berichtete über Hildes Misserfolg. Hilde war zutiefst gekränkt über die ausbleibende Anerkennung in der Heimat. Ihre Kollegen hatten größte Mühe, sie zu trösten.

Hildes Ehrgeiz, pausenlos einsatzbereit zu sein, ging so weit, dass sie alle körperlichen Beschwerden bestmöglich ignorierte. Einmal war es eine gebrochene Rippe, ein andermal ein verletztes Knie, den vom ewigen Zug auf der Bühne steifen Hals ließ sie sich von Tänzern während der Pause massieren, und sie spielte sogar mit einer akuten Lebensmittelvergiftung – ein Detroiter Chicken-Sandwich war offenbar nicht mehr genießbar gewesen –, statt zum Arzt zu gehen. Ein einziges Mal, Mitte Mai 1955, machte ihr Körper ihr einen Strich durch die Rechnung. Sie stand mit einer schweren Grippe bei 39 Grad Fieber auf der Bühne und wurde während des ersten Aktes ohnmächtig. Bis zu diesem Zeitpunkt hatte Hilde nicht geglaubt, dass man auf die Art, wie sie es so oft in Romanen gelesen hatte, ohnmächtig werden konnte, nun war es ihr selbst passiert, und sie musste acht Tage aussetzen und das Bett hüten. Sie vertrieb sich die Zeit mit der Lektüre der Memoiren von Katharina der Großen, von der sie so fasziniert war, dass sie die starke, russische Zarin eines Tages selbst auf der Leinwand oder auf der Bühne verkörpern wollte.

In diesen Tagen bekam Hildes Mutter einen Brief aus Berlin. Freunde, die Frieda gebeten hatte, sich um den Sohn zu kümmern, berichteten darin von Heinz' Eskapaden mit Frauen und Alkohol. Die Mutter machte sich schwere Vorwürfe, Heinz allein zurückgelassen, ihn nicht streng genug erzogen zu haben. Frieda Wulfestieg schrieb sich am 21. Mai 1955 in einem Brief an ihre Berliner Freundin den Kummer von der Seele:

»… Unser Heinz liegt mir und Hilde leider noch auf der Tasche. Hilde ist so dünn, sie arbeitet sehr hart und viel – ich habe hier nicht sehr viele Freunde. Hilde hat kein Auto, aber ein Freund, (Gordon Carroll) fährt mit uns außerhalb der Stadt New York aufs Land – ich habe oftmals Heimweh und ein schlechtes Gefühl wegen Heinz. Ich hätte den Jungen doch nicht alleine zurück lassen dürfen, aber Hilde bestand darauf, daß ich zu ihr komme. Sie hat ja auch den Flug bezahlt und sorgt auch hier für mich. Ich weiß gar nicht was ich hier soll. Sie sagt zwar, sie braucht mich dringend und um mich nützlich zu machen, helfe ich ihr bei der Autogrammpost, ganz im Vertrauen, daß darfst du nie jemanden weiter erzählen, daß musst du mir schwören, ich unterschreibe sogar die Autogrammkarten. Habe lange die Unterschrift geübt. Manchmal lachen wir uns drösig, weil wir selbst nicht mehr wissen, wer was unterschrieben hat. – Trotzdem habe ich schon das ungute Gefühl gehabt, das Hilde mich nur zu sich zitiert hat um mich da zu haben, sie wollte mich Heinz wegnehmen, ihm weh tun, sozusagen als Rache an den 9 Jahre jüngeren Halbbruder, der als Baby damals meine ganze Aufmerksamkeit aufnahm und Hilde, ich muß es gestehen, für einige Jahre zu kurz kam. Doch das war doch bloß äußerlich. Im Inneren liebte ich meine beiden Kinder gleich viel. Doch so oft ich es ihr auch versicherte, sie glaubte mir nicht, hatte sich ihre Theorie über mich zurecht gelegt und war nicht bereit, diese zu berichtigen. Dann wäre ihre Gefühlswelt durcheinander gekommen. So gab sie ihrer Kindheit und mir die Schuld an ihrem Verhalten und ich bin mir 100%ig sicher, das wird ihr Leben lang so bleiben und bei Bedarf in noch hässlichere Details ausgebaut und unschön ausgeschmückt werden. Sie brachte auch ihrer Sekretärin ihre Unterschrift bei. Diese nutzte die Fertigkeit aus und stellte sich selber Schecks auf ihr Konto aus. Als Hilde das nach einer Unendlichkeit merkte verklagte sie die Sekretärin. Hilde verlor den Prozeß; Begründung, sie hat der Dame die Unterschrift beigebracht, um Menschen zu täuschen, nun muß sie mit dem Ergebnis leben und klarkommen. Gruß Friedel«

Hilde war so schwach, dass sie ihrer Mutter nicht beistehen konnte, sondern von ihr gepflegt werden musste. Bei aller Sorge, ihre Mutter zu überfordern, genoss Hilde dennoch die Stille und das Zur-Ruhe-Kommen. Gleichzeitig wurde ihr bewusst, wie sehr sie sich nach einem Mann an ihrer Seite sehnte, der für sie da war und für den sie da sein konnte. Sie hatte Angst, durch den Trubel um sie herum zu egozentrisch zu werden. Carroll Righter besuchte sie für einige Tage und warnte sie eindringlich vor verheirateten Männern, die sie in der Vergangenheit schon häufiger unglücklich gemacht hatten. Sie dachte über ihr Verhältnis zu Don Ameche nach, mit dem sie nicht nur während der Arbeit, sondern auch in ihrer freien Zeit zusammen war. Ihre Vertrautheit war schon längst keine rein kollegiale mehr.

Hilde wurde nach ihrer Genesung von den Kollegen herzlich empfangen. Der Arbeitsalltag half ihr, sich über die zunehmenden Gefühlsstürme hinwegzuretten. Sie zweifelte an ihrem Talent und war sich ihrer Gefühle nicht mehr sicher, als sie sich in den zwei Jahre jüngeren Gordon Carroll III. verliebte. Carroll war als Soldat im Koreakrieg gewesen und arbeitete nun in einer Werbeagentur. Er hatte ihr einen Heiratsantrag gemacht. Sie beobachtete an sich den Widerspruch, sich dem Partner vollkommen preisgeben zu wollen, sich aber nicht in gleichem Maße für ihn zu interessieren. Selbstzweifel quälten sie.

Ihr New Yorker Leben erfuhr eine drastische Wende, als Don Ameche die Show nach einem Nervenzusammenbruch im Januar 1956 verließ und Cy Feuer ihr ankündigte, dass »Silk Stockings« Ende des Jahres auf Tournee gehen würde. Hilde war entsetzt, als sie diesen bis

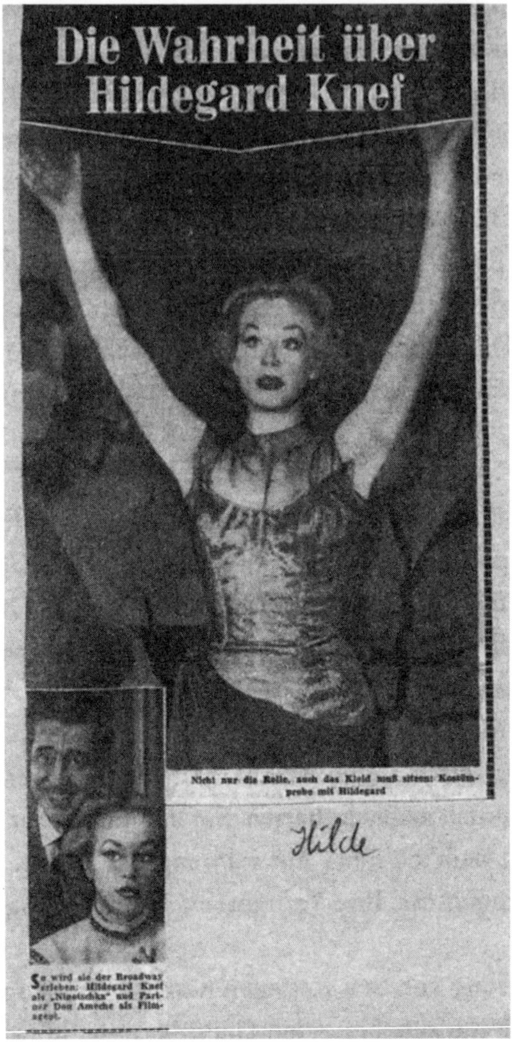

Hilde als Ninotschka bei einer Kostümprobe. Unten mit Partner Don Ameche.

dahin verdrängten Passus ihres Vertrages schwarz auf weiß las. Nur eine langwierige Krankheit konnte sie davor bewahren. Die Diagnose war bei zwanzig Kilogramm Untergewicht und ständigem Fieber von den Ärzten schnell gefunden. Sie bescheinigten ihr eine Tropenkrankheit in bedrohlicher Form. Den Produzenten blieb nichts weiter übrig, als diese anzuerkennen und Hilde aus dem Vertrag zu entlassen.

Nicht nur Manfred George riet ihr, ein halbes Jahr auszusetzen, Ferien zu machen und sich zu erholen, auch Kurt Hirsch machte sich Sorgen um Hilde und legte ihr nahe, mindestens sechs Wochen Urlaub zu machen. Die beiden hatten seit einiger Zeit wieder Briefe gewechselt. Er ließ sie an seinem Leben teilhaben, berichtete von seiner Arbeit, seiner Reserveübung in der Armee in New Mexico und bestärkte sie darin, mit dem Ausstieg aus dem Musical die richtige Entscheidung getroffen zu haben. Sie sollte die Zeit mit »Silk Stockings« als einen wichtigen Abschnitt ihrer Karriere betrachten und die Erfahrungen wertschätzen, die sie gemacht hatte. Liebevoll erinnerte er sich an seine Exschwiegermutter Frieda.

Die Mutter tat sich schwer mit Hildes Entscheidung, nach Europa zurückzugehen. Es graute ihr vor Berlin, vor der deutschen Engstirnigkeit. Auch Carroll Righter riet Hilde von diesem Schritt ab. Ein Jahr lang, hatte die Mutter ausgerechnet, würden sie von dem Ersparten leben können. Hilde hatte sich nie um ihre Finanzen gekümmert; als sie nun bei ihren Anwälten und Managern nachfragte, erfuhr sie zu ihrer Überraschung, dass sie das meiste verbraucht hätte. Sie kaufte sich von dem wenigen, das ihr geblieben war, einen fabrikneuen weißen Chevrolet. Nach reiflicher Überlegung entschied Hilde sich für eine Auszeit in der Schweiz. In der Nähe von St. Moritz mietete sie durch Vermittlung von Freunden ein kleines Haus.

Am 4. Mai 1956 gab Hilde in ihrem Penthouse eine Abschiedsparty. Einer ihrer besten Freunde fehlte: Manfred George. Er hatte sich in ihren letzten New Yorker Wochen von ihr vernachlässigt und nicht zuletzt als Mann zurückgewiesen gefühlt, war verletzt und enttäuscht. In einem Brief enthüllte er Hilde sein Innerstes:

»Liebe Hilde:

(...) Du suchst Dein Wesen und Dein Können zu verwurzeln, Du suchst nach dem Boden, aus dem Du Kraft ziehen kannst. Immer wieder wachsen die Wurzeln Deiner schöpferischen Kraft und Deiner Persönlichkeit aus Dir heraus und suchen nach festem Grund und immer wieder bleibt viel in der Luft hängen. Ich habe oft Dein Gesicht beobachtet, das so vieldeutig ist. Besonders die eine harte Seite, vor der man bisweilen Angst kriegen kann, wenn man ein schwacher Mensch ist. Du hast mir zwar Manches von Dir erzählt, aber bei weitem nicht genug von dem, was ich nur ahnen kann. Ich habe das Gefühl, daß Du nie einen bestimmten Schock, den ich als solchen nicht kenne überwunden hast. (…) Leider hast Du mir bei allem Vertrauen nicht mehr als 99 % vertraut. Dann hättest Du mir auch nicht so oft ausweichende und hinhaltende Antworten gegeben, die ich natürlich immer sofort als das erkannt habe, was sie waren. Glaube mir, zu einem Menschen wenigstens sollte man 100 % aufrichtig sein. (…) Natürlich suchst Du immer und immer das unbekannte und verlorene Bild Deines Vaters. (…) Es ist aber so offenbar, daß schon unseres Altersunterschiedes wegen diese Suche mich irgendwie mit einbezog. Aber es ist schwer bei einem lebendigen Menschen meiner Art zwischen Mann, Freund und Vater immer die Grenze zu ziehen und auch ich kann das nicht und so hat Dich manches verdrossen, vielleicht. Trotzdem: weil Du eben doch nicht vertrautest, ereigneten sich die unmenschlichen Dinge Deiner Flucht. Ja, ich war sehr in Liebe zu Dir, aber hast Du geglaubt, ich würde Dich, wie die Dinge lagen, damit bedrängen? Mir ist manches nicht zugestossen, was in Dir ist. Dein Absturz in Launen, in Ausbrüche und in alles, was tief und quälend noch in Dir sitzen muß, und was andere vielleicht erfahren – hier warst Du gut zu mir. Du bist so außerordentlich *intelligent*, wie selten eine Frau, die ich getroffen habe. So mußt Du auch sehen, daß das, was Du loswerden mußt, vor allem jene Unrast ist, die nichts mit dem Beruf, sondern zutiefst mit Deiner Seele zu tun hat. Du bist sehr energisch in manchen Dingen, aber es ist mir durchaus noch nicht klar, ob Du wirklich ganz lange durchhalten kannst, ehe Du zu jener inneren Ruhe gekommen bist, die die Voraussetzung dafür ist. Du schwankst zwischen Aggressivität und Passivität, etwas treibt Dich zum Mißbrauch Deiner selbst und anderer und ich weiß nicht, wann Deine Liebesfähigkeit wirklich frei sein wird, um sich zu entfalten. Im Übrigen bist Du meiner Meinung nach viel eher in Gefahr (…) ein Opfer von Frauen als von Männern zu werden. Denen bist Du irgendwo weniger gewachsen. (…) Es ist alles da: das Wissen um Dein Geschlecht, die Lust Menschen gern gegeneinander auszuspielen, Dein übermäßiges Mißtrauen. (…) Ich weiß, daß Du im Grunde einsam bist. (…) Aber warum hast Du Angst, daß man Dich ausnutzt? Warum schlägst Du Menschen, die gar nicht daran denken, die Tür vor der Nase zu. Du bist immerzu auf einer Berg- und Talbahn

Deiner Gefühle – zu wenig Ich und zu viel Ich. Du hast soviel positive Werte – von Deiner Kunst ganz abgesehen – und Du fängst persönlich nichts damit an. (…) Du hast Dir eine Umgebung geschaffen, in der Du als Star herrschtest, und jetzt ziehe ehrlich das Resultat und schreibe nieder, was es Dir als Mensch oder Darstellerin genutzt hat. (…) Farewell, my love, and may God bless you more than he blessed me, when I asked him to guide your heart.

Manfred«

Hilde nahm ihm seine Offenheit nicht übel – sie wusste nur zu gut um die tiefe Wahrheit seiner Beobachtungen. Zum Abschied gab George ihr Briefe an Freunde und Bekannte in Europa mit, unter anderem an den Züricher Regisseur und Dramaturg Kurt Hirschfeld. Hilde und George sollten noch viele Briefe wechseln. Jede neue Adresse teilte sie ihm mit, schickte ihm Fotos von sich, die er dankbar empfing. Er berichtete ihr über politische Ereignisse in den USA, schickte ihr Bücher, die er für lesenswert hielt, Theaterstücke, in denen sie spielen sollte, und lobte ihr schriftstellerisches Talent, das er aus ihren Briefen herauslas.

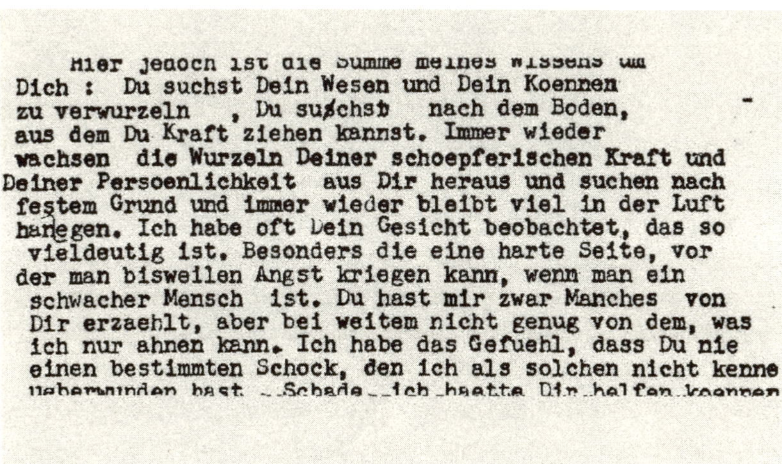

Hier jedoch ist die Summe meines Wissens um Dich : Du suchst Dein Wesen und Dein Koennen zu verwurzeln , Du suchst nach dem Boden, aus dem Du Kraft ziehen kannst. Immer wieder wachsen die Wurzeln Deiner schoepferischen Kraft und Deiner Persoenlichkeit aus Dir heraus und suchen nach festem Grund und immer wieder bleibt viel in der Luft haengen. Ich habe oft Dein Gesicht beobachtet, das so vieldeutig ist. Besonders die eine harte Seite, vor der man bisweilen Angst kriegen kann, wenn man ein schwacher Mensch ist. Du hast mir zwar Manches von Dir erzaehlt, aber bei weitem nicht genug von dem, was ich nur ahnen kann. Ich habe das Gefuehl, dass Du nie einen bestimmten Schock, den ich als solchen nicht kenne ueberwunden hast. Schade, ich haette Dir helfen koennen

Brief von Manfred George an Hilde

Urlaub in den Bergen

In vollkommener Abgeschiedenheit nahe St. Moritz lebte Hilde mit ihrer Mutter und ihrem Halbbruder Heinz im »Berghüsli« in 1900 Meter Höhe. Der Weg zum Haus führte vorbei am mondänen Palace Hotel, vorbei am kleinen St. Moritzer See und noch ein paar Haarnadelkurven hinauf, bevor die Straße für Autos zu schmal wurde und man den Rest des Weges zu Fuß zurücklegen musste. Hilde hatte ihren Tagesrhythmus vollkommen umgestellt. Sie stand morgens um 8 Uhr auf und ging spätestens gegen 23 Uhr zu Bett. Eine Gewohnheit allerdings

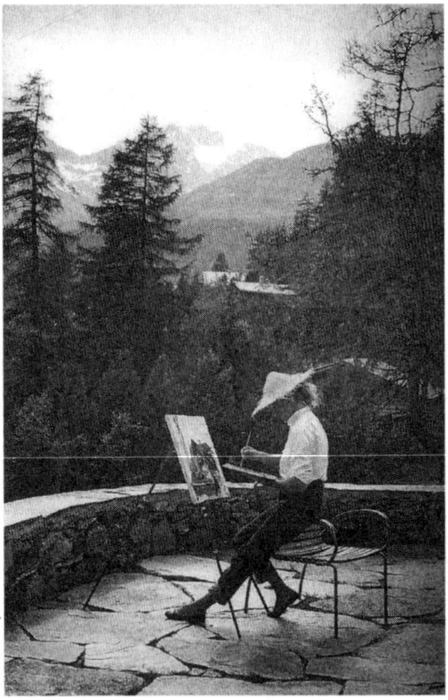

Hilde entspannt sich beim Malen. Ihre Mutter und ihr Bruder sind neben Selbstporträts ihre Lieblibgsmotive.

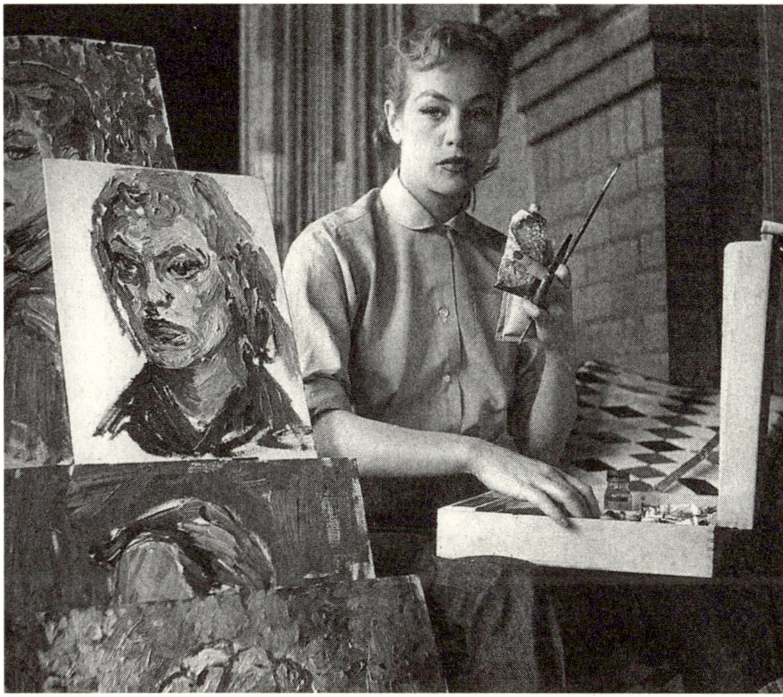

Hilde hat alle Selbsporträts an Freunde verschenkt.

behielt sie bei. Eine Stunde am Tag trainierte sie Ballett. Das hatte sie sich seit Langem angewöhnt, egal ob sie filmte, auf der Bühne stand oder Ferien machte. Im Berghüsli diente ihr die Mauer um die Terrasse herum als Ballettstange. Sie trug Jeans und Pullover, schminkte sich unauffällig und genoss die gutbürgerliche Küche, Gemüsesuppen, Spiegeleier und Bratkartoffeln.

Hilde war Profi genug, ihr berufliches Fortkommen auch während des Urlaubs im Blick zu behalten. Sie wusste, dass sie etwas dafür tun musste, um nach zweijähriger Abwesenheit in Europa wieder Fuß zu fassen. Sie richtete im Untergeschoss des Hauses ein Gästezimmer für Freunde, aber auch für Reporter ein. In Zürich traf sie Kurt Hirschfeld und Gustaf Gründgens, der zu dieser Zeit Generalintendant des Hamburger Deutschen Schauspielhauses war. Gründgens verbrachte in der Nähe seine Ferien. Obwohl die beiden deutlich älter waren, Hirschfeld 23 Jahre und Gründgens sogar 26 Jahre, akzeptierten sie

Hilde als ebenbürtige Gesprächspartnerin. Sie tauschten sich über die Schicksale ihrer Kollegen aus und sprachen über ihre Hoffnungen für die Zukunft.

Auch ihre Verehrer ließen nicht lange auf sich warten. Gordon Carroll schickte ihr glühende Liebesbriefe ins Berghüsli. Sie hatten sich Namen aus der Tierwelt gegeben, Hilde war Puma, er Giraffe. Am 12. Juli besuchte er Hilde, fest entschlossen, sie zu heiraten. Seine Eltern liebten sie, und er hatte ein gutes Verhältnis zu Hildes Mutter. Hilde entschied sich gegen ihn und für ein ungebundenes Leben. Mit Tyrone Power verlebte sie ein »himmlisches weekend«, wie sie einer *Bild*-Reporterin verriet, nachdem sie gerade von einer Bergtour mit dem Besitzer des Palace Hotels, Andrea Badrutt, zurückgekommen war, der sie mit Kaviar und Champagner umwarb. »Das war meine Matrosenzeit«, erzählte sie später lachend. »Vielleicht wollte ich meine Jugendzeit nachholen.« Es war aber kein Kandidat darunter, mit dem sie sich eine langfristige Beziehung vorstellen konnte, entweder waren die Männer verheiratet oder sie schauten zu ihr auf. Weder das eine noch das andere war für sie auf Dauer akzeptabel.

Eigentlich hätte sie die Zeit glücklich genießen können, wären nicht zwei Dinge gewesen, die sie zum einen physisch und zum anderen psychisch belasteten. Seit einem Unfall im Imperial Theatre, wo ihr ein loses Brett die Nase gebrochen hatte, war sie mit der unmerklichen Verformung unzufrieden. Sie entschied sich für eine kleine Nasenkorrektur in Zürich. Die Operation verlief komplikationsfrei. Überraschend setzten später heftige Blutungen ein und wochenlang litt Hilde an starken Schmerzen. Später ließ sie die Operation mit vollem Erfolg in Berlin wiederholen. Um lästigen Fragen der Presse aus dem Weg zu gehen, gab sie vor, an Stockschnupfen zu leiden.

Der andere Grund ihres Unbehagens war ihre missliche finanzielle Lage. Nach ihrem Weggang aus New York hatte sie Manfred George freie Hand gelassen, mit einem Teil ihres Geldes zu spekulieren, zuerst mit Aktien von British Petrol, die schon bald in den Keller gingen, und anschließend mit einer Investition in eine arabische Ölfirma, die sich auch als Fehlentscheidung herausstellte. Im November 1956 schrieb ihr George: »Die Aktien sind in den Boden gewachsen. Ach, wie sind wir so stolz und prächtig ins Feld der Spekulanten gezogen, aber jetzt wer-

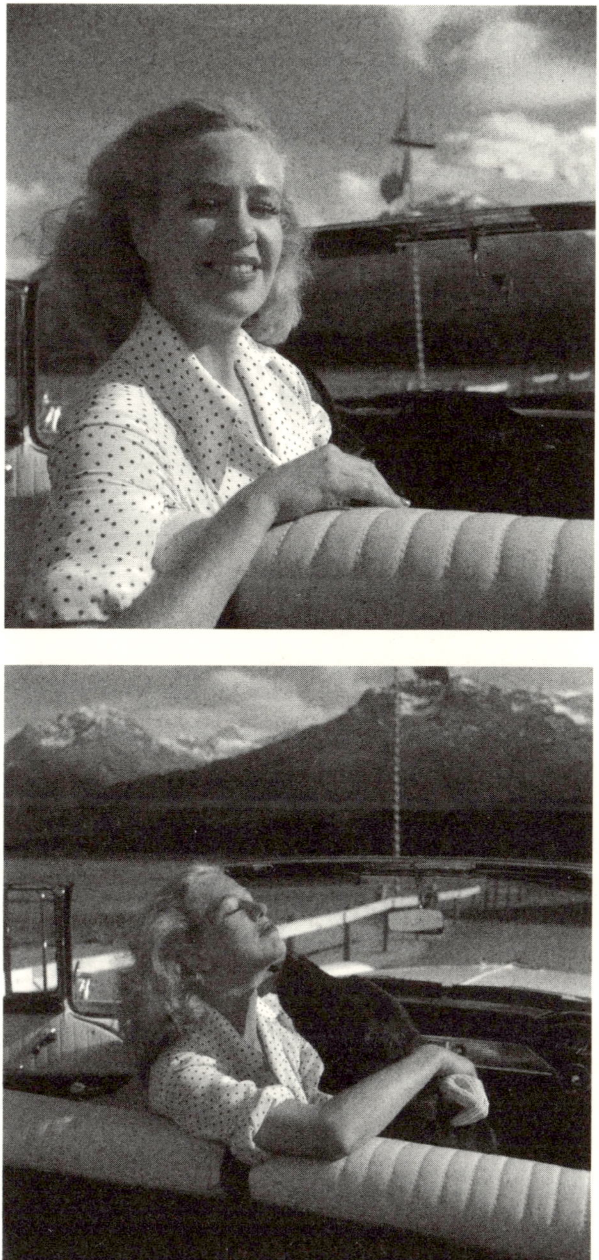

Hilde in der Schneegans vor Bergkulisse

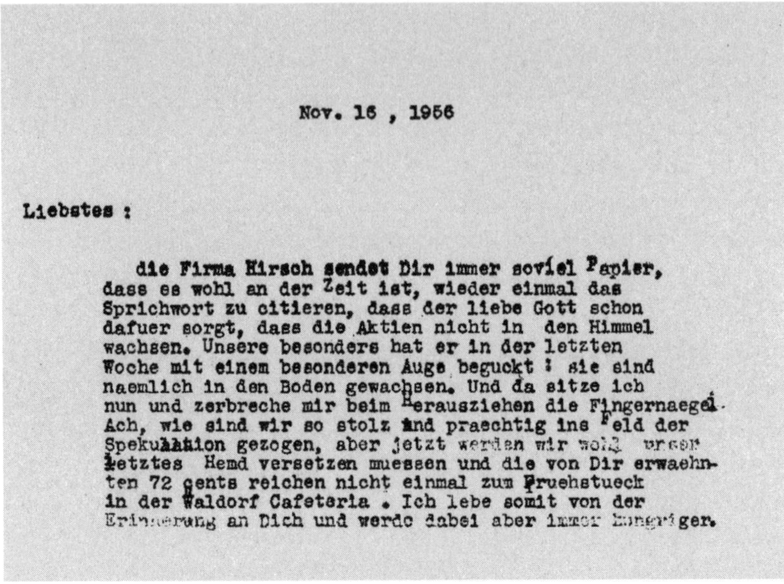

Nov. 16 , 1956

Liebstes :

die Firma Hirsch sendet Dir immer soviel Papier, dass es wohl an der Zeit ist, wieder einmal das Sprichwort zu citieren, dass der liebe Gott schon dafuer sorgt, dass die Aktien nicht in den Himmel wachsen. Unsere besonders hat er in der letzten Woche mit einem besonderen Auge beguckt : sie sind naemlich in den Boden gewachsen. Und da sitze ich nun und zerbreche mir beim Herausziehen die Fingernaegel. Ach, wie sind wir so stolz und praechtig ins Feld der Spekulation gezogen, aber jetzt werden wir wohl unser letztes Hemd versetzen muessen und die von Dir erwaehnten 72 cents reichen nicht einmal zum Fruehstueck in der Waldorf Cafeteria . Ich lebe somit von der Erinnerung an Dich und werde dabei aber immer hungriger.

den wir wohl unser letztes Hemd versetzen müssen.« Im Nachhinein machte Hilde nur ihre Manager und Berater für ihre finanzielle Misere verantwortlich, ohne je ihre beziehungsweise Georges Fehlspekulationen zu erwähnen, und an ihren luxuriösen Lebenswandel zu denken. Es erschütterte sie immer, dass Menschen, die für sie arbeiteten, auch bezahlt werden wollten. Hilde dachte, es wäre jedem eine Ehre ihr zu dienen. Und dann war da noch die Sache mit der Steuerbehörde. Hilde war sehr schnell klar, dass sie aktiv werden musste, wollte aber auf den ganz großen Coup warten.

Unzählige Angebote für Theater- und Filmrollen trafen im »Berghüsli« ein, aus Frankreich und England, aber auch aus Deutschland. Keines fand ihre Gnade. Agenten rissen sich um sie – Elli Silman hatte sich endgültig von ihr gelöst.

Die Zeitschrift *Revue* kündigte in ihrer Ausgabe Nr. 14 vom 7. April 1956 an, dass Hilde nach Deutschland zurückkehren würde und Briefe der Leser erbeten seien, in denen sie ihre Wünsche äußern sollten, in welchen Rollen sie Hildegard Knef gern sehen würden. Eine Flut von Leserbriefen erreichte die Redaktion. Viele wollten Hilde noch einmal am Schlosspark-Theater in ihren Paraderollen sehen. Barlog schlug ihr die Rolle der Eliza Doolittle in Shaws »Pygmalion« vor. Martin Held sollte ihr Partner sein. Hilde lehnte ab.

Der Süddeutsche Rundfunk versprach Hilde zwei Millionen Zuschauer und eine Höchstgage, wenn sie ihren Urlaub für einen Tag unterbrechen und in der Sendung »7 Wünsche« auftreten würde. Die Sendung erfüllte Zuschauern die ausgefallensten Wünsche, wie auch den, Hildegard Knef kennenzulernen. Hilde lehnte auch dieses Angebot ab.

Im Juli 1956 unterbreitete Hilde ihrem alten Freund Henri Nannen den Vorschlag, eine Homestory von ihr in der Schweiz zu veröffentlichen, damit sie bei einem breiten Publikum wieder ins Gespräch käme. Nannen lehnte mit der Begründung ab, der *stern* würde eine solche Reportage nur im Zusammenhang mit einem aktuellen Anlass, einem neuen Film- oder Theaterprojekt von Hilde bringen. Auch andere Zeitungen lehnten ihr Angebot ab.

Hilde hatte sich den Wiedereinstieg in Deutschland leichter vorgestellt. Sie ergriff nun selbst die Initiative und nahm Kontakt zu wichtigen Kritikern, Managern und Agenten auf, in der Hoffnung, dass irgendjemand ihr ein lukratives Angebot verschaffen oder ihr auf andere Weise beruflich behilflich sein konnte.

Als ihr endlich ein ernstzunehmendes Angebot gemacht wurde, an der Seite von Curd Jürgens zu drehen, wünscht sich dieser aber Eva Bartok, seine Ehefrau, als Filmpartnerin.

Hilde freundete sich mit dem Ehepaar Dr. Hermann Schwerin und Grethe Weiser an. Schwerin war seit 1934 Ufa-Produktionschef und Grethe Weiser erfolgreiche Theater- und Filmschauspielerin. Hilde führte mit Grethe Weiser einen regen Briefwechsel. Sie fühlte sich ihr, die oft tiefsinnige und zugleich humorvolle Rollen spielte, sehr verbunden. Grethe Weiser sagte viel später einmal, dass sie Hilde sehr gemocht habe, sie sei für sie »ein Weltstar auf Berlin-Tour gewesen«. Hermann Schwerin schlug Hilde Stücke vor, in denen sie hätte spielen können, aber Hilde konnte sich für keine Rolle begeistern.

Die 1950er-Jahre waren für den deutschen Film eine schwere Zeit. Der berühmte Drehbuchautor Herbert Reinecker ging sogar so weit, zu sagen, dass Ende der 1950er-Jahre keine guten Filme mehr aus

W·A·B

W. A. BRUCKMANN

BERLIN-GRUNEWALD
HOHENZOLLERNDAMM 81
89 18 08

5.4.56.

Liebe Frau Knef!

In der Nr.14 vom 7.4. der REVUE lese ich den Artikel "Die Knef kommt zurück". Hoffentlich stimmt der Inhalt dieses Artikels. Ich meine damit, dass es kein Aprilscherz sein möchte. Die REVUE fordert auf, dass die Leser schreiben sollen, in welcher Rolle wir Sie in Deutschland sehen wollen. Ich umgehe den Brief an die REVUE und schreibe Jhnen nach New-York ins Hotel Grosvenor. - Was Sie Herrn Habe sagten, hat mich stark berührt. Es stimmt schon, dass man die Stadt nicht vergisst, in der man "Murmeln gespielt hat". Sehen Sie, damals im Sommer 1945, da wohnten wir noch am Breitenbach-Platz und da gingen wir immer zu Fuss und wenn es hoch kam mit dem Fahrrad rüber nach Steglitz zu Barlog und dann sahen wir mal ein Stück, das hiess "Drei Mann auf einem Pferd" und ein anderes, das hiess "O Wildnis" und "Wie es Euch gefällt". Und jedes Mal spielte da ein klapperdünnes junges Mädchen mit und ich hatte irgendwie den Riecher und sagte: "die wird". Und sie "wurde". Aber so, wie wir damals das Theater erlebten und die Philharmonischen Konzerte im Titania-Palast so haben wir nie wieder nach 1945 einen Kunstgenuss gehabt. Man war damals in dieser hungrigen Zeit für all diese Dinge aufgeschlossener als heute mitten in unserem ach so schönen Wirtschaftswunder!
Nun mein Vorschlag: Barlog soll Jhnen einen Gefallen tun und Sie, wenn Sie wieder nach Berlin kommen, alle die 3 Stücke aus Jhrer 1945-Zeit noch einmal spielen lassen. Wäre das nicht eine Idee?

Einer wird allerdings dann fehlen, der damals mit dabei war: Erwin Biegel. Sie haben sicher von seinem tragischen Tod vernommen?

Kommen Sie bald zurück. Berlin ist im Sommer so schön. Sie werden staunen, was hier wieder alles gebaut wurde, seitdem Sie es das letzte Mal gesehen haben- Der Neubau der Philharmoniker, seit Jahren geplant, steht zwar immer noch nicht, der Senat und die Bezirksbürgermeister streiten sich noch herum, wo er hinkommen soll. Aber der Konzertsaal der Musikhochschule in der Hardenbergstrasse (vom Volksmund kurz und treffend "Musikgarage" genannt) ist neu und scheusslich. - Barlog hat im Schlosspark-Theater sehr schön an- und um-gebaut. Es ist jetzt etwas grösser und erinnert nicht mehr so ganz an den Pferdestall des alten Grafen Wrangel.

Mit herzlichen Grüssen
Jhr sehr ergebener

Deutschland kamen, weil die Produzenten, die Regisseure und sogar die Verleiher auf die Arbeit der Autoren Einfluss nehmen wollten.

Je weiter Hildes Erholung voranschritt, desto stärker war ihr Bedürfnis, wieder arbeiten zu wollen. Sie malte tagsüber Selbstporträts oder Porträts der Mutter und des Bruders in knalligen Farben. Das Verhältnis zu Heinz hätte nicht besser sein können. Hilde genoss das Leben in der kleinen Familie, bis ihr langsam das Geld ausging. Sie begann, an der Entscheidung zu zweifeln, den Broadway-Vertrag gekündigt zu haben. In diesem Moment trat die neu gegründete Ufa auf den Plan, die ihren ersten Film in Kooperation mit Melodie-Film »Madeleine und der Legionär« mit Hildegard Knef in der Hauptrolle unter der Regie von Wolfgang Staudte drehen wollte. Hilde war sofort bereit, nach Berlin zu gehen. Die Ufa brauchte sie und sie brauchte die Ufa. Eine groß angelegte Werbekampagne kam ins Rollen. Hilde wurde als der Star der neu gegründeten Firma angekündigt.

Arbeit in Berlin

Am 1. November 1956 mietete Frieda Wulfestieg in der Oldenburgallee 1a in Berlin-Westend eine möblierte Drei-Zimmer-Wohnung im Erdgeschoss an. Hilde und ihr neuer Manager, der Brite Henry E. Lester, mussten für die Zahlung der Miete von 530 DM monatlich haften. Hildes Unterschrift allein genügte nicht! Hilde stattete die Wohnung nach ihrer Rückkehr im Januar des darauf folgenden Jahres mit ihren Büchern, Bildern und Fotos aus. Dafür nahm Hilde einen Kredit bei der Bank auf. Das Guthaben auf ihrem Konto belief sich auf null. In einem Zimmer standen ihre Staffelei und die Ölfarben immer für sie bereit. Nicht professionell, nur zur Entspannung wollte sie malen.

Als Hilde am 22. Januar 1957 nach Berlin heimkehrte, wurde ihr ein triumphaler Empfang bereitet: Hubschrauber kreisten über dem Zehlendorfer Grenzkontrollpunkt, auch Kleeblatt genannt, warfen Luftballons und Spruchbänder ab, auf denen »Willkommen an den Ufa 'n der Spree« stand. Fans waren gekommen, um ihr die Hand zu schütteln, und der Regierende Bürgermeister Otto Suhr lud zum Willkommenskaffee ins Rathaus Schöneberg. Wohin Hilde auch mit ihrem Auto fuhr, immer wurde sie von einer Motorradstaffel »weißer Mäuse« begleitet, wie die in Weiß gekleideten Polizisten im Volksmund genannt wurden. Es fand ein unbeschreiblicher Medienrummel um ihre Rückkehr statt. Die Presseabteilung der Ufa reichte sie wie einen Wanderpokal von einem Filmball zum nächsten.

An einem dieser Abende machte Hilde sich gerade in ihrem Hamburger Hotelzimmer für den bevorstehenden Ball zurecht, als das Telefon klingelte. Am anderen Ende meldete sich mit schüchterner Stimme die 20-jährige Romy Schneider, die in der Rolle der Kaiserin Sissi zwei Jahre zuvor zu Weltruhm gelangt war. Sie vertraute Hilde, der sie noch nie begegnet war, an, dass sie keine Lust hätte, auf den Ball zu gehen, Mutter und Stiefvater, der Gastronom Hans Herbert Blatzheim, aber darauf bestünden. Hilde hatte größtes Verständnis für Romys Situation und versuchte, sie zu beruhigen. Als ihr das nicht gelang, bat sie die junge Kollegin in ihr Hotelzimmer, wo sie ihr weiter gut zuredete. Die Zeit drängte, Hilde wurde im Ballsaal von Arno Hauke, dem Chef der Ufa erwartet, mit dem sie den Ball eröffnen sollte. Während des Balls saß sie in unmittelbarer Nähe des Schneider-Blatzheim-Clans, von wo ihr Eiseskälte entgegenschlug. Es hatte nie einen konkreten Anlass zu Missstimmung zwischen Hilde und Romys Familie gegeben, aus unerklärlichen Gründen mochte die Familie sie einfach nicht. Hardy Krüger, der auch Gast auf dem Ball war, erkannte die Situation, als er seine Runde machte, und nahm Hilde mit sich an einen anderen Tisch.

Im Juli 1957 mietete Hilde für sich und ihre Mutter ein Haus in der Dahlemer Finkenstraße. Weitere Mitbewohner waren die Wirtschafterin, der Schäferhund Nehru und der Boxer Arco. Von dem hohen Vorschuss, den Hilde für ihre Rolle in »Madeleine und der Legionär« bekommen hatte, kaufte sie Möbel und Antiquitäten, Lampen und Spiegel – und ihr erstes eigenes Bett. Sie liebte die Behaglichkeit des Hauses, stellte Fotos von Freunden wie Barlog und Pommer auf und widmete sich zusammen mit einem Gärtner der Gartengestaltung. Wie dieser später erzählte, war sie die vollkommene Gastgeberin, sie bot immer etwas zu trinken an, es wurde geraucht und viel gelacht. Starallüren seien ihr fremd gewesen, sie hätte sich gern beraten lassen, setzte aber letztlich ihre Vorstellungen von der Gartengestaltung durch. Hilde fühlte sich zum ersten Mal richtig zu Hause, sie hatte sich *ihr* Nest gebaut. Spät abends traf sie in den vielen Bars auf dem Kurfürstendamm ihre Freunde und spendierte so manche Lokalrunde.

Hilde war voller Vorfreude auf die Arbeit am Film. Die große Ernüchterung folgte, als sie das Drehbuch las. Sie lehnte spontan ab, es wurde überarbeitet, wieder diskutiert, bis die Ufa Hilde mit einer Klage drohte, wenn sich wegen ihrer Einwände der Beginn der Dreharbeiten weiter verzögern würde. Hildes angekündigte Starrolle war der Idee eines Ensemblefilms zum Opfer gefallen. Sie spielte gleichberechtigt neben Hannes Messemer, Bernhard Wicki und Helmut Schmid. Sie musste für die Rolle der Französin Madeleine, die als Lehrerin in der französischen Kolonie Algerien unterrichtet, ihre langen Haare opfern. Im Film wird sie als Einzige während eines Brandes auf einer französischen Farm in der algerischen Wüste von drei geflohenen, zum Tode verurteilten Fremdenlegionären gerettet und zugleich gefangen genommen. Die Drei sind zur Niederschlagung eines arabischen Aufstandes abkommandiert und auf dem Weg dorthin in Spanien desertiert. Die Dreharbeiten fanden in Tanger statt. Hilde glaubte nicht an den Film – wer sollte sich in Deutschland für die Kolonialprobleme der Franzosen interessieren? Der Dreh war hürdenreich und chaotisch. Geschossen wurde mit scharfer Munition statt mit Platzpatronen. Es war ein Wunder, dass niemand verletzt wurde. Am vorletzten Drehtag wollten alle zusammen in ein Casino nach Tanger fahren, um Abschied zu feiern. Die Stadt lag allerdings zwanzig Minuten vom Quartier entfernt und war nur mit dem Auto erreichbar. Weil kein Auto verfügbar war, kam Messemer auf die Idee, den zum Set gehörenden Panzer zu nehmen. Er war im Krieg zum Panzerführer ausgebildet worden. Die Männer zogen sich ihren Smoking an, Hilde ein schickes Abendkleid und los ging's. Als sie in Tanger einfuhren, hoben die Bewohner, an denen sie vorbeifuhren, ängstlich die Arme, um sich zu ergeben. Männer mit Tüchern auf dem Kopf und verschleierte Frauen blickten ungläubig zum Himmel, als erwarteten sie von dort eine Antwort. Vor dem Casino angekommen öffnete Messemer die Luke und fünf elegant gekleidete Menschen entstiegen lachend dem Panzer. Lässig warf Messemer, ohne eine Miene zu verziehen, dem Türsteher den Schlüssel mit der Bemerkung zu: »Einparken, bitte!« Jetzt erst wurden sie als die verrückten Schauspieler wiedererkannt. Der Spaß blieb glücklicherweise ohne Nachspiel.

Wie Hilde richtig vorausgesehen hatte, floppte der Film. Die Ufa-Bosse hatten Hildes berechtigte Einwände in den Wind geschlagen. Und es gab wieder einen Knef-Film, der für das Publikum eine Enttäuschung war. Als »Ufa-Star Nr. 1« angekündigt erntete sie nun Hohn. Obwohl der Film durchgefallen war, brachte die Zeitschrift *Film und Frau* in der 1. Vierteljahresausgabe 1958 einen dreiseitigen Bericht über die Darsteller, die Dreharbeiten und »endlich mal wieder ›Die Knef‹« mit vielen Fotos.

Die Ufa hatte für den Film statt der geplanten 1,5 Millionen Mark 1,75 Millionen ausgegeben. Lachend schilderte Hilde den Moment, als der Produzent Peter Schaeffers, der gerade auf einem Hocker an ihrer

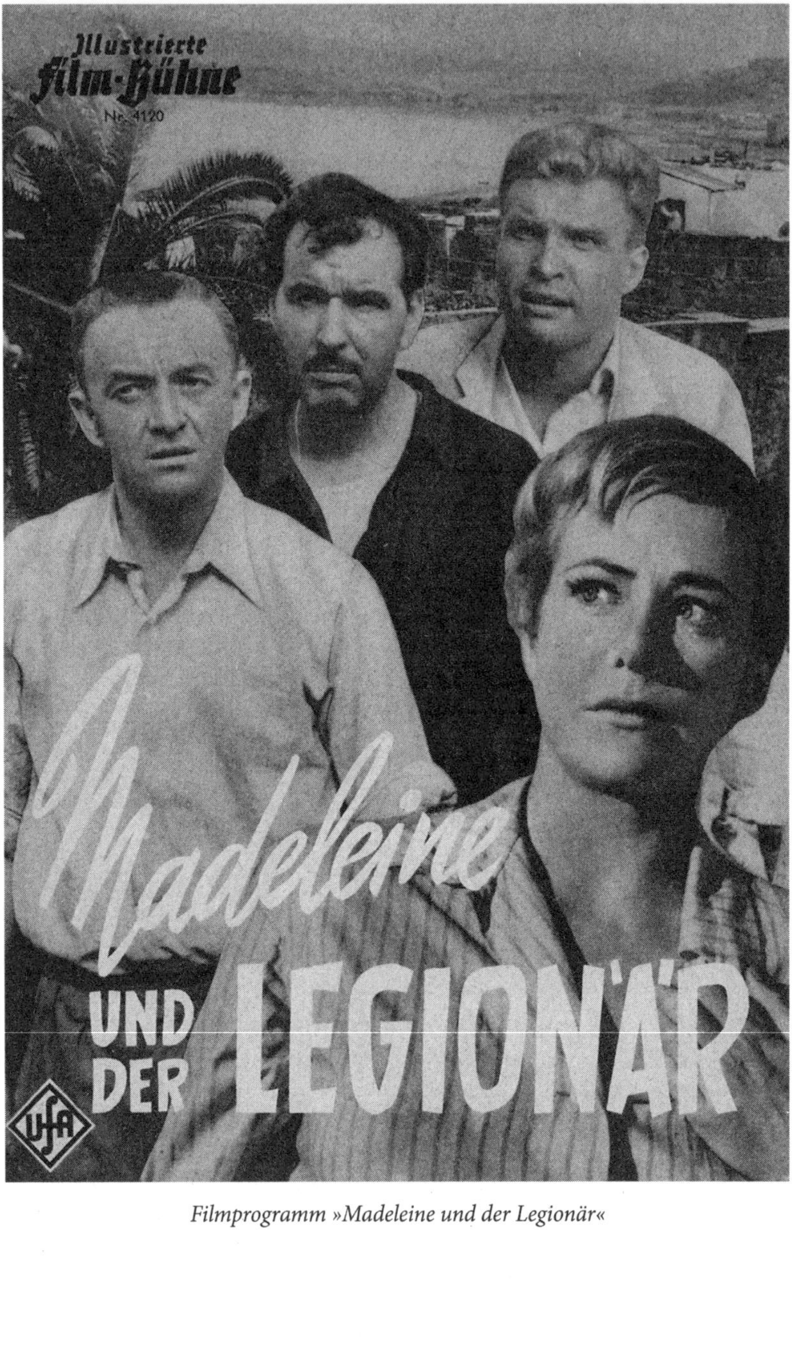

Filmprogramm »Madeleine und der Legionär«

Bar in der Finkenstraße saß, von der enormen Überziehung des Budgets erfuhr. Er war so schockiert darüber, dass der Hocker polternd unter ihm zusammenbrach. Schaeffers nahm beim Gehen die Trümmer des Hockers unter den Arm und verabschiedete sich mit den Worten: »Für 250.000 Mark Überziehung möchte ich wenigstens ein Andenken haben.« Beide brachen in Gelächter aus. Nachdem Hilde sich wieder beruhigt hatte, antwortete sie schlagfertig: »Geben Sie mir die Überschreitung, dann verzichte ich auf meine Gage.« Es war das einzige Mal, dass Hilde in Bezug auf den Film lachen konnte. Nach dem zweiten Film, den die Ufa nach »Madeleine und der Legionär« noch drehte, war sie pleite. Für die Öffentlichkeit stand fest, dass Hilde die Ufa ruiniert hatte. Die wahren Gründe, fehlender Sachverstand der Verantwortlichen, kaufmännisches Ungeschick, der falsche Stoff und ein mangelhaftes Drehbuch, spielten keine Rolle. Auf Hilde traf leider die Redensart zu »Man ist so gut wie sein letzter Film«. Angebote blieben vorerst aus. Erst im Januar 1958 drehte Hilde an der Seite von Ivan Desny und unter der Regie des russischen Regisseurs Victor Stoloff den Pilotfilm zu »Love Stories«. Der Film konnte nicht verkauft werden. Ende September 1967 kam der Koproduzent des Films mit der Bitte auf Hilde zu, ihn für die deutsche Fassung zu synchronisieren, damit er noch einen Anlauf unternehmen könne, seine damalige Investition einzuspielen. Hilde lehnte ab, für sie war dieser Film Vergangenheit.

Trotz Hildes erfolglosen Starts in Deutschland verlieh ihr die *Frankfurter Illustrierte*, Vorläuferin der Zeitschrift *Bunte*, erstmals im Februar 1958 den Künstlerpreis »Frankfurter Oskar«.

In der DDR hingegen verzieh man ihr nicht, nach Amerika gegangen zu sein und in der antisowjetischen Komödie »Silk Stockings« gespielt zu haben. Die Zeitschrift *Filmspiegel* stellte im Mai 1958 unter der Überschrift »Sie wählte den falschen Weg: Das Schicksal der Hildegard Knef« fest, dass Hilde seit dem DEFA-Film »Die Mörder sind unter uns« keinen guten Film mehr gemacht habe, und zwar nur aus Geldgier oder wegen falscher Beratung ihrer Manager. Es gab aber auch andere Stimmen in der DDR, die Hildes Schicksal differenzierter darzustellen wussten. Der Autor des Buches »Film gestern und heute«, Horst Knietzsch, zeigte darin die Tragik auf, die dem Neustart von

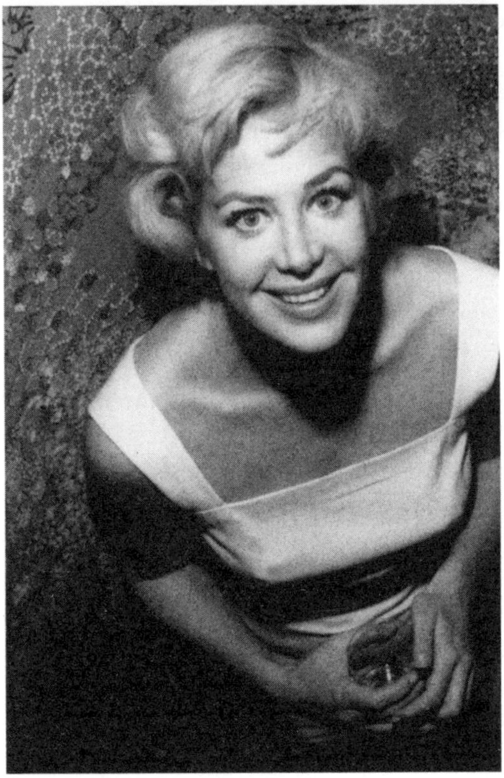

Hildegard Knef 1957 bei einer Party von Gerhard Winkler (dem Komponisten von Capri-Fischer).

Hilde innewohnte. Die talentierte Künstlerin Hildegard Knef sei mit dem Legionärsfilm auf gängiges Mittelmaß herabgedrückt und ihr Stuhl nach dem Misserfolg des Films buchstäblich vor die Tür gestellt worden.

Einen weiteren Rückschlag musste Hilde einstecken, als Artur Brauner 1958 Ersatz für Vivien Leigh suchte, die die Hauptrolle in der Verfilmung des berühmten Romans von Vicky Baum »Menschen im Hotel« spielen sollte. Als Leigh überraschend absagte, stieß sein Vorschlag, statt ihrer Hildegard Knef zu engagieren, auf allgemeine Ablehnung, unter dem Vorwand, sie sei zu jung. Die in Deutschland damals völlig unbekannte Französin Michèle Morgan übernahm den Part. Und noch einmal brachte Brauner Hildegard Knef ins Gespräch für die Rolle Flämmchens, die man vergessen hatte, zu besetzen – wieder vergeblich, für diese Rolle wäre sie nun wieder zu alt, meinten ihre Gegner. Sonja Ziemann spielte sie schließlich.

Und wieder einmal wartete Hilde auf ein Rollenangebot. Einzig die Entwicklung des Bruders stimmte sie in dieser Zeit froh. Nachdem er seine Zeit mit Frauen auf dem Kurfürstendamm vertan hatte, nahm ihn die Jazzband von Wilhelm Dieter Siebert auf. Die Band spielte progressiven Jazz, wurde mit vielen Preisen geehrt, löste sich aber zwei Jahre später wieder auf.

Paris – London – Cameron

Schließlich gaben die Franzosen Hilde eine Chance. 1958 spielte sie in dem Film »La fille de Hambourg«, »Das Mädchen aus Hamburg«, unter der Regie von Yves Allégret. Es ist die Liebesgeschichte einer Deutschen und eines französischen Matrosen, die sich in den Wirren des Krieges kennenlernen, sich aus den Augen verlieren und Jahre später in einem Amüsierviertel Hamburgs wiederbegegnen. Beide kommen auf tragische Weise ums Leben. Hilde singt das Titellied des Films – auf Französisch!

Die Tage verbrachte Hilde in Paris mit Dreharbeiten, die Nächte in den legendären Jazzclubs in Saint Germain des Prés, wo sich nach dem Krieg alle berühmten französischen und amerikanischen Jazzmusiker trafen. Hilde begegnete Boris Vian, dem genialen Schriftsteller und Musiker, und dem Jazztrompeter Miles Davis, der in der Stadt weilte, um die Filmmusik zu »Fahrstuhl zum Schafott« von Louis Malle zu schreiben. Die drei fanden über ihre gemeinsame Leidenschaft zum Jazz zueinander und verbrachten zusammen die Nächte, in lange Gespräche vertieft. Es war Tradition, gemeinsam in »Les Halles« zu frühstücken, bevor man auseinanderging. Als Vian Hilde singen hörte, war er so begeistert von ihrer Stimme, dass er Chansons für sie schrieb. Hilde hatte bisher nur Lieder aus ihren Filmen oder aus Theaterstücken auf Platte aufgenommen, nun wollte sie mit Vians Liedern, die sie auf Französisch sang, ein Publikum gewinnen. Das einzige der vier Lieder, das die Zeiten überdauert hat, ist »Bal de Vienne«. Die Single wird nur in Frankreich verkauft und ist leider kein kommerzieller Erfolg.

Als »Das Mädchen aus Hamburg« im Kino anläuft, bemängeln Kritiker die unkonzentrierte Regie und das verworrene Drehbuch, loben aber das starke Ausdrucksvermögen der beiden Darsteller Hildegard Knef und Daniel Gélin. Die deutsche Zeitschrift *Film und Frau*, Heft

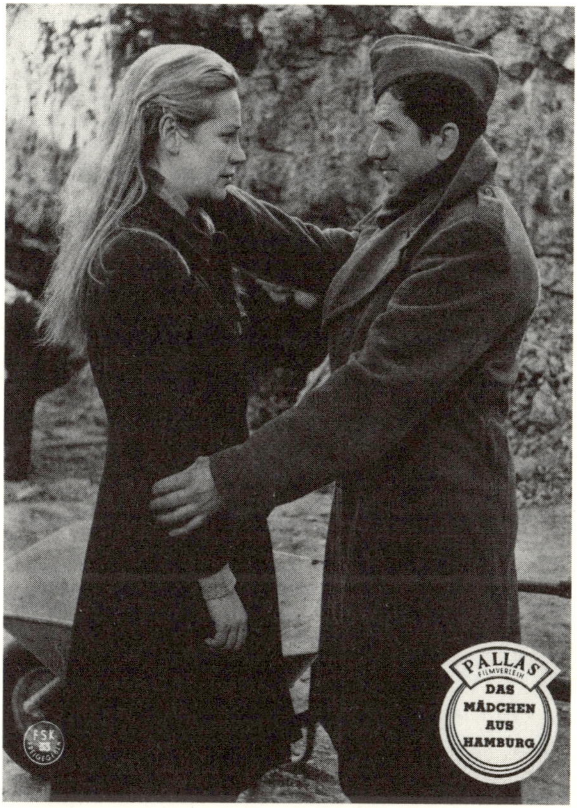

Foto mit Daniel Gélin. In »Das Mädchen aus Hamburg« ist Hildegard Knef in einem Vergnügungslokal auf St. Pauli als Schlammcatcherin zu sehen.

12, 1958, brachte Hilde aufs Titelbild, Kurzhaarfrisur, die Augenbrauen in schwungvollem Bogen, getuschte Wimpern und geschminkte Lippen. Der optimistische Text zum Titel lautet:

»Für dämonische Rollen geradezu geschaffen – so sagen die einen – begabt dafür, ruhige, überlegene Frauen mit verhaltener Zärtlichkeit darzustellen – so sagen andere. Und wieder andere erwarten, dass ihr der neue Pallas-Film ›Das Mädchen aus Hamburg‹ die Rolle ihres Lebens gibt – eine ganz neue Hildegard Knef! Wie dem auch sei – was sie auszeichnet, ist die Fähigkeit, sofort Kontakt zu den Zuschauern zu haben. Und mehr noch, deren Zuneigung zu gewinnen. Letzteres, so meinen wir, ist das Schönste ihrer Kunst.«

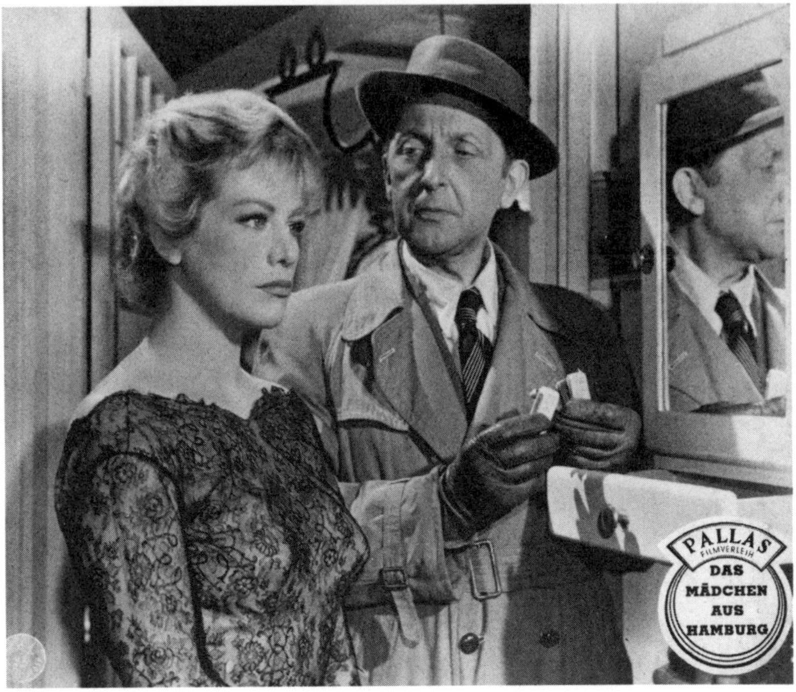

Hildegard Knef mit Daniel Sorano in »Das Mädchen aus Hamburg«.

Mit seiner Annahme, der Film würde sein Publikum finden, irrte der Autor allerdings.

Hilde wurde nach London gerufen, um in »Subway in the sky«, »U-Bahn in den Himmel«, eine Berliner Kabarettsängerin zu spielen, die einem flüchtenden amerikanischen Militärarzt, der des Mordes und Rauschgiftschmuggels verdächtigt wird, Unterschlupf gewährt. Sie war weder mit dem Film noch mit ihrer Rolle glücklich. Folgerichtig kam es während der Dreharbeiten zu Spannungen zwischen ihr und der Regisseurin Muriel Box. Darauf in einem Interview in der Tageszeitung *Daily Express* angesprochen, antwortete Hilde: »Ich bin wirklich ein sehr unhöflicher Mensch, vor allem, wenn ich arbeite. Ja, ich bin höllisch verhasst.« Hilde zeigte unbekannte Seiten von sich, sie ließ den Kameramann ersetzen und war zu Presseleuten ungehalten. In der Jugendzeitschrift *Bravo* sprach Hilde über den Grund ihres

Verhaltens: Es war die ungewohnte Zusammenarbeit mit einer sehr sanften Regisseurin. Glücklicherweise wurde sie schon kurz darauf wieder nach Deutschland geholt – im wörtlichen Sinne: Der Autor Erich Kuby holte sie persönlich in London ab, um ihr die Rolle der Martina in dem Film »Der Mann, der sich verkaufte« anzubieten. Kuby griff mit seinem Filmstoff die sensationslüsterne Presse wie auch die Schiebergeschäfte der Nachkriegsgewinnler an: Ein junger Journalist deckt die schmutzige Vergangenheit eines Luxushoteliers auf und treibt ihn in den Tod. Hilde spielte eine Nebenrolle, für die sie 1959 den Bundesfilmpreis, das Filmband in Silber, für die beste weibliche Nebenrolle erhielt.

Anlässlich dieses Films veröffentlichte die Zeitschrift *Film und Frau* in ihrem Heft Nr. 4 des 1. Vierteljahres 1959 eine Doppelseite mit Fotos und einem ungewöhnlich langen, sehr einseitigen Interview, das Hilde dazu nutzte, Rückschau zu halten und sich in all ihrer Vielseitigkeit darzustellen. Sie beeindruckte die Journalistin mit ihrer Erscheinung und ihrem Auftreten derart, dass diese gar nicht auf die Idee kam, sie mit Fragen zu unterbrechen. Hilde führte das Gespräch nach ihren Vorstellungen. Nachdem sie einen Schluck aus ihrem Whiskyglas genommen hatte, begann sie:

»Sie glauben nicht, wie das nach der Dreharbeit beruhigt! Wenn ich arbeite, arbeite ich nämlich richtig, ich meine hochkonzentriert – auch wenn ich zwischendurch blödele, das darf sie nicht irritieren, das brauch' ich. Ehrgeizig bin ich nicht, ich bin im Grunde sogar sehr faul. Nach dem ›Madeleine‹-Film, den komischerweise Frauen lieber mochten als Männer, von denen habe ich wunderbare Zuschriften bekommen, haben alle gefragt, wo mein Sex-Appeal geblieben ist und ob ich ein Junge geworden bin. Dabei mußte ich doch die Rolle so herb spielen. Der Film hat mir sehr geschadet. In Frankreich und England bin ich bekannter als daheim. Allegrets ›Mädchen aus Hamburg‹ haben sie mir in Deutschland ja auch total verpatzt. Die große Liebesszene, aus der allein sich alles Weitere erklärt, diese siebzehn Minuten im Bett, in denen zwei Menschen die Träume ihres Lebens voreinander ausbreiten – die hat man auf zwei Minuten zusammengestrichen! Mit Recht fragen sich die Zuschauer da am Schluß: Warum bringt sich die Frau denn nur um? Als ich es Allegret nach Tahiti telegraphierte, war es zu spät, und ihn ging dieser Film ja auch längst nichts mehr an. Abgedreht – aus. In England hab ich ›Subway in the sky‹ gedreht, eine sehr schöne Rolle, die man eigens für mich auf eine Kabarettsängerin umgeschrieben hat. Man sagte sich: Die Knef hat am Broadway ein Musical gespielt – da muß sie doch singen können. Klar kann ich singen! Zwei Jahre lang hab' ich 's studiert. Es gibt Jazz-Platten von mir, die sogar gut sind. In Frankreich und in Amerika können Sie sie kaufen – in Deutschland nicht. Natürlich würde ich gern wieder einmal für länger zu Hause sein – meine Mutter lebt in Berlin – aber wie die Dinge stehen, habe ich eben doch wieder eine Wohnung in Paris, lebe ich in London und anderswo im Hotel, fliege ich in der Welt herum. Als der Kuby zu mir nach London kam mit seinem Film war meine erste Reaktion: Warum eigentlich soll ich mir das antun! Ein Männerfilm mit ein paar Frauen am Rand! Dann dachte ich: Warum nicht – ich kenne Baky (Josef von Baky, gebürtiger Ungar, Regisseur und kein Liebhaber des Dritten Reiches, der mit viel Fingerspitzengefühl zu drehen pflegte) von früher und auch Friedel Behn-Grund (Kameramann – ›Die Mörder sind unter uns‹), es ist überhaupt ein anständiges Team. Traurig ist es übrigens, wie beziehungslos man hierzulande in meinem Beruf dahinlebt. Wenn ich in London oder New York oder Paris Leute vom Film oder Theater treffen will, brauche ich nur an einem beliebigen Abend in ein bestimmtes Restaurant, einen bestimmten kleinen Klub zu gehen, und ich habe sie alle beisammen. In Deutschland muß ich in solchen Fällen erst von einem Ort zum anderen reisen, Verabredungen treffen, Termine festlegen – vielleicht ist das so, weil wir keine Hauptstadt mehr haben oder vielmehr, weil jeder denkt, da, wo er lebt, ist die Hauptstadt. Ich mag keine Süßigkeiten. Wenn ich mich aufrappeln will, esse ich Beefsteak à la Tatare – das gibt mir Kraft. Ich finde, die Schauspieler nehmen die Presse zu schwer, und die Presse nimmt die Schauspieler zu leicht. Sehen Sie, zwischen Ihnen zum Beispiel und mir ist das doch so: Sie haben Ihren Beruf, und ich habe meinen, wir müssen einander einfach gerecht werden und helfen, dann kann doch gar nichts schief gehen – oder?«

Das Jahr 1959 begann für Hildegard Knef mit Studioaufnahmen in England für ihre erste Schallplatte in englischer Sprache. Begleitet

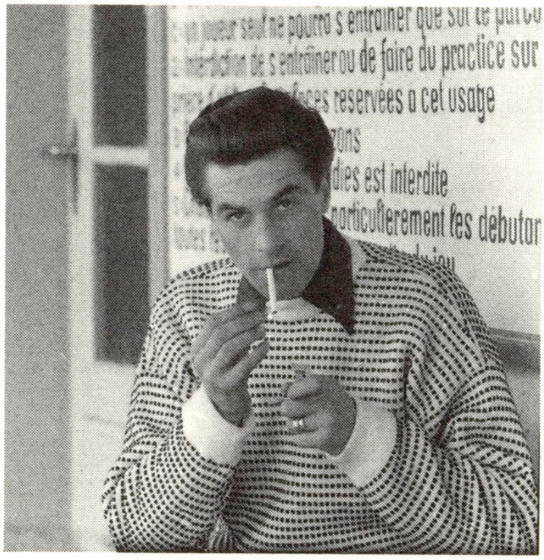

David Cameron, ca. 1959

wurde sie von Johnny Gregory und seinem Orchester. Erich Kuby, der sie für den Film »Der Mann, der sich verkaufte« in London abgeholt hatte, sagte, zu ihren Liedern auf der Platte befragt, im *Spiegel* vom 18. Februar 1959: »Ich staunte, was für einen tollen Jazz man doch mit gar keiner Stimme, mit weniger als gar keiner Stimme, aber tief, tiefer, am tiefsten und rauchig, rauchiger, am rauchigsten singen kann.«

Im selben Jahr spielte sie in der 45-minütigen Folge »The Carrington Case« der amerikanischen Fernsehserie »International Detective«. Die Filmproduktion stellte ihr einen Wagen samt Chauffeur zur Verfügung, und sie hatte ihre eigene deutsche Bedienstete und enge Vertraute in einer Mietwohnung am Eaton Square um sich.

Die Dreharbeiten fanden in einem Londoner Blindenheim statt, einem Rehabilitationszentrum für Kriegsverletzte des Zweiten Weltkriegs. Einer ihrer männlichen Filmpartner war der junge britische Schauspieler David Anthony Palastanga, bildschön, fast zwei Meter groß und sieben Jahre jünger als Hilde. Sein Künstlername war David Cameron. Vor dem Dreh war er aufgeregt, an der Seite seiner »Traumfrau« spielen zu dürfen, an der Seite der Zirkusreiterin Rita Solar aus »La fête à Henriette«, in die er sich spontan verliebt hatte, als er sie auf der Leinwand gesehen hatte. Die Dreharbeiten ernüchterten ihn. Hilde war unnahbar, wirkte arrogant, sah gar nicht sexy aus. Einzig ihre Stimme berührte ihn. Sie war durch und durch Profi, spielte nach Aufruf ihren Part und zog sich rauchend zurück bis zum nächsten Auftritt.

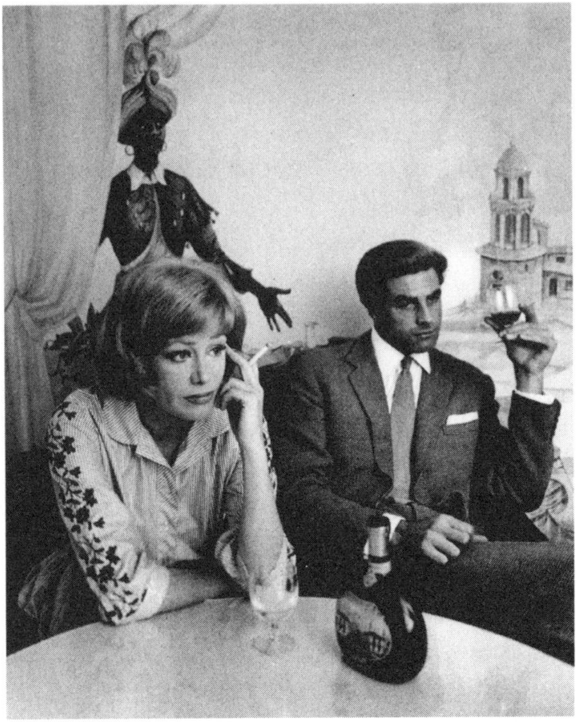

Hilde und Cameron, liebevoll von ihr Tonio genannt, in der gemieteten Wohnung in London.

Er hielt sie für gefühlskalt – bis zu dem Moment, als er Zeuge einer anrührenden Begegnung Hildes mit einem der Heiminsassen wurde. Der Blinde hatte den Direktor der Einrichtung gebeten, Hilde zu fragen, ob er kurz ihre Hand halten dürfte. Hilde hatte selbstverständlich nichts dagegen und auch nicht, als er ihr über die Haare und das inzwischen tränennasse Gesicht strich.

Erst nach Abschluss der Dreharbeiten, als würde Hilde auch in dieser Hinsicht Profi sein, bat sie Cameron, sie zum Einkauf von Bristolgläsern und einer Karaffe zu einem Antiquitätenhändler zu begleiten. Während dieser Begegnung entdeckte er all die Seiten an ihr wieder, die ihn so fasziniert hatten. Sie lud ihn für denselben Abend zu sich nach Hause ein. Sie wolle eine Abschiedsparty geben, zu der sie auch Produzenten und Regisseure eingeladen hätte, die ihm sicherlich bei seiner Karriere behilflich sein könnten. Als er bei ihr eintraf, erwartete sie ihn aufreizend gekleidet allein und erklärte ihm, sie hätte alle Gäste nach Hause geschickt, weil ihr Flugzeug am kommenden Tag sehr früh gehen würde. Cameron glaubte ihr kein Wort. Es war offensichtlich, dass sie mit ihm allein sein wollte. Er war zu diesem Zeitpunkt noch mit der Schauspielerin Shirley Cameron verheiratet, sie waren kinderlos geblieben und lebten mittlerweile nur noch nebeneinander her. Aus all dem machte er an diesem Abend kein Geheimnis. Sie verbrachten ihre erste Liebesnacht miteinander, tauschten am nächsten Morgen Telefonnummern aus, und Hilde verabschiedete sich mit der Ankündigung, in sechs Wochen wieder in London zu sein. Doch Hilde war ungeduldig und setzte sich über ihre eigenen Bedenken hinweg, wieder einmal eine Beziehung zu einem verheirateten Mann zu haben. Schon zwei Tage später bat sie ihn am Telefon, sie zu den Filmfestspielen zu begleiten. Er willigte ein, obwohl er die Britischen Inseln noch nie in seinem Leben verlassen hatte und sich in der großen, weiten Welt nicht auskannte. Cameron stammte aus einfachen Verhältnissen. Hilde hielt ihn aber für intelligent und wissbegierig. Sollte sich in dieser Paarkonstellation das Verhältnis Lehrer zu Schüler umkehren, das sie so oft in ihrem Leben als Lernende erlebt hatte?

Hilde holte Cameron vom Flughafen Tempelhof ab und lud ihn ein, bei ihr zu wohnen. Als sie abends das Filmband in Silber für ihre Nebenrolle in »Der Mann, der sich verkaufte« entgegennahm, sorgte der gut aussehende Mann an ihrer Seite für Aufsehen. Die anwesenden Reporter ließen natürlich nichts unversucht, herauszufinden, wer Hildes Begleiter war. Und so musste sie schon kurze Zeit nach der Ehrung für ihre Filmrolle Schimpf und Schande als Ehebrecherin über sich ergehen lassen. Cameron und Hilde beschlossen, zusammenzuleben. Für David bedeutete das, aus der Wohnung auszuziehen, in der er mit seiner Frau lebte, und die Scheidung einzureichen. Beides nahm er nach seiner Rückkehr nach London in Angriff. Um alle Pläne in die Tat umsetzen zu können, musste er arbeiten. Er nahm jede noch so kleine Rolle in meist mittelmäßigen Stücken an.

Hilde folgte ihm im Herbst nach London. Sie hatte mit der BBC den Vertrag für eine Fernsehshow unterschrieben, die »Hildegarde Neff Show«. Cameron holte sie vom Flughafen ab und staunte nicht

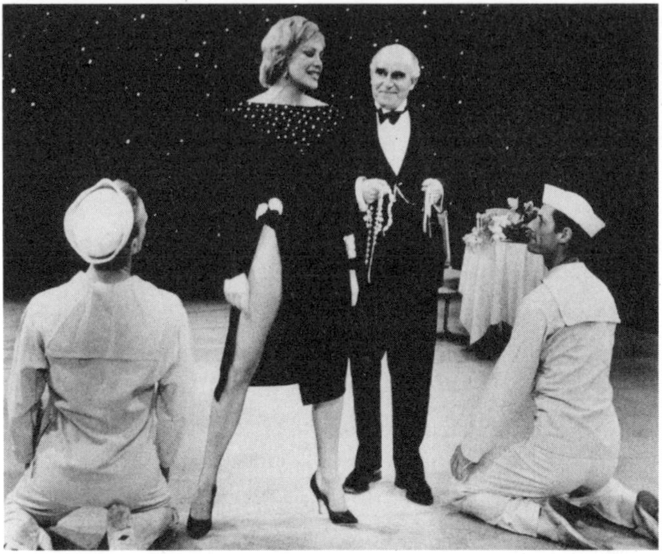

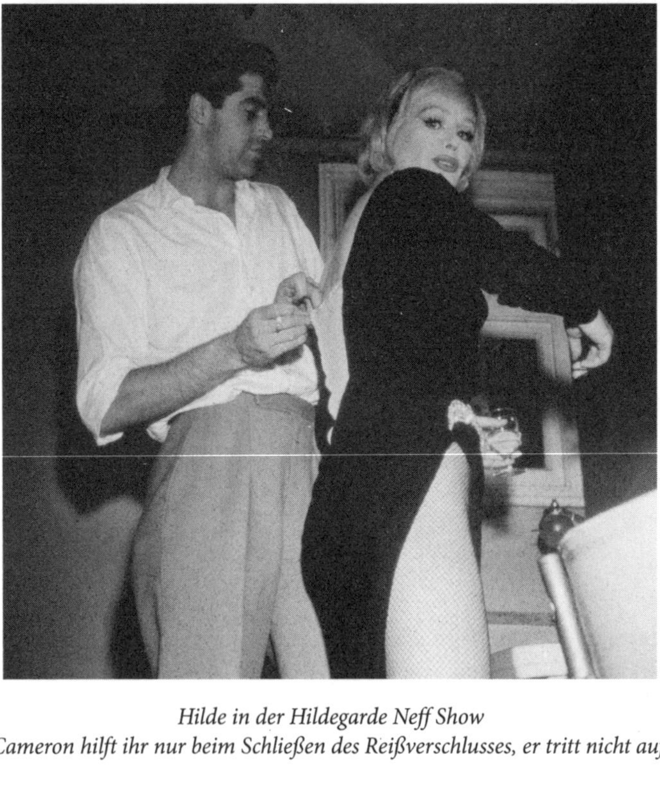

Hilde in der Hildegarde Neff Show
(Cameron hilft ihr nur beim Schließen des Reißverschlusses, er tritt nicht auf.)

schlecht, als er ihr Gepäck sah. Gepäckträger schoben Wagen voller Koffer auf ihn zu. Hilde hatte in der Ungewissheit, wie das Wetter in London sein würde, alles eingepackt, was sie in ihrem Berliner Kleiderschrank hatte finden können, um für jede erdenkliche Witterung ausgestattet zu sein und jeden Kleiderwunsch der Regisseure erfüllen zu können. Hinzu kamen ein schwerer Schminkkoffer und ein Koffer für Medikamente gegen alles, was ein Mensch an Krankheiten nur haben konnte. Hilde hatte Züge eines Hypochonders entwickelt. Sie trug immer Listen von Ärzten bei sich, die sie in jeder Notlage behandeln konnten, egal wo auf der Welt sie sich gerade befand. Sie horchte bei der kleinsten körperlichen Unregelmäßigkeit in sich hinein, immer in der Angst, eine gefährliche Krankheit in sich zu tragen. Für all dieses Begleitgut war sie bereit, Unsummen für Übergepäck auszugeben. Cameron schleppte alles in Hildes alte Wohnung, die sie wieder angemietet hatte. Als er die Zimmer genauer inspizierte, stieß

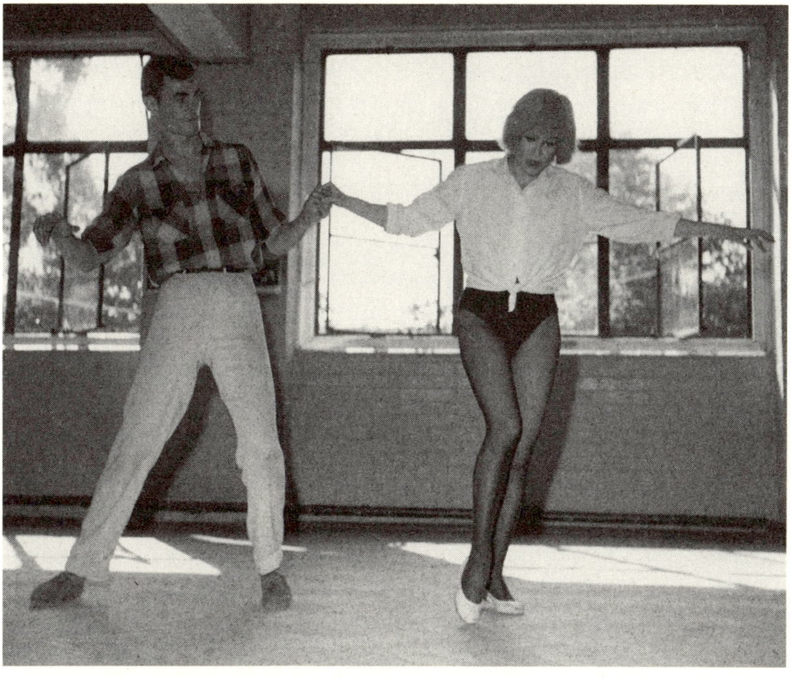

Hildegard Knef bei Proben in einer Londoner Turnhalle

er auf einige Behälter voller Münzen und fragte Hilde nach deren Zweck. Daraufhin erklärte sie ihm, dass sie mit dem Umrechnen der Währung nicht zurechtkäme und daher immer mit Scheinen bezahle. Das herausgegebene Münzgeld verwahre sie in einer eigens dafür angeschafften schwarzen Handtasche, bis sie diese zu Hause in Eimer und Vasen entleere. Sie machte sich keine Gedanken darum, wann sie das viele, auf diese Weise gesammelte Geld ausgeben wollte. Hilde erkannte einige Jahre später, dass Cameron ähnliche Schwierigkeiten mit der deutschen Währung hatte. Nach einer Theatervorstellung warteten Hilde und er vergeblich auf den Rolls-Royce, der sie abholen sollte. Während Hilde geduldig alle Autogrammwünsche erfüllte, gab Cameron einer Bekannten ein paar Münzen, mit der Bitte, den Chauffeur von einer Telefonzelle aus anzurufen und ihn zum Theater zu bestellen. Als diese verständnislos auf die Geldstücke in ihrer Hand sah und um zwanzig Pfennige für ein Ortsgespräch bat, mischte Hilde sich ein und lachte angesichts der vielen 5 DM-Stücke, die Cameron der Bekannten gegeben hatte – es waren an die 100 DM.

Hilde und Cameron planten, nach seiner Scheidung sofort zu heiraten. Anfangs zeigte sich Shirley Cameron verständnisvoll und kooperativ, was die Scheidung betraf. Ein Anwalt aber hatte ihr erklärt, dass der Scheidungsrichter davon überzeugt sein müsste, dass eine Versöhnung der beiden Ehepartner ausgeschlossen sei. Erst dann könnte die Scheidung vollzogen werden. Nun begann Shirley, auf Versöhnung mit ihrem Ehemann zu hoffen. Es sollte noch drei Jahre dauern, bis die Ehe geschieden war.

Am 13. Juli 1961 war ein Foto von Hilde und Cameron auf der Titelseite einer Londoner Zeitung. Unter der Überschrift: »Hildegarde Neff wird von David Camerons Frau als Scheidungsgrund genannt« folgte ein ausführlicher Artikel:

»Schauspielerin Shirley Cameron, die seit einem Jahr das Scheidungsverfahren in der Hoffnung auf Versöhnung mit ihrem Schauspieler Ehemann – David Cameron aufrechterhält, hat nun entschieden, die Sache voranzutreiben. Sie nennt die deutsche Filmschauspielerin Hildegarde Neff nur die ›andere Frau‹. Mr. Camerons wirklicher Name ist Palastanga und er ist unter diesem Namen verklagt worden. Die Scheidungseingabe wurde Anfang 1960 einge-

HILDEGARDE NEFF IS NAMED IN DIVORCE SUIT BY DAVID CAMERON'S WIFE

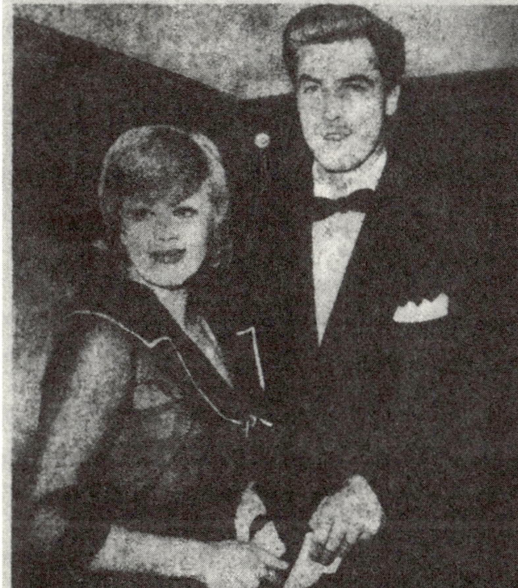

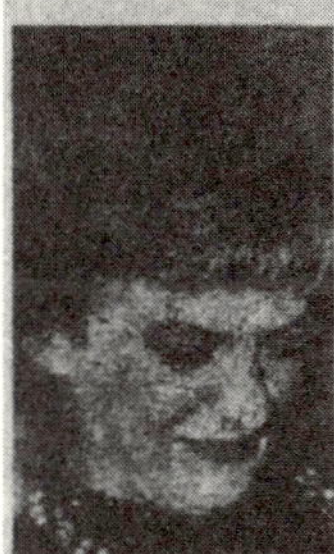

SHIRLEY CAMERON

Actress Shirley Cameron, who held up her divorce petition for more than a year in the hope of a reconciliation with her actor husband, David Cameron, has now decided to go ahead with her suit, in which she names German film actress Hildegarde Neff [see above with Mr. Cameron] as the "other woman."

Mr. Cameron's real name is Palasianga, and he is being sued under that name.

The divorce petition appeared in the undefended list early in 1960 and was expected to be heard in the spring of that year. Then it disappeared from the list. For 28-year-old Shirley hoped that her handsome 6ft. 4in. husband would come back to her.

"But the reconciliation which I wanted didn't happen," she said from her Kensington home today. "So I am now going ahead again with the divorce."

Shirley is now appearing in Arnold Wesker's The Kitchen, at the Royal Court Theatre.

Miss Neff, 34, who a few years ago was called "Germany's best export to Hollywood since Marlene Dietrich," is now working in West Berlin. Cameron, 28, is also following his career in West Berlin.

His wife's petition appears in this afternoon's list of forthcoming undefended suits to be heard in the Divorce Court in London. It is expected to be heard later this year.

Attenboroughs' mother killed

Mrs. Mary Attenborough, 90-year-old mother of actor Richard Attenborough and David Attenborough, the explorer, was killed in a car crash at Putney Hill.

Mrs. Attenborough, of Cock Crow Hill, Thames Ditton, was driving down the hill when her car was in collision with a lorry. Her car hit a car and a coach and came to rest against a wall.

Mac to meet Aussies

Mr. Macmillan will be among the guests at a dinner party given in the Lords tonight by Lord Tenby for the Australian Test team.

Evening Standard published 13th July, 1961.

Am 13. Juli 1961 erschien ein Artikel über den angeblichen Scheidungsgrund zwischen Shirley und David Cameron im Evening Standard.

reicht, zu einer Anhörung kam es im Frühjahr dieses Jahres. Damit sollte die Sache erledigt sein.

Die 28 Jahre alte Shirley hoffte, dass ihr Ehemann zu ihr zurückkommen wird. ›Aber die Versöhnung, die ich wollte, klappte nicht‹, sagte sie in ihrem Kensingtoner Heim heute. ›So betreibe ich jetzt die Scheidung weiter.‹ Shirley spielt gerade in Arnold Weskers ›The Kitchen‹ im Royal Court Theatre.

Frau Knef, 34, welche vor einigen Jahren der beste ›Deutsche Export nach Hollywood seit Marlene Dietrich‹ genannt wurde, arbeitet nun in West-Berlin. Cameron, 28, will auch seine Karriere in West-Berlin fortsetzen.

Die Eingabe seiner Frau erscheint in der aktuellen Liste, um vor einem Londoner Scheidungsgericht gehört zu werden. Die Verhandlung wird zum Jahresende erwartet.«

Das Medieninteresse an der Scheidung überraschte Hilde und Cameron. Angesichts ihrer Popularität hätten sie in Zeiten, in denen die wilde Ehe noch verpönt und die Rolle von Mann und Frau fest in den Traditionen verankert war, damit rechnen müssen, auf Widerstand zu stoßen.

Hilde befand sich in akuter finanzieller Not und sie musste arbeiten, um Geld zu verdienen.

Sie wollte auf keinen Fall schwanger werden, schon gar nicht von einem verheirateten Mann. Sie ließ sich von einem Gynäkologen über die sicherste Verhütungsmethode beraten. Sie wollte nicht schon wieder als »Sünderin« dastehen und unter keinen Umständen einen dritten Schwangerschaftsabbruch riskieren. Zeitlebens hatte sie Verständnis für Frauen, die sich zu diesem folgenreichen Schritt entschlossen. Sie dachte oft an jene schwere Zeit zurück und zweifelte, ob ihre Entscheidungen wirklich richtig waren. Camerons Anwalt, der ihnen zur Seite stand, riet, ihre Beziehung öffentlich auszuleben und sich nicht zu verstecken. Gesagt, getan: Hilde und David mieteten sich ein Hotelzimmer, inszenierten eine unzweideutige Bettszene und riefen den Zimmerservice. Ein Zimmerkellner kam und lieferte die Bestellung aus, ohne auch nur eine Sekunde indiskret zu sein. Die Beschleunigung der Scheidung schien auch auf diesem Weg unmöglich. Schließlich stellte sich die betrogene Ehefrau dem jungen Glück in den Weg, indem sie ihre Einwilligung in die Scheidung zurückzog. Sie hoffte, dass Cameron zu ihr zurückkäme.

Harte Zeiten

Drei lange Jahre erntete Hilde negative Schlagzeilen. Die katholische Kirche setzte sie auf den Index – und die Produzenten und Verleiher hielten sich an die Ächtung. Hilde und viele andere Schauspieler fanden sich nicht auf den Gagenlisten, die fortan die Bezahlung von gefragten Schauspielern festsetzten. Damit wurde zugleich festgelegt, welche Schauspieler nur noch in deutschen Filmproduktionen zu besetzen seien, um deren Erfolg zu garantieren. So waren zum Beispiel Lilli Palmer, Curd Jürgens und O. W. Fischer je 100.000 DM wert, 60.000 DM Hans Albers und Martin Held, 40.000 Mario Adorf und Paul Hubschmid. Ungeachtet dieser Stargagenbestimmungen verlangten Schauspieler, die wie Hilde keiner Erwähnung würdig schienen, weiterhin ihre Honorare von 75.000 bis 100.000 DM pro Rolle und bekamen sie auch. Auf diese Weise wurden diese Bestimmungen stillschweigend umgangen und die Verantwortlichen kamen nicht in Konflikt mit dem Kartellgesetz.

Es war eine harte Zeit für Hilde. Sie hatte während der vergangenen Jahre ununterbrochen gedreht – sie war die meistbeschäftigte Schauspielerin der Welt, noch dazu meist in Hauptrollen. Da viele Filme, leider zu viele, in denen sie spielte, nicht gut waren, verband das Publikum inzwischen ihren Namen mit schlechten Filmen. Sie war an einem Punkt angekommen, an dem sie jedes Rollenangebot annehmen musste, um Geld zu verdienen, was sie jedoch viel zu schnell und mit vollen Händen wieder ausgab. Ihr Ruf litt in der Branche. Sie geriet in den Teufelskreis, immer schlechtere Rollen für immer weniger Gage zu spielen. Irgendwann bekam sie gar keine mehr angeboten. Das größte Talent der Nachkriegszeit war verschlissen worden. 1959 war Hilde wieder einmal pleite, hinzu kamen eine Forderung der amerikanischen Steuerbehörde über 65.000 Dollar von ihren Broadway-Einkünften und eine zweite der englischen Finanzbehörden für vier

Filme, die sie in England gedreht hatte. Hilde und Cameron beschlossen, erst einmal nach Tanger zu fliegen, um Abstand zu gewinnen und die Lage in Ruhe zu überdenken. Cameron finanzierte diesen Aufenthalt mit Glücksspielgewinnen im Casino. Es gelang ihnen sogar, die Zeit trotz ihrer ungewissen Zukunft zu genießen. Bei ihrer Rückkehr fanden sie einen Schuldenberg vor. Da Armut beiden nicht unvertraut war, verließ der Mut sie nicht, vielmehr träumten sie davon, ins große Geschäft einzusteigen und alle Schulden zu begleichen. Schon 1960 vermittelte ein Agent ihre Mitarbeit an dem italienischen Film »La strada dei giganti«, »Die Furchtlosen von Parma«. Hildegard Knef war für die Rolle einer Großherzogin in einem weiteren schlechten Film besetzt. Sie war nur halbherzig und lustlos bei der Sache, bis es Cameron durch seine klugen Spielanweisungen aus dem Hintergrund gelang, sie zu begeistern. Schließlich spielte sie alle an die Wand. Er gab sich mit der Rolle des Beraters zufrieden, und Hilde wurde von seiner Bestätigung immer abhängiger. Als Kriegskind war sie nie das Gefühl losgeworden, um alles, was sie erreichen wollte, hart kämpfen zu müssen. Diese Anspannung nahm ihr Cameron mit den Jahren. Sie begann, in sich zu ruhen und nach und nach den Zwang abzulegen, sich in Szene setzen zu müssen, sobald sie in die Öffentlichkeit trat. So wie Cameron ihr den Rücken während der Dreharbeiten in Italien gestärkt hatte, tat sie es im Anschluss daran in London für ihn. Er hatte eine Rolle in einem Fernsehspiel angenommen. Sie lebten mal von ihrer, mal von seiner Gage. Es war ein ausgewogenes Nehmen und Geben. In London versuchte sie sich, während er drehte, als Köchin – ohne Erfolg, die gewünschten Gerichte misslangen regelmäßig und Wutausbrüche waren die Folge.

Hilde wurde nochmals nach Italien zu Außenaufnahmen gerufen. Sie und Cameron verabredeten, sich danach in Berlin zu treffen. Ihr Wiedersehen stand unter einem traurigen Stern. Hilde hatte während der Dreharbeiten 40 Grad Fieber bekommen und wurde nach ihrer Rückkehr nach Berlin in ein Krankenhaus eingewiesen. Die Diagnose war verheerend: Enzephalomyelitis, was bedeutete, dass ihr Gehirn, die Hirnhäute und das Rückenmark entzündet waren. Begleiterscheinungen und langfristige Folgen waren Bewusstseinstrübungen, Verwirrungszustände und der teilweise Verlust des Gedächtnisses. Als Hilde aus dem Krankenhaus entlassen wurde, war ihr Gedächtnis so gut wie ausgelöscht. Ihr Trainingswille allerdings war ungebrochen. Sie lernte ganze Bücher auswendig und Cameron an ihrer Seite Deutsch. Hilde erwies sich als unerbittliche Lehrerin ihres Geliebten, untersagte sogar allen Freunden, mit ihm auch nur ein Wort Englisch zu sprechen. Cameron fühlte sich in dieser Zeit einsam und mutlos – er zog sich zurück. Das Ergebnis war schon nach kurzer Zeit ein einwandfreies Deutsch, das ihn mühelos an allen Gesprächen teilhaben ließ. Sein Selbstwertgefühl stieg. Hilde hatte im Gegensatz zu ihm nie Hemmungen gehabt, in einer anderen Sprache zu plaudern, wenn auch mit etlichen Fehlern. Er hingegen war so ehrgeizig, fehlerfrei Deutsch sprechen zu wollen, was ihm auch tatsächlich gelang.

Der bekannte Regisseur Fritz Lang besuchte die beiden eines Tages, um sie gemeinsam für sein neues Filmprojekt »Die tausend Augen des Dr. Mabuse« zu gewinnen. Er hatte Hilde für die weibliche Hauptrolle vorgesehen, aber nicht bedacht, dass sie noch immer auf dem Index stand. Lang konnte keinen Verleiher davon überzeugen, darüber hinwegzusehen. So spielte Cameron schließlich eine Nebenrolle in dem Film, die weibliche Hauptrolle übernahm die englische Schauspielerin Dawn Addams.

Ein freudiger Anlass im Jahr 1960 brachte Hilde auf andere Gedanken. Marlene Dietrich kam nach Berlin, um einige Konzerte zu geben. Sie freute sich, die langjährige Freundin endlich wiederzusehen. Der Medienrummel war enorm. Marlene wurde von jubelnden Berlinern begrüßt, aber auch von Plakaten, auf denen »Marlene raus« stand. Einige konnten ihr noch immer nicht verzeihen, dass sie während des Krieges die Filmangebote der Nationalsozialisten ausgeschlagen, 1939 die amerikanische Staatsbürgerschaft angenommen und die Truppen ihrer neuen Heimat im Kampf gegen Hitlerdeutschland unterstützt hatte.

Hildegard Knef begrüßte Marlene am Flughafen Tempelhof. Die Begegnung war für beide öffentlichkeitswirksam inszeniert. Marlene freute sich, wenigstens einen vertrauten Menschen in ihrer Nähe zu haben, und sie wollte für Hilde alles Erdenkliche tun, um ihr zu helfen. Sie hatte von Freunden erfahren, dass es Hilde nicht so gut ging. Die Bilder von der Umarmung am Flughafen gingen wie erwartet um

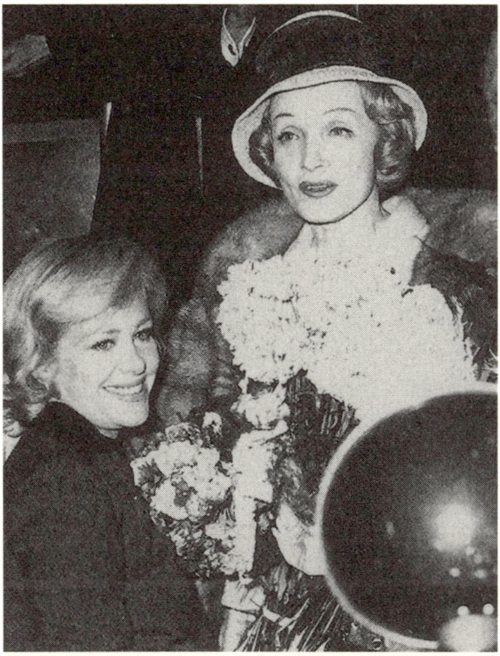

Hilde und Marlene freuen sich auf dem Flughafen Berlin-Tempelhof über ihr Wiedersehen.

die Welt. Hilde lud Marlene nach dem Konzert im Titania-Palast zu einem echten Berliner Büfett zu sich nach Dahlem ein. Hildes Mutter hatte wieder einmal die Aufgabe übernommen, das Büfett mit Buletten und Schmalz, sauren Gurken, Schusterjungen, Tartar und all dem auszustatten, was die Berliner Küche noch an Deftigem zu bieten hatte. Am Nachmittag desselben Tages traf Hilde auf dem Kurfürstendamm zufällig Curd Jürgens in Begleitung seiner Ehefrau Simone Bicheron und seiner Schwiegermutter. Nachdem sich alle begrüßt hatten, kam Hilde auf die Idee, die Drei für den Abend einzuladen, ohne ihnen zu sagen, dass sie Marlene erwartete. So kam es, dass Hilde und Cameron an jenem lauen Abend in gemütlicher Runde mit Jürgens und den beiden Frauen zusammensaßen, als ein Wagen die Einfahrt hinauffuhr. Überrascht, dass noch ein Gast erwartet wurde, erkundigte sich Curd Jürgens, wer es denn sei. Als Hilde ihm freudestrahlend Marlene Dietrich ankündigte, sprang der 1,90 Meter große schwere Hüne, den Brigitte Bardot einmal »Normannischen Kleiderschrank« genannt hatte, erschreckt vom Sofa auf, sprang über dessen Rückenlehne und verschwand über die Terrasse auf Nimmerwiedersehen. Simone und ihre Mutter blieben verdutzt zurück. Marlene war nicht minder irritiert, als sie zur Tür hereinkam und die beiden Damen sah, die gute Miene zum bösen Spiel von Curd Jürgens machten. Marlene erzählte wild drauflos, während sie unentwegt aß. Nach einiger Zeit verabschiedeten sich Simone Bicheron und ihre Mutter. Als Hilde und Marlene unter sich waren, gestand Marlene ihr, dass sie zur Schonung ihrer Stimmbänder täglich eine kleine Dosis Cortison nahm. Hilde war von der Idee begeistert, ihre Stimme auf diese Weise kräftigen zu können. Von diesem Tag an versorgte Marlene auch Hilde mit der Medizin.

Am darauf folgenden Tag überbrachte ein Bote Hilde einen riesigen Rosenstrauß von Curd Jürgens als Entschuldigung für sein »ungezogenes Verhalten«, wie er schrieb. Am Telefon folgte dann die ausführliche Erklärung. Marlene hatte sich abfällig über seine Rolle als Professor Rath in »Der Blaue Engel« geäußert, was ihm schneller, als ihr lieb war, zugetragen worden war. Von diesem Moment an wollte Jürgens nichts mehr mit Marlene zu tun haben und hätte Hildes Einladung gar nicht erst angenommen, hätte er von dem erwarteten »Ehrengast« gewusst. Hilde bedauerte es sehr, dass zwei große Künstler sich wegen einer solchen Bagatelle aus dem Weg gingen.

1960 bekam Hilde das Angebot von der Fernsehabteilung des Bayerischen Rundfunks, das Einpersonenstück »Die geliebte Stimme« von Jean Cocteau zu spielen. Sie nahm an und hoffte, dass sie den eineinhalbstündigen Monolog einer verlassenen Frau, die ein letztes Mal mit ihrem ehemaligen Geliebten telefoniert, im Gedächtnis behalten konnte. Ihre Darstellung war erschütternd und brillant. Die Presse sah das anders. Im *Spiegel* erschien ein Verriss ihres Spiels – die Knef habe endgültig bewiesen, dass sie Dilettantin und ihre zurückliegende Karriere Zufall gewesen sei. Es war für Hilde ein Schlag ins Gesicht – ihr Comeback schien in weite Ferne gerückt.

Zurück zur Bühne

Nach den vielen Niederlagen, die Hilde auf der Leinwand erleben musste, beschloss sie 1960, wieder zum Theater zu gehen. Barlog machte ihr das Angebot, in dem Stück »Der Nerz« von Félicien Marceau die Prostituierte Marie-Paule an der Seite ihr altbekannter Ensemblemitglieder zu spielen. Es war eine Erstaufführung in deutscher Sprache im Schloßparktheater. Hilde freute sich auf die Zusammenarbeit mit ihrem alten Lehrer Boleslaw Barlog als Regisseur und mit Berta Drews und Gudrun Genest auf der Bühne. Weil Barlog aber verhindert war, übernahm Harry Meyen die Regie – ein in Berlin angesehener Regisseur, der 1952 Hildes Filmpartner in »Alraune« gewesen war. Die Zusammenarbeit sollte sich als schwierig erweisen. Meyen hatte in Hildes Augen einen unschöpferischen Regiestil, begleitet von zwanghafter Akribie und der Forderung nach absolut präzisem Spiel nach seinen Vorstellungen – den Schauspielern war jegliches Mitdenken untersagt. Dass es zwischen den beiden zu Unstimmigkeiten kommen musste, war abzusehen. Hilde fühlte sich eingeengt. Barlog musste nicht nur einmal Streit schlichten. Während der Aufführungen ließ Harry Meyen ein Tonband laufen, um jede Reaktion des Publikums auszuwerten und gegebenenfalls einzelne Szenen zu ändern. Die Premiere war dennoch erfolgreich. Das Stück kam 23 Mal im Schloßparktheater zur Aufführung.

Cameron schlug Hilde vor, weiter Theater zu spielen. Er brachte die Komödie »Born Yesterday«, »Nicht von gestern«, des amerikanischen Autors und Regisseurs Garson Kanin ins Gespräch. Und abermals wünschte sich Hilde Barlog als Regisseur und wieder hatte er keine Zeit. Carl-Heinz Schroth übernahm die Regie. Diesmal spielte auch David Cameron mit und neben ihm Wolfgang Wahl. Die Proben um die Weihnachtszeit des Jahres 1960 herum dauerten knapp vier Wochen. Am 12. Januar war die Premiere in Minden, am 1. August 1961

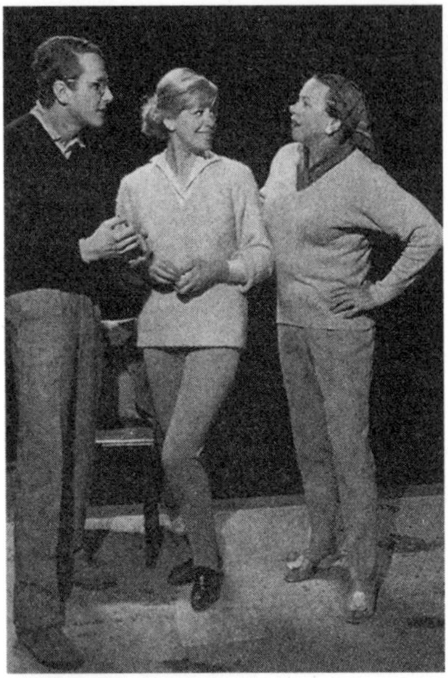

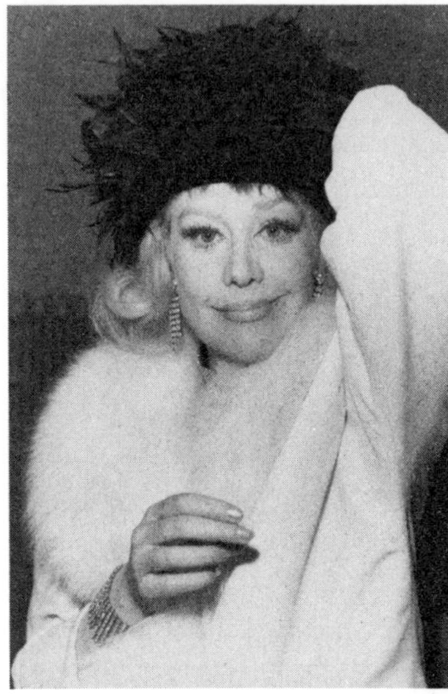

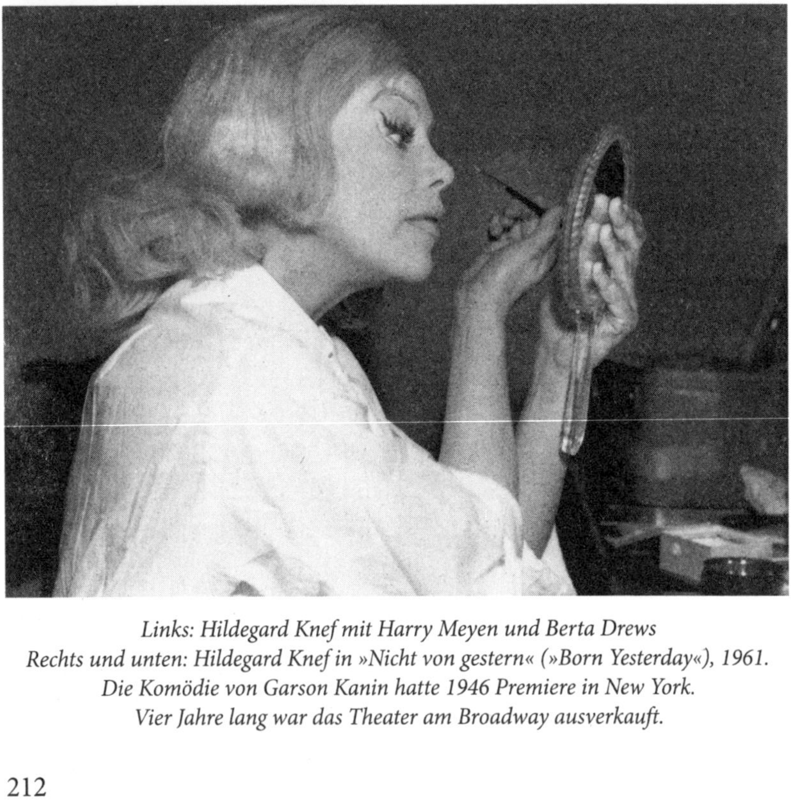

Links: Hildegard Knef mit Harry Meyen und Berta Drews
Rechts und unten: Hildegard Knef in »Nicht von gestern« (»Born Yesterday«), 1961.
Die Komödie von Garson Kanin hatte 1946 Premiere in New York.
Vier Jahre lang war das Theater am Broadway ausverkauft.

die erste Berliner Aufführung des Tourneetheaters »Berliner Schaubühne«. Im Tourneetheater spielten Schauspieler, die bereit waren, sich aus dem festen Ensemble eines Theaters zu lösen und ein finanzielles Risiko einzugehen. Sie spielten ohne Honorargarantie und teilten die Einnahmen gleichberechtigt. So schwankte das Honorar jedes Einzelnen je nach Auslastung des Theaters. Diese Regelung sollte die künstlerische Intensität der Schauspieler stärken. Alle Berliner Vorstellungen waren ausverkauft.

In Minden lebten Cameron und Hilde sparsam. Sie mieteten eine Wohnung außerhalb der Stadt. Aus Berlin hatten sie deshalb ihre Wirtschafterin mitgenommen, die vor allem gut für sie kochen sollte. Hildes Mutter wohnte derweil mit den Hunden im Berliner Haus, das Hilde ebenso finanzierte wie den Unterhalt für Heinz, ohne dass sie je ein Wort darüber verlor. Hilde sorgte sich um die Gesundheit der Mutter, die immer häufiger über Schmerzen in den Beinen klagte. Sie schickte sie zur Kur nach Bad Gastein und ins Fichtelgebirge. Der Familie mangelte es an nichts, unabhängig davon, ob Hilde Geldsorgen hatte oder nicht. Die Mutter erledigte im Gegenzug für sie die Post und hielt die Agenten darüber auf dem Laufenden, wo sich Hilde aufhielt. Eine ihrer wichtigsten Aufgaben jedoch war es, Gläubiger zu vertrösten. Die Mutter verstand sich gut mit Cameron, während Heinz seine Schwierigkeiten mit ihm hatte und Begegnungen vermied.

Im Frühjahr 1961 ergab sich für Hilde die Gelegenheit, Henry Miller kennenzulernen, dessen erotische, im prüden Amerika zeitweise verbotenen Romane sie sehr schätzte. Miller war in Deutschland, um in Hamburg seinen Verleger Heinrich Maria Ledig-Rowohlt, Sohn des berühmten Verlagsgründers Ernst Rowohlt, zu treffen. Miller bat ihn, eine Begegnung mit Hildegard Knef zu arrangieren. Vor längerer Zeit hatte er Hilde in einem ihrer Filme gesehen und hegte seitdem den Wunsch, sie kennenzulernen. Ledig-Rowohlt stellte den Kontakt zu Hilde her, und sie und Miller telefonierten hin und wieder miteinander. Zu einem Treffen fehlte Miller bislang noch der Mut. Hilde hatte die erste Etappe ihrer Theatertournee hinter sich und war nach Hamburg gekommen, um den Fernsehfilm »Golden Boy« unter der Regie von John Olden zu drehen. Miller und Hilde verabredeten sich und schon bei ihrer ersten Begegnung fanden sie sich sympathisch und sprachen

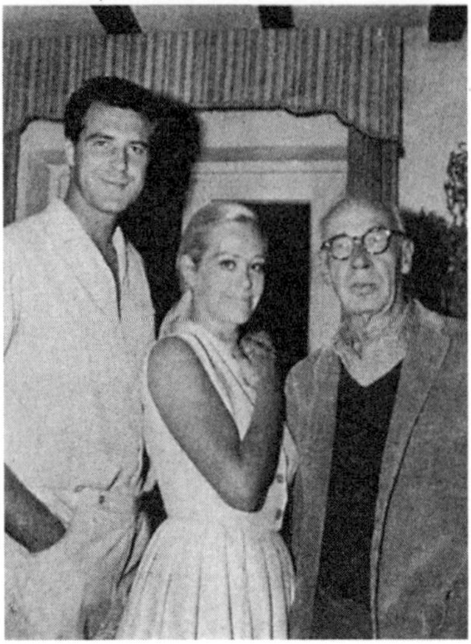
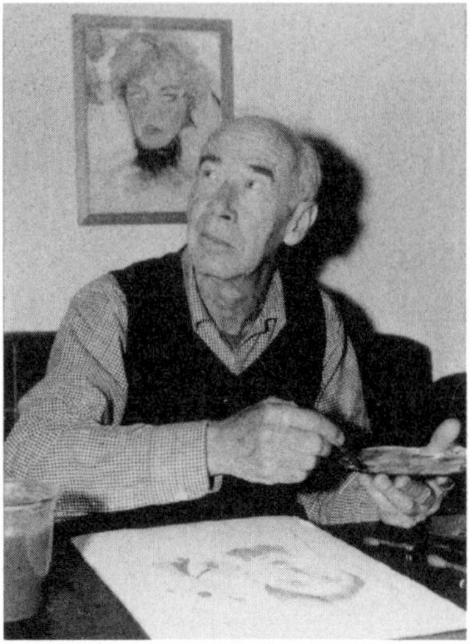

... mit Hennry Miller
Während seines Aufenthaltes bei Hilde und Cameron malte Henry Miller Aquarelle. Im Hintergrund ein Selbstporträt von Hilde aus der St. Moritzer Zeit.

einander ihre Bewunderung aus. Hilde sagte Miller, der 34 Jahre älter war als sie, dass sie alle seine Bücher gelesen hatte. Miller wollte sich dafür revanchieren und sah sich viele ihrer Filme an.

Als »Golden Boy« abgedreht war, luden Hilde und Cameron ihn ein, mit nach Berlin zu kommen und bei ihnen zu wohnen. Er nahm die Einladung an. Abends stand Hilde mit »Born Yesterday« auf der Bühne und nachts unterhielt sie sich mit Miller bei Rotwein und Zigaretten bis in die frühen Morgenstunden. Er erzählte von den Anfangsjahren als Schriftsteller und von seiner Familie. Seine Eltern waren Deutsche, seine Mutter stammte aus dem Norden, sein Vater aus Bayern. Er selbst war in Brooklyn aufgewachsen. 14 Tage lang genoss Miller Hildes und Camerons Gastfreundschaft. Wenn die beiden keine Zeit für ihn hatten, zog er sich in sein Zimmer zurück und malte Aquarelle, die er anschließend an Freunde verschenkte. Hilde trennte sich zeitlebens nicht von den Bildern, die er ihr überlassen hatte. Sie bewunderte den Rebellen in ihm, seinen unbedingten Willen, die Welt mit seinen Werken aufrütteln zu wollen. Hilde schleppte ihn eines Tages unter seinem lautstarken Protest zu einem Herrenausstatter, weil sie nicht länger mit ansehen konnte, dass Miller Tag für Tag in einem vergammelten, löchrigen Pullover herumlief. Miller war entsetzt, als er das Preisschild las und wollte das Geschäft wieder verlassen. Doch Hilde bestand auf einen neuen Pullover. Miller war zu bescheiden, um viel zu viel Geld, wie er meinte, für einen Pullover auszugeben. Die beiden lieferten sich regelmäßig Tischtenniswettkämpfe, bei denen der kleine, fast schmächtige Mann Hilde regelmäßig besiegte, was sie mit Zornesausbrüchen während des Spiels quittierte – sobald sie die Tischtennisschläger zur Seite gelegt hatten, war aller Kampfgeist beschwichtigt. Sie mochten sich sehr und verbrachten eine gute Zeit miteinander. Hilde nahm Miller auch mit ins Schloßparktheater. Barlog schätzte Millers Stücke und schlug ihm eine Werkstattaufführung unter seiner Regie vor – leider kam es nie dazu.

Die Bücher Millers sollten für Hilde von besonderer Bedeutung bleiben. Immer, wenn sie deprimiert oder enttäuscht war, las sie sie, um ihre Stimmung zu heben. Ihrer Meinung nach wusste er mehr vom Leben als alle anderen Dichter. Er verkörperte für sie besondere Stärke. Dieses Gefühl verflüchtigte sich, sobald sie ihn sah. Dann erschien er ihr vielmehr schutz- und wärmebedürftig, abhängig von menschlicher Güte, die er nicht zuletzt bei den Frauen fand, denen gegenüber er sich öffnete. Hilde bedauerte, dass sie diese Rolle in seinem Leben nie spielen konnte. Der Briefwechsel, den Hilde mit Miller später führte, verdeutlichte, wie nah sie einander standen. Und Miller erwiderte Hildes Zuneigung. In einem seiner Briefe finden sich die Zeilen: »Never did I dream that I might one day share honors with the famous Hildegarde Neff!« Sie schilderten einander ganz alltägliche Erlebnisse, ihre kleinen Sorgen, so, wie es Familienmitglieder tun, die fern voneinander am Leben des anderen teilhaben.

661 Las Lomas, Pacific Palisades
November 22, 1962

You Wonderful two--hello, cheers, and hail! Just got your exciting letter. I think the idea marvelous. Never did I dream that I might one day share honors with the famous Hildegarde Neff! The world moves fast, what! Below I give a few suggestions as to texts, but frankly, I think you two would be able to judge better than I. You know what gives, what goes, in German. I, for example, sometimes laugh when I should weep, hearing German. The language strikes me often as horrendous and ridiculous--unless it is the language of the "mothers" (dark, obscure, nostalgic and--straight from the womb.) I rather imagine Hilde would like something in a comic vein --don't know why, but so I think. Or/and something earthy, vulgar, with hair and claws--but not too vulgar to be recorded. I give you several sorts below. Have no books of mine around, so draw from memory, which grows weaker every day, especially as to what and where I have written what, which, etc. Off hand I seem to think there were some wonderful passages in Plexus and Nexus, but can't pin 'em down now. But Hilda probably knows my work better than I do myself. And I trust her judgment.

Yes, I could do an Introduction (how long?) if needed, but in English, naturally. Would that go? Or maybe you, Tony, would translate it and recite it for me? I've just received recordings I made in Paris for "La Voix de l'Auteur"--3 albums, one of them being my play. Weren't too bad, all in all. But I hate reading. I am only good in talking. Some day it might be wonderful if Hilda and I just talked. But not starting from scratch, as they usually do. Say, begin after we have talked an hour or so, and then some body quietly turn on the switch, all unbeknownst to us. Eh what?

I'm scouting around in this Pac Pal region to buy a house. Lepska has to find a bigger place.. — and the kids want me, the father. "We want to be a family again," they say. — I look at mansions now, with swimming pools and all that crap. The more I pay for a loan (with interest) the more I can deduct from my income tax. I'm getting so foxy now that maybe I won't pay any tax at all. Incidentally, the movie contract for "Cancer" is just about ready to sign. I'll become a corporation and pay myself a handsome salary and work off more deductions--hurrah. If it goes thru, I should be in Paris to supervise shooting of film about April -or May. And get paid for it! I hope I can rent a cosy little apartment in that hotel you were at. Wonder if they will remember me and let me stay?

Otherwise everything's fine--except my bloody hip. But if I can use a heated pool to swim in that will help greatly. Or else, they may give me an artificial hip socket. So they say. I can't see it. Not an old billy-goat like me.

Here are my tentative suggestions for readings:

1. Astrological Fricasee (with Carroll's permission)
2. The Staff of Life (on bread)
3. The Angel is my Watermark (which has a Surrealist touch)
4. ✗ Via Dieppe Newhaven (remember this?)
5. Max (sad and funny too sometimes--but may sound a bit anti-Semitic to some sensitive souls)
6. ✗ Reunion in Brooklyn (sad all through, but well liked)
7. ✗ Passage from Sexus about my becoming an analyst, thru kindness of Dr. Kronski. (Comic-philosophic)
8. The Ghetto (from Sexus)--poetic-painting
Maybe something from the Colossus--one of those word paintings. Or something from the Air-conditioned Nightmare--for anti-Americanism. What I'd love, but I know it's impossible, is for Hilda to read "Ein Ungebumbelte Füchselbiss".

(over)

All the hotels were full up when I was there. Couldn't get a room, even if my name were Nijinski, not Miller.

Faksimile Briefe von Henry Miller

P.S. Watched Tony play football yesterday at his school. His team won. (And they were outweighed heavily — played the older boys.) Great fun. He looked like the Golden Boy, that kid. Was called in frequently to substitute — did a lot of tackling. Murderous. I held my breath. (All he got was a swollen arm — stepped on.) Later it appears he was spotted by a College coach — they might offer him an athletic scholarship. (A potential football star — Jesus! I hope not!)

This too would be funny, what! If he became a great "pro" — Tony Miller, son of the author of Tropic of Cancer.

Did you know that Brooklyn (County Court) has issued a warrant for my arrest? For "having conspired to write (and get published) T. of C. in the borough of Brooklyn between 1960 and '62." How do you like that for crass ignorance, malice and calumny. Meanwhile I sit tight. Doubt they will extradite me. If they do — fuck a duck!

HM.

Abschied von Berlin

Am 13. Februar 1959 hatte Hilde vor dem Pressehaus in Hamburg an einer Aktion für Berlin unter dem Motto »Macht das Tor auf« teilgenommen. Die ohnehin schwierige Lage Berlins sollte sich in den kommenden zwei Jahren weiter zuspitzen. Tausende von Menschen flohen aus der Deutschen Demokratischen Republik in den Westen. Sie wollten am sogenannten Wirtschaftswunder teilhaben und in Freiheit leben. Bis August 1961 waren mehr als 2,6 Millionen Menschen über die Berliner und die innerdeutsche Grenze geflohen. Die junge DDR musste um ihre Fachkräfte und Wissenschaftler fürchten.

Als Hilde am Abend des 12. August 1961 nach einer Theatervorstellung den Kurfürstendamm entlangfuhr, war die Straße voller Menschen. Es herrschte eine ungewohnte Unruhe. Durch das offene Autofenster schnappte sie Gesprächsfetzen von Passanten auf: Ostberlin plane etwas Unvorhergesehenes. Hilde war neugierig geworden und fuhr in Camerons Begleitung zum Brandenburger Tor. Dort angekommen beobachteten sie zusammen mit vielen anderen Schaulustigen, wie Grenzsoldaten einen Stacheldrahtzaun zogen. Hilde und Cameron waren fassungslos. Zu Hause angekommen erfuhren sie aus den Nachrichten, dass um ganz Westberlin herum Zäune gezogen und eine Mauer errichtet wurde. Hilde machte sich große Sorgen um die Zukunft der Stadt und das Leben ihrer Familie. Cameron besaß einen englischen Pass, sie selbst einen amerikanischen und ihre Mutter einen deutschen. Die Angst vor einem weiteren Krieg, der beim Eingreifen der West-Alliierten ausbrechen könnte, machte sich breit. Wie viele andere Westberliner suchte Hilde in den Wochen danach für die ganze Familie ein Haus in Westdeutschland. In Percha am Starnberger See wurde sie fündig. Das Anwesen war weitaus schöner als das Dahlemer Domizil. Es war ein großes Haus mit einem wunderschönen Garten. Hilde machte sich eifrig daran, das neue Heim einzurichten. Viel Zeit blieb ihr dafür nicht, weil sie bis zum Herbst noch mit »Born Yesterday« in Westdeutschland auf Tournee war. Im November 1961 fand die letzte Vorstellung in München statt.

In ihrer Garderobe lernte Hilde eines Tages eine Kartenlegerin kennen, die ihr eine schwere Krankheit der Mutter und deren baldigen Tod voraussagte. Frieda Wulfestieg kränkelte schon seit einiger Zeit. Gedanken daran, dass sie eventuell ernsthaft krank sein könnte, hatte Hilde bisher nicht zugelassen. Aufgerüttelt durch die Worte der Wahrsagerin brachte Hilde die Mutter zu einer gründlichen Untersuchung zu einem Arzt. Dieser überwies sie mit einem besorgniserregenden Befund, Verdacht auf Darmkrebs, in ein Münchener Krankenhaus. Hildes Mutter wurde sofort operiert, zu spät, wie sich herausstellte. Der ganze Körper war voller Metastasen. Hilde kämpfte in den letzten Tagen, die die Mutter noch zu leben hatte, darum, dass sie genügend schmerzstillendes Morphium bekam. Sie verschwieg ihr bis zuletzt, dass sie unheilbar krank war. Am 22. Dezember 1961 starb Frieda Wulfestieg.

Mit der Hilfe ihres alten Freundes Hardy Krüger, der 1955 extra nach New York gereist war, um ihr bei der Premiere zu »Silk Stockings« die Daumen zu drücken, organisierte sie die Beisetzung der Mutter und trug selbstverständlich sämtliche Kosten. Krüger erledigte alle Formalitäten für Hilde, die sich in ihrer Trauer außerstande dazu fühlte. Hilde hatte ihrer Mutter, vor allem in den zurückliegenden Jahren, sehr nahegestanden. Cameron sprach zwar gut Deutsch, aber die Behördensprache des Landes war ihm weitgehend unbekannt. Ihr Halbbruder Heinz entzog sich Hilde. Vor allem ihn hätte sie in dieser schweren Zeit gebraucht, um über die Mutter sprechen und ihren Schmerz über den Verlust teilen zu können. Hilde sorgte dafür, dass die Urne der Mutter auf dem Friedhof in der Berliner Eythstraße beigesetzt wurde, wo auch die anderen Familienmitglieder ihre letzte Ruhestatt hatten.

Der Regierende Bürgermeister von Berlin, Willy Brandt, bat Hildegard Knef, im Namen der Berliner in die USA zu fliegen, um den Amerikanern die Situation der Menschen in der geteilten Stadt nahezubringen und amerikanischen Beistand zu erbitten. Im Januar 1962 flog Hilde in Begleitung von David Cameron als offizielle Vertreterin der Berliner Regierung nach Los Angeles, um eine Ausstellung zu eröffnen. Hilde wurde mit offenen Armen und großem Respekt empfangen. Voller Leidenschaft berichtete sie den Menschen von Berlin, von der Tapferkeit der Einwohner und der permanenten Angst vor Übergriffen der sowjetischen Besatzer. Doch die erwartete Hilfe der US-Regierung blieb aus.

In Los Angeles traf sie auch Carroll Righter wieder. Er befragte für sie die Sterne und sagte ihr eine gute Zukunft voraus. Die harten Jahre wären vorüber, es würde beruflich wieder aufwärts gehen. Hilde war seit der Voraussage des Todes der Mutter Wahrsagern noch höriger geworden, als sie es ohnehin schon war. Sterndeuter, Kartenleger und Handleser gingen seither in ihrem Haus in Percha ein und aus. Sie begann mehr und mehr, ihr Leben nach deren Voraussagen einzurichten.

Von Los Angeles aus flog Hilde nach New York, auch um ihren und Camerons alten Freund Eric Pommer zu treffen. Er hatte mit einem Film, den er in Deutschland gedreht hatte, all sein Geld verloren. Eine harmlose Verletzung am Fuß hatte sich durch seinen Diabetes so entzündet, dass ihm das Bein abgenommen werden musste und er, seitdem auf den Rollstuhl angewiesen, von seinem Sohn gepflegt wurde. Pommer litt darunter, nicht mehr arbeiten zu können und, abhängig, wie er war, dem Sohn zur Last zu fallen. Hilde war entsetzt, ihren alten Freund und Berater, Trauzeugen und Arbeitgeber in diesem hilflosen Zustand anzutreffen. Sie hatte kein Geld, um ihm aus dieser Misere herauszuhelfen. Ihr blieben nur tröstende Worte und Umarmungen. Eric Pommer starb 1966.

Zurückgekehrt nach Berlin berichtete Hilde im Rathaus Schöneberg über die große Resonanz bei den Politikern, bei den Medien und bei den Menschen in den USA auf die Schilderungen über das Leben in der geteilten Stadt. Willy Brandt dankte ihr für ihren ehrenvollen Einsatz und ihr Engagement.

Film ab

Hilde bekam im Januar 1962 das Angebot, in der Verfilmung von Wedekinds »Lulu« die lesbische Gräfin Geschwitz zu spielen. Drehort würde Wien sein. Es war gar keine Frage, dass Hilde das Angebot annehmen musste. Cameron und sie erhofften sich mit der Rolle den Wiedereinstieg ins Filmgeschäft. Der Umzug nach Percha und die Beerdigung der Mutter hatten viel Geld gekostet, und noch immer lasteten Steuerschulden und Scheidungskosten auf ihnen, ganz zu schweigen von den alltäglichen Ausgaben. Sie waren, kurz gesagt, pleite, lebten von Luft und Liebe und von geborgtem Geld und genossen ihre gemeinsam entdeckte Leidenschaft für lange Spaziergänge.

Es war eine Umbruchzeit für den deutschen Film. Die Stars der Nachkriegsfilme zogen sich ins Private zurück oder suchten ihr Glück im Ausland. Die Zeit des Neuen Deutschen Films mit Regisseuren wie Rainer Werner Fassbinder, Alexander Kluge, Volker Schlöndorff, Wim Wenders, Werner Herzog und anderen brach an. Hildes Situation war in der Branche bekannt und noch immer nutzte man ihre Situation aus, um sie für niedrige Gagen spielen zu lassen. Die Dreharbeiten in Wien zwangen Hilde und Cameron, in einer Stadt zu leben, die sie nach ihrer Zeit in New York als behäbig und langweilig, provinziell und grau erlebten, das Donauwasser erinnert sie an einen Abwasserstrom im Ruhrgebiet. Die Wiener waren für Hilde ein Volk von »Schließern«, wie sie es formulierte: Sie verschlossen Gläser, Whiskey und Zigaretten im Schrank und Fernsehgeräte in Truhen. Hilde fragte sich belustigt, ob sie nicht auch einen Schlüssel für ihr Klosettbecken oder ihren Büstenhalter brauchten. Auf den Empfängen tummelten sich überwiegend Adlige, Diplomaten und Prominenz aus Kultur und Wirtschaft. Hilde war aus Hollywood und New York glamouröse Film- und Künstlerpartys gewöhnt. Die ehrwürdige Wiener Gesellschaft, die sich die Ehre gegeben hatte, Hilde und Cameron einzuladen, blieb ihr fremd. Hilde

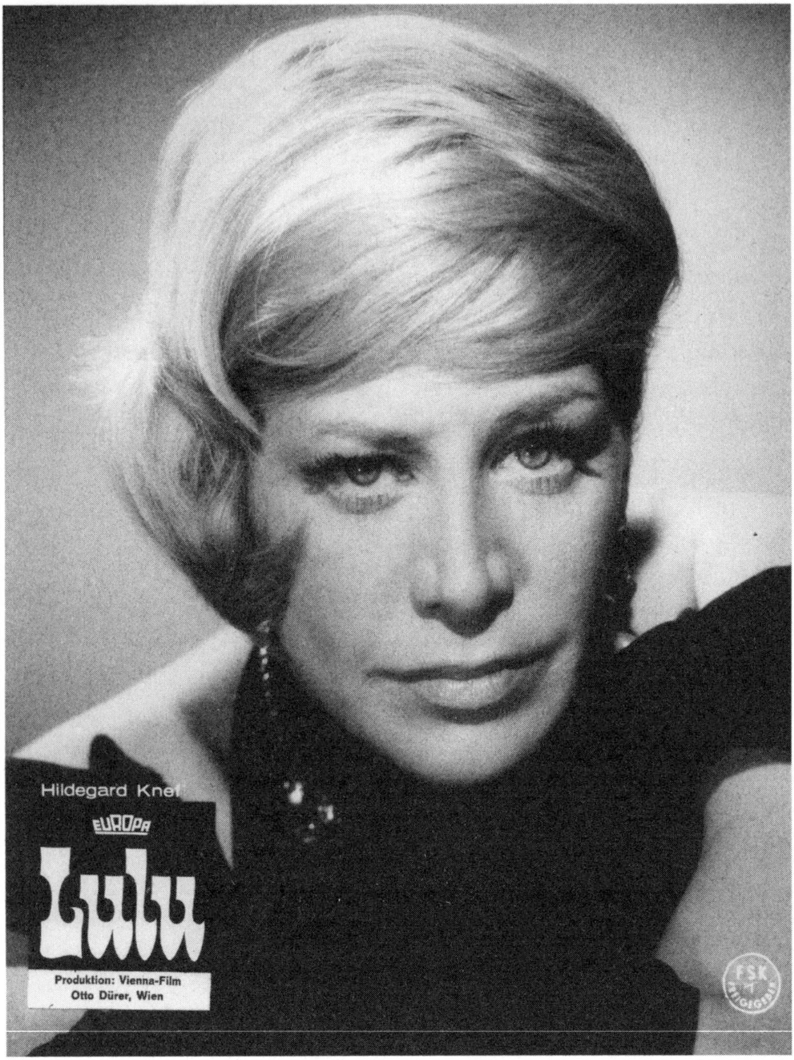

Hilde als lesbische Gräfin Geschwitz in Wedekinds »Lulu«.

erinnerte sich amüsiert an eine Frau, die, wie sie fand, einen Kopf hatte, der einem Persilkarton glich und offenbar auch den Inhalt eines solchen beherbergte. Dann gab es da die Begegnung mit der Holländerin, die geziertes Oxford-Englisch sprach und ein schrillgrünes Kleid trug. Irgendjemand musste ihre Spontaneität gelobt haben, denn ihr spontaner Atem, so Hilde, blies ihnen die Erbsen vom Teller. Die Dame in Grün ging frühzeitig und niemand schien sie zu vermissen. Eine weitere interessante Begegnung war die mit dem sanften italienischen Grafen, der monologisierte und dabei seine allesamt zu großen Zähne bleckte. Er musste langsam sprechen, damit ihm sein Speichel nicht die Silben verwischte – die Langsamkeit verlieh ihm tatsächlich etwas Aristokratisches. Der Brauereibesitzer, der Hilde vorgestellt wurde, sei dumm, trug man ihr hinter vorgehaltener Hand zu – doch dümmer als die ganze Gesellschaft, so fand sie, konnte kaum jemand sein. Cameron und Hilde fühlten sich unwohl zwischen all diesen Leuten. Alles, was gesagt wurde, urteilte Hilde, hätte ebenso gut ungesagt bleiben können. So wenig wie Hilde die Wiener interessierten, so wenig begeisterte sie auch deren Stadt. Als sie eines Tages von dem Klatschjournalisten Roman Sch., einem »Müllfahrer mit Ambition«, wie Hilde ihn titulierte, durch die Stadt geführt wurden, mussten sie zuerst einen faden chinesischen Mischmasch aus Fadennudeln, Reis und Fleischstücken »genießen«, bevor er sie in eine Stripteasebar führte. Drei Stunden lang ertrugen sie nun Dick- und Flachbrüstige, Lang- und Kurzbeinige, die sich auf den ersten Tusch hin die Kleider vom Leib rissen, um kurz darauf wilde Orgien zu imitieren. Die Attraktion des Abends war, wie Hilde erzählte, ein Riesenweib mit fleckigen Zähnen. Die Akteurin ließ sich beim Entkleiden viel Zeit und brachte schließlich überwältigend große »Euter« aus ihrem Mieder hervor, die sie ausgiebig liebkoste, bevor sie sich zur Empörung der Anwesenden das Mundstück ihrer Zigarettenspitze in die Hose steckte. Hilde wunderte sich über das Publikum, das sich zu genieren schien, die Zuschauer wirkten wie »edle Ausflügler in ein Bordell verschleppt«. Der Applaus war entsprechend matt, das Riesenweib auch. Das Gegenprogramm dann am Abend darauf – Hilde und Cameron gingen ins Theater. »Der Herr Karl« stand auf dem Spielplan – geschrieben und gespielt von Helmut Qualtinger. Das Stück – ein einstündiger Monolog – sorgte in Österreich für viel

Aufregung. Es ist die Lebensgeschichte eines opportunistischen Kleinbürgers. Hilde und Cameron lernten später am Abend den Verfasser und Darsteller des Stücks kennen. Er strahlte das Selbstbewusstsein eines Volksaufklärers aus und buhlte um Anerkennung und Beliebtheit. Er monologisierte auch nach der Vorstellung weiter und legte ihnen beiden ungefragt sein Wesen dar.

Ihre Gedanken zu Denkmälern und Friedhöfen drückte Hilde sehr drastisch aus: »Man verneigt sich vor den Toten, die man nicht kennt und kannte und bekotzt die Lebenden.« Die stolz präsentierte Ahnengalerie, die Hilde in einem altehrwürdigen Stadtpalais bewundern durfte, beeindruckte sie nicht die Spur. »Man guckt rauf – sie runter – sie sind schon einen besser. Und daß wir leben macht uns in ihren Augen minderwertig.«

»Wien ist für mich die Zusammenfassung, der Gipfel allen Betruges, aller Eitelkeit und Dummheit, die mein Leben umgeben, gemartert, geschlagen, verhöhnt und beneidet hat«, schrieb Hilde rückblickend. »Nach acht Wochen mit 24 Stunden – dünnblütig anaemischen Stunden haben David und ich Wien verlassen.«

Die einstige »Sünderin« erregte als lesbische Gräfin, deretwegen Hilde in Wien gewesen war, kaum Aufmerksamkeit, aber sie wurde wieder auf wichtige Empfänge eingeladen. Der Münchener Faschingsball sollte für eine Wende in ihrem Leben sorgen.

Hilde, die Sängerin

Im Laufe des Faschingsabends stellte sich Hans Weigt, der Herausgeber der Frauenzeitschrift *Madame*, Hilde und Cameron vor. Er gestand Hilde, schon seit Langem Fan von ihr zu sein, besonders von der Sängerin Hildegard Knef. Sie besäße große Musikalität, und ihre Ausstrahlung sei unvergleichlich schwärmte er. Der Abend war lang, und Weigt hatte genug Zeit, seine Idee auszuschmücken, Hildes Karriere als Sängerin fördern zu wollen. Cameron war ganz und gar nicht begeistert. Hildes Lieder waren für ihn untrennbar mit ihren melancholischen Stimmungen verbunden, in denen sie immer ihre französischen Platten auflegte. Überlaut dröhnte ihre Stimme durchs Haus. Er mochte ihren, seiner Meinung nach, überzogen erotischen Gesangsstil nicht, der allzu sehr dem der Dietrich gleiche.

Weigt machte sein Angebot wahr. Einige Tage darauf meldete sich bei Hilde der Musikproduzent Wolf Kabitzky, der genauso begeistert von der Idee war und, ohne Zeit zu verlieren, den Komponisten Charly Niessen beauftragte, für Hilde ein Lied zu schreiben. Auf der Schallplatte, die Kabitzky 1962 produzierte, singt sie, begleitet vom Orchester Gert Wilden den Foxtrott »Er war nie ein Kavalier«, auf der zweiten Seite den Tango »Und der Mann mit der Harmonika«. Den Foxtrott singt sie ganz schlicht, was umso erotischer und humorvoller klingt. Das Plattencover zeigt sie stark geschminkt mit kurzen kastanienbraunen Haaren. Sie trägt ein rotes ärmelloses Kleid, dazu blaue, bis über die Ellenbogen reichende Handschuhe und elegante Schuhe in der gleichen Farbe. In der linken Hand hält sie eine Zigarette. Die Schallplatte war so erfolgreich, dass die Plattenfirma sofort bereit war, eine zweite Single mit Hilde zu produzieren. Und wieder schreibt Niessen die Lieder – »Das Lied vom Leierkastenmann« und »Aber schön war es doch« – wobei das Orchester Wilden sie wieder begleitete. Hilde probt für die Plattenaufnahmen in München, die Aufnahmen selbst wurden in dem

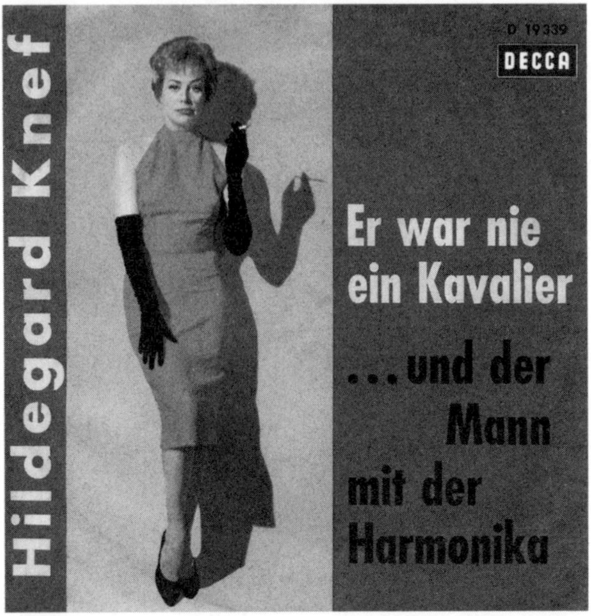

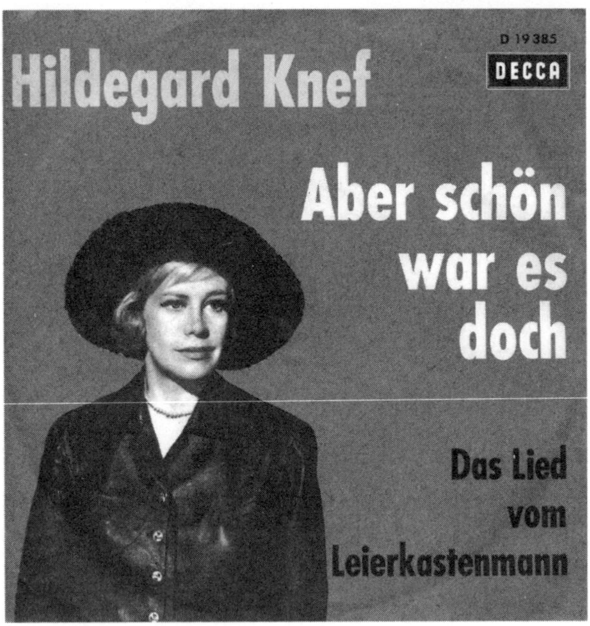

Die Plattenmotive wurden 1962 in den Teldec-Studios in Berlin Lichterfelde aufgenommen.

Berliner Tonstudio der Teldec gemacht. Auf dem Cover ist diesmal ein Filmbild von ihr als Gräfin Geschwitz aus dem Film»Lulu« abgebildet. Die Plattenfirma wirbt auf der Rückseite des Covers:

»Hildegard Knef, eine unserer eigenwilligsten Schauspielerinnen. Sie hat sich gewandelt. Die ›Trümmerfrau‹ von damals hat ein Antlitz von harter, fast böser Schönheit bekommen. Nur die hellen, klaren Augen sind geblieben. Die Stimme ist noch ein wenig rauher geworden, aber den erfrischenden Ton von der Spree hat sie nicht verloren. ›In gewissen Abständen muß ich einfach nach Berlin, um mir Akzent zu holen, um die Luft zu atmen, die heimatlich ist …‹, sagt sie.«

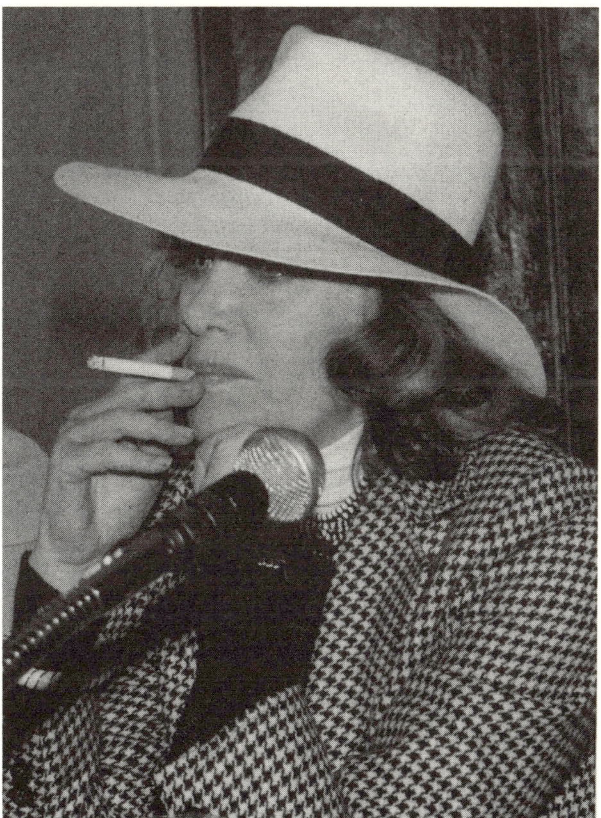

Hilde trug leidenschaftlich gerne ausgefallene Hüte. 1962/63 wurde sie zur Patronatsherrin für Hutmode gewählt.

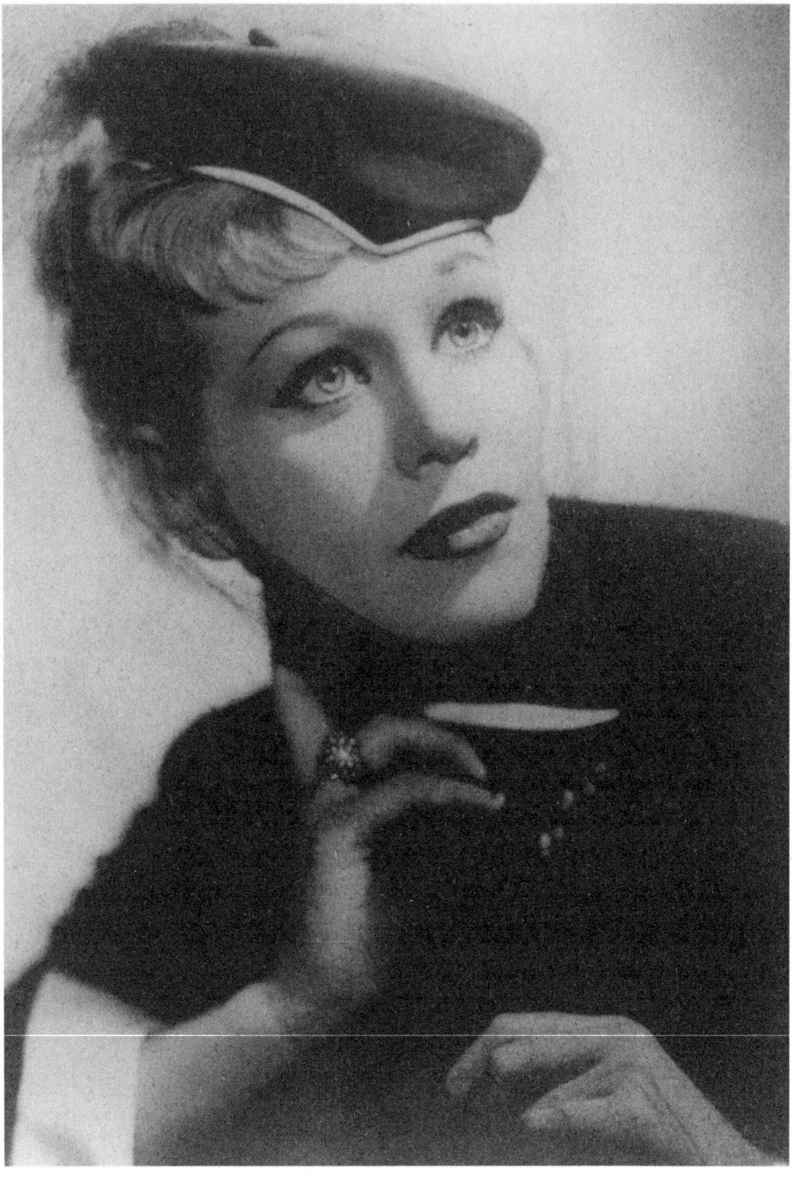

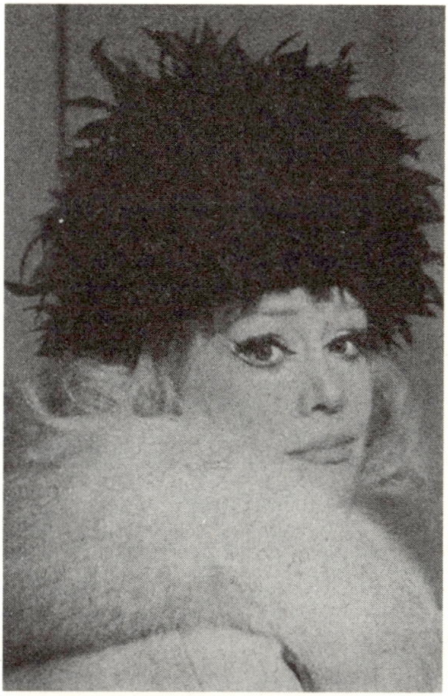

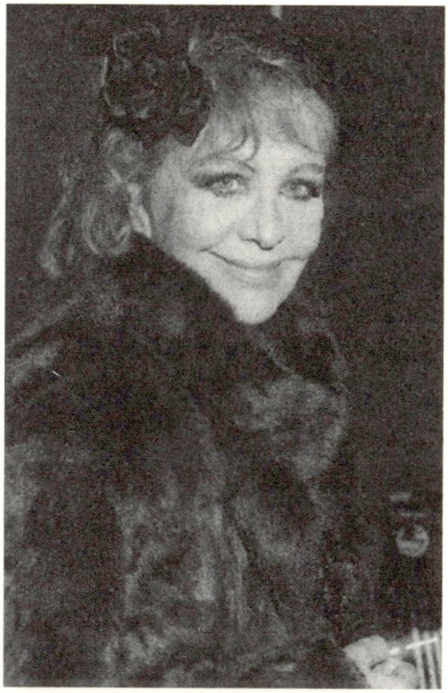

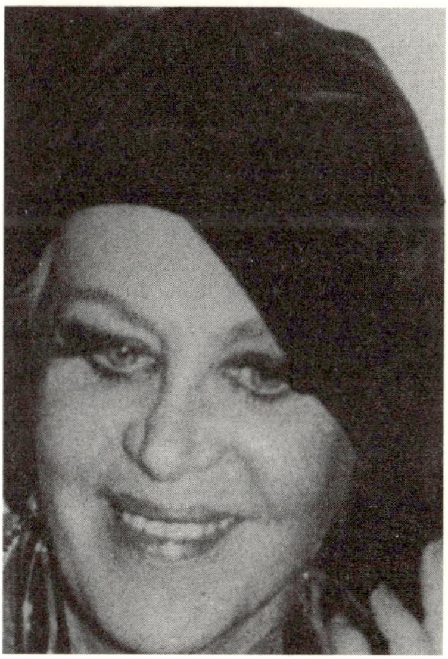

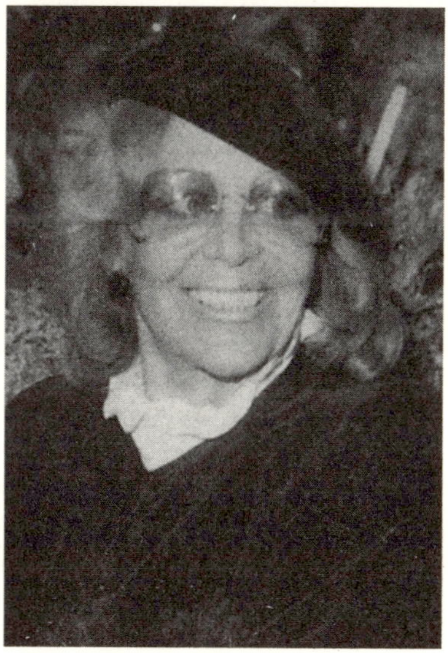

Ein Wunsch geht in Erfüllung

Das herbeigesehnte Filmangebot ließ nicht lange auf sich warten. Franz Josef Wild, der bereits den Telefonmonolog »Die geliebte Stimme« von Cocteau mit Hilde inszeniert hatte, bot ihr als Leiter der Fernsehspielabteilung des Bayerischen Rundfunks die Hauptrolle in dem Kriminalfilm »Laura« an. Hellmut Lange und Adolf Wohlbrück waren als ihre Filmpartner engagiert. Wohlbrück verbrachte die drehfreie Zeit häufig bei Hilde und Cameron in Percha.

Als Homosexueller war er vor den Nazis nach London geflohen und nannte sich fortan Anton Walbrook. Er konnte nicht an seine Vorkriegserfolge in Deutschland anknüpfen. Obwohl er sich nach seinem heimischen Publikum sehnte, kehrte er nie wieder in seine Heimat Österreich zurück. Die Ferien verbrachte er oft in Bayern am Starnberger See bei Hansi Burg, der Witwe von Hans Albers.

Hellmut Lange, nur zwei Jahre älter als Hilde, sollte die Rolle des Inspektors Mark McPherson spielen. Hilde und er lernten sich in einer Berliner Künstlerkneipe kennen. Als sie in Begleitung von Henry Miller und Cameron das Lokal betrat, entdeckte sie Hellmut Lange im Gespräch mit Franz Josef Wild. Sie begrüßte Lange mit den Worten: »Ha, der gute Doktor« – eine Anspielung auf seine Rolle in dem Film »Jonny Belinda«, bei dem Wild auch die Regie geführt hatte. Hilde spürte sofort, dass Lange der richtige Filmpartner für sie in »Laura« sein würde. Als sie ihn darum bat, willigte er ein, und die beiden verlebten während der Dreharbeiten eine gute und harmonische Zeit miteinander. Nach Drehschluss gegen 17 Uhr aßen sie zusammen eine warme Suppe, die mal der eine, mal der andere in einem Thermosgefäß mitbrachte. Hilde tat sich anfangs schwer mit dem Text. Ihre Rolle war die der Laura, einer geheimnisvollen Frau, von der die Männer sich fasziniert und angezogen fühlten. Dem Text fehlten ihrer Meinung nach Originalität und Witz. Dennoch spielte sie ihre Rolle

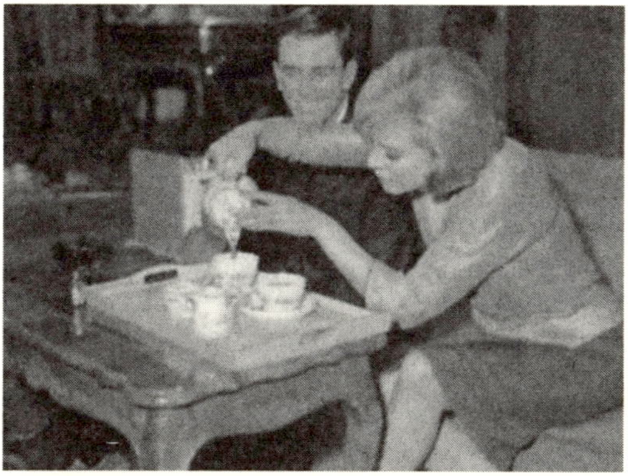

Hellmut Lange als Kriminalkommissar Mark McPherson klärt einen mysteriösen Mord auf und versucht, hinter das Geheimnis der Laura Hunt (Hildegard Knef) zu kommen.

mit unvergleichlicher Intensität. Der Filmausstatter Klaus Sohrauer erinnerte sich an eine Szene, die Hildes selbstvergessenes Spiel eindrücklich belegt. Laura sitzt mit ihrem Verlobten Shelby, gespielt von John van Dreelen, zusammen, um über die Zukunft ihrer Beziehung zu sprechen, nachdem er sie mit ihrer besten Freundin betrogen hat. Sie gerät angesichts seiner fortwährenden Lügen so in Wut, dass sie ein Sektglas an der Tischkante zerschlägt. Hilde schnitt sich dabei versehentlich tief in die Hand. Ungeachtet ihrer Verletzung spielte sie weiter, indem sie in der Filmszene kurz vom Sofa aufstand, die Hand kaum merklich bewegte und eine Serviette in die Wunde legte. Als die Kamera ausgestellt wurde, waren alle Anwesenden entsetzt, als sie die blutgetränkte Serviette und den tiefen Schnitt quer über Hildes Handfläche sahen. Hilde wurde sofort in ein Krankenhaus gebracht. Am Ende des Films öffnet sie die Hand, und man kann deutlich die Schnittwunde erkennen. Hellmut Lange erzählte mir, dass er mit großem Interesse Hildegard Knefs Lebensweg, aber vor allem ihre Karriere verfolgt hat. Er hatte gar kein Verständnis dafür, dass Hilde in späteren Jahren sich seiner Meinung nach ihren guten Ruf ruinierte, indem sie der Presse preisgab, in welchem Hotel sie wohnte oder welches Restaurant sie besuchte, sozusagen den Lockvogel spielte. Er, wie die gesamte Berliner Künstlerszene fanden, so erinnerte sich Lange, dieses Verhalten sei einer Hildegard Knef nicht würdig.

Nach Abschluss der Dreharbeiten engagierte Claude Chabrol Hilde 1962 für seinen Film über den Massenmörder Henri Désiré Landru. Das Drehbuch hatte Françoise Sagan geschrieben. Chabrol, fünf Jahre jünger als Hilde, stellte sich am Set als Diktator heraus, war spöttisch und verletzend. Neben Truffaut, Godard, Rivette und Rohmer einer der Mitbegründer der Filmbewegung »Nouvelle Vague«, die Ende der 1950er-Jahre neue ästhetische wie inhaltliche Richtlinien für den Kinofilm propagierten, interessierte er sich mehr für die Führung der Kamera als für die der Schauspieler. Hilde und er mussten zwangsläufig aneinandergeraten.

Hilde und Cameron entdeckten Paris für sich. Sie flogen nun regelmäßig in die Metropole an der Seine, um Freunde und Kunstsammlungen zu besuchen, und genossen das kulturelle Leben der Stadt. Besonders die Malerei der Impressionisten in den Pariser Museen hatten es Hilde angetan – Manet, Renoir und Degas, allen voran Claude Monet. Sie liebte seine Seerosenbilder, besonders jene, die er vor seiner Augenerkrankung gemalt hatte, das Ölgemälde »Rue Montorgueil: Fest des 30. Juni 1878« fand sie zum »Niederknien«. Sie verbrachte viele Stunden vor den Gemälden und wunderte sich, wie Touristen es fertigbrachten, nach kurzer Zeit schon die gesamte Sammlung durchschritten zu haben.

In Paris lernte sie auch »ihren« Modeschöpfer kennen. Sie hatte Anfang der 1960er-Jahre nicht genug Geld, um sich Pierre Balmains Kreationen leisten zu können, war aber gut mit seiner Directrice Ginette Spanier befreundet. Die beiden gingen häufiger zusammen aus, und zu diesen Anlässen lieh Ginette Hilde ihre Abendkleider, die der Meister entworfen hatte. Ihre Auftritte verfehlten nie ihre Wirkung, und so beschloss sie zu sparen, um sich seine Modelle kaufen zu können. Doch eine zufällige Begegnung mit Balmain – an einem dieser Abende – erfüllte ihre Träume schneller als gedacht. Der Modeschöpfer begrüßte seine Mitarbeiterin und erkannte sofort, dass Hilde ein Stück aus seiner Kollektion trug. Als sie zugeben musste, es sich für den Abend nur ausgeliehen zu haben, forderte Balmain sie und Cameron unumwunden auf, ihn am nächsten Tag in seinem Atelier zu besuchen. Es wäre eine Ehre für ihn, für eine so schöne Frau wie Hilde arbeiten zu dürfen. Hilde nahm ihn beim Wort und am nächsten Tag wurde Maß genommen. Balmain, Stift und Block in der Hand, zeichnete unentwegt, zerriss und begann aufs Neue, bis er endlich zufrieden war. Er ließ Stoffe heranschaffen, Schneider und Näherinnen herbeirufen, die absteckten, nähten und auftrennten und wieder neu nähten. Schließlich hatte Balmain einige Entwürfe für Kleider und Kostüme zusammengestellt. Er lud Hilde und Cameron zum Mittagessen ein und verabschiedete sich dann. Hildes Sorge, die Rechnung für die Kleider nicht begleichen zu können, war überflüssig gewesen. Balmain berechnete ihr kaum etwas für seine Arbeit. Es bereitete ihm einfach Vergnügen, Hilde einzukleiden und sie mit großer Eleganz seine Kreationen tragen zu sehen. Wenn die Saison vorüber war, nahm er die Kleider zurück und arbeitete sie nach der neuesten Mode für Hilde um. Schon bald waren sie eng befreundet, gingen zusammen tanzen oder er lud Hilde und Cameron ein, ihn in seinen diversen Häusern zu besuchen. Als Hilde später mit ihrem Orchester auf Tournee ging, war er auf ihren Konzerten in Wien und Berlin, um sie auf der Bühne zu bewundern – natürlich aber auch, um die Wirkung seiner Garderobe persönlich in Augenschein zu nehmen. Im Jahr 1968, als Hilde mit Kurt Edelhagen und seinem Orchester unterwegs war, ließ der Modeschöpfer es sich nicht nehmen, für die 18 Musiker Smokings zu entwerfen und auf seine Kosten schneidern zu lassen – alles nur, um Hildes Roben nach seinen Vorstellungen zur Geltung kommen zu lassen. Erst nach seinem Tod im Jahr 1982 wechselte Hilde zu anderen Couturiers. Cameron wollte ihr in dieser Hinsicht nicht nachstehen und ließ sich, als sie genug Geld hatten, seine Hemden und Anzüge bei Cardin maßschneidern.

Eines Tages begegnete Hilde bei Pariser Freunden auch Noël Coward wieder, den sie während ihrer Broadwayzeit kennengelernt hatte. Beide waren gut mit Marlene Dietrich befreundet, und er bat Hilde, an seiner statt Marlene die Zeit zu vertreiben, den, wie er es nannte, Marlene-Dienst zu übernehmen. Hilde war bis über beide Ohren mit der Vorbereitung zu ihrer ersten englischen Langspielplatte beschäftigt und musste ablehnen. Coward nahm es ihr nicht übel, sondern lud Cameron und Hilde zum Essen ein. Die beiden waren noch auf der Suche nach geeigneten Liedern für die Schallplatte und fragten Coward spontan, ob er nicht ein Lied für Hilde schreiben wolle. Der berühmte

Dramatiker und Verfasser von Musicals lehnte anfangs ab, schließlich aber versprach er, in seinem Fundus nach einem geeigneten Lied für Hilde zu suchen. Er überließ ihr »I travel alone«. Die englische Platte wurde nie produziert. Erst 1968 sang Hilde Cowards Lied auf einer Tournee.

Anfang der 1960er-Jahre gab es zwei Ereignisse, die für Camerons und Hildes Zukunft von großer Bedeutung waren. Die Nachricht der Scheidung Camerons von seiner Frau erreichte sie zeitgleich mit einem Besuch Carroll Righters in Paris. Er nannte Hilde den 30. Juni 1962 als den nächsten Lebensglück verheißenden Tag. Es sollte der Tag ihrer Hochzeit werden. Innerhalb kürzester Zeit mussten Hilde und Cameron die erforderlichen Dokumente zusammentragen und von den verschiedensten Behörden mit Stempeln versehen lassen; sie luden Gäste ein, unter ihnen Marlene Dietrich und Hardy Krüger und organisierten tatsächlich zum vorgesehenen Zeitpunkt ein Hochzeitsfest, zu dem sie erst einen Tag vorher von den Dreharbeiten in Paris heimkehrten. Am Samstag, den 30. Juni 1962 gaben sich die beiden um 11 Uhr im Gemeindeamt in Percha das Jawort. Carroll Righter war Brautführer, Camerons Trauzeuge war sein Freund und ehemaliger Lehrer Michael Croft. Hilde hieß von da an Palastanga. Sie wurde kurz darauf Britin und gab ihren amerikanischen Pass zurück. Dreißig Gäste waren gekommen. Die prominenten Freunde, wie Marlene Dietrich und Hardy Krüger glänzten durch Abwesenheit. Zahlreiche Reporter und Fotografen waren Zaungäste, um über das Spektakel berichten zu können. Hilde bedauerte, dass Heinz nicht zu ihrer Hochzeit kam – der Kontakt war ganz abgebrochen, seit die Mutter gestorben war. Er und Cameron waren nicht miteinander ausgekommen. Die Flitterzeit bestand aus einer einzigen Nacht im Salzburger Schlosshotel Fuschl in Begleitung von Righter und Croft. Danach ging es wieder nach Paris, wo die Dreharbeiten zu »Landru« abgeschlossen werden mussten.

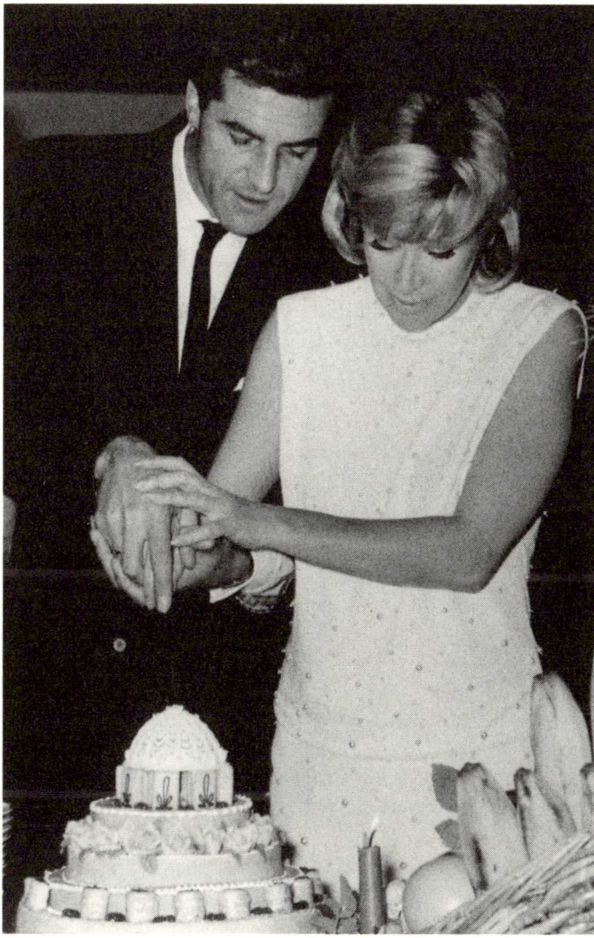

Hochzeit von Hilde und Cameron am 30. Juni 1962 in Percha.

Von der Seeräuber-Jenny zum Showstar

Und noch ein Traum Hildes wurde wahr, genauer gesagt halbwahr. Sie hatte während der Ninotschka-Zeit in New York mit Fieber das Bett hüten müssen und hatte währenddessen die Memoiren der russischen Zarin Katharina der Großen gelesen. Seit dieser Zeit hatte sie sich gewünscht, eines Tages diese ungewöhnliche Frau darzustellen. Nun sollte sie tatsächlich die Hauptrolle in dem Film »Katharina von Russland« spielen, der den Aufstieg der Großfürstin zur Zarin nachzeichnete. Voller Vorfreude reiste sie zu den Dreharbeiten nach Italien. Doch ihre Enttäuschung über den langatmigen Kostümfilm, der nichts von Katharinas Weisheit erahnen ließ, wuchs von Tag zu Tag. Hinzu kam, dass Hilde reiten musste, worin sie überhaupt keine Übung hatte. Sie bat um ein besonders gutmütiges, ruhiges Tier. Man setzte sie auf einen klapprigen alten Gaul, der bei einer Galoppszene überanstrengt unter ihr zusammenbrach und an einem Herzinfarkt starb. Auf den Film angesprochen gestand Hilde traurig, dass sie sich wünschte, das Filmnegativ wäre verbrannt.

Eine andere große Rolle, leider auch ohne nachhaltigen Erfolg, erwartete sie 1962 in der Verfilmung der »Dreigroschenoper« unter der Regie von Wolfgang Staudte, der Hilde mit »Die Mörder sind unter uns« berühmt gemacht hatte. In der Bearbeitung des Bühnenstückes von Bertolt Brecht mit der Musik von Kurt Weill sollte sie die Seeräuber-Jenny spielen. Der Film war mit Curd Jürgens, Gert Fröbe, Hilde Hildebrand, Sammy Davis jr. und Lino Ventura starbesetzt. Hilde glänzte in ihrer Rolle, obwohl sie den Vergleich mit der berühmten Schauspielerin und Sängerin Lotte Lenya, der Witwe Kurt Weills, aufnehmen musste, die die Lieder der Seeräuber-Jenny weltberühmt gemacht hatte. Die Kritiker waren von Hildes Leistung begeistert. Dennoch wurde auch dieser Film kein gefeiertes Meisterwerk.

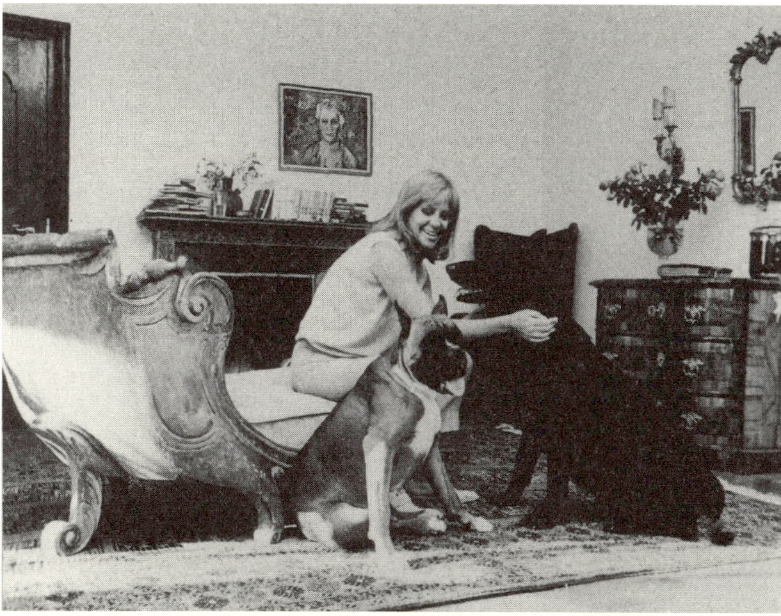

Hilde liebte Hunde – im Gegensatz zu Katzen, mit denen sie nicht viel anfangen konnte. Hier mit Boxer Arco und Schäferhund Nehru.

Nachdem Hilde noch im selben Jahr in dem unbedeutenden französischen Krimi »Ballade pour un voyou«, »Der dunkelgrüne Koffer«, mitgespielt hatte, zog sie sich mit Cameron zur Erholung und vor allem zum Nachdenken an den Starnberger See zurück. Hilde flüchtete sich mit Übereifer in Gartenarbeit. Sie harkte das viele Herbstlaub der mächtigen Bäume auf dem großen Grundstück zusammen, Cameron füllte Schubkarre um Schubkarre und türmte das Laub zu Haufen auf. Hilde suchte nach einem Ausgleich zu dem unbefriedigenden Filmgeschäft. Sie hasste die ungerechten Anfeindungen, denen sie sich immer wieder ausgesetzt sah, und war es leid, fehlbesetzt in schlechten Filmen zu spielen, sich unverstanden und unerkannt zu fühlen. Cameron wusste längst, dass sie die Talentiertere von ihnen war und hatte jegliche eigene künstlerische Ambition aufgegeben. Seine Aufgabe beschränkte sich darauf, Hilde in jeder Lebenslage zu unterstützen. Sie beschlossen, ihre eigenen Filme zu produzieren, sobald sie über das nötige Geld verfügten, um endlich unabhängig und selbst verantwort-

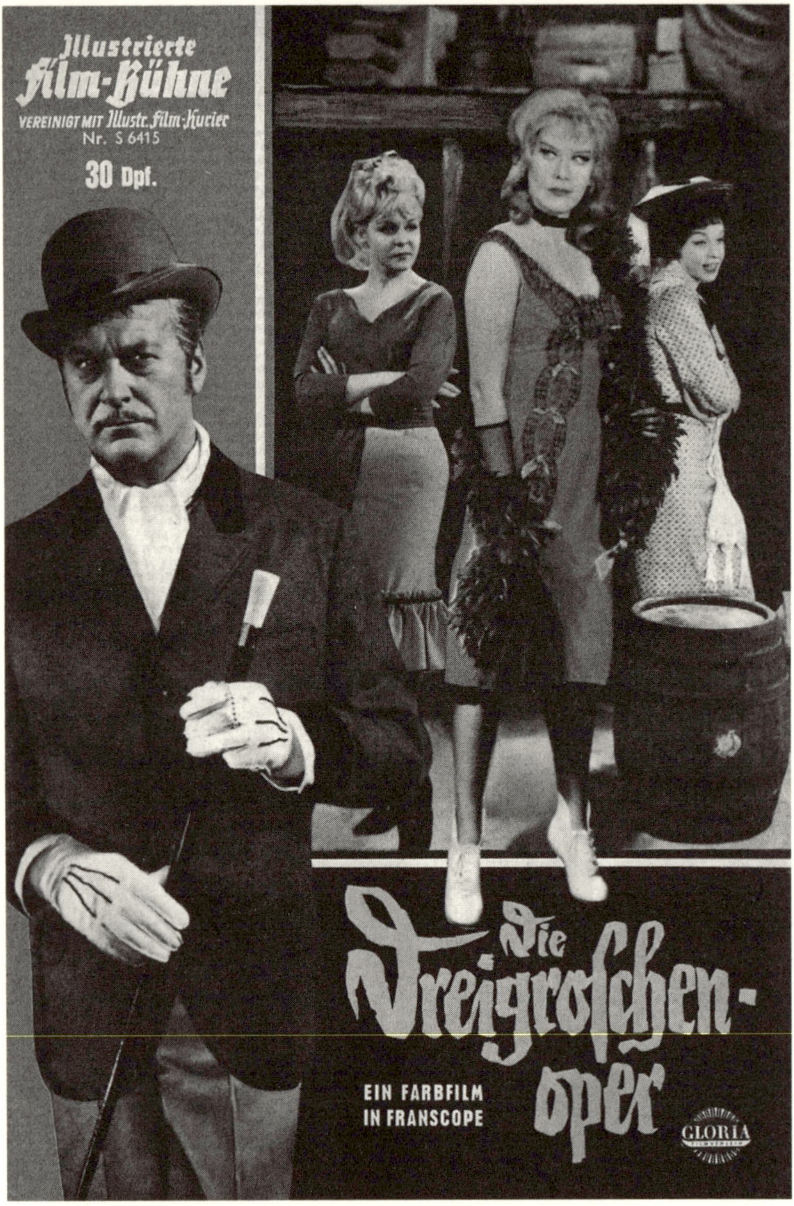

Hildegard Knef als Seeräuber-Jenny in der starbesetzten Verfilmung von Bertolt Brechts »Dreigroschenoper«.

lich für Erfolg oder Misserfolg eines Werkes zu sein. »Du steigst nicht nur aus, sondern du attackierst auch das, was du verlässt«, sagte die kluge Else Bongers, die Hilde sehr genau kannte. Hilde war unerbittlich in ihrem Anspruch an sich selbst, an ihre Arbeit und an die Filme, in denen sie spielte, sie war weder mit ihren Rollen noch mit ihren Regisseuren zufrieden.

Ein weiterer Erfolg als Sängerin im Januar 1963 stärkte Hildes Zuversicht und ihr Selbstvertrauen. Sie hatte ihre erste Show fürs deutsche Fernsehen aufgenommen. Kurz darauf veranstaltete der Klatschkolumnist der *Münchner Abendzeitung*, Hannes Obermaier alias Hunter im Hotel Bayerischer Hof seinen Prominentenball »Treibjagd«. Jahr für Jahr hatte er Hilde überreden wollen, bei ihm zu singen, und immer wieder hatte sie abgelehnt. Hilde hatte einen Grund dafür. Bei der Arbeit im Tonstudio konnte sie, anders als bei einem Live-Auftritt vor geladenen Gästen, auf Playback-Einspielungen zurückgreifen. Doch dieses Mal sagte Hilde zu. Sie plante ihren Auftritt sehr sorgfältig. Charly Niessen spielte auf ihren Wunsch hin in der Kapelle mit, und Michael Pfleghar, zu dieser Zeit Oberspielleiter bei der Bavaria Film, war für die Ausleuchtung verantwortlich. Der Musikverleger Peter Schaeffers stiftete 1000 Schallplatten für die »Treibjagd«-Gäste, auf denen Hilde die Brecht/Weill-Songs »Die Moritat von Mackie Messer« und die »Seeräuber-Jenny« sang. Hilde hatte vor ihrem Auftritt immer noch das starke Lampenfieber, das sie schon am Broadway gequält hatte. Leichenblass und mit zitternden Händen wartete sie in einem kleinen Raum hinter der Bühne. Der österreichische Schauspieler Karl Schönböck kündigte Hilde an. Der begeisterte Bericht der Journalistin Anneliese Friedmann, die unter dem Pseudonym Sibylle Kolumnen für den *stern* schrieb, ist in ihrem Buch »Sibylles stern-Bilder« überliefert:

»Die Knef erschien in einem Hängekleid wie es bei Allerseelenauftritten getragen wurde. Als ginge es direkt zur Hinrichtung, so schritt sie dahin. Dann stand sie einen Augenblick feierlich still im grellen Scheinwerferlicht. Sie sah aus wie ein Glas Milch, keimfrei natürlich. Aber dann begann sie zu singen. Zuerst einmal das Lied von Mackie Messer. Manchmal wurde die Stimme scharf wie die neuen Solinger Preßsackschwerter, die vorne doch auch so eine kleine Säge haben; dann aber wieder brüchig und gläsern. Und man hatte das Gefühl, jetzt wird sie gleich die Scherben von zerbissenen Cocktailgläsern husten. Das war schon sehr erregend. Der Beifall war ganz enorm.«

Hilde zitterte auch noch, als sie wieder in ihrer Garderobe stand – sie hatte ihren ersten Solo-Live-Auftritt bei einer Gala erfolgreich hinter sich gebracht. Sie hatte keine Gage für ihren Auftritt verlangt, sondern aus Freundschaft zu Obermaier gesungen. Er revanchierte sich mit dem Abendkleid und den Schuhen, die sie auf der Bühne getragen hatte, und übernahm die Kosten der Hotelsuite.

Das Titellied ihres nächsten Films wurde eines ihrer berühmtesten Lieder: Charly Niessen hatte ihr zu dem Film »Das große Liebesspiel«, einer Verfilmung von Arthur Schnitzlers »Reigen«, »Eins und eins, das macht zwei« auf den Leib geschrieben. Der Film, in dem sich Stars von Rang und Namen wie Lilli Palmer, Peter van Eyck, Charles Regnier und Nadja Tiller nebst Ehemann Walter Giller, Paul Hubschmid, Martin Held, Elisabeth Flickenschild (in der Rolle »der älteren Dame«) und Hildegard Knef im Spielreigen ablösen, war eine aufwendige, fast drei Millionen Mark teure Produktion. Der Regisseur Alfred Weidenmann wollte die Menschen damit vom Fernseher weg in die Kinos locken. Keiner der Schauspieler bekam das komplette Drehbuch zu lesen, jeder sollte sich ausschließlich auf seine Episode konzentrieren.

Thomas Fritsch, der mit seinen 19 Jahren einen schüchternen Schüler spielt, der bei einem Callgirl – Hildegard Knef – seine Unschuld verlieren soll, blieb dieser Film bis heute in liebevoller Erinnerung. Weidenmann hatte bei Fritsch angefragt, ob dieser sich trauen würde, nackt zu Hilde ins Bett zu steigen. Nach kurzem Zögern hatte Fritsch zugestimmt. Mit klopfendem Herzen und mit einem Bademantel bekleidet stand er nun scheu vor dem Bett, in dem Hilde, die er über alles verehrte, schon lag. Verlegen stellte er sich mit einer Verbeugung vor, und Hilde erkundigte sich, um das Eis zu brechen, nach dem Befinden seines Vaters Willy Fritsch, der im »Film ohne Titel« einer ihrer Partner gewesen war.

Weidenmann wurde langsam ungeduldig und forderte Fritsch auf, endlich den Bademantel abzulegen, schließlich sollte ja auch noch gedreht werden. Hilde ermunterte ihn lachend mit ihrer sexy Stimme, er brauche sich nicht zu genieren, sie habe schon so einige Männer

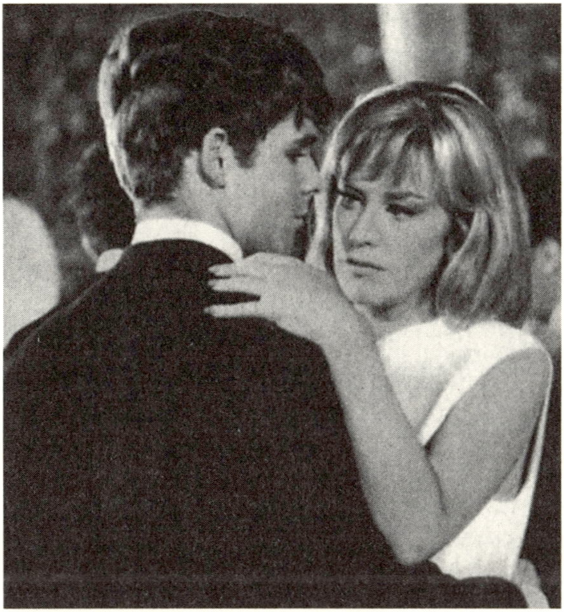

»Das große Liebesspiel« – Hildegard Knef spielt in drei Episoden mit. Hier in einer Szene mit Thomas Fritsch.

in ihrem Leben nackt gesehen und dann, den splitternackten Fritsch musternd »na und du Thomas, du bist nicht einmal der hässlichste.« Woraufhin sie noch einmal einen ganz genauen Blick riskierte, bevor die Aufnahmen begannen.

Während des Drehs entstand eine enge Freundschaft zwischen dem Ehepaar Knef-Cameron und Thomas Fritsch. Fritsch, der seinen Wehrdienst am Starnberger See ableisten musste, wurde von den beiden an seinen freien Wochenenden mit der »Schneegans«, Hildes geliebtem Wagen, vor der Kaserne nach Percha abgeholt, wo man fröhliche Wochenenden verbrachte. Die Haushälterin kochte gut und reichlich, wusch seine Wäsche, man ging auf Partys, und pünktlich zum Dienstantritt wurde der junge Freund wieder vor dem Kasernentor abgeliefert. Viel später wurde der Kontakt dann loser, bis er nach Hildes Scheidung von Cameron endgültig einschlief.

Niessen blieb auch Hildes Liedkomponist für den Film »Geheimagentin in Gibraltar«. In diesem 1963 in Tanger gedrehten französischitalienisch-spanischen Spionagefilm spielte Hilde eine Geheimagentin, die beauftragt ist, mysteriöse Schiffsunglücke der Engländer im Zweiten Weltkrieg aufzuklären. Sie singt in dem Film Niessens Chanson-Fox »Das geht beim ersten Mal vorbei«.

Ein Auftritt in »Ein Herr von der Polizei«, einer Folge in der Fernsehkrimiserie »Curd Jürgens erzählt«, brachte ihr auch kein Filmglück. Sie spielte eine Frau, die einen befreundeten Kommissar von ihrem schauspielerischen Talent überzeugen möchte, indem sie ihm einen angeblichen Mord gesteht und um seine Verschwiegenheit bittet.

Als die Filmangebote weiterhin ausblieben, beschloss Hilde, wieder eine Platte zu produzieren. 28 Lieder und Chansons, begleitet vom Orchester Gert Wilden, singt sie auf der Langspielplatte »So oder so ist das Leben«. Das Cover – ein Porträt von Hilde mit Hut – hatte Hans Engel gemalt, der für die Decca nicht zum letzten Mal ein Hildegard-Knef-Cover gestaltete. 1966 malt er ein weiteres Porträt von Hilde für ihre Platte »Ich seh die Welt durch deine Augen«.

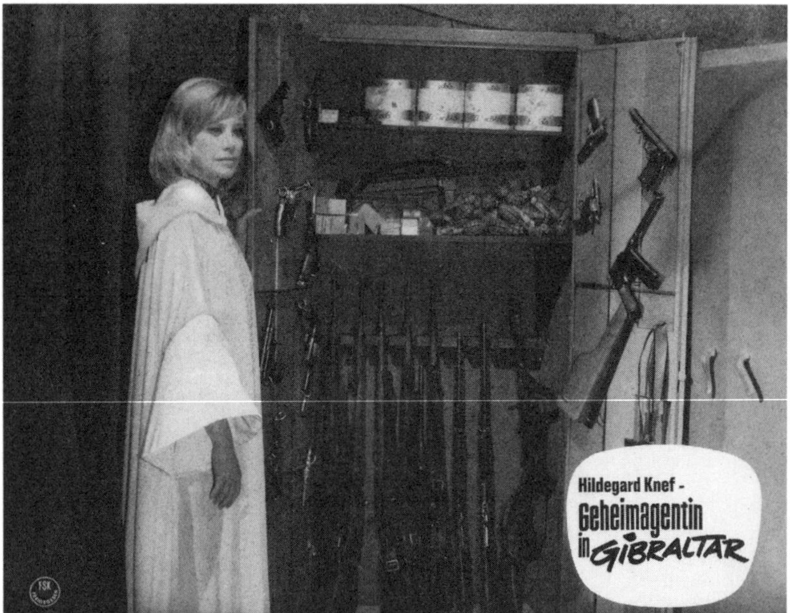

»Geheimagentin in Gibraltar« – In diesem Spionagefilm, in Tanger gedreht, spielt Hildegard Knef an der Seite des frantzösischen Schauspielers Gérard Barry eine Geheimagentin.

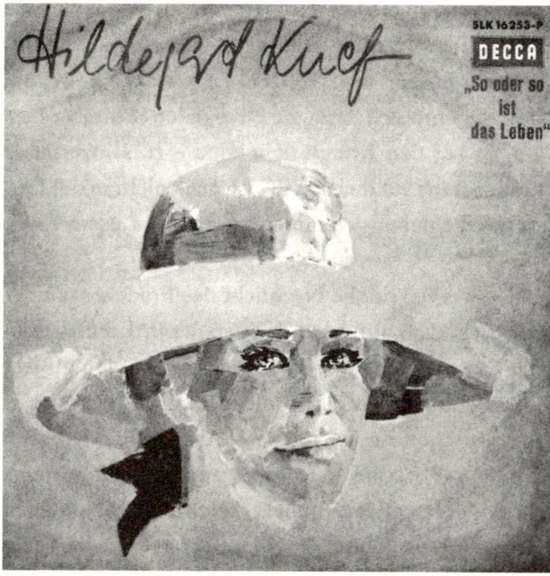

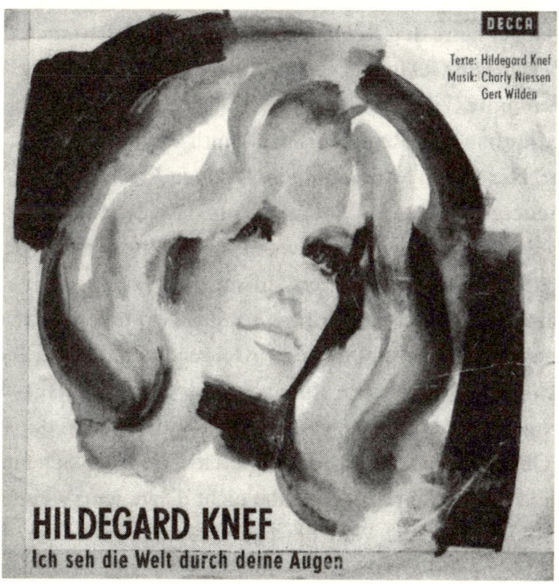

Oben: »So oder so ist das Leben« ist Hildegard Knefs erste große Langspielplatte. Sie erschien 1963. In einem Werbetext der Decca heißt es, Hilde singe darauf Chansons von »vorgestern, gestern und heute«.
Unten: »Ich seh die Welt durch deine Augen« erschien 1966. Alle Texte auf der LP sind von Hilde. Die Entwürfe zu beiden Plattencovern stammen von Hans Engel.

Im November 1963 befand sich Hilde am Tiefpunkt ihrer Verzweiflung darüber, im Filmgeschäft nicht mehr gefragt zu sein. Sie fühlte sich verkannt und ungerecht ins Abseits gesetzt von den Produzenten, die zudem ihre Beliebtheit beim Publikum ignorierten. Cameron bemühte sich, feinfühlig wie er stets war, sie in ihrem Unglück zu trösten. Er riet ihr, ihre spannende Lebensgeschichte aufzuschreiben. Hilde war nicht abgeneigt, zweifelte aber an ihrem Talent:

»Es ist zu viel und wie ich die Gedanken, die um die Geschehnisse kreischen und kreisen wieder auffangen soll, weiß ich nicht. Das Sortieren wird mir schwer fallen. Soll ich die zeitliche Reihenfolge ignorieren, wie Miller es tut, – kann ich die vielen Menschen beschreiben, die vielen Situationen und wenn, wie – es scheint ein unüberwindliches Gebirge und es wird Jahre dauern. Sollte ich nicht warten, bis ich berichte? Ich finde die Gegenwart – mein tägliches Leben so füllend und wichtig, daß ich mich fürchte in der Vergangenheit und sei es nur für Stunden, unterzutauchen.

Soll ich von mir – über mich – schreiben, ich kenne mich am längsten und auch wenigsten – soll ich von denen erzählen die beeindruckten oder auch von denen, die lautlos vorbeiziehen?«

Hilde setzte sich vorerst nicht an die Schreibmaschine, aber der Gedanke, eines Tages ihre Lebensgeschichte zu Papier zu bringen, ließ sie nicht mehr los. Sie machte sich, wann immer sie Zeit fand, Notizen, legte sie zur Seite, überarbeitete sie, schrieb Neues. Sie übte sich darin, ihren eigenen Schreibstil zu finden. Immer wieder endete sie bei den Kriegserlebnissen – zu schwer lasteten die furchtbaren Erinnerungen noch auf ihr, sie sah sich noch nicht in der Lage, darüber zu berichten, geschweige denn, sich mit Kritikern und Lesern auseinanderzusetzen.

Ein weiterer Rückschlag war für sie die Nachricht des Produzenten der »Dreigroschenoper«, Kurt Ulrich, dass aufgrund ihres starken Akzents die französische Fassung des Films synchronisiert werden müsste. Es war nicht das erste Mal, dass Hildes Französisch nicht für die Synchronisation ausreichte. Schon die französischen Fassungen von »Alraune«, »Madragore«, und »Katharina die Große« (»Caterine de Russie«) waren synchronisiert worden.

Das Jahr 1964 brachte Hilde Rollen in drei weiteren Filmen, die jedoch weitgehend unbeachtet blieben. In »Wartezimmer zum Jenseits« stellte sie die Freundin eines Gangsterbosses dar, der einen Millionär erpresst. Die Verfilmung des Romans »Die Festung« von Henry Jaeger, »Verdammt zur Sünde«, erzählt die Geschichte einer Flüchtlingsfamilie, deren Kinder beim Kampf ums Überleben auf die schiefe Bahn geraten. Jaeger hatte den Roman während seiner Haftstrafe wegen bewaffneten Raubüberfalls im Gefängnis verfasst und 1962 veröffentlicht. Immerhin spielte die berühmte, schon 84-jährige Tilla Durieux mit, außerdem die blutjunge Heidelinde Weis, Ehefrau des Regisseurs Hellmuth Duna, deren Trauzeuge Hilde war. Der Film »Mozambique«, »Blonde Fracht für Sansibar« – eine triviale Abenteuergeschichte um Rauschgift- und Mädchenhandel – wurde 1964 in England gedreht. »Man wundert sich, eine Knef unter den Agierenden zu sehen«, kommentierte ein Kritiker ihren Auftritt.

Trotz ihrer Unzufriedenheit und der Kritik an ihren Filmrollen erhielt Hilde noch im selben Jahr als Publikumsliebling den kleinen »Goldenen Bären« der Stadt Berlin. Es war dennoch unbestreitbar: Die Knef war passé, ein Weltstar schien für immer fürs Kino verloren. Zurückschauend urteilte sie ungerecht, der Film sei der »Inbegriff des Oberflächlichen und der Stupidität«. Sie hätte sich nur darauf eingelassen, um Geld zu verdienen, und glaubte nicht daran, jemals einen guten Film machen zu können, der die Welt bewegen könnte. Gedanken, die ihrer Enttäuschung über die ausbleibende Anerkennung als Filmschauspielerin zuzuschreiben sind. Sie hatte in den zurückliegenden zwanzig Jahren in 36 Filmen gespielt – alle kleinen Nebenrollen eingeschlossen. Das hatte kein Schauspieler vor ihr geschafft. »Ich habe mit vielen bedeutenden Regisseuren unbedeutende Filme gemacht«, klagte sie in einem Interview, das durch die Medien ging.

Zwischendurch hatte sie Platten aufgenommen, auf denen sie ihre Filmlieder, Berliner Lieder, französische Chansons und amerikanische Songs sang. Und sie hatte Erfolg. Ihre Stimme kam beim Publikum an, und die Plattenbosse verstanden es, sie zu vermarkten. In schöner Regelmäßigkeit trafen nun Schecks mit nicht unerheblichen Summen bei Hilde und Cameron ein. Endlich mussten sie sich keine Sorgen mehr um das tägliche Brot und alle sonstigen Annehmlichkeiten machen.

Im September 1964 erhielt Hilde von ihrer Plattenfirma Decca auf einer Gala in Monte Carlo das »Goldene Grammophon« – eine Auszeichnung für insgesamt fünfhunderttausend verkaufte Schallplatten. Anlass der Preisverleihung war das Erscheinen der Schallplatte »Hildegard Knef – Die großen Erfolge«. Auf der silbernen Plakette war die Widmung der Decca eingraviert: »Für Hildegard Knef überreicht in Anerkennung ihrer Verdienste um die Neubelebung des kunstvollen Chansons. Hamburg/Monte Carlo 1964«. Die Schallplatte hielt sich neunzig Wochen in den Charts, darunter acht Wochen unter den Top Ten. Das Cover, in Pastellbeige gehalten, zeigt schemenhaft das Gesicht der Knef mit hellblau getupften Pupillen.

Hilde war mit ihren Liedtexten schon seit Längerem nicht mehr zufrieden, sie schienen ihr nicht mehr zeitgemäß. Sie suchte nach etwas Neuem, Eigenem. Noch im Jahr der Preisverleihung nahm sie eine Platte mit Texten und Liedern von Tucholsky auf, wieder begleitet vom Orchester Gert Wilden.

Cameron hatte ein Theaterstück des Autors William Hanley für Hilde entdeckt, von dem er glaubte, dass sie es zusammen mit Alfred Weidenmann, dem Regisseur des Films »Verdammt zur Sünde«, erfolgreich produzieren könnten, wenn sie die Hauptrolle der »Mrs. Dally« spielte. Man würde dann Risiko und möglichen Gewinn teilen. Der Plan war gefasst, doch vorher wollten die beiden endlich einmal zusammen Ferien machen. Sie wählten die Insel Rhodos. Es war paradiesisch. Sie besuchten die antiken Stätten, spazierten über die Märkte und gaben sich dem Müßiggang hin. Cameron begab sich auf Spurensuche nach seinen griechischen Vorfahren, der Familie Palastanga. Hilde mokierte sich darüber und bat den Fremdenführer, der sie und Cameron betreute, aus Langeweile um eine Schreibmaschine. Während ihr Mann nach seinen Wurzeln suchte, verfasste sie ihre erste sehr humorvolle Kurzgeschichte, »Des Griechen griechische Ferien«. Cameron war über ihr Talent überrascht. Bisher hatte sie nur lose Aufzeichnungen über ihr Leben verfasst, und er kannte natürlich ihre Briefe. Dieser kunstvolle Umgang mit Worten war ihm neu.

Von Rhodos aus flogen sie nach Israel. Hilde hatte immer schon das Land und die Menschen kennenlernen wollen, von denen ihr Freund Manfred George so viel erzählt hatte. Hilde und Cameron wurden sehr offen und freundlich aufgenommen. Sie spürte nichts von den Ressentiments der Israelis gegenüber den Deutschen, wie George es nach Amerika berichtet hatte. Leider konnte Hilde nicht alles sehen, was sie sich vorgenommen hatten. Cameron litt an einer Tropenkrankheit, und sie wollte ihn nicht allein lassen. Nach Camerons Genesung flogen sie weiter nach Durban in Südafrika. Auch von dort berichtete Hilde an George – diesmal voller Zorn über die Apartheid-Politik und die Rassentrennung, die den Alltag der Menschen bestimmte. George war dankbar für ihre politische Wachsamkeit, für die sensible und differenzierte Wahrnehmung aller Ungerechtigkeit:

»Ich sage es Dir zum Dutzendsten Male: Du wirst siegen, Du wirst es erleben, daß sie zu Kreuze kriechen, einmal kommt die Zeit, daß die Menschen zuhören, sie ist immer gekommen, wir sind nur in einer Gefahr, wir haben so viele Völker befreit, daß die gar nicht wissen, wo sie mit ihrer Freiheit hinsollen und in solchen Fällen werden oft die Befreier erschlagen. Aber da mische sich Hildesches mit europäischem Schicksal und das ist verwirrend. Ich glaube, wir sind im europäischen Maßstab noch nicht dran und können uns ruhig noch ein bißchen um uns selbst kümmern für die kurze Zeit, die uns persönlich gegeben ist.«

George bedauerte sehr, sich nicht persönlich mit ihr austauschen zu können, lobte aber ihren journalistischen Briefstil und bestätigte ihr, dass schriftstellerisches Talent in ihr schlummere, das er fördern wolle. Hilde genoss das Lob des von ihr bewunderten Freundes.

Zurückgekehrt nach Deutschland kaufte sie sich eine Schreibmaschine und begann, die Erinnerungen an ihre Kindheit und Jugend aufzuschreiben. Sie widmete dieser neuen Leidenschaft einige Stunden am Tag. Die Erlebnisse des Krieges wollten ihr aber noch immer nicht aus der Feder fließen.

Die Ufa plante die Verfilmung von »Silk Stockings« für das Fernsehen und wollte die Rolle der Ninotschka, wie sollte es anders sein, mit Hildegard Knef besetzen. Doch Hilde musste sich um eine Zu- oder Absage keine Gedanken machen, wusste sie doch, dass George Kaufmann testamentarisch verfügt hatte, dass deutsche Medien nie die Rechte an einem seiner Stücke erwerben durften, und seine Erben angehalten waren, seinen letzten Willen zu respektieren.

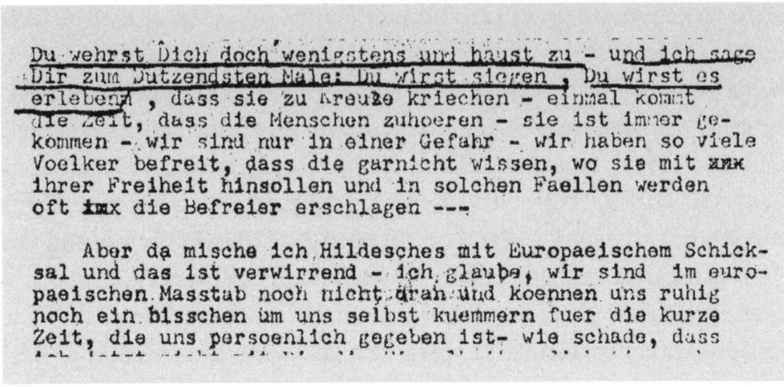

Du wehrst Dich doch wenigstens und haust zu - und ich sage
Dir zum Dutzendsten Male: Du wirst siegen , Du wirst es
erlebenn , dass sie zu Kreuze kriechen - einmal kommt
die Zeit, dass die Menschen zuhoeren - sie ist immer ge-
kommen - wir sind nur in einer Gefahr - wir haben so viele
Voelker befreit, dass die garnicht wissen, wo sie mit xxx
ihrer Freiheit hinsollen und in solchen Faellen werden
oft imx die Befreier erschlagen ---

Aber da mische ich Hildesches mit Europaeischem Schick-
sal und das ist verwirrend - ich glaube, wir sind im euro-
paeischen Masstab noch nicht dran und koennen uns ruhig
noch ein bisschen um uns selbst kuemmern fuer die kurze
Zeit, die uns persoenlich gegeben ist- wie schade, dass

Faksimile George-Brief

Mrs. Dally

Cameron bereitete in der Zwischenzeit die Inszenierung der »Mrs. Dally« vor. Hilde hatte das ganze Stück über auf der Bühne präsent zu sein, im ersten Akt als gelangweilte Hausfrau und Gattin von Mr. Dally, gespielt von Günter Pfitzmann, und im zweiten Akt als ältere Geliebte des Nachbarn Frankie, gespielt von Volker Lechtenbrink, mit dem sie der heißen New Yorker Wohnküche und der Tristesse des Alltags zu entfliehen sucht. Cameron führte selbst Regie. Die Zusammenarbeit war für beide nicht neu, und Hilde war es von früher gewohnt, Regieanweisungen ihres Mannes umzusetzen. Das Stück hatte im Januar 1965 im Theater in der Leopoldstraße in München Premiere und wurde ein großer Erfolg. Im Publikum saßen offenbar ausschließlich Knef-Fans. Die Frauen sahen aus, als wären sie auf einem Hildegard-Knef-Doppelgängerwettbewerb – sie trugen die gleiche Frisur wie Hilde und waren wie sie geschminkt – und die Männer waren samt und sonders Hildes Charme erlegen. Das Stück ging erfolgreich auf Tournee, in Berlin wurde dem Ensemble sogar eine einjährige Spielzeit in der Werkstatt des Schillertheaters angeboten. In ihrer Wahlheimat Berlin wurde Hilde allabendlich als Bühnenstar gefeiert. Sie fühlte sich dabei sichtlich wohl und genoss die Anerkennung ihrer schauspielerischen Leistung. Eindrucksvoll war ihr Changieren zwischen Gefühlen und Stimmungen, mit scheinbarer Leichtigkeit aus der gelangweilten Quengelei in einen Streit überzuleiten, albern über die leere Ehe zu reden, in der Hoffnung, damit die tiefer werdenden Gräben zu überbrücken und wieder zueinanderzufinden. Mit Intensität spielte sie die leidenschaftliche Geliebte, ohne je zu übertreiben. Das Spiel auf dem Vibrafon für den Geliebten hatte sie sich in harten Unterrichtsstunden erarbeitet. Kritiker wie Publikum waren begeistert von ihr. Doch Cameron trieb sie mit seiner krankhaften Pedanterie immer weiter an, bemängelte winzige Details an Hildes Spiel, bis sie nach der fünfmona-

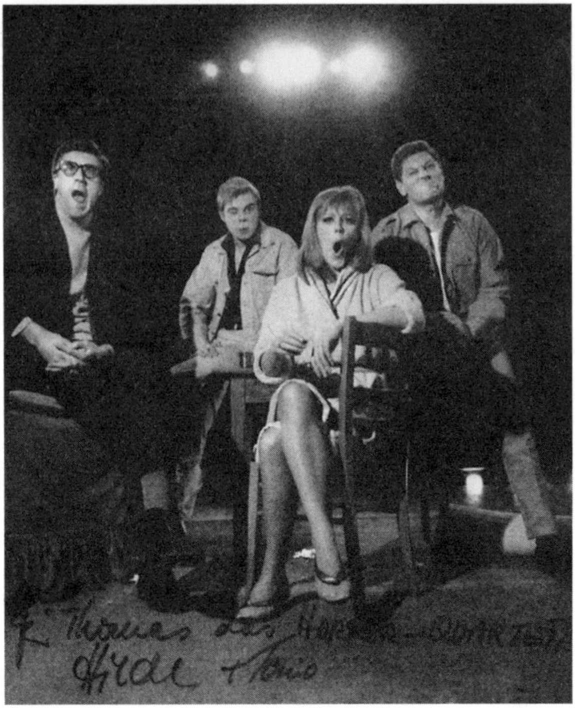

Dieses Foto vom »Horror-Quartett« schenkte Hilde ihrem Freund Thomas Fritsch. Es entstand während der Proben zu »Mrs. Dally« und zeigt den Regisseur des Stückes und Ehemann der Knef, David Cameron, mit seinen Darstellern Volker Lechtenbrink (im Stück der junge Geliebte Frankie), Hildegard Knef (Mrs. Dally) und Günter Pfitzmann (Ehemann Sam Dally).

tigen Tournee vor Erschöpfung zusammenbrach. Ein Nervenzusammenbruch wurde diagnostiziert.

»Mrs. Dally« war auch in finanzieller Hinsicht ein Erfolg. Die Rechnung der Drei, das Stück allein zu produzieren, Risiko und Gewinn zu teilen, war aufgegangen. Das Fernsehen erwarb die Ausstrahlungsrechte, und so konnte man die Inszenierung des Tourneetheaters »Die Schaubühne« 1965 auch im Fernsehen anschauen. Sogar eine Schallplatte mit der Originalaufnahme der Inszenierung erschien.

In Berlin waren Cameron und Hilde eines Abends bei Romy Schneider und Harry Meyen eingeladen. Die beiden hatten eine Suite im Schlosshotel Gerhus im Grunewald gemietet. Meyen, der mit

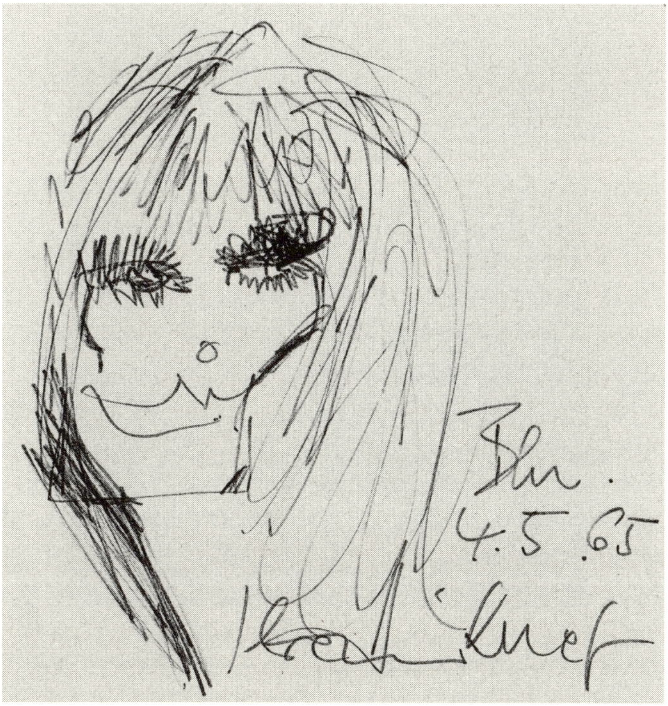

Selbstporträt – Zeichnung von Hilde, 4. Mai 1965

Familiennamen Haubenstock hieß, war Halbjude. Er hatte den Krieg nur überlebt, weil er den Familiennamen des Stiefvaters angenommen hatte. Zu der Zeit, als die Vier einander in Berlin begegneten, war Meyen noch mit der Schauspielerin Anneliese Römer verheiratet. Romy hatte Hilde als Mrs. Dally auf der Bühne gesehen und gestand ihr, wie sehr sie sich wünschte, auch Theater zu spielen, unter der Regie ihres Geliebten. Hilde hatte großes Verständnis für ihren Wunsch. Allzu jung war Romy Schneider in die Mühlen des Filmbusiness geraten. Sie besuchten gemeinsam den Club eines alten Freundes von Hilde, Richard Blum, genannt Ricci. 1945 hatte sie ihn als Kneipenpianisten kennengelernt, der für die vom Heimweh geplagten Amerikaner Lieder aus deren Heimat gespielt hatte. Damals hatte er Hilde auf der Straße aufgelesen und mit in die Kneipe genommen, in der Deutschen eigentlich der Zutritt untersagt gewesen war – es sei denn,

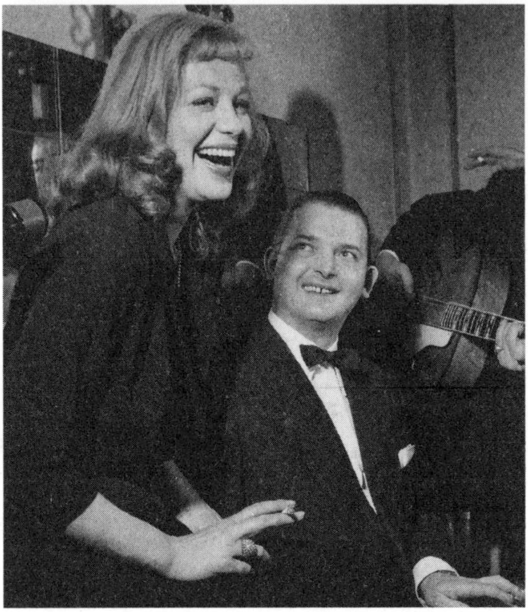

Den Wiener Ricci Blum (Richard E. Blum), einstiger Maskenbildner bei der Ufa, lernte Hilde 1945 kennen und wegen seiner Hilfsbereitschaft schätzen. Er teilte sein Essen mit ihr, das er für seine Arbeit als Pianist in einer Bar erhielt, in der er für die Besatzungssoldaten spielte. Später eröffnete er eine eigene Bar am Kurfürstendamm. Das »Ricci« wurde zum Prominententreff, Hilde gehörte zu den Stammgästen.

sie gehörten zum Personal. Er gab Hilde an jenem Abend als seine Schwester aus und teilte mit ihr seine Suppenration, seinen Kaffee und die gelegentlich zum Lohn gehörenden Zigaretten. Knapp zwanzig Jahre später hatte er sich selbstständig gemacht und seinen eigenen Club eröffnet. Hilde ging jedes Mal, wenn sie in Berlin war, zu ihm, um Freunde und alte Bekannte zu treffen. Romy und Hilde hatten das Lokal kaum betreten, als sie von einem angetrunkenen Gast erkannt und sofort lautstark beschimpft wurden, was die Sünderin und die Sissi hier zu suchen hätten. Ricci reagierte prompt und wies dem Gast die Tür, aber der Abend war verdorben. Die beiden Frauen wurden das durch ihre Filmrollen geprägte Image nie los, während Cameron und Meyen, die beruflich mehr im Hintergrund agierten, die ganze Aufregung nicht verstanden.

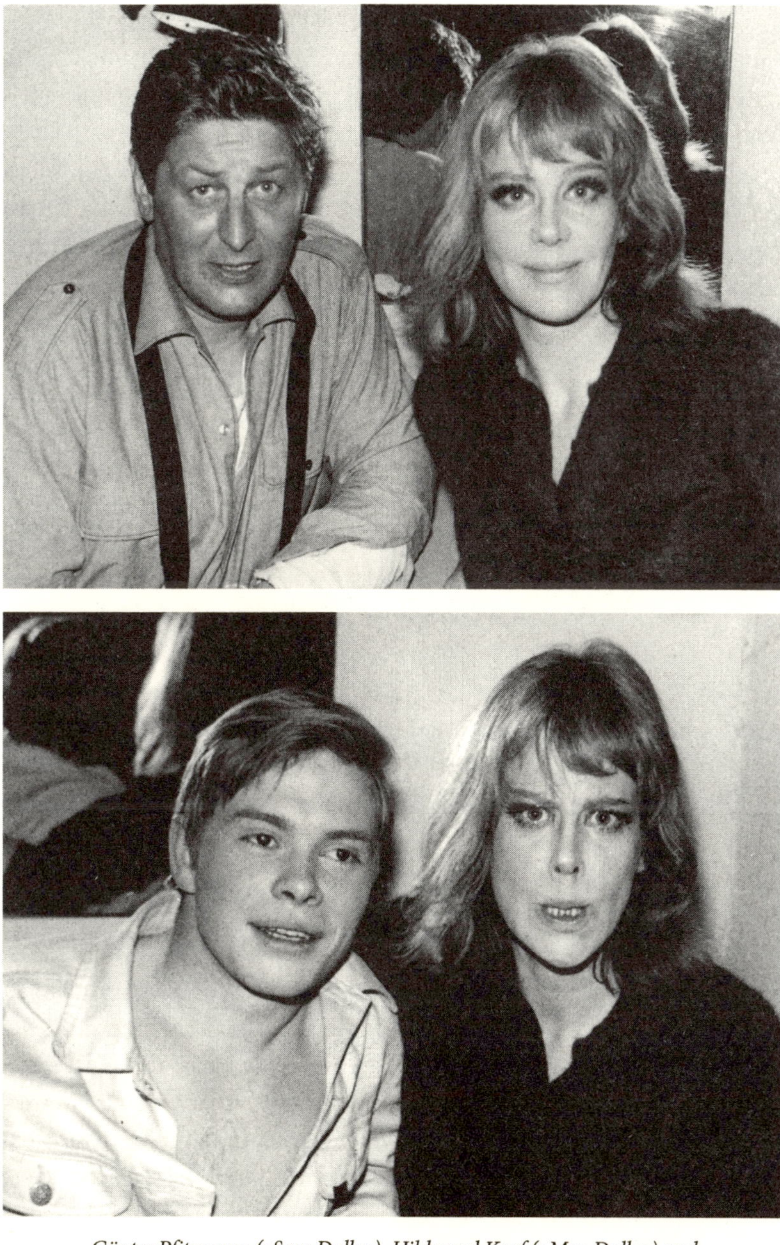

Günter Pfitzmann (»Sam Dally«), Hildegard Knef (»Mrs. Dally«) und Volker Lechtenbrink (der Geliebte Frankie) im Bühenstück »Mrs. Dally«.

Cameron hatte ohne Hildes Wissen ihr unfertiges Manuskript einem Verlagslektor zur Beurteilung zugeschickt und wartete ungeduldig auf dessen Reaktion. Er hoffte, dass Hilde nach Beendigung der Spielzeit des Tourneetheaters nichts anderes übrig bliebe, als das Manuskript weiter zu vervollständigen. Als Cameron nichts von dem Lektor hörte, rief er erwartungsvoll an. Die Antwort war niederschmetternd, für ihn wie auch für Hilde, die leider alles mit angehört hatte. Der Cheflektor der Rowohlt Verlages fand: »Na, in diesem Stil kann man es nicht veröffentlichen, um Gottes willen, das hält doch kein Schwein aus«. Vier Jahre sollte es dauern, bis Hilde sich wieder an die Aufzeichnung ihrer Lebenserinnerungen machte. Der Erfolg des Buches, das »Der geschenkte Gaul« heißen sollte, war entgegen allen Unkenrufen grandios.

Ende 1964 hatte David Cameron Friedrich Dürrenmatts Komödie »Grieche sucht Griechin« gelesen. Er war davon so begeistert, dass er zusammen mit Hilde den Entschluss fasste, das Prosastück zu verfilmen. Gert Fröbe sollte Hildes Filmpartner spielen. Friedrich Dürrenmatt gab sein Einverständnis, als er hörte, wer die Hauptrollen spielen würde. Der Produzent Franz Seitz sah sich »Mrs. Dally« an, um sich von der Regiearbeit Camerons zu überzeugen. Der Realisierung des Films schien nichts mehr im Wege zu stehen, als Cameron und Hilde eines Tages erfuhren, dass die Münchener Franz Seitz Filmproduktion Rolf Thiele beauftragt hatte, die Regie zu übernehmen, und weder Hilde und Fröbe für die Hauptrollen engagiert waren, sondern Heinz Rühmann und Irina Demick. Anwälte wurden eingeschaltet – ohne Erfolg. Der Film kam 1966 in die Kinos. Hilde und Cameron stellten zu ihrer Genugtuung fest, dass er nicht gut war. Die Enttäuschung, ausgebootet worden zu sein, war dennoch groß.

Hilde und Cameron lernten auf der Suche nach Liedtexten für eine neue Schallplatte den Wiener Dichter H. C. Artmann kennen, der gerade in Berlin lebte. Um Hilde kennenzulernen, wollte er sie auf ihrer Theatertournee begleiten. Auf der Fahrt zum nächsten Auftrittsort bat er Cameron, auf einem Parkplatz anzuhalten. Dort verabschiedete er sich mit einem kurzen Servus und verschwand auf Nimmerwiedersehen. Zwei Monate später tauchte er wieder in Berlin auf, überreichte Hilde eine einzige Textzeile, mit der sie nichts anzufangen wusste, und verschwand wieder.

Am Starnberger See hatten Hilde und Cameron unterdessen ihr Heim gegen ein anderes getauscht. Im »Birkenhof« in Kempfenhausen, zwei Kilometer entfernt von Percha, gingen die Gäste ein und aus. Gert Fröbe wohnte ganz in der Nähe und kam häufig zu Besuch, ebenso eine neu gewonnene Freundin, die Schriftstellerin Françoise Sagan. Sie fühlten sich bei den beiden sehr wohl, hatten jede Menge Spaß und wurden gut bewirtet. Hilde und Cameron waren gern gesehene Gäste auf den Münchener Partys, wo Hilde auch den Sänger und Schauspieler Rex Gildo kennenlernte. Er verriet ihr unter dem Mantel der Verschwiegenheit sein wahres Alter – er war elf Jahre jünger als Hilde – und seine homosexuellen Neigungen. Beides würde, wie er meinte, seinem Ansehen als Sonnyboy schaden. Hilde hielt Wort. Ein anderes Mal lernte sie Arndt Krupp von Bohlen und Halbach, einen der Erben der Krupp-Stahlwerke, im Münchener Gourmetrestaurant »Humplmayr« kennen.

Der junge Erbe hatte auf Anteile des Familienunternehmens verzichtet und sich großzügig abfinden lassen. Hilde machte keinen Hehl aus ihren Vorbehalten gegen das Unternehmen, das im Krieg Waffen für Hitler produziert und Zwangsarbeiter beschäftigt hatte. Der junge Mann nahm Hilde ihre Haltung nicht übel, ganz im Gegenteil: Er lud sie sogar zur Feier seines 29. Geburtstages ein und tanzte lange eng umschlungen mit ihr. Cameron war im Unterschied zu seiner Frau ganz und gar nicht eifersüchtig und nahm den Flirt gelassen hin. Hilde hingegen war misstrauisch, sobald Cameron auch nur ein Wort an ein weibliches Wesen richtete. Auf dem Kaminsims in Krupps prächtiger Münchener Wohnung stand ein Foto von Hilde mit einer Widmung:

»Man hat mich gewarnt, vor dem Kind namens Arndt – doch es war schon zu spät, was dieses Lächeln verrät – und so bin ich benommen schließlich auf den Krupp gekommen. Love Püppi.«

Krupp, dem man nachsagte, er sei homosexuell, heiratete im Februar 1969 Prinzessin Henriette von Auersperg.

Hilde erledigte ihre Fanpost sehr gewissenhaft und unterhielt mit einigen ihrer Anhänger Briefwechsel. Sie lud sie gelegentlich nach ihren Auftritten hinter die Bühne oder zu sich nach Hause ein. Ihre Offenheit wurde so manches Mal von Männern wie von Frauen missverstanden und weckte, ohne dass es Hildes Absicht war, falsche Hoffnungen.

Chansonnière live

Nach einem kurzen Zwischenstopp im Birkenhof brachen Cameron und Hilde in die Ferien nach Italien auf. Hilde war noch erschöpft von den Anstrengungen der Tournee und stand unter Druck, Texte für eine neue Schallplatte vorlegen zu müssen. Sie konnte ihren Urlaub kaum genießen.

Nach ihrer Rückkehr konnte Hilde wegen eines Furunkels in der Kniekehle für einige Tage nicht das Haus verlassen. Während Cameron mit einem Freund ausging, setzte sie sich an die Schreibmaschine. Als er spät abends nach Hause kam, lag auf dem Tisch ein Gedicht. Es beginnt einfach, ja anrührend kindlich – es gefiel ihm.

Werden Wolken alt?
sind Fliegen dumm
ist Grönland kalt
und wenn, warum?

Es endet ernst und erwachsen:

… warum ist nie etwas ewig
außer der Lüge
die Lüge, die Antwort zu kennen
die Dinge beim Namen zu nennen?

Im ersten Moment schrieb Cameron es H. C. Artmann zu, bis Hilde ihm gestand, sie habe es aus Langeweile geschrieben. David ermutigte sie, weiterzuschreiben. Als Teldec-Chef Kurt Richter zu ihnen in den Birkenhof kam, legte Hilde ihm einen Stapel Texte vor. Er las sie alle aufmerksam und zog zielsicher die heraus, die Hilde geschrieben hatte. Sie gab sich als Verfasserin zu erkennen.

1965 erschien Hildes erste Langspielplatte »Ich seh' die Welt durch deine Augen« mit eigenen Texten wie ihrem »Werden Wolken alt?«, »Ostseelied«, »Berlin, dein Gesicht hat Sommersprossen«, »Tage hängen wie Trauerweiden«, »Guten Tag mein Zuhause« und vielen anderen. Als würde sie ihrem eigenen, neu entdeckten Talent nicht trauen, schrieb sie ihrem alten Freund George und schickte ihm ihre Texte. Postwendend kam seine Antwort:

»Du mußt ja geradezu mit Apollo – ich glaube, der ist doch für die Musen zuständig – geschlafen haben, dass er Dir das Geschenk einer solchen neuen Begabung gemacht hat. Ich habe die Verse wieder und wieder gelesen und ich bin immer erneut baff, was für ein großes, lyrisches Ding Du da gedreht hast. Es ist soviel echtes Gefühl und soviel nun einmal losgelassene Sehnsucht in den Versen, dass ich wirklich und ehrlich begeistert bin. Einige der Gedichte sind prädestiniert internationale Schlager zu werden, etwa das Chanson ›Ohne Dich«, dessen Lyrik bezaubernd ist, oder auch so ein kräftiges, für alle Vortragspodia schlagkräftiges Chanson wie ›Gestern hab‹ ich noch nachgedacht‹. Das ›Berlin‹-Gedicht wird ebenfalls rasch populär werden, während die Verse ›Ich hasse die gläserne Bläue des Himmels‹ besonders nahe gehen und ›Ich brauch' kein Venedig‹ ganz aus meinem Großstadtherzen kommt.

Deine Texte sind mehr oder weniger ein mich ebenso überraschendes wie beglückendes Zeugnis des großen Aufbruchs Deines inneren Gefühls.«

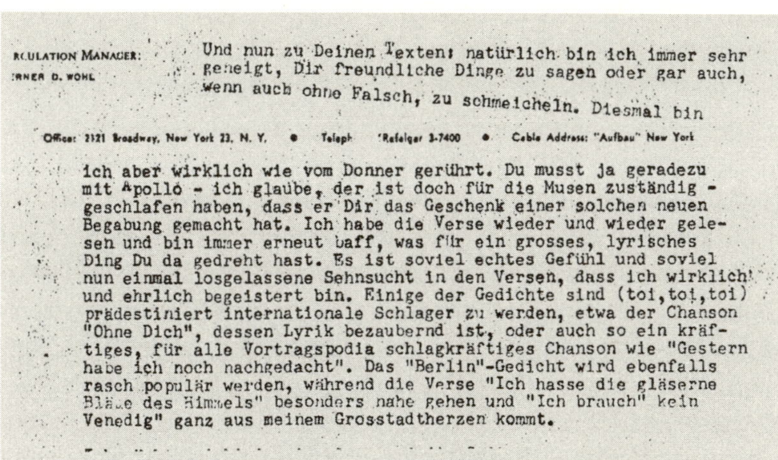

CULATION MANAGER:
RNER D. WOHL

Und nun zu Deinen Texten: natürlich bin ich immer sehr geneigt, Dir freundliche Dinge zu sagen oder gar auch, wenn auch ohne Falsch, zu schmeicheln. Diesmal bin

Office: 2121 Broadway, New York 23, N. Y. • Teleph 'Rafalgar 3-7400 • Cable Address: "Aufbau" New York

ich aber wirklich wie vom Donner gerührt. Du musst ja geradezu mit Apollo - ich glaube, der ist doch für die Musen zuständig - geschlafen haben, dass er Dir das Geschenk einer solchen neuen Begabung gemacht hat. Ich habe die Verse wieder und wieder gelesen und bin immer erneut baff, was für ein grosses, lyrisches Ding Du da gedreht hast. Es ist soviel echtes Gefühl und soviel nun einmal losgelassene Sehnsucht in den Versen, dass ich wirklich und ehrlich begeistert bin. Einige der Gedichte sind (toi,toi,toi) prädestiniert internationale Schlager zu werden, etwa der Chanson "Ohne Dich", dessen Lyrik bezaubernd ist, oder auch so ein kräftiges, für alle Vortragspodia schlagkräftiges Chanson wie "Gestern habe ich noch nachgedacht". Das "Berlin"-Gedicht wird ebenfalls rasch populär werden, während die Verse "Ich hasse die gläserne Bläue des Himmels" besonders nahe gehen und "Ich brauch" kein Venedig" ganz aus meinem Grosstadtherzen kommt.

Faksimile George-Brief

Hilde war glücklich. Georges Urteil bedeutete ihr viel. Sie wusste jetzt, dass sie auf dem richtigen Weg war – sie würde Lieder singen, die zu ihr gehörten, so, wie sie es sich immer gewünscht hatte. Nun suchte sie nach einem eigenen Vortragsstil, weder wollte sie Juliette Greco imitieren, die ganz allein auf der Bühne stand und ihren Gesang nur mit wenigen Arm- und Handbewegungen unterstrich, noch genügten ihr die Playback-Auftritte in Fernsehshows. Die Musik harmonierte mit ihren einfachen und zugleich lebensklugen Texten: eine einfache Melodie, elegant und raffiniert arrangiert und technisch perfekt instrumentiert.

Hilde wollte mehr wissen über Chansons und die Persönlichkeit des Chansonsängers. Sie las »Das Bänkelbuch - Deutsche Chansons«, herausgegeben von Eric Singer, und erfuhr, dass die große Qualität des Chansonsängers zu allererst in seiner Persönlichkeit begründet liegt und erst in zweiter Linie in seiner Stimme. Der Chansonsänger müsse eine Vision seiner Zeit verkörpern und bereit sein, dem Publikum seine Seele zu Füßen zu legen. Hilde verinnerlichte diese Ideale. Sie hatte Gelegenheit gehabt, Charles Aznavour und Gilbert Bécaud im Pariser Olympia zu erleben, im Fernsehen sah sie Esther und Abi Ofarim auf der Bühne. Mehr und mehr gelangte sie zu der Überzeugung, dass sie sich ihrem Publikum in Konzerten stellen sollte. Sie plante eine Chansontournee, von der die Plattenfirma sofort begeistert war. Die Plattenbosse ahnten, dass Hildes Schallplatten, die sich ohnehin bestens verkauften, noch reißenderen Absatz finden würden, wenn sie live sang.

Cameron war zurückhaltender in seiner Begeisterung, er wusste um Hildes Lampenfieber, um ihre große Sensibilität, auch nur die leiseste Feindseligkeit im Publikum zu spüren. Es hatte sie jedes Mal große Überwindung gekostet, ins Rampenlicht zu treten.

Zu dieser Zeit übte ein Astrologe Einfluss auf Hildes Leben aus, der, wie Cameron fand, gefährlich für sie war. Er gewann mit seinen eindeutigen Vorhersagen über Hildes Erfolg ihr Vertrauen, verfasste kosmobiologische Berichte, in denen jeder Monat in genaue Phasen eingeteilt war, und schrieb ihr sogar die Uhrzeiten vor, in denen sie aktiv werden sollte. Er warnte vor Flugreisen an bestimmten Tagen, legte fest, wann Börsengeschäfte zu tätigen seien, wann ein Unfall drohte und so weiter. Hilde hätte nur 4 Prozent mehr weibliche Genanteile als männliche, erklärte er ihr, was sie mehr als andere Frauen dazu befähigte, sich beruflich extrem zu verausgaben und sich durchzusetzen, zuweilen aber auch jähzornig reagieren lasse. Die weiblichen Anteile hingegen machten ihre Sinnlichkeit aus und ihr Verlangen nach Sex und seien ferner Ursache ihres Bedürfnisses nach Schutz und Anlehnung. Hilde wurde ihm immer höriger, erkannte nicht, dass er ihr nur zum Munde redete, um den Kontakt zu Hilde zu behalten. Das Geldverdienen war nicht sein einziger Motor, vielmehr wollte er Macht über Hilde ausüben. Er kam häufig zu Besuch und war für Hilde jederzeit telefonisch erreichbar.

Cameron beobachtete das Treiben misstrauisch. Er registrierte, wie stark sich Hilde beeinflussen ließ, wusste aber nicht, wie er dem Ganzen Einhalt gebieten sollte. Es wurde ein Kräftemessen zwischen den beiden Männern, und es gelang dem berechnenden Astrologen tatsächlich, Hilde und Cameron eine Zeitlang zu entzweien.

Cameron handelte mit einem Tourneeunternehmer einen Vertrag aus, der für ihn keine feste Gage, sondern eine Beteiligung an Hildes Gewinn nach erfolgreicher Tournee vorsah. Hilde wünschte sich, von Günter Noris und seinem Quintett begleitet zu werden. Die Proben, die in Noris' Wohnung stattfanden, gestalteten sich bald schwierig, weil Hilde rein intuitiv sang und keine einzige Note lesen konnte. Noris war offenbar nicht geduldig genug, ihr die Unsicherheit zu nehmen. Irgendwann brach Hilde die Proben ab und reiste enttäuscht zurück nach München. Cameron war während der Proben nicht dabei, weil er nach Noris Ansicht keine Ahnung von Musik hatte. Nachdem Hilde etwas Abstand gewonnen und mit Carroll Righter gesprochen hatte, rief sie bei Noris an, und die Proben gingen weiter. Man beschloss, eine Generalprobe im Kreis von Freunden im Theater am Kurfürstendamm zu veranstalten. Im Publikum saßen Else Bongers und die Sängerin Greta Keller, die Hilde aus Hollywood kannte, und viele andere. Hilde erntete Lob und war zufrieden. Die Premiere fand schließlich am 27. Februar 1966 in der Stadthalle von Wolfsburg statt. Nach 37 Konzerten endete die Tournee am 15. Mai mit einem Konzert in der Berliner Philharmonie. Noris begleitete Hilde mit seinen erstklassigen Musikern souverän und einfühlsam. Ihr Lampenfieber machte Hilde immer noch zu schaffen. Sie nahm Unterricht in autogenem Training.

Bald schon beherrschte sie die Technik der völligen Entspannung, sie legte sich geschminkt und fertig für den Auftritt in ihrem Balmain-Kleid auf den Fußboden oder auf einen Tisch und schlief, bis ihre Auftrittsmusik erklang. Wenn Cameron sie dann weckte, setzte sie sich auf, korrigierte ihr Make-up und begann auf dem Weg zur Bühne zu singen. Zuerst trug sie ein weißes Kleid und nach der Pause eine schwarze Abendrobe. Das Publikum tobte vor Begeisterung. Hilde gab bereitwillig Zugaben. Sie hatte sich auf Anhieb in die Herzen von Frauen und Männern gesungen. Ein Journalist schilderte ihren Auftritt:

»Hildegard Knef bewegt sich sportlich, burschikos, fast achtlos auf der Bühne. Sie vollführt knappe Gesten mit ihren schmalen Händen. Mal ist die Innenfläche nach außen gedreht, dann wieder einmal sind die Finger gestreckt, geballt oder gespreizt. Lediglich ein schneller Schlag mit dem Arm, senkrecht durch die Luft, um ein Endgültiges im Text zu bekräftigen, signalisiert ein Gefühlshoch. Sie wirkt sehr weiblich und sehr rührend. Am Ende des Konzertes eine tiefe Verbeugung. Dabei schüttelt sie ihre blonde Mähne, streicht wie selbstvergessen Strähnen aus dem Gesicht, die einzige Koketterie, die sie sich leistet.«

Es war in Deutschland ein Novum, dass eine gefeierte Sängerin ihre Liedtexte, aus denen so anrührend Herz und Verstand sprachen, selbst verfasste. Ihre tiefe, rauchige Stimme hatte nichts an Erotik eingebüßt und wurde nun auf der Bühne von Hildes faszinierender Ausstrahlung und überwältigender Präsenz ergänzt.

Es war die große Zeit der Beatles, umso erstaunter war die Fachwelt, dass sich Hilde mit ihren Chansons ein so großes Publikum eroberte. Hilde war genauso begeistert von den vier Liverpoolern – ja, sie war ein Beatlesfan. Ihnen zu Ehren sang sie auf ihrer Tournee »Yesterday«. Günter Noris hatte die Idee, das Konzert durch reine Instrumentalstücke aus Leonard Bernsteins »West Side Story« und aus der »Kleinen Nachtmusik« von Mozart zu unterbrechen, damit Hilde sich währenddessen kurz erholen konnte. Das Publikum tat seinen Unwillen durch Buhrufe kund – es wollte Hilde auf der Bühne sehen und hören.

Am Tournee-Ende bedankte sich Hilde bei Günter Noris und den Musikern mit teuren Geschenken. Noris bekam ein goldenes Feuerzeug nebst Zigarettenetui.

Im April 1966 reisten Hilde und Cameron zu Modeaufnahmen für die Zeitschrift *Constanze* nach Paris. Der Fotograf Rico Puhlmann schoss von Hilde wunderschöne Fotos. Die beiden mochten sich vom ersten Moment an. Eine lebenslange Freundschaft sollte sie verbinden, bis er bei einem Flugzeugunglück im Jahr 1996 starb. Sein Tod erschütterte sie sehr.

Nach der Tournee machten Cameron und Hilde auf Einladung von Françoise Sagan Urlaub in Saint Tropez. Als Sagans Gäste mussten sie sich auf deren Tagesrhythmus einstellen, der die Nacht zum Tag werden ließ. Die erhoffte Erholung fanden sie nach den kräftezehrenden Tourneewochen nicht. Dafür erlebten sie aber jede Menge Partys. Nach ihrer Heimkehr empfing sie in Kempfenhausen tristese in Form von Dauerregen. Die beiden packten kurzerhand wieder ihre Koffer und flogen nach Acapulco – wo sie tropischer Dauerregen empfing. Cameron fand endlich die Zeit, in das Textbuch »Sister George muß sterben« von Frank Marcus hineinzuschauen. Der Autor, 1928 in Breslau geboren, war 1939 mit seiner Mutter nach London emigriert. Das Berliner Hebbel-Theater hatte Cameron die Regie angeboten, weil sich die Direktion einen englischen Regisseur für das Stück wünschte. Er hatte bisher noch keine Gelegenheit gefunden, um mit Hilde in Ruhe darüber zu sprechen. Sie reagierte erwartungsgemäß ungehalten, fürchtete eine Entzweiung, wenn auch er künstlerisch auf eigenen Füßen stehen wollte. Vielleicht missgönnte sie ihm auch den Erfolg. Seine Lebensaufgabe bestand in ihren Augen darin, 24 Stunden am Tag an ihrer Seite zu sein. Sie verdiente das Geld und brauchte ihn dafür als ständigen Begleiter, Zuhörer, Ruhepol. Die Presse hatte sich zur Genüge darüber lustig gemacht, er hieß »Mr. Knef« oder »der schöne Mann der Knef«, der seiner Frau als schmückendes Beiwerk und als Kofferträger diente. Hilde reagierte gelassen: »Mein Mann ist Brite, er trägt seine Würde unter der Weste.« Cameron schwieg dazu – wie immer.

Cameron nahm das Angebot gegen Hildes Willen an, und als wäre das ein schlechtes Vorzeichen gewesen, scheiterte er mit der Inszenierung. Es gelang ihm nicht, die Schauspieler zu führen. Nach der Premiere, die von den Kritikern gnadenlos verrissen wurde, nahmen die Schauspieler Cameron das Ruder aus der Hand und brachten letztendlich ohne ihn eine gute Inszenierung zuwege. Hilde war nicht traurig über seinen Misserfolg, konnten sie sich doch jetzt wieder gemeinsam voll und ganz auf die Schallplattenproduktion konzentrieren. Doch dann kam es zu Unstimmigkeiten mit der Produktionsfirma, die schließlich zur Trennung führten. Hilde und Cameron wollten zukünftig die Produktion selbst übernehmen.

Von nun an ging's bergauf

Hilde schrieb weiterhin ihre eigenen Texte. 1966 lernte sie den Komponisten Hans Hammerschmid kennen. Er wurde für ihre Fernseh-Silvester-Show 1966/67 engagiert. Hammerschmid, 1930 in Wien geboren, hatte seine musikalische Laufbahn als Jazzpianist begonnen. Von Anfang an verstanden sich die beiden gut. Er setzte sich ans Klavier und intonierte die schönsten Melodien zu ihren Texten. Insgesamt sollte er im Laufe der Jahre 114 Lieder für Hilde komponieren, unter anderem »Für mich soll's rote Rosen regnen«, ihr wohl Berühmtestes, sowie ihre musikalische Kurzbiografie »Von nun an ging's bergab«. Hammerschmid begleitete sie auch zu Gastauftritten in amerikanischen Talkshows nach Los Angeles und New York. Die beiden Ehepaare Knef-Cameron und Hammerschmid waren sehr bald schon eng befreundet. Sie verbrachten zusammen die Ferien, luden sich gegenseitig ein oder telefonierten stundenlang, wenn sie nicht am selben Ort waren. Hammerschmid verehrte Hilde, zwischen ihnen fiel nie ein böses Wort. Hilde war eigentlich nur Menschen gegenüber launisch, die in ihren Augen unaufrichtig oder neidisch waren. Viele der Frauen, denen sie begegnete, schätzte sie so ein. Sie hätte zu gern eine gute Freundin gehabt, doch das musste eine Frau sein, die in keinem Abhängigkeitsverhältnis zu ihr stand, die kein Gehalt von ihr, direkt oder indirekt bezog und die sich nicht durch Hilde profilieren wollte und der sie bedingungslos vertrauen und sich anvertrauen konnte. So eine Frau war zu dieser Zeit nicht in Hildes Nähe.

Nach einer kurzen Erholungspause in Italien, in dem kleinen Ort Porto Ercole auf der toskanischen Halbinsel Monte Argentario, erschien 1967 die Langspielplatte »Halt mich fest«. Wieder sang Hilde ihre eigenen Lieder, instrumentiert von Hans Hammerschmid, und wieder landete sie einen Riesenerfolg. Hilde hielt sich unter den deutschen Sängern für eine Ausnahmeerscheinung, sie sang nie auf Festivals oder Wettbewerben, stellte sich keinem Vergleich und keiner Jury. Einzig und allein das Urteil ihres Publikums war ihr wichtig – und von dem wurde ihr ausnahmslos Begeisterung entgegengebracht. Ein berühmter Fan bekannte sich ganz freimütig zu seinem Idol – der Schriftsteller Günter Grass: Hilde sei der Schwarm seiner Jugend.

1967 bekam Hilde wieder ein Filmangebot. Der junge englische Agent Barry Krost hatte sich in den Kopf gesetzt, Hilde wieder zum Film zu bringen. Er vermittelte ihr die Hauptrolle in der Verfilmung des Romans »The lost continent« – in der deutschen Übersetzung »Bestien lauern vor Caracas« – von Dennis Wheatley. Die Produktionsfirma Hammer Film Productions hatte sich mit der Serie »Dracula« einen Namen gemacht.

»Bestien lauern vor Caracas« spielt auf einer einsamen Insel, auf der eine zusammengewürfelte Gruppe von Schiffbrüchigen nebst einer Ladung Sprengstoff strandet. Auf dieser Insel wimmelt es von Ungeheuern. Der Film war eine Billigproduktion und wurde unter Einsatz vieler Wind- und Nebelmaschinen ausschließlich in einem englischen Studio gedreht. Hilde litt nicht nur unter dem schlechten Drehbuch, es ging ihr auch körperlich nicht gut. Ihr Gesicht schwoll an, als hätte sie eine Allergie. Medikamente sollten Abhilfe schaffen. Vergeblich, nichts half. Ihr war ständig übel, was sie anfangs dem künstlichen Nebel zu-

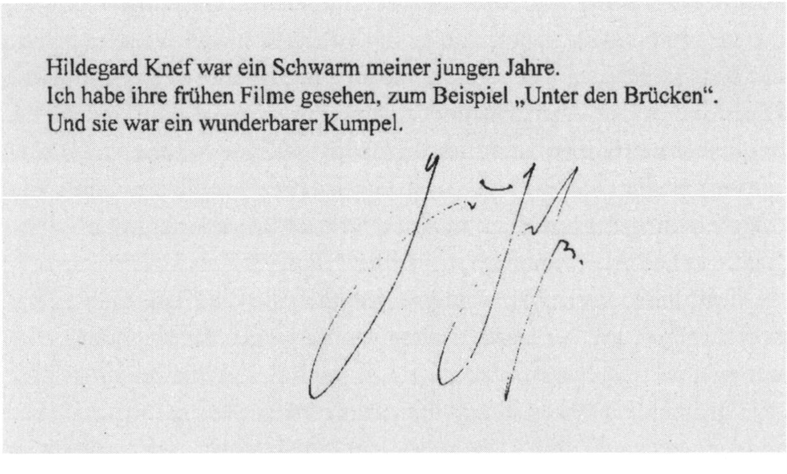
Hildegard Knef war ein Schwarm meiner jungen Jahre.
Ich habe ihre frühen Filme gesehen, zum Beispiel „Unter den Brücken".
Und sie war ein wunderbarer Kumpel.

Faksimile der Günter-Grass-Schwärmerei

schrieb. Irgendwann jedoch hatte Hilde einen ganz anderen Verdacht, den ihr Gynäkologe schließlich bestätigte: Hilde war schwanger. Vollkommen überrascht – Ärzte hatten ihr gesagt, dass sie keine Kinder mehr bekommen könne – und zugleich überglücklich überbrachte sie Cameron die Neuigkeit. Er reagierte nicht gerade euphorisch: Hilde wurde im Dezember 42 Jahre alt, und seiner Meinung nach steckte ihre Ehe in einer Krise. Da die Situation für ihn nicht dazu angetan war, ein Kind zu bekommen, riet er ihr zur Abtreibung. Hilde beschloss, das Kind unter allen Umständen zu bekommen. Mit der seelischen Belastung eines weiteren Schwangerschaftsabbruches wäre sie nicht klargekommen. Sie wusste auch, dass es ihre letzte Chance war, doch noch Mutter zu werden. Sie rief Carroll Righter an, um sich den Verlauf der Schwangerschaft und der Entbindung vorhersagen zu lassen. Bis dahin hatten ihr alle Wahrsager wegen ihrer körperlichen Konstitution davon abgeraten, ein Kind zu bekommen. In der Zwischenzeit war das Blutgerinnungsmittel »Homogenes Fibrin« auf den Markt gekommen, das Hilde die Sicherheit gab, bei Blutverlust nicht in Lebensgefahr zu geraten. Carroll Righter rief sie zwölf Stunden später zurück und sagte ihr voraus, dass sie am 5. Juli 1968 ein gesundes Kind bekommen würde. Damit war für Hilde die Entscheidung gefallen.

Die Presse überschlug sich bei der Nachricht über Hildes Schwangerschaft. Es passte so gar nicht in das Bild des erotischen, geheimnisvollen Vamps, das man von ihr hatte. Hilde mit einem Baby auf dem Arm – unvorstellbar. Ärzte fachsimpelten in der Öffentlichkeit, ob sie nicht zu alt sei, ein Kind zu bekommen. Und noch immer machte ihr eine Allergie zu schaffen. Hilde und Cameron gaben ihren Glauben an die Schulmedizin auf und wandten sich an den Spiritisten Gordon Turner. Er hatte über die Grenzen Englands hinweg einen guten Ruf. Die beiden beschlossen, ihn in London aufzusuchen. Zögernd betraten Hilde und Cameron die Räume der »Spiritual Association of Great Britain« am Belgrave Square. Ein Stellvertreter Turners empfing sie. Turner selbst war nicht anwesend, da er nach einem Schlaganfall nur noch eingeschränkt arbeiten konnte. Der ihn vertretende Heiler sprach detailliert über Hildes Vergangenheit und gratulierte ihr zur Schwangerschaft, ohne dass man es ihrem Körper schon angesehen hätte oder sie auch nur ein Wort darüber verloren hatte. Er gewann

Hildes Vertrauen. Dennoch bat sie um ein Gespräch mit Turner persönlich, der sie schließlich in seiner Privatwohnung empfing. Er kurierte ihre Allergie, und sie wurden gute Freunde. Turner besuchte sie in Kempfenhausen und stand ihr beratend zur Seite, wann immer sie ihn brauchte.

Nach dem Ende der Dreharbeiten zu »Bestien lauern vor Caracas« produzierten Hilde und Cameron noch eine englischsprachige Langspielplatte, die jedoch nie in den Handel kam, dann verließen sie England.

Das Weihnachtsfest 1967 feierten sie zum letzten Mal zu zweit im Birkenhof in Kempfenhausen. Hilde wollte im darauf folgenden Jahr noch eine Langspielplatte mit neu übersetzten Liedern von Cole Porter aufnehmen, bevor sie sich zurückziehen würde, um ihre Schwangerschaft zu genießen und sich auf die Geburt und das Leben mit einem Kind vorzubereiten.

Die Aufnahme der Schallplatte »Sei mal verliebt/Nichts haut mich um – aber du« im März 1968 in einem Münchener Studio verlief harmonisch. Ihre Ehekrise schien überwunden. Sie war glücklich und glaubte wieder an eine gemeinsame Zukunft. Die Ruhe auf dem Birkenhof tat ihnen beiden gut. Hildes Schwangerschaft verlief normal und komplikationslos. Hilde fühlte sich wohl und war glücklich. Auf den Rat der Ärzte und der Freunde, das Rauchen aufzugeben, hörte sie nicht. Schön kugelrund sei sie gewesen, erzählte sie. Ein Foto von der schwangeren Hilde gibt es allerdings nicht. Anfangs hatte sie den Plan, das Kind in der Hamburger Privatklinik eines befreundeten Gynäkologen zu bekommen, gab ihn aber auf, um unnötige Anstrengungen zu vermeiden. Sie wählte für die Entbindung eine Münchener Klinik. Ausgedehnte Spaziergänge und eine gesunde Ernährung kräftigten sie. Umso überraschender war es für Hilde, dass in der Nacht zum 16. Mai starke Blutungen einsetzten. Als Cameron am nächsten Morgen davon erfuhr, rief er umgehend einen Krankenwagen, der Hilde in die Münchener Klinik fuhr. Der Arzt entschied sich für einen sofortigen Kaiserschnitt. Am 16. Mai 1968 kam Christina Antonia Palastanga, sieben Wochen zu früh zur Welt und wurde sofort nach der Geburt, während ihre Mutter noch in der Narkose lag, in eine Schwabinger Kinderklinik gebracht und in einen Inkubator ge-

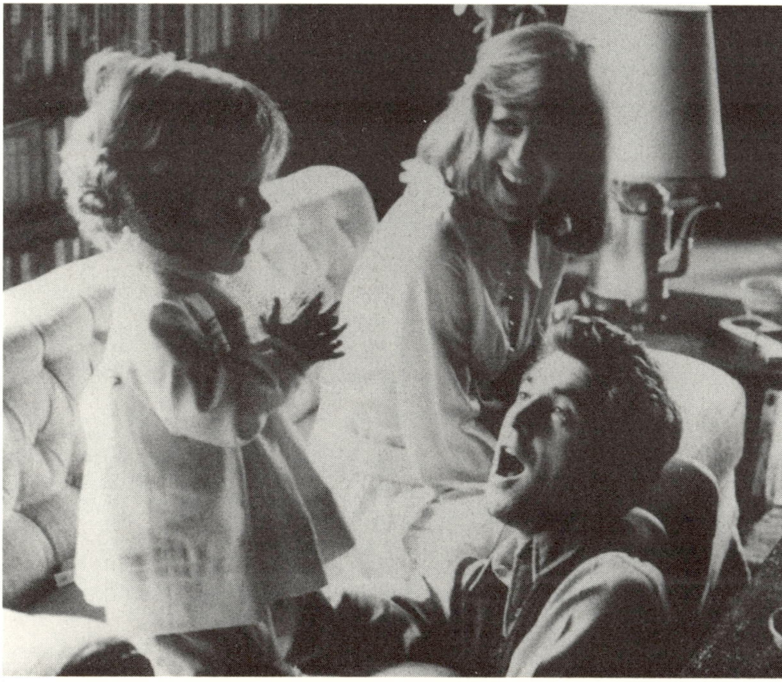

... zu Hause!

legt. Die Ärzte kämpften in der Zwischenzeit um Hildes Leben. Die Blutungen ließen sich nicht stoppen, ein Kreislaufkollaps und Nierenversagen verschlimmerten ihren Zustand. Die Behandlung zur Blutgerinnung schlug endlich an. Nachdem Hilde aufgewacht war, berichtete Cameron ihr von der Geburt ihrer Tochter. Sie einigten sich auf den Namen Christina. Fünf Tage nach der Entbindung kam es zu Komplikationen, die Narbe an Hildes Bauch öffnete sich, und es musste wieder operiert werden. Erst Mitte Juni konnte Hilde aus dem Krankenhaus entlassen werden. Als Hilde ihre Tochter zum ersten Mal sah, war Christina fünf Wochen alt und lag noch immer in einem Inkubator auf der Station für Frühgeburten. Bis zu diesem Tag hatte sie ihr Töchterchen nur von den Fotos gekannt, die Cameron, der stolze Papa, ihr bei seinen Besuchen mitgebracht hatte. Die Ärzte versicherten Hilde, dass es Christina gut gehe und sie gesund sei.

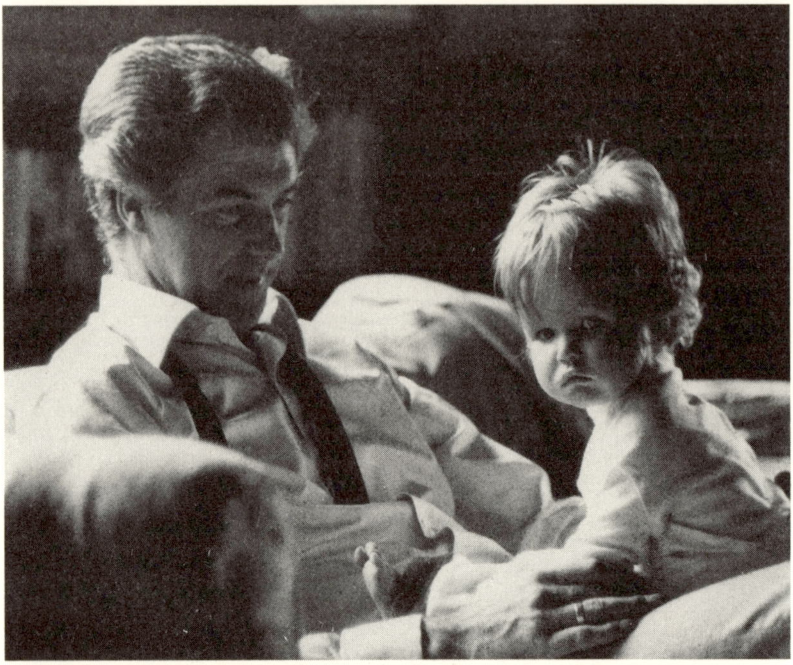

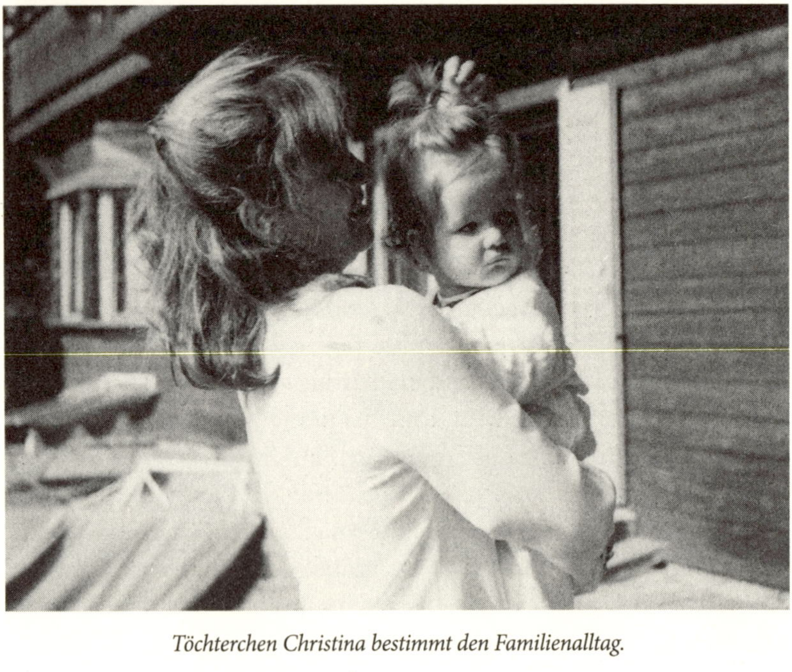

Töchterchen Christina bestimmt den Familienalltag.

Der Medienrummel um diese Geburt war einzigartig für die damalige Zeit. Ein Heer von Fotografen und Reportern umlagerte Tag und Nacht das Kinderkrankenhaus. Jeder wollte als Erster ein Foto von Mutter und Kind machen, um es auf die Titelseite seiner Zeitung zu bringen. Es ging sogar so weit, dass sich Journalisten, als Klinikpersonal verkleidet, Einlass ins Haus und zur Neugeborenenstation verschafften oder Krankenschwestern einen Fotoapparat in die Hand drückten, damit diese das begehrte Bild machten. Ärzte und Schwestern waren entnervt. Das Namensschildchen der kleinen Patientin wurde aus Sicherheitsgründen entfernt. Körbeweise trafen Glückwunschkarten und Geschenke ein. Ganze Kindergärten hätte Hilde mit Babykleidung und Plüschtieren ausstatten können. Sie freute sich über die Anteilnahme. Nur einen vermisste sie, ihren Halbbruder Heinz, der Onkel geworden war. Er meldete sich nicht bei Hilde. Dafür aber war Carroll Righter zur Stelle. Er stellte der im Sternkreiszeichen des Stiers geborenen Christina ein Horoskop, das nur Gutes verhieß.

An einem warmen Spätfrühlingstag konnten die glücklichen Eltern ihre Tochter endlich nach Hause holen. Cameron, der handwerklich sehr geschickt war, hatte Christina ein bezauberndes Kinderzimmer eingerichtet. Eine Kinderkrankenschwester war eingestellt worden, damit Hilde sich weiterhin von der Entbindung erholen konnte. Ein Großteil des Tages verbrachte die Familie bei schönstem Wetter in dem weitläufigen Garten ihres Anwesens oder auf der Terrasse des Hauses. Die Ruhe wurde aber bald schon von Eindringlingen gestört. Ununterbrochen schlugen die Hunde an, um vor den Fotografen und Reportern zu warnen, die sich rund um das Grundstück, ja sogar auf den Bäumen, mit Teleobjektiven postiert hatten, um Fotos zu schießen. Hilde tat einen Schritt nach vorn, so, wie sie es in solchen Situationen immer gemacht hatte. Sie beraumte einen Pressetermin im Haus an, um die Medien zufriedenzustellen. Die Ärzte hatten die Eltern ermahnt, das noch sehr zarte Kind besonders sorgsam vor möglichen Infektionen oder einer Erkältung zu schützen. Hilde bestand also darauf, dass alle Anwesenden einen Mundschutz trugen. Nachdem sie ihre Bilder im Kasten hatten, zogen die Reporter ab, und die Familie hatte ihre Ruhe.

Hilde, die sehr gläubig war, was sie in der Öffentlichkeit nie thematisiert hatte, ließ Christina protestantisch taufen. Die Zeremonie fand im eigenen Haus statt. Taufpaten waren der eigens aus Kalifornien angereiste Carroll Righter und René de Chochor ein Literaturagent, der seinem Patenkind zum Start ins Leben eine Aktie schenkte. Hilde hatte de Chochor bereits 1956 in St. Moritz kennengelernt und war seitdem mit ihm befreundet.

Hilde hatte sich erholt und strahlte vor Glück. Sie sah so gut aus wie selten zuvor. Die Geburt der Tochter hatte die Ehe wieder gefestigt, die gemeinsam überstandene Gefahr schweißte das Paar zusammen. Sie wollten alles dafür tun, Christina in einer harmonischen, friedlichen Umgebung aufwachsen zu lassen.

Hilde begann wieder Texte für ihre Lieder zu schreiben. Das wohl bekannteste »Für mich soll's rote Rosen regnen« entstand in dieser Zeit. Für all die überstandenen Strapazen wünschte sie sich einen Rosenregen, ohne bedacht zu haben, dass diese Blumen auch Dornen haben. Sie sollte sie noch allzu oft in ihrem Leben schmerzhaft spüren. Das Lied endet voller Tatendrang mit den Worten »Ich will!«. Hilde hatte wieder Mut und Kraft geschöpft, nur das Beste, was das Leben zu bieten hatte, für sich zu erkämpfen. Das »Rosenlied« sang sie zum ersten Mal in Vico Torrianis Show »Der Goldene Schuß«. Binnen kürzester Zeit wurden Tausende von Schallplatten mit dem Lied verkauft.

Das Wiegenlied »Doch hör nicht auf mich«, das sie für Christina schrieb, soll nicht unerwähnt bleiben. Darin formulierte sie die Ratschläge, die sie ihrer Tochter mit auf den Weg geben wollte: die Liebe zu bejahen, keine Angst zu haben, dankbar und selbstbewusst zu sein, keinen Neid aufkommen zu lassen, nicht auf die Ratschläge anderer, schon gar nicht auf die der Mutter zu hören, sich in erster Linie selbst und nicht die anderen zu fordern. Es ist ein anrührendes Lied, das Hilde nur auf einer einzigen Tournee sang, das war im Herbst des Jahres 1968.

Nach den Wochen der Ruhe und des Familienglücks musste Hilde wieder ans Arbeiten denken. Ihr Leben war kostspielig, noch dazu bekam sie von der Münchener Klinik eine enorm hohe Rechnung für die Entbindung. Sie hatte die Idee, eine Chansontournee mit einer Big Band zu unternehmen. Abgesehen vom gesundheitlichen Risiko war das wirtschaftliche nicht unwesentlich. Zwanzig Musiker zu bezahlen,

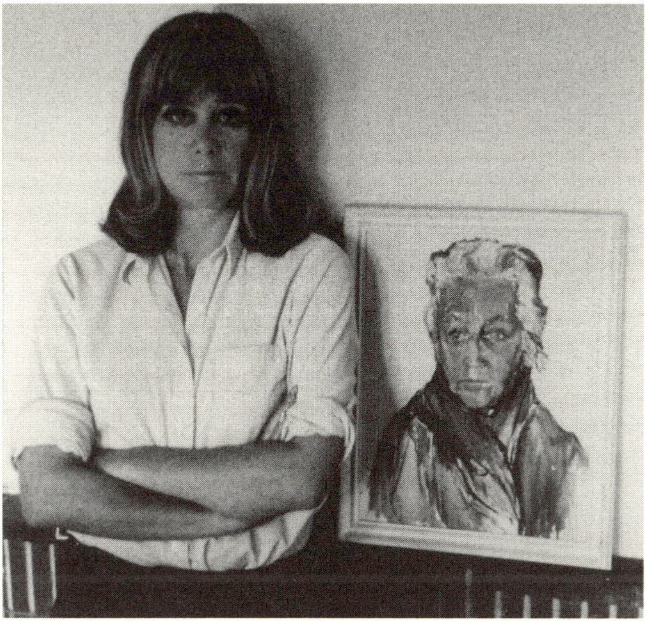

Hilde vor dem von ihr gemalten Porträt ihrer Mutter.

sie von einem Ort zum anderen zu transportieren und unterzubringen verschlang Unsummen. Hinzu kam die Unwägbarkeit, wie es klang, wenn sie mit ihrer Stimme gegen den großen Klangkörper einer Big Band ansang. Doch Hilde war fest entschlossen, wieder etwas Neues zu versuchen.

Die Verhandlungen für die Tournee mit dem Orchester Kurt Edelhagen verliefen erfolgreich. David Cameron war Regisseur und Produzent in einer Person, die Arrangements stammten von Hans Hammerschmid, und Hildes Garderobe wie immer von Pierre Balmain.

Die Proben gestalteten sich schwierig. Die Musiker spielten gegeneinander an, der Tonmeister war nicht in der Lage, die Anlage gut einzustellen. Nur Cameron behielt die Nerven, beobachtete alles aufmerksam und hörte genau hin, gab kurze, knappe Anweisungen und kritisierte Hilde besonders hart. Auf Außenstehende musste die Art ihrer Zusammenarbeit geradezu brutal wirken. Hilde aber nahm wie immer den Kampf auf und arbeitete mit großem Eifer, bis Cameron zufrieden war.

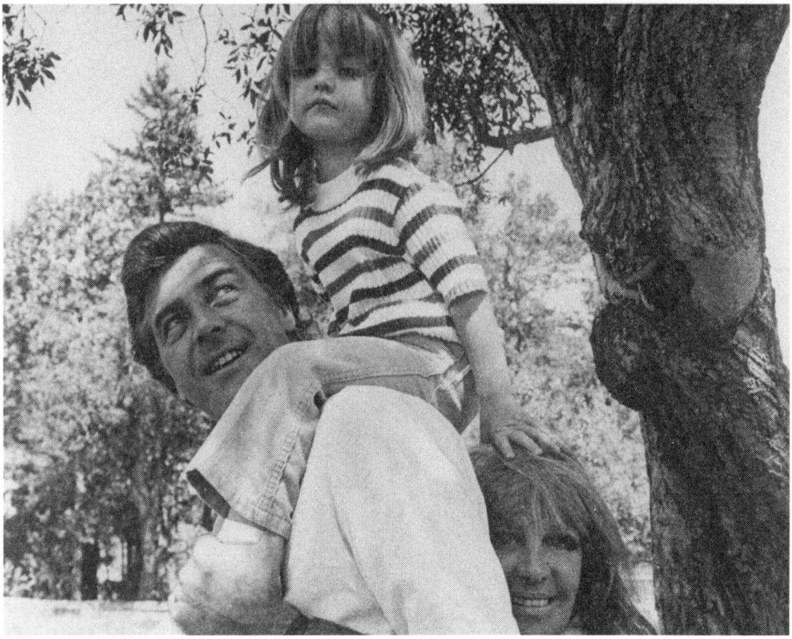

Die Familie genießt sorgenfreie Augenblicke.

Am 27. Oktober 1968 fand in Duisburg die Premiere der Tournee statt; sie endete nach 38 Konzerten am 14. Dezember in Hannover. Nach der dreistündigen Show fielen die Musiker todmüde und oftmals auch hungrig ins Bett, um am Morgen darauf in die nächste Stadt zu fahren. Besonderen Respekt hatte Hilde vor ihrem Auftritt in der Philharmonie und vor dem Chefdirigenten Herbert von Karajan. Es war für sie eine große Ehre, im Tempel der klassischen Musik vor ausverkauftem Haus singen zu dürfen. Ihre Tournee-Erwartungen wurden bei Weitem übertroffen. Das Publikum jubelte, es regnete rote Rosen und Hilde gab im Anschluss an die Konzerte geduldig Autogramme.

Hilde dachte immerzu sehnsüchtig an ihre kleine Tochter, die sie zu Hause zurückgelassen hatte. Sie telefonierte täglich mehrmals mit dem Personal und erkundigte sich besorgt nach Christinas Befinden, ob sie genug essen und genug schlafen würde. Sie hatte keine Wahl, allein auf ihren Schultern lastete die Verantwortung, die Familie zu ernähren. Die Tournee brachte Hilde trotz der hohen Kosten viel

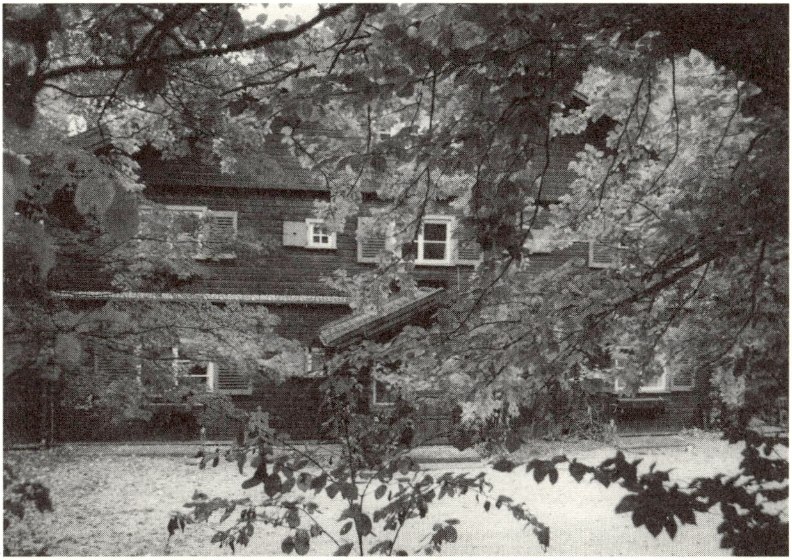

Der Birkenhof in Kemfenhausen.

Geld und viele Ehrungen ein. Die deutsche Musikfachzeitschrift *Musikmarkt* kürte sie zur »Sängerin des Jahres«. Ihre Schallplattenfirma Teldec überreichte ihr am 13. November, während ihrer Konzerttournee, in München die »Goldene Schallplatte« für drei Millionen verkaufter Platten.

Ein Vertrag verpflichtete sie noch zum Verfassen einer Kurzdokumentation mit dem Titel »Eine Berlinerin – Hildegard Knef«, bevor sie sich wieder ihrer mittlerweile fast sieben Monate alten Tochter voll und ganz widmen konnte. Sie feierten alle zusammen in Kempfenhausen Christinas erstes Weihnachtsfest. Im Januar 1969 reisten sie zu dritt nach Los Angeles zu Carroll Righter. Hilde überschätzte wieder einmal ihre Kräfte. Sie wurde so krank, dass Righter dafür sorgte, dass sie in einem Krankenhaus untersucht wurde. Die Ärzte waren sich über den Grund der Erkrankung nicht einig. Man behandelte eine mögliche Bauchfellentzündung mit Infusionen. Nach einer Woche konnte Hilde aus dem Krankenhaus entlassen werden. Schon während der Tournee hatte sie immer wieder über Bauchschmerzen geklagt, die aber von den Ärzten als psychosomatisch abgetan worden waren. Lampenfieber und Überanstrengung wurden als Ursache angenommen. Traubenzuckerinfusionen sollten ihre körperliche Konstitution stärken. Eine folgenreiche Fehldiagnose, wie sich später herausstellte.

Nach ihrer Rückkehr nach Kempfenhausen brauchte Hilde einige Zeit, um sich von der Tournee und der Reise in die USA zu erholen. Sie lebte zurückgezogen auf dem Birkenhof.

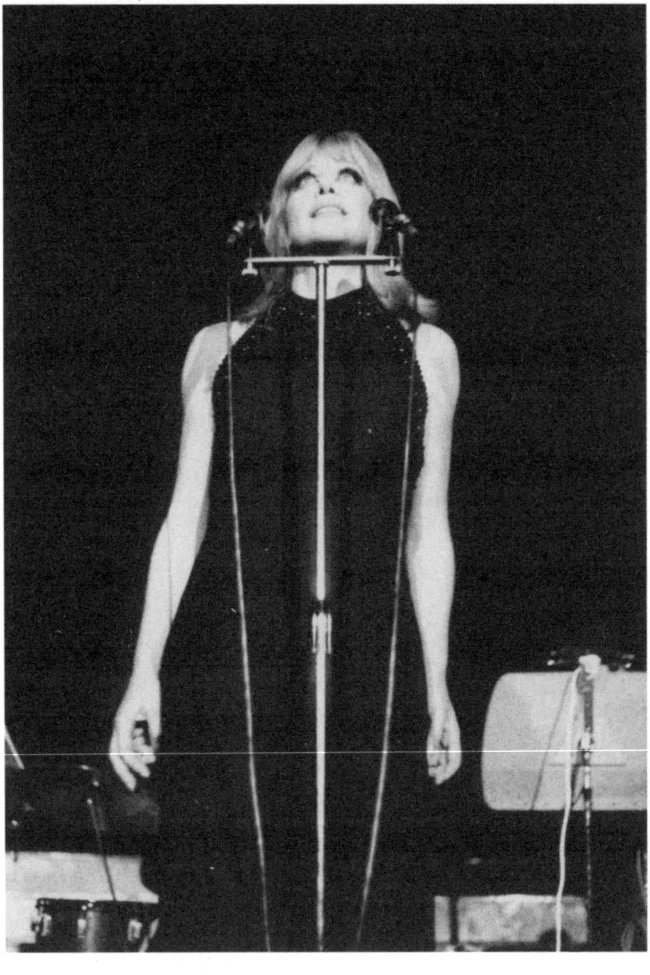

Immer nach der Pause trug Hilde ein schwarzes Abendkleid.

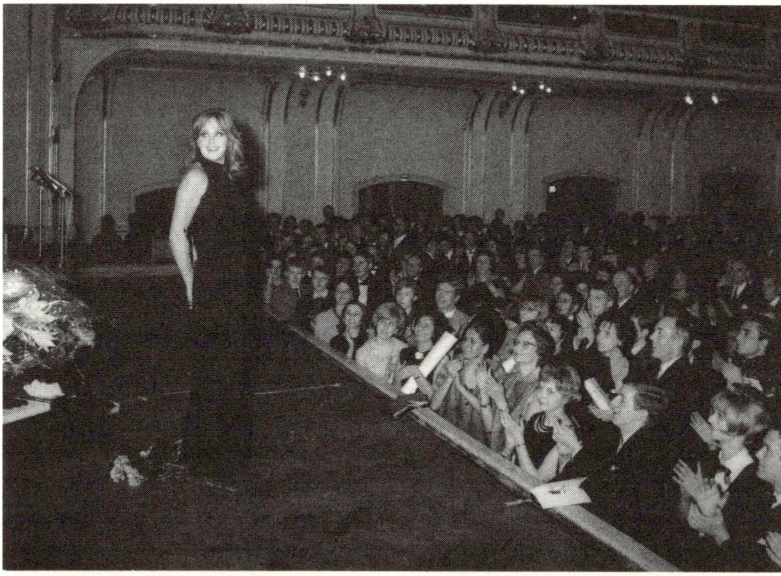

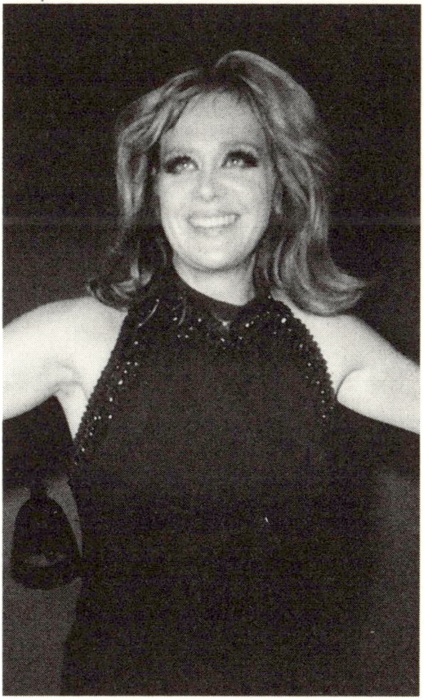

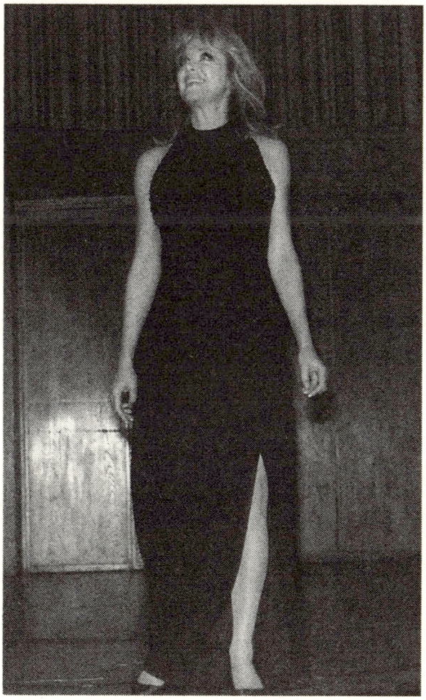

Hildegard Knef 1968 auf Tournee mit dem Orchester Kurt Edelhagen.

Der geschenkte Gaul

Am 1. März 1969 nahm Hilde die Arbeit an ihrem Erinnerungsbuch wieder auf. Anfangs tat sie sich noch immer schwer, die Kriegsereignisse zu Papier zu bringen. Diesmal jedoch war Hilde fest entschlossen und ging mit der ihr eigenen Disziplin zu Werke. Hilde wusste jetzt, wie sie ihr Buch gestalten wollte. Spannend, zum Teil autobiografisch und dem Zeitgeist entsprechend. Es sollte eine Real – Fantasie – Biografie werden. Und eine blühende Fantasie hatte sie ja. Die Wirkung ihrer Geschichten hatte sie ja ausgetestet und sie immer wieder so umerzählt, bis sie vollkommen mit der Resonanz ihrer Zuhörer zufrieden war.

Nach dem Frühstück zog sich Hilde in ein Nebengebäude zurück und schrieb dort vier bis fünf Stunden in völliger Abgeschiedenheit bis zum Mittag. Zwei bis drei eng getippte Seiten, ohne Punkt und Komma schrieb Hilde täglich bis zum gemeinsamen Mittagessen. Danach ruhte sie sich aus, und Cameron versah währenddessen den Text mit den nötigen Satzzeichen. Anschließend unternahm die Familie ausgedehnte Spaziergänge am Starnberger See. Hilde ging früh zu Bett, um ihren Arbeitsrhythmus am folgenden Tag wieder aufzunehmen. Und so hielt sie es Woche für Woche. Sie arbeitete zielstrebig an ihrem Buch, in der Hoffnung, erfolgreich zu sein.

Hilde hatte sich von der Öffentlichkeit zurückgezogen, und bald schon tauchten die ersten Fragen auf, womit sie sich gerade beschäftigte. Es war an der Zeit, der Presse mitzuteilen, dass sie an ihrer Autobiografie schreibe. Später sagte Hilde immer, sie hat ein Buch über eine Generation geschrieben, der Hitler die Jugend gestohlen hat. Die Anfragen von Verlegern ließen nicht lange auf sich warten. Das Interesse an ihrem Buch war groß. Anfang Mai kündigte sich der Verleger Fritz Molden an. Will Tremper, Reporter, Drehbuchautor und Regisseur, hatte ihm den Kontakt zu Hilde vermittelt. Molden las das Manuskript bis zum Abend und erklärte unumwunden, dass er es veröffentlichen wolle. Ein zweiter Leser des Manuskripts war Christinas Patenonkel René de Chochor, der zusammen mit Paul Fritz die Literaturagentur Linder AG, heute Paul & Peter Fritz AG, in Zürich gegründet hatte. Er war zu Besuch gekommen, um mit Christina ihren ersten Geburtstag zu feiern. Auch er war begeistert und riet Hilde und Cameron, Kontakt zu seiner und Fritz' Literaturagentur aufzunehmen, damit diese die schwierigen Vertragsverhandlungen für sie übernahm. Hilde bot ihr noch unfertiges Manuskript auf der Frankfurter Buchmesse 1969 verschiedenen Verlagen an. Angebote folgten und der Österreicher Fritz Molden und Rudolf Streit-Scherz aus der Schweiz überboten die anderen. Beide reisten nach Kempfenhausen, um Hilde ihre konkreten Angebote zu unterbreiten. Sie entschied sich für den Verlag Fritz Molden. Der Verlag war 1964 in Wien gegründet worden mit den Programmschwerpunkten Sach- und Memoirenliteratur sowie moderne Belletristik. Fritz Molden, 1924 geboren, war der Sohn von Ernst Molden, dem stellvertretenden Chefredakteur der *Neuen Freien Presse*, und von Paula von Preradović, einer Schriftstellerin, die unter anderem den Text der österreichischen Nationalhymne verfasst hatte. Fritz Molden wurde nach Beendigung des Zweiten Weltkriegs 1945 Sekretär des Außenministers und war in dieser Position für die Pressearbeit zuständig. 1946 arbeitete er als Auslandsredakteur der Tageszeitung *Die Presse*, die sein Vater neu gegründet hatte. Nach dessen Tod wurde er der Herausgeber des Blattes und gründete in den Folgejahren weitere österreichische Zeitschriften, bis er sich 1964 seinen Traum vom eigenen Buchverlag erfüllte. Molden war ein Mann der Tat, er hatte Visionen und war der Verleger, den Hilde sich wünschte.

Nach Abschluss der Vertragsverhandlungen, die Paul Fritz für Hilde geführt hatte, ahnten Hilde und Cameron, dass das Buch finanziell ein Riesenerfolg werden könnte, womit sich die Frage stellte, ob sie dem deutschen Finanzamt einen Großteil des Gewinns überlassen wollten. Nein, sie wollten nicht! Die Entscheidung, das Land zu verlassen, wurde ihnen durch die enorme Baulärmbelästigung vom Nachbargrundstück leichter gemacht, der sie schon seit Längerem ausgesetzt waren. Hinzu kam, dass Hilde wetterfühlig auf das Münchener Föhnklima reagierte. Welcher Ort hätte als neuer Wohnsitz näher gelegen als St.

Moritz, wo Hilde einstmals so erholsame Wochen nach ihrer kräftezehrenden Zeit am Broadway verbracht hatte. Freundin Vera Kálmán, Witwe des Operettenkomponisten Emmerich Kálmán, vermittelte ihnen dank ihrer Freundschaft zum Schweizer Bundespräsidenten binnen kürzester Zeit eine Aufenthaltsgenehmigung. Sie kümmerte sich auch um eine Wirtschafterin und ein Kindermädchen. Freunde hatten für sie das Anwesen »Belvair« gefunden, das sie mieteten. Es war alles andere als schön, dazu noch unbequem und glich eher einem Notquartier, in dem Hilde nur ihr Buch zu Ende schreiben wollte. Sie fühlte sich dort nicht wohl, so abgeschnitten von der Welt. Im Winter waren die Straßen, die zu ihrem Haus führten, tief verschneit und die Fahrt zu ihnen gefährlich. Es war anders als am Starnberger See, wo Einkaufsstraßen zum Bummeln und kulturelle Einrichtungen nur einen Katzensprung weit entfernt gewesen waren. Da sie mehr Zeit im Haus verbringen musste, als ihr lieb war, richtete sie es mit besonderer Sorgfalt ein. Es sollte gemütlich und bis ins letzte Detail nach ihren Vorstellungen eingerichtet sein. Wich auch nur die kleinste Kleinigkeit davon ab, reagierte Hilde ungehalten. In dieser Zeit sagte Carroll Righter einmal über Hilde, sie fröne ihrer »divine discontent«, ihrer göttlichen Unzufriedenheit. Ja, es ging sogar soweit, dass sie keinen Sinn mehr für das Schöne hatte, das sie umgab, sondern nur noch den Makel sah. Sie machte ihrem Mann und ihrer Wirtschafterin das Leben schwer. Nur im Zusammensein mit Christina wurde sie weich und war im Spiel mit ihr unendlich geduldig.

Hilde packte der Ehrgeiz, Skifahren zu lernen, um es den vielen St.-Moritz-Besuchern gleichzutun, die tagsüber die Skipisten bevölkerten und zum Après-Ski die vornehmen Clubs, Hotels und Chalets besuchten. Der alpine Skisport war nichts für sie, daher entschied sie sich für den Skilanglauf. Zusammen mit Cameron nahm sie sich einen Skilehrer und schon bald glitten sie gekonnt über die gut gespurten Loipen der Umgebung. Hilde tat die Bewegung an frischer Luft gut. Sie schöpfte neue Kraft für ihre Arbeit. In beiden wuchs der Wunsch nach einem eigenen Haus, nicht zuletzt für Christina, der sie ein sicheres Zuhause geben wollten. Aber zuvor musste Hilde ihr Buch zu Ende schreiben. Der Abgabetermin rückte immer näher. Ein Titel war schon gefunden: »Der geschenkte Gaul. Bericht aus einem Leben« und der Klappentext

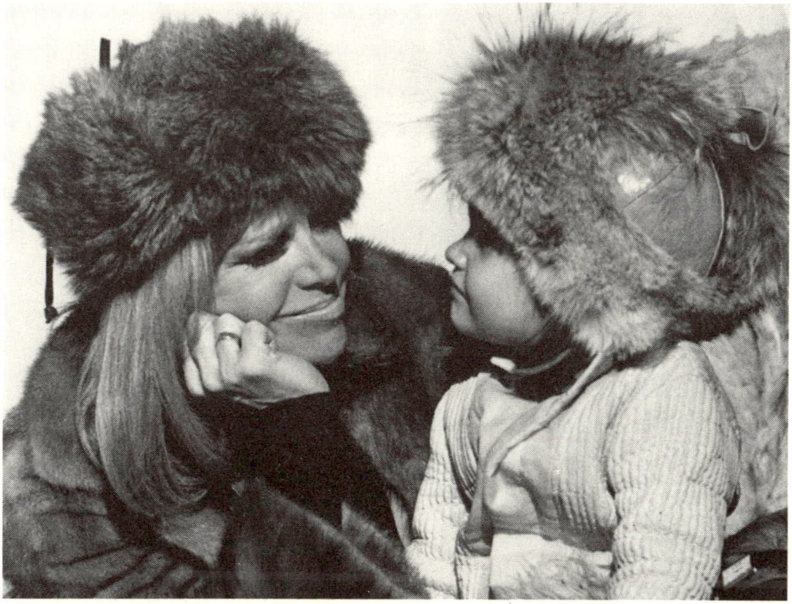

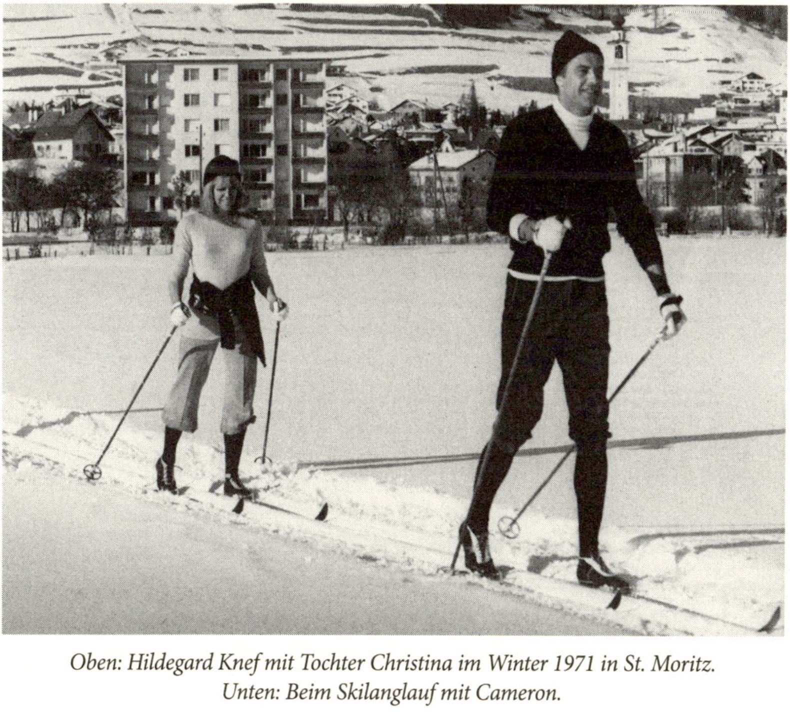

Oben: Hildegard Knef mit Tochter Christina im Winter 1971 in St. Moritz.
Unten: Beim Skilanglauf mit Cameron.

erläuterte ihn bildhaft: »Das Leben hat Hildegard Knef oft genug aus dem Sattel geworfen. Trotzdem bleibt es für sie der ›geschenkte Gaul‹, der nicht immer bequem ist, den man aber stets behält, weil er ein Geschenk ist …« Ganz bewusst hatte Hilde im Untertitel offengelassen, ob es sich wahrheitsgetreu um ihr Leben handelte. Sie war klug genug zu wissen, dass man es mit einer Autobiografie nie allen recht machen konnte, dass viele Haare in der Suppe gefunden werden würden. Mit ihrem unverwechselbaren Berliner Humor, ihrem Sprachwitz und ihrer dichterischen Kraft gelang ihr ein großer Wurf. Im Stakkatostil und in einer mitunter stark fragmentierten Erzählweise, die oftmals auf Adjektive verzichtete, zeichnete sie das Bild ihrer Generation. Die Klammer des »Berichts« bildete am Anfang eine Liebeserklärung an den Großvater und am Ende eine Tagebuchaufzeichnung über ihre Tochter Christina an ihrem zweiten Geburtstag. Hilde schilderte ihre Kindheit und ihre Schulzeit, in der feste Orientierungsmuster vorgegeben waren, die sich während des Krieges mehr und mehr auflösten, sie erzählte von den Nachkriegsjahren als einer Zeit materieller Not, in der es vor allem darum ging, die eigene Existenz zu sichern. Scharfsichtig skizzierte sie das Bild der amerikanischen Gesellschaft der 1950er-Jahre, in der sie sich als junge Schauspielerin zurechtfinden musste, ihre Karriere am Broadway und das Leben mit Freunden – berühmten wie weniger berühmten. Ihre Karriere als deutsche Chansonsängerin spielte im Buch keine Rolle. Die Erlebnisse dieses Lebensabschnittes waren zu nah, als dass Hilde schon darauf hätte zurückschauen können.

Hilde hatte nie in Schablonen gelebt, hatte nicht den Zeigefinger erhoben, um zu urteilen oder gar zu richten, sie wollte nur zum Nachdenken anregen – ob bewusst oder unbewusst lässt sich schwer entscheiden. Hilde wusste, wie dünn der Grat war, auf dem sie als Schriftstellerin wandelte – gab sie alles preis, würde sie als Exhibitionistin abgestempelt, die auf nichts und niemanden und am allerwenigsten auf sich selbst Rücksicht nahm, was sie angreifbar und verletzlich machen würde. Erzählte sie zu wenig von sich, gewänne der Leser den Eindruck, dass sie zu diskret sei, weil sie niemandem schaden wolle. Um der vielen guten Geschichten willen ließ Hilde deshalb ihre Fantasie spielen. Ihre sogenannte Autobiografie ist zuallererst ein spannender Roman. Am besten gelingt ihr das Selbstporträt, die vielen widersprüchlichen Facetten ihrer Persönlichkeit vermag sie mal ernst, mal selbstironisch einzufangen: couragiert und ängstlich, schnoddrig und sentimental, naiv und clever, selbstbewusst und warmherzig, Kumpel und Geliebte. Wer spektakuläre Enthüllungen erwartete, wurde von dem Buch enttäuscht.

Carl Zuckmayer, den Hilde liebevoll Zuck nannte, konnte ihrer Bitte, ein Vorwort zum Buch zu schreiben, nicht nachkommen. Er bedauerte es sehr, zu viel zu tun zu haben, wünschte ihr aber mit ihrem Gaul »guten Galopp über viele Runden«. Zuckmayer hatte 1966 seine Autobiografie veröffentlicht, die Hilde sehr aufmerksam gelesen und von der sie sich vermutlich passagenweise hatte inspirieren lassen. So zum Beispiel von Zuckmayers Gedanken, dass man in Wahrheit nicht verlieren kann, was man je wesentlich erfasst und besessen hat, weder Glück noch Schmerz. In ihrem Lied »Eisblumen« von 1969 fanden sich diese Gedanken wieder:

> Nichts geht verloren,
> die Angst nicht, der Zorn,
> die Kraft von vor langer Zeit.
>
> Nichts geht verloren,
> kein Traum und kein Wunsch.
> Nichts geht verloren, es bleibt.

Zuckmayer und Hilde hatten in Hollywood in denselben Kreisen verkehrt, ähnliche Erlebnisse gehabt und gleiche Beobachtungen gemacht. Es überraschte nicht, dass sie diese auch ganz ähnlich schilderten – vor allem die weit verbreitete Lebensart, über das eigene Budget zu leben, um nicht aus der Gemeinschaft ausgeschlossen zu werden. Auch über ihre Unkenntnis des jüdischen Brauches, am Vorabend des Sabbat Kerzen anzuzünden und keinen Strom zu benutzen, schrieben beide in verschiedenen Zusammenhängen. Ende Mai 1969 vollendete Hilde zum vereinbarten Zeitpunkt ihr Werk. Die ganze Familie reiste anschließend samt Wirtschafterin, Christinas Physiotherapeutin – sie litt seit ihrer schwierigen Geburt an einer Bindegewebsschwäche – und Hund nach Cogolin, in der Nähe von Saint Tropez, an die Côte d'Azur.

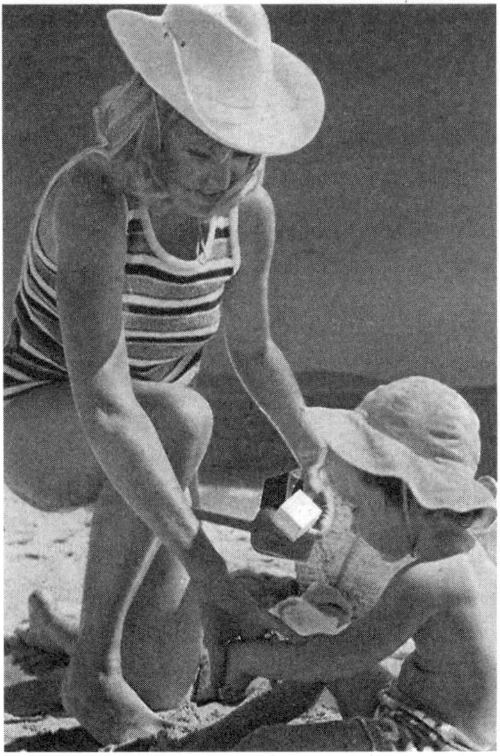

Die Familie genießt sorgenfreie Augenblicke.

Dort hatten sie für drei Monate ein Haus gemietet. In langen Gesprächen schmieden Cameron und Hilde den Plan, gleich nach ihrer Rückkehr in Österreich nach einem Haus zu suchen. Bald schon fanden sie eines, das ihnen gefiel: eine Ruine bei Gmunden, siebzig Kilometer von Salzburg entfernt. Sie kauften das Haus, beziehungsweise das, was davon übrig war, und beauftragten einen Architekten mit dem Wiederaufbau. Da niemand von ihnen eine Vorstellung davon hatte, was man daraus machen konnte, scheiterte das Vorhaben. Hilde und Cameron hatten fortan auch keine Zeit mehr, sich darum zu kümmern.

Der Erfolg der Autobiografie hatte eine Sprengkraft, die niemand vorausgesehen hatte. »Der geschenkte Gaul« erschien 1970 nahezu zeitgleich mit den Büchern gefeierter Autoren wie Johannes Mario Simmel, Henri Charrière und Alexander Solschenizyn. Simmel hatte mit »Und Jimmy ging zum Regenbogen« einen autobiografisch inspirierten Roman über die Machenschaften von Geheimdiensten geschrieben, Charrière schilderte in »Papillon« in einer Mischung aus Fiktion und Fakten seine Kriegsjahre und Solschenizyn sein Leben im Gulag. Sein Buch »Der erste Kreis der Hölle« war schon 1968 erschienen.

Der Gaul galoppierte auf den Bestsellerlisten auf Platz 1. Molden hatte nicht umsonst 250.000 DM in die Werbung für das Buch gesteckt. Dieselbe Summe hatte er Hilde als Vorabhonorar gezahlt und eine Beteiligung von 17 Prozent der Erlöse ab dem 100.000. verkauften Exemplar mit ihr vereinbart. Auf der Frankfurter Buchmesse sprach man nur von einem Buch: »Der geschenkte Gaul«. Über den Zufahrtsstraßen zur Messe waren Transparente befestigt, auf denen jeder Messegast lesen konnte: »Hildegard Knef bei Molden«.

Hilde hatte eine straff organisierte Lesereise zu absolvieren, die sie in noch so kleine Provinzstädtchen führen sollte. Das Team war bald so eingespielt, dass Hilde einige Wochen lang drei bis vier Buchhandlungen täglich besuchte, um dort aus ihrem Buch zu lesen und in bis zu dreihundert Bücher stündlich eine Widmung zu schreiben und sie zu signieren. Das Buch wurde ihr förmlich aus den Händen gerissen. Molden hatte eine Startauflage von 50.000 Exemplaren gewagt, doch bereits im September, einen Monat nach Erscheinen der Erstauflage, musste er nachdrucken lassen. Im Oktober erschien dann die dritte Auflage. In nur drei Monaten waren 175.000 Exemplare an die Leser gebracht worden. Im Juni 1977 hatte Molden 17 Auflagen von insgesamt 830.000 Büchern verkauft. Das Buch wurde in 17 Sprachen übersetzt und weltweit millionenfach verkauft.

Die Presse feierte Hilde, bis auf wenige Ausnahmen. Eine Stimme war darunter, die schon Jahre zuvor von Hildes angeblichen Misserfolg am Broadway berichtet hatte. Sie würde im Fernsehen eine Werbeschlacht für ihr Buch veranstalten, so lautete der Vorwurf, und ihrem Verlag damit Werbeausgaben von rund 2,3 Millionen Mark ersparen, wie ein findiger Journalist errechnet hatte. Andere Zeitschriften sprangen für sie in die Bresche, es sei nur legitim, dass sie über ihr großartiges Werk in der Öffentlichkeit spreche. Andere Kritiker verrissen ihren Stil und wieder andere kritisierten ihre Haltung zum NS-Regime, warfen ihr vor, sich nicht entschieden genug dagegengestellt zu haben. Hilde war bei der Machtergreifung Hitlers gerade einmal sieben Jahre alt gewesen. Warum sie die Gesinnung ihres Geliebten Ewald von Demandowsky nie in Frage gestellt hatte, blieb allerdings unbeantwortet. Auch der Vorwurf, sentimental gegen sich selbst und hart gegen andere zu sein, blieb nicht aus.

Hilde wusste, wie wichtig es war, die Medienmaschine nicht stillstehen zu lassen. Es war notwendiger als je zuvor, Gegenstand des öffentlichen Gesprächs zu sein. Die Macht der Journalisten ging so weit, dass sie einen Menschen zum Star machen konnten, aber genauso schnell konnten sie ihn auch wieder demontieren und fallen lassen. Hilde spielte dieses Spiel mit. Sie kalkulierte nicht, sondern sie riskierte alles und ging bis an ihre Grenzen. Sie war von ihrem Können und ihrem Talent überzeugt. Hilde traf mit ihrem »Lebensbericht« den Nerv der Zeit. Die Leser konnten sich mit den beschriebenen Vorkriegs-, Kriegs- und Nachkriegserlebnissen identifizieren, sie hatten das alles so erlebt und erlitten, gedacht und gefühlt, wie Hilde es schilderte. Das Buch ebnete einen Weg, sich mit der Vergangenheit auseinanderzusetzen, über die Erinnerungen zu sprechen, über die bisher geschwiegen worden war.

Es folgten Lesereisen in die Länder jenseits der deutschen Grenzen, in deren Sprachen »Der geschenkte Gaul« übersetzt worden war.

Cameron musste bis Dezember 1970 die Übersetzung ins Englische vorlegen, über die er einen Vertrag geschlossen hatte. Jetzt saß *er* tagtäglich an der Schreibmaschine und mühte sich, alles so getreu wie möglich in seine Muttersprache zu übertragen, und dabei nichts von Hildes Wortwitz und ihrem Sprachstil verloren gehen zu lassen. In dieser Zeit wechselten sie ihr Domizil in der Schweiz noch einige Male, immer in der Hoffnung, sich in dem neu bezogenen Haus wohler zu fühlen als in dem vorherigen.

Auf Wunsch des Verlags reisten Hilde und Cameron in die USA, um dort das Buch in der englischen Übersetzung unter dem Titel »The gift horse« zu präsentieren. Schon am Flughafen wurden sie mit einer Liste der Städte empfangen, in denen sie erwartet wurden. Sie reisten von einer Talkshow zur nächsten – die bedeutendsten Talkmaster wie David Frost und Dick Cavett waren von Hildes Offenheit und ihrer

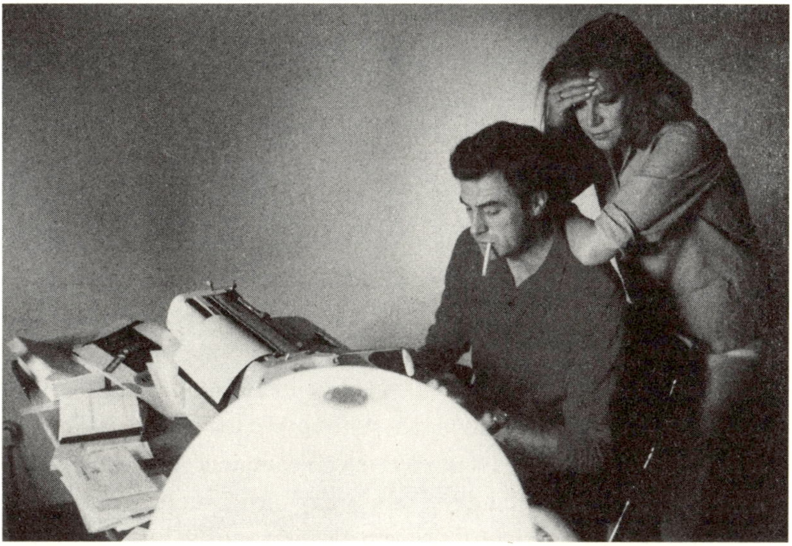

Cameron an der Schreibmaschine beim Übersetzen, Hilde sieht ihm zu.

Ehrlichkeit begeistert und luden sie ein, bald wieder in ihre Show zu kommen. Nicht einmal der Frage, ob sie je einen Menschen getötet hätte, wich sie aus. Ja, antwortete sie, sie hätte eine Handgranate auf einen Menschen geworfen, der mit einem Bajonett in der Hand auf sie zugerannt wäre - ein Erlebnis, über das sie nie zuvor gesprochen hatte. Die Erinnerung daran war für sie noch immer schwer zu ertragen, dennoch stellte sie sich der Verantwortung für die Tat, redete sich nicht heraus und beschönigte nichts. Das allein machte sie glaubwürdig und sympathisch. Sie trat in Amerika selbstbewusst unter ihrem deutschen Namen und nicht mehr unter ihrem amerikanischen Künstlernamen Hildegarde Neff auf. Amerika, das die Schrecken des Krieges nie im eigenen Land zu spüren bekommen hatte, war von Hildes Auftreten beeindruckt. Sie wagte es auch, die Darstellung Hitlers und Nazi-Deutschlands in amerikanischen Filmen zu kritisieren. Das Perfide, Grausame und Menschenverachtende des Systems werde als Clownerie und Klamauk verharmlost.

Hilde wurde sogar in einer amerikanischen Fernsehshow gebeten, deutsche Chansons zu singen. Sie meisterte alle Auftritte mit Bravour. Umso ungehaltener war sie, als der Assistent eines Talkmasters sie anrief und in ein vollkommen belangloses Gespräch verwickelte. Hilde wurde immer ungeduldiger, weil sie nicht wusste, worauf ihr Gesprächspartner hinauswollte. Schließlich fragte sie ihn, was er eigentlich von ihr wolle. Er gestand ihr, dass er sie einem Sprachtest unterzogen habe, um sicherzugehen, dass sie in der Show in verständlichem Englisch antworten konnte. Kürzlich sei Romy Schneider zu Gast gewesen. Sie hätte die englische Sprache so mangelhaft beherrscht, dass der Talkmaster das schleppende Gespräch abbrechen musste. Hilde empörte sich, sie habe jahrelang in Amerika gelebt und gearbeitet, womit die Angelegenheit wohl erledigt wäre.

Vor ihrem Rückflug kauften sich Hilde und Cameron in New York noch einige Zeitungen, in denen sie zu ihrer großen Freude lasen, dass »The gift horse« auf Platz 1 dreier verschiedener Bestsellerlisten sei, unter anderem auf der der *New York Times*. Aus London erreichte sie eine weitere gute Nachricht: Cameron hatte für seine Übersetzung von der »British Translators Association« den Schlegel-Tieck-Preis verliehen bekommen, die höchste Auszeichnung für Übersetzungen. In der deutschen Botschaft in London nahm er die Ehrung vom Botschafter persönlich entgegen.

Hildes Schallplattenfirma produzierte ein Doppelalbum mit Textauszügen aus dem »Geschenkten Gaul«, gelesen von Hildegard Knef.

Neue Wege

Hilde und Cameron verdienten so viel Geld wie nie zuvor und gaben es mit vollen Händen aus. Sie leisteten sich jeden erdenklichen Luxus. Sie mieteten sich eine Zweitwohnung an der Hamburger Außenalster, in der einstmals auch Gustaf Gründgens gewohnt hatte. Ganz in der Nähe wohnte Romy Schneider mit ihrer Familie. Ihre Wege kreuzten sich aber nur selten.

Ein besonders wichtiges Ereignis führte Hilde am 3. September 1971 wieder einmal in ihre Heimatstadt Berlin. Bundespräsident Gustav Heinemann hatte sie eingeladen, auf dem alljährlich stattfindenden Sommerfest im Garten des Schlosses Bellevue zu singen. Es war der Abend der Unterzeichnung des Viermächte-Abkommens über Berlin.

Im selben Jahr noch beschritt Hilde neue musikalische Wege. Zusammen mit den Les Humphries Singers produzierte sie die Schallplatte »Worum geht's eigentlich?«, auf der sie Lieder im Disco- und Popmusikstil singt. Die Texte stammten allesamt von ihr. Der englische Popmusiker und Komponist Les Humphries war mit seiner 1969 gegründeten Formation aus dreizehn Sängern in Deutschland sehr erfolgreich. Ab Anfang der 1970er-Jahre verkaufte er vierzig Millionen Platten. Humphries lebte seit 1966 in Hamburg. Er verliebte sich während der Arbeit im Tonstudio in Hilde und bat sie, sich von Cameron scheiden zu lassen und ihn zu heiraten. Liebevoll kümmerte er sich um Christina und verwöhnte sie mit Schokolade und Bonbons. Hilde rückte ihr Verhältnis zu ihm mit klärenden Worten zurecht, als er vor ihren Augen einem Mann einen Faustschlag ins Gesicht versetzte, weil der es gewagt hatte, sie zum Tanzen aufzufordern.

Zwei Lieder auf der Schallplatte verdienen besondere Beachtung. »Was? Dir geht's gut?« thematisiert voller Ironie das Bedürfnis vieler Menschen, einem anderen sein Lebensglück zu missgönnen und zu zerstören. »Da muss doch was zu machen sein. Dir wird das Lachen

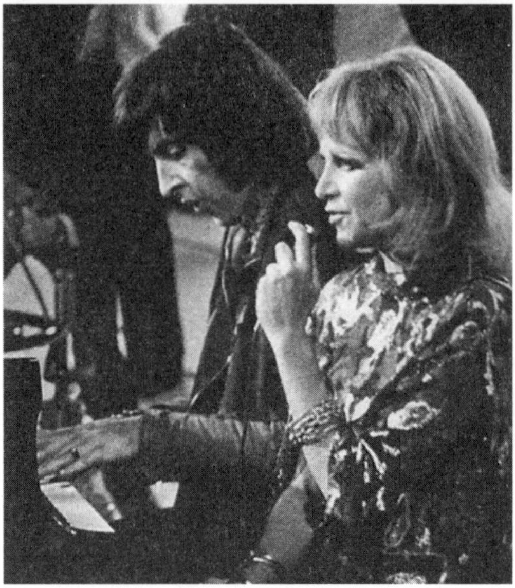

Hilde 1971 mit Les Humphries, dem Komponisten, Sänger und Gründer der Gesangsgruppe Les Humphries Singers. Mit ihm entstand die LP »Worum geht's hier eigentlich«.

schon vergehen«, singt Hilde in dem Lied. Oft genug war sie in Zeiten des Erfolgs und des Glücks dieser Missgunst begegnet. Sie wusste genau, wovon sie sprach. Als pädagogisch wertvoller Text wurde er 1982 in das Schulbuch für den Deutschunterricht im Bundesland Bremen aufgenommen.

Das zweite Lied hieß »Mein Freund« und war Hildes Abschiedsgeschenk an Ludwig Marcuse, der am 2. August 1971 im oberbayerischen Bad Wiessee gestorben war. Seit 1962 hatte Marcuse wieder in Deutschland gelebt. Er hatte mit Hilde noch immer in losem Briefkontakt gestanden und ihr in der Endphase der Fertigstellung ihrer Autobiografie einen genauen Zeitplan ausgearbeitet, damit sie es termingerecht ablieferte. In jenem Brief sprach er Hilde mit »Sie« an – es war wieder das altbekannte Verhältnis des Lehrers zu seiner Schülerin. Er hätte sich gern mit Hilde getroffen, für sie wäre er aus seinem „Elfenbeinturm", wie er sein Haus nannte, herausgekommen. In ihrer Gegenwart hätte er sich nicht gelangweilt. Nach dem Motto »Besser allein sich langweilen, als in Gesellschaft gähnen« lebte er seit dem Tod seiner Frau sehr zurückgezogen. Hilde vertröstete ihn immer wieder, weil sie keine Zeit hatte und ihren Verpflichtungen nachkommen musste. Als sie eines Tages die Zeitung aufschlug, las sie zu ihrem Entsetzen, dass Marcuse gestorben war, ohne dass sie ihn noch einmal gesehen hatte. In dem Lied »Mein Freund« trauert sie um ihn und bekennt sich schuldig, sein Bitten um ein Wiedersehen nicht ernst genommen zu haben:

Ich wollt ihn sehen, wollt ihn sprechen oder auch schreiben,
schon gestern … spätestens morgen.
Hast Du mich gebraucht? Brauchst Du mich jetzt?
Was habe ich versäumt? Was versäum ich jetzt?
Wirst Du beweint? Von wem, wenn nicht von mir?

Es war nicht das einzige Mal, dass Hilde mit einem Lied eines Freundes oder eines geliebten Menschen gedachte. 1968 entstand in Zusammenarbeit mit Charly Niessen das Chanson »Zwei Meter Bein« – eine Liebeserklärung an Cameron. Und in »Dein erstes graues Haar« verspricht sie ihm, ihr ganzes Leben an seiner Seite verbringen zu wollen:

Der Mann für tausend Jahre,
den ich in jeder Farbschattierung liebe,
bist du.

Voller Wehmut erinnerte sich Hilde in dem Lied »Wie war deine Stimme?«, das sie auf ihrer Schallplatte »Und ich dreh' mich nochmal um« sang, an ihre Mutter:

Wie war deine Stimme?
Wie war dein Gang?
…
doch warum
kommt die Stimme nicht zurück?

Deine Stimme, die doch die erste war,
die ich hörte?

Im Frühjahr 1972 beschlossen Hilde und Cameron, ihren Wohnsitz dauerhaft nach Hamburg zu verlegen. Schon das Weihnachtsfest hatten sie in der Hansestadt verbracht. Romy Schneider und Harry Meyen hatten sich selbst eingeladen. Ihr Fernsehgerät war kaputt, und Romy wollte unter allen Umständen eine bestimmte Sendung sehen. Hilde und Cameron blieb nicht verborgen, dass die beiden Streit gehabt hatten. Romy sprach kein Wort mit Meyen, sondern konzentrierte sich voll und ganz auf die Fernsehsendung. Hilde mühte sich vergeblich, eine gute Gastgeberin zu sein, bot Getränke an und versuchte ein Gespräch in Gang zu bringen. Meyens Antworten blieben einsilbig.

Cameron und Hilde verlebten noch einen Party-Winter mit der Schickeria von St. Moritz in der Schweiz, bevor sie die Koffer packten.

Molden drängte Hilde, über ein nächstes Buch nachzudenken. Ihr Erstlingswerk brachte zwar genügend Geld ein, aber es war ganz in Hildes Sinn, an etwas Neuem zu arbeiten. Sie beschloss, die Lebensgeschichte ihres Freundes Pali Meller-Marcowics aufzuschreiben. Er war der Produzent der Schallplatte »Die geliebte Stimme«, die 1961 erschienen war. Seitdem waren Hilde und Cameron mit ihm befreundet. Sie schrieben einander seitenlange Briefe. Meller-Marcowics war gebürtiger Ungar und wurde, nachdem seine Eltern im Konzentrationslager umgekommen waren, von seinem Vormund in einem Priesterseminar untergebracht. Kurz vor der Priesterweihe verließ er es. Obwohl er homosexuell war, heiratete er zunächst. Nach seinem Germanistikstudium war er für die Schallplattenindustrie tätig. Hilde gab ihr Buchvorhaben zwar wieder auf, erwähnte ihn aber unter dem Pseudonym Dimi in ihrem Buch »Das Urteil oder der Gegenmensch«, das Molden 1975 herausbrachte. Molden gab nicht so schnell auf. Er hatte nach Hildes missglücktem Schreibversuch eine andere Idee. Er wollte die Liedtexte Hildegard Knefs zusammen mit Gedichten von ihr veröffentlichen. Hilde war von der Idee angetan, kaufte sich verschiedene Lyrikbände und zog sich mit ihnen stundenlang zurück, um sich der Thematik in Ruhe zu nähern. Besonders angetan war sie von Günter Grass' Gedichtband »Die Vorzüge der Windhühner«. Je intensiver sie sich mit den Gedichten befasste, umso stärker wuchs ihre Verzweiflung darüber, die »Machart« nicht zu erkennen. Cameron stand ihr bei. Er las ihr Grass' Gedichte so lange vor, bis sie den Rhythmus der

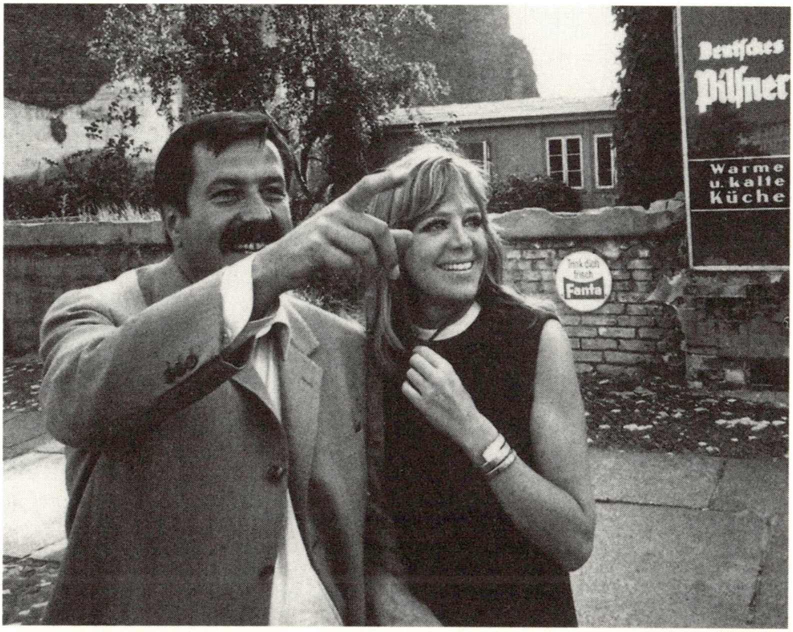

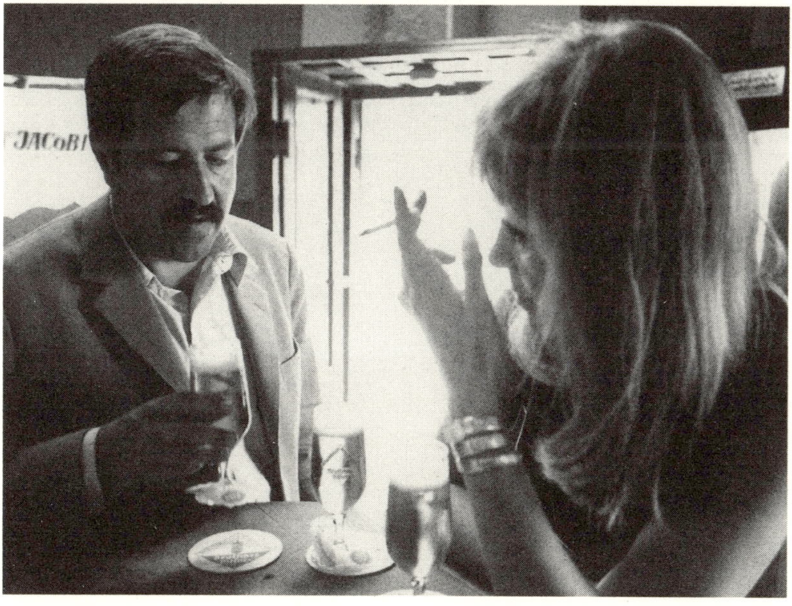

Hildegard Knef und der Schriftsteller Günter Grass 1967 bei einem Bummel durch Berlin und im Gespräch bei einem Glas Bier.

Verse in sich aufgenommen hatte. Voller Tatendrang setzte sie sich an ihre Schreibmaschine. Das Ergebnis war das Buch »Tapetenwechsel«, das 1972 in einer Auflage von 100.000 Exemplaren erschien. Molden hatte darin Liedtexte, Gedichte und die beiden Erzählungen »Totensonntach« und »Das zweite Buch« zusammengestellt.

Ein Leben zwischen Mühle und Krankenhaus

Ende Mai 1972 beschlossen Hilde und Cameron, Hamburg wieder den Rücken zu kehren, was allerdings leichter gesagt als getan war. Sie hatten die Wohnung für ein Jahr gemietet und fanden auf die Schnelle keinen Nachmieter, der sie von dem hohen Mietzins hätte entlasten können. So mussten sie ihn in voller Höhe tragen. Sie suchten lange Zeit vergeblich in der Schweiz nach einem neuen Heim. Vorübergehend lebten sie im Engadin, als ihnen ihr österreichisches Anwesen, die alte Mühle, die sie vollkommen vernachlässigt und aus den Augen verloren hatten, wieder in den Sinn kam. Sie beschlossen, den Umbau noch einmal in Angriff zu nehmen.

Die Ehe befand sich zu dieser Zeit wieder in einer Krise. Ein beruflicher Fehlschlag Camerons verhärtete die Fronten. Sean Connery war 1967 als James Bond von der Leinwand abgetreten. Da sein Nachfolger George Lazenby beim Publikum nicht ankam, waren die Produzenten gezwungen, nach einem neuen Bond-Darsteller zu suchen. Connery hatte es abgelehnt, erneut in die Rolle des 007 zu schlüpfen. So kam es, dass Cameron nach London zum Casting eingeladen wurde. Er zögerte, und Hilde musste ihn überreden hinzufliegen. Sie begleitete ihn sogar zu den Probeaufnahmen in den Pinewood Studios. Er bekam einen Text, den er zum nächsten Tag zu lernen hatte. Cameron war nicht begeistert, wieder vor der Kamera zu stehen. Er hatte sich an seinen Part im Hintergrund gewöhnt. Und so war er auch nicht traurig, dass Roger Moore der neue James-Bond-Darsteller wurde.

So zufrieden er auch mit der Rolle war, die er im Eheleben der Palastangas spielte, müssen die beruflichen Misserfolge doch an ihm genagt haben. Später beklagte er sich, dass er an der Seite seiner Frau immer in der Angst gelebt habe, seine Identität zu verlieren.

Auch Hilde verabschiedete sich auf ihre unvergleichlich direkte und offene Art von dem Leben als Schauspielerin. Dem US-Filmmagazin *Variety* gestand sie: »Ich werde nie wieder einen Film drehen, es sei denn, Armut zwingt mich dazu.« Noch einmal klang hier die Verbitterung über ihre Rollen in den vielen schlechten Filme an, die sie aus Geldnot hatte annehmen müssen. Aber nicht nur der Leinwand wollte sie fernbleiben, wie sie in einem Interview in der Zeitschrift *Das Neue Blatt* am 21. August 1971 zitiert wurde:

»Ich habe keine Lust mehr, Theater zu spielen, Filme zu machen, auf eine Konzerttournee zu gehen. Ich mach mir nichts mehr aus dieser oberflächlichen Arbeit.«

Sie brüskierte ihr Publikum und die Öffentlichkeit, die ihren Bestsellererfolg für ihre Arroganz verantwortlich machten.

Ihre Konzertaktivitäten gab Hilde selbstverständlich nicht auf. Nach einem Galakonzert 1972 in Amsterdam wurde ihr der Edison-Preis überreicht, eine Auszeichnung für ihre Texte.

Vom Engadin aus beauftragten Hilde und Cameron einen Architekten mit dem Umbau der »Mühle im Feld«, wie das Anwesen am Traunsee in Oberösterreich hieß. Diesmal hatten sie genaue Vorstellungen davon, was daraus entstehen sollte.

Die Mühle stammte aus dem Jahr 1449 und war 1920 zu einem Vierkanthaus umgebaut worden. Hinter dem Wohnhaus befanden sich zahlreiche Nebengebäude, ehemalige Wirtschaftsräume, Kuh- und Schweinestall, eine Tenne sowie eine Werkstatt. Hilde und Cameron malten sich in ihrer Fantasie ihr zukünftiges Eldorado aus; einen Brunnen sollte es geben und viele Pflanzen, die das weitläufige Grundstück verschönern würden. Und für Christina sollte es ein Spielparadies werden.

Weil ihre langjährige Haushälterin gekündigt hatte, engagierte Hilde Freundinnen ihrer Mutter, ihr die Wirtschaft zu führen. Doch diese hatten nichts Besseres zu tun, als gegen Cameron zu intrigieren, was ihnen auch gelang. Cameron hatte bisher die finanziellen Angelegenheiten der Familie geregelt. Doch nun entzog Hilde ihm ihr Vertrauen und ließ sich Abrechnungen vorlegen. Cameron wollte sich nicht so behandeln lassen. Er gab die Verwaltung der Finanzen in professionelle Hände und entschied sich für eine Züricher Treuhandgesellschaft.

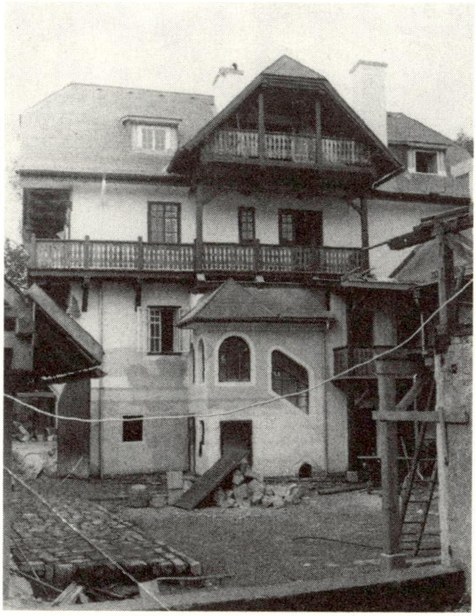

Die Mühle bei Gmunden.

Er liebte und verehrte Hilde noch immer und wollte sich unter keinen Umständen von Christina trennen. Nicht zuletzt hatte er auch wegen seiner ungeklärten beruflichen Situation Angst davor, ohne Hilde zurechtkommen zu müssen.

Im April 1973 zog die Familie in das Jagdschloss Strobl am Wolfgangsee, das dem Prinzen von Fürstenberg gehörte. Sie wollten den Umbau der Mühle aus der Nähe beaufsichtigen. Das Jagdschloss war ein düsteres Anwesen, vollgestopft mit Jagdtrophäen aus aller Welt und uraltem Mobiliar. Auf Hilde wirkte das Haus museal und furchteinflößend. Der Beginn der Umbauarbeiten an der Mühle verzögerte sich, zum einen wegen des schlechten Wetters, zum anderen dadurch, weil der Fiskus wegen der hohen Steuerschulden des Vorbesitzers die Hand auf dem Anwesen hatte. Die Eintragung ins Grundbuch zog sich hin. Hilde und Cameron waren verzweifelt. Hinzu kam, dass Hilde schwer erkrankte. Cameron fuhr sie ins 400 Kilometer entfernte Baseler Krankenhaus, wo man ihr nach einer gründlichen Untersuchung die Gebärmutter entfernte. Hilde wachte während der Operation für Momente auf und erlebte einen Teil des Eingriffs bei vollem Bewusst-

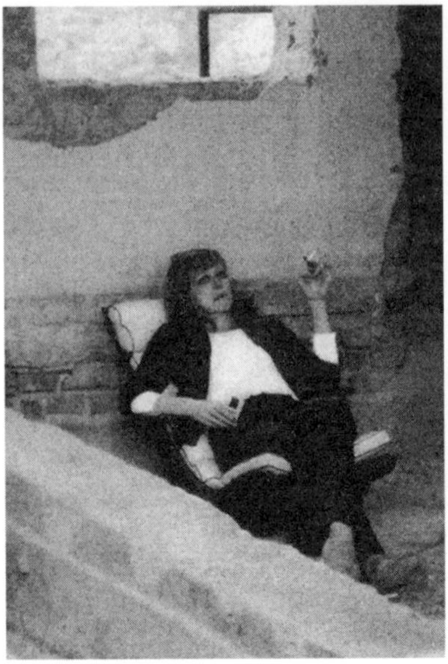

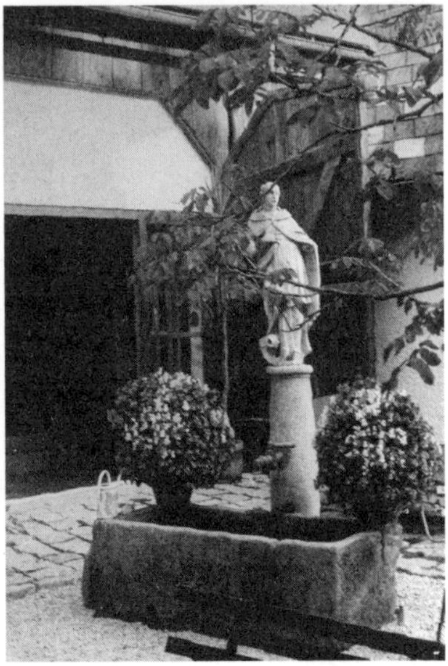

Linkes Bild: Hilde wieder zwischen »Ruinen«. Die Mühle wird von Grund auf erneuert. Rechtes Bild: Die Steinmadonna, die einst als Schutzheilige im Hof der Mühle stand, fand immer einen Platz in Hildes späteren Wohnungen.

sein. Wenige Tage später wurde sie noch einmal operiert. Hohes Fieber war ihre Reaktion auf einen Abszess im Bauchraum und einen drohenden Darmverschluss. Die Ärzte vermuteten, dass dies die Folgen des schwierigen Kaiserschnitts waren. Trotz starker Medikamente litt Hilde unerträgliche Schmerzen. Sie entdeckte einen Knoten in ihrer Brust. Es wurde mammografiert, der Knoten punktiert und eine harmlose Zyste diagnostiziert. Nach mehreren Wochen konnte Hilde das Krankenhaus endlich verlassen – allerdings mit dem Hubschrauber, weil sie weiterhin liegen musste.

Inzwischen hatte der Umbau der Mühle begonnen. Während der Bauarbeiten stellte man fest, dass fast alles erneuert werden musste. Cameron war täglich auf der Baustelle, um die Handwerker zu beaufsichtigen. Hilde hätte ihn lieber um sich gehabt, denn ihre Gesamtverfassung war nicht die Beste. Dennoch erholte sie sich erstaunlich gut, nur die Zyste beunruhigte sie. Der erfahrene Gynäkologe Professor Günther Reiffenstuhl aus Salzburg hatte die Nachbehandlung Hildes übernommen. Er besuchte sie regelmäßig in Strobl. Die Spannung zwischen den Eheleuten blieb ihm nicht verborgen. Häufig, so erzählte der Arzt, beobachtete er, dass Cameron sich sein Essen allein zubereitete und auch allein aß. Eines Tages zeigte Hilde dem Arzt den Knoten in ihrer Brust. Er bat sie, sobald es ihr wieder besser gehe, in seine Klinik zu weiteren Untersuchungen zu kommen. Ein Chirurg entnahm ihr bei diesem Krankenhausbesuch eine Gewebeprobe. Diesmal wurde Brustkrebs diagnostiziert. Die Lymphknoten waren noch nicht befallen. Gefragt, ob sie mit der Operation einverstanden sei, stimmte Hilde ohne zu zögern zu. Der Eingriff fand am 6. August 1973 statt. Zur Sicherheit folgten zwanzig Kobaltbestrahlungen. Hilde kannte bis dahin keine Schlafstörungen, jetzt nahm sie starke Medikamente ein, um ein- und durchschlafen zu können. Der Schock über die verlorene Brust stellte sich erst später ein. Sie wollte leben und für ihre gerade einmal fünf Jahre alte Tochter wieder gesund werden. Noch im selben Jahr schrieb Hilde ein Lied für Christina, eine Liebeserklärung, die sie nach ihr benannte. Sie ermunterte Christina darin, so selbstbewusst zu sein, wie sie selbst es immer war: »Ich bin, und wer bist du?« Das Lied erschien auf der Schallplatte »Porträt in Gold«, die sie mit den Les Humphries Singers aufnahm.

Cameron besuchte sie oft im Krankenhaus und berichtete von den Fortschritten des Mühlenumbaus. Beide freuten sich darauf, ihr neues Zuhause einzurichten. Die Ehe war noch immer schwierig. Cameron hatte sich zwischenzeitlich sogar eingeredet, dass Hilde die Brustoperation hatte vornehmen lassen, um ihn an sich zu binden und die Ehe auf diese Weise zu retten. Welch absurde Idee bei all dem Leid, das Hilde durchzustehen hatte! Nach der Entlassung aus dem Krankenhaus zog sie sich mit Christina zur Erholung in das Pfarrhaus eines befreundeten katholischen Priesters nach Unterwössen im Chiemgau zurück. Hier wollte sie wieder Kraft und Mut schöpfen. In einem anderen Gästezimmer des Hauses logierte für einige Tage Professor Joseph Ratzinger, heute Papst Benedikt XVI. Mit ihm führte Hilde bis in die Nacht hinein lange Gespräche über die Dogmen der katholischen Kirche.

Während ihrer Abwesenheit wurde die Mühle für Hilde auf das Feinste hergerichtet. Sie bekam ein Hallenbad und einen Fitnessraum,

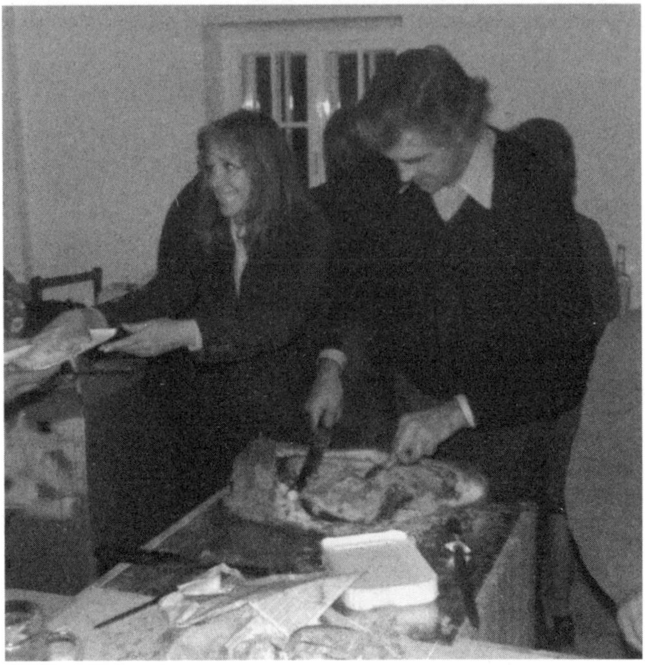

20. Oktober 1973 – Hilde und Cameron feiern mit Freunden und Handwerkern Richtfest in der Mühle.

die Wohnräume und die Bäder wurden aufwendig ausgestattet – mit ihren Antiquitäten und dunklem Holzmobiliar, so wie Hilde es mochte – und sie leisteten sich ein 140 Quadratmeter großes Wohnzimmer. Geld schien keine Rolle zu spielen. Hilde hatte ganz genaue Vorstellungen von der Einrichtung, sie skizzierte die Anordnung der Möbel und entwarf die Stoffe für die Sitzgruppen. Es wurde üppig dekoriert mit Bildern, Spiegeln, Wand- und Tischlampen, Pflanzen und Holzmadonnen und anderen Devotionalien. Hilde betete oft und dankte Gott für alles, was sie im Leben erreicht hatte, und dass sie die schweren Krankheiten überstanden hatte. Ihre vielen Bücher fanden wieder Platz in wandhohen Regalen. Die Küche sollte in Orange eingerichtet sein und Raum für große Tischrunden mit Freunden bieten. Hildes Begeisterung für die Küchenarbeit hielt sich allerdings weiterhin in Grenzen. Sie hatte zwei linke Hände; griff sie zum Messer, schnitt sie sich, Teller fielen ihr aus der Hand, und sie konnte nach wie vor nicht gut kochen. Eine Anekdote, die Hilde immer wieder gerne erzählte, bezeugt, dass selbst Christina ihre Mutter davor bewahren wollte, in der Küche Unheil anzurichten. Als sich Christina eines Tages ein Omelett zubereitete und Hilde fragte, ob sie die Küche betreten dürfte, antwortete Christina: »Ja, aber bitte unternimm nichts!« Also ging Hilde stattdessen voller Begeisterung wieder der Gartenarbeit nach, jätete Unkraut und pflanzte Blumen.

Nachdem Hilde sich erholt hatte, begannen die Bestrahlungen. Sie hatte zeitweise noch starke Schmerzen. Weitere Untersuchungen ergaben, dass Hilde unter einem Darmverschluss litt. Cameron musste ihr zur Schmerzlinderung Methadon spritzen, das in genau bemessenen Abständen verabreicht wurde, um die Suchtgefahr einzugrenzen. Als es zum großen Bruch mit Cameron kam, ging dieser für eine Zeitlang zu seinem Bruder nach England und überließ Hilde sich selbst. Sie dosierte ihre Injektionen fortan nach ihrem Schmerzempfinden, und die Situation geriet außer Kontrolle. Hilde war launisch, das Kumpelhafte, ihr Charme, wich immer mehr einem zänkischen, misstrauischen und zynischen Gehabe. Diese Wesensveränderung blieb den Menschen in ihrer Umgebung nicht verborgen.

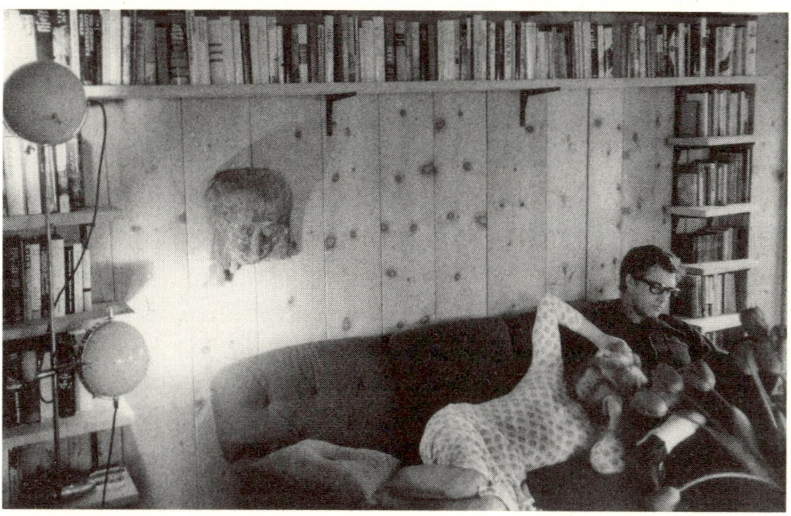

Hilde und Cameron ganz entspannt. Links im Bild der legendäre Mumiendeckel.

Was war zwischen den beiden vorgefallen? David Cameron hatte vom Salzburger Landestheater das Angebot bekommen, »My fair Lady« zu inszenieren. Glücklich über die Chance, die ihm geboten wurde, nahm er an. Hilde war empört darüber, dass ihm der gebotene Luxus offenbar nicht genügte. Sie empfand es als unverzeihlichen Affront. Die Kluft zwischen beiden vertiefte sich unüberbrückbar. Cameron reiste von England aus über Paris nach Salzburg und begann mit seiner Arbeit.

Hilde gibt nicht auf

Trotz der vielen Krankheiten, die sie 1973 durchzustehen hatte, war Hilde nicht untätig gewesen. *Der Spiegel* beauftragte sie, für das Heft Nr. 49 vom 3. Dezember 1973 Norman Mailers Marilyn-Monroe-Biografie zu besprechen. Unter dem Titel »Ich liebe sie, weil er sie liebte« verdichtete sie ergreifend hoch poetisch die 272 Seiten lange Liebeserklärung Mailers an Monroe:

»Er liebte sie, die Tablettensüchtige, Schlafmittelverdorbene, Benutzte, Ausgebeutete, Ausgelieferte, die der Liebe nachrennt und auf Matratzen erfriert. Er liebt sie, die bei unfrisiertem Blondhaar sich aufzulösen droht, die bläßlich und kaum vorhanden, wenn ungeschminkt; die gefärbt und operiert an Ecken und Enden und wenn geschminkt von rührender Schönheit, als wäre ein Lämpchen angegangen und mit letztem Tupfer Lippenlack zum Scheinwerfer erstrahlt. Sie, die unendlich abhängig von Äußerem, um Inneres zu beleben und wiederzugeben, liebt er so oder so, ungewaschen, auch verschlampt, selbst übelriechend, so dass feinnervige Verkäuferinnen sich entrüstet beschweren – schon eilt er an ihre Seite, spricht genüsslich von den Gerüchen, die ein Künstler braucht, weil sie ihn an etwas erinnern könnten, woran er just an diesem Tag erinnert sein möchte. Und ich liebe sie, weil er sie liebt.«

Mitfühlend reihte sie all die auf, die sich mitschuldig gemacht hatten am Tod der Monroe, die sie ausgenutzt und ausgebeutet und schließlich allein gelassen hatten.

»Eilig blättere ich vor und zurück, um mich meiner bisherigen Anteilnahme zu vergewissern und auch um sie zu rechtfertigen. Prompt lese ich mich fest an seiner wilden Freude, mit der er ihre Knallsexzeit, die Zimperliche aufjaulen lässt, beschreibt. Und ich entschließe mich, ihm und ihr Adieu zu sagen …«

1974 schrieb Hilde ein anrührendes Lied für Marilyn Monroe, »Und sie hieß Marilyn«, das sie auf ihrer Langspielplatte »Ich bin den weiten Weg gegangen« sang. Noch einmal gedachte sie der wunderbaren Schauspielerin, die umschwärmt, begehrt und zugleich unendlich einsam gewesen war.

Und sie hieß Marilyn
ein scheues Kind
ein dreistes Kind
ein Waisenkind

Mit Namen Marilyn
wer kannte nicht
wer wusste nicht
die traurige Geschicht'
des Mädchens Marilyn

Und sie hieß Marilyn
sie blieb allein
ein Leben lang
ein kurzes Leben lang
…

Die Schallplatte produzierte David Cameron in München. Hilde komponierte zu dem Lied »Ich gebe alles auf« sogar erstmals die Musik. Im Titelsong »Ich bin den weiten Weg gegangen« bekennt sie, oftmals im Leben im Kreis gelaufen zu sein, ohne dass sie dabei weiser geworden wäre.

Die Arbeitsatmosphäre zwischen dem einstmals Hand in Hand arbeitenden Paar war angespannt. Allen Trennungsgerüchten zum Trotz zeigte sich Hilde am Abend der Premiere von »My fair Lady«, am 4. Dezember 1974, auffallend gut gelaunt und strahlend an Camerons Seite. Unter allen Umständen wollte sie in der Öffentlichkeit den Schein einer guten Ehe wahren. Hilde war in allen Lebenslagen eine gute Schauspielerin. Cameron hatte mit Freunden besprochen, Hilde professionelle Hilfe zur Bekämpfung ihrer Medikamentenabhängigkeit zu vermitteln. Im Gespräch mit Cameron zeigte sie sich einsichtig und offen für seine Ratschläge, tatsächlich aber misstraute sie ihm, unterstellte ihm Geldgier und befürchtete, dass er Christina benutzen würde, um seine Pläne durchzusetzen.

Hilde dachte schon seit Wochen darüber nach, ein Buch über ihre Krankenhauszeit zu schreiben. Molden war begeistert und schickte ihr sogar eine Sekretärin, die schon bald Hildes Vertrauen gewann. Doch sie intrigierte gegen Cameron, der sich, ohne dazu Anlass gegeben zu haben, der ungezügelten Eifersucht seiner Frau ausgesetzt sah. Der Verlust ihrer intakten körperlichen Schönheit mag mit dazu beigetragen haben, ihm sein Aussehen und seinen Charme zu neiden, wovon er nichts eingebüßt hatte. Jede Frau, die das Haus betrat, selbst Christinas Therapeutin, wurde von Hilde mit Argusaugen beobachtet.

Eine Wunderheilerin hielt Einzug ins Haus. Sie setzte Hilde auf Nulldiät. Einzig ihre Lippen durfte sie mit einem feuchten Tuch benetzen. Hilde hatte Angst davor, dass Krebszellen im Körper zurückgeblieben waren und sich vermehrten. Sie wollte alles dagegen unternehmen, dass die Krankheit noch einmal ausbrechen konnte. Sie nahm dafür in Kauf, dass das Familienleben vollkommen zum Erliegen kam. In dieser Zeit schrieb sie ihr Buch »Das Urteil oder der Gegenmensch«.

Das Urteil

Hilde schilderte in dem Buch ihre gesammelten Krankenhauserfahrungen und ihre Erlebnisse mit Ärzten sämtlicher Fachrichtungen. Sie spitzte ihre Beobachtungen zu in der Beschreibung des ewigen unversöhnlichen Gegeneinanders der Menschen, der Krankenschwestern gegen die Oberschwester, der Ärzte gegen den Chefarzt. Sie wollte das Image der »Halbgötter in Weiß« ankratzen und die »heilige Kuh« Krankenhaus schlachten. Ihre Konzerttournee im Jahr 1968 nahm sie zum Anlass, den Kampf des Musikers gegen den Dirigenten, des Künstlers gegen die Presse und des Ehemanns gegen die Ehefrau zu beschreiben. Auffällig ist in diesem Teil des Buches der Wechsel der Erzählperspektive: Sie nimmt Abstand von sich selbst, indem sie von der Sängerin in der dritten Person spricht. Auf diese Weise legte sie sich einen Schutzschild zu, machte sich unverwundbar gegen die harte Kritik ihres Mannes:

»Am neunten Tag begann die Arbeit zwischen David, dem Regisseur, und Hilde, der Sängerin (...) Uneingeweihte mußten glauben, daß sich hier ein in Liebe und auch Freundschaft verbundenes Ehepaar zwecks langwieriger, doch nicht übermäßig anstrengender Arbeit zusammengetan. Ihre monosilbige Art, sich zwischen den Liedern zu verständigen, ließ auf ein Maximum an Eintracht schließen, und niemand ahnte (...) daß sich eine neue, mit jeder Arbeit brutaler werdende Phase anbahnte, eine Phase, die oft von unbegreiflicher Härte, in der es weder Zugeständnisse noch Zwischenlösungen, noch Schonung, Nachsicht oder gar Liebesbezeigungen geben würde. Die Zeit der Rücksichtslosigkeit und Forderung hatte begonnen. Gelungenes und Gekonntes, andere in Begeisterung Versetzendes würde er hinnehmen, als stünde ihm nicht weniger als perfekte Darbietung zu; Unausgereiftes, noch Unsicheres oder gar Schlechtes würde er vorgeben zu überhören und übersehen, als sei es eine den Regisseur beleidigende Entgleisung. In der Art, wie er übersah und überhörte, schien abgrundtiefe Verachtung zu liegen, die sie bis an den Rand, auch über den Rand ihrer oft mangelhaften Selbstbeherrschung trieb (...) Ihre Zusammenarbeit stand unterm Zeichen der Brutalisierung ihrer Beziehung.«

Diese Form der Distanzierung durch Perspektivwechsel hatte ihr in dem Nachruf, den Ludwig Marcuse selbst für sich verfasst hatte, gut gefallen. Nun verwendete sie ihn in ihrem eigenen Buch, um das Mitgefühl des Lesers zu gewinnen, nicht aber sein Mitleid. Der dritte Teil des Buches befasst sich mit den schweren Kinder- und Jugendjahren David Camerons, bevor es mit einem Tagebucheintrag an Christinas siebtem Geburtstag, am 16. Mai 1975, endet. Hilde ermahnte ihre Tochter in der ihr eigenen bildreich verdichteten Sprache, auf den Gegenmenschen gefasst zu sein, der auch ihr eines Tages begegnen werde:

»Mein Großvater – Dein Urgroßvater – erzählte mir ausschließlich von der Schönheit, dafür unterschlug er mir die Menschen, allesamt, ob Gegenmensch, ob Mitmensch, er klammerte sie aus, leugnete sie ab, hielt hartnäckig an seiner Nichtbeachtung fest. Ich ›entdeckte‹ sie sozusagen auf eigene Faust und brach mir zuweilen – wohl auch deshalb – sämtliche Gräten. Ich will Dich warnen: warnen vor der Erbärmlichkeit, der Fassade des Wissens, hinter der sich die Wüstenlandschaft menschlicher Eitelkeit dehnt; warnen vor den Menschen, die jenen Vögeln ähnlich, die den Krokodilen Fleischreste aus dem Kiefer picken, den ›Zahnbürsten‹ der Natur, nur daß der Menschheit ›Zahnbürsten‹ nutzlos und sich ausschließlich dem Gesetz der Zerstörung und des ›Mitessens‹ verschrieben. Sie essen Kraft, Gedanken, Heiterkeit, Liebe, Schönheit, Güte; sie sind die Barracudas und treten zumeist in Rudeln auf. Ich fürchte den Tag, an dem Du das erste Mal nicht wegen EINES Menschen, sondern wegen vieler Menschen weinen wirst; das ist der Tag, an dem Dich die Pest der Hoffnungslosigkeit befällt. Sie ist heilbar. In der Schönheit wird sie, zwar langsam und von Rückfällen gezeichnet, ausheilen. Beim Malen, zum Beispiel. Du mußt nicht begabt sein, nur gib es nie auf, das Malen, das Du jetzt so begnadet betreibst, daß jeder Impressionist in die Knie gehen möchte.

Als der typische Enkel Deines Urgroßvaters erschien mir als Kind nichts so aufregend wie ein Berg, den noch kein Mensch betreten, ich glaubte, er trüge Gottes unverwischte Spuren; außer diesen Spuren liebte ich den Großvater, der wiederum mich, Schönheit und Erfolg liebte. In dieser Reihenfolge. Den Erfolg liebte er, weil er – so nahm er an – vor der Berührung mit dem Gegenmenschen bewahrt.

Da wir bei den Warnungen sind: Ich habe Dir etwas Gefahrvolles vererbt: die Fähigkeit der absoluten Konzentration und Hingabe an einen einzigen Menschen. Da bitte ich Dich: halte die Zügel Deiner bedingungslosen Liebe, fürchte sie ein wenig, denn in der Liebe bist Du ungeschützt und verletzbar wie nie zuvor. Deine unverkennbare Neigung, bedingungslos zu lieben, wird Dir heftig blutende Wunden schlagen; sei's drum, nur verbluten darfst Du nie. Denn nur sehr wenige ertragen das Geschenk der Liebe; sie ertragen es ebensowenig, wie sie das Geschenk des Lebens ertragen, und des Jägers Interesse erlischt beim Anblick des Erlegten. Suche zögere warte prüfe.«

Cameron konnte nicht mehr täglich Hildes Manuskript lesen, weil die von Molden geschickte Sekretärin nun statt seiner an Hildes Seite war. Als er eines Tages einige Kapitel zu Gesicht bekam, war er über die Aggressivität des Textes schockiert. Hilde verschloss sich diesmal seinen Einwänden. Nach Erscheinen des Buches gab es folgerichtig Proteste von Seiten der Mediziner, die sich zu Recht angegriffen fühlten. Hilde unterstellte dem Baseler Chirurgen, der ihre Unterleibsoperation durchgeführt hatte, dass er ihren Knoten in der Brust nicht als Krebs diagnostiziert hatte. Böse Vorwürfe trafen den Arzt, der den Kaiserschnitt ausgeführt hatte, um Christinas Leben zu retten. Ihm warf Hilde Fahrlässigkeit vor, die sie in eine lebensbedrohliche Lage gebracht hätte. Keiner der Ärzte erhob jedoch Klage gegen Hilde – sie hielten sie für psychisch krank und seelisch instabil. Sie war in einem Maße medikamentenabhängig geworden, dass Cameron in seiner Not den Salzburger Arzt, der sie operiert hatte, in die Mühle kommen ließ. Dieser schätzte Hildes Zustand als so bedrohlich ein, dass er zu einer sofortigen sechsmonatigen Entziehungskur in einem Sanatorium riet. Vergeblich, denn Hilde widersetzte sich seinem Rat. Sie fand immer wieder Ärzte, die ihr bedenkenlos alles verschrieben, worum sie bat. Wahrsager und schlechte Berater taten das ihre. In dieser desolaten Verfassung stellte Hilde ihr Manuskript fertig.

»Das Urteil« erschien im Mai 1975 mit einer Startauflage von 120.000 Exemplaren. Im Juni musste Molden 20.000 Bücher nachdrucken lassen und noch im selben Monat gab es eine dritte Auflage. Nach nur zwei Monaten waren 200.000 Bücher verkauft. Die Presse war geteilter Meinung, Literaturkritiker warfen Hilde einen deformierenden Satzbau vor, der Zusammenhanglosigkeit zur Folge hätte. Die Journalisten rissen sich dennoch um ein Interview mit ihr, der Frau, die dem Tod so nah gewesen war. Sie hatte ein Überlebensbuch geschrieben, das sich mit einem gesellschaftlichen Tabu beschäftigte, mit dem Sterben. Das Leben, so verteidigte sie ihr Buch, findet nicht ohne das Sterben statt – es ist das Schicksal aller Menschen. Und sie nahm mit dem Buch Abschied von ihrem Körper, dem Körper, der unverhüllt den ersten Nachkriegsskandal verursacht hatte. Frauen warfen ihr vor, maskulin zu denken. Ja, sie hatte im Laufe ihrer Karriere eine Wandlung vollzogen, eine Wandlung von der »Reproduzierenden« auf der Bühne und auf der Leinwand zur »Produzierenden« als Dichterin und Sängerin. Niemand von ihren weiblichen Kritikern ahnte, wie dünnhäutig sie nach ihren Konzerten war, wie zärtlichkeitsbedürftig, wie müde von ihrer Rolle als Dompteurin des Publikums. Sie distanzierte sich von der Emanzipationswelle, die mit aller Macht heranrollte – auch ohne die weiblichen Attribute, die sie eingebüßt hatte, liebte sie ihren Körper und fühlte sich als vollwertige Frau.

Auf der Buchmesse 1975 erschien Hilde auf der Pressekonferenz perfekt geschminkt, in weißem Jerseykostüm, rosafarbener Bluse und weißem Cowboyhut. Sie war stolz auf ihr Buch. Nicht als geldgieriges Mannequin für Krebs betrachte sie sich, sondern vielmehr wollte sie auf die Einsamkeit des Patienten und seine Entmündigung aufmerksam machen, auf die unzureichende Forschung gegen tödlich verlaufende Krankheiten wie Krebs, auf die Ungerechtigkeit der Leistungsgesellschaft, die Kinder und Alte vernachlässigte, weil sie den Etat belasteten. Sie forderte Menschlichkeit und Barmherzigkeit. Hildes Buch war eine Liebeserklärung an das Leben, das sie als Geschenk Gottes betrachtete und als solches wertschätzte und intensiv genoss. Nur einmal, kurz bevor sie Cameron kennenlernte, hatte sie Angst, von der Schuldenlast erdrückt zu werden. Sie wollte ihr Leben beenden, doch nach einem kurzen Moment des Nachdenkens besann sie sich und blickte, schon wieder Pläne schmiedend, nach vorn.

»Das Urteil« erschien von Cameron übersetzt in Amerika unter dem Titel »The Verdict«. Cameron hatte, wie er gestand, einige Passagen sprachlich entschärft. Hilde hat das nie gemerkt, weil sie das Buch in der englischen Version nicht gelesen hat. Der bekannte Filmkritiker Rex Reed schrieb über das Buch:

»Die Knef schreibt in einem so sicheren Stil, dass sich andere eine Scheibe davon abschneiden können. Nicht nur der Stil ist gut, sondern auch der gesamte Aufbau. Diese hübsche Frau mit den grünen Augen ist durch die Hölle gegangen. Sie erzählt uns, wie es dort aussieht. Und das mit einer Klarheit, die beneidenswert ist.«

Der Autor, Produzent und Regisseur Stuart Schulberg schwärmte in seiner NBC-Show: »Die Knef gehört zum Besten, was je aus Deutschland gekommen ist.«

Bereits im Vorfeld der Veröffentlichung des Buches hatte es einen Skandal im Zusammenhang mit einem Vorabdruck von Auszügen aus dem Buch im *stern* gegeben. Die Illustrierte hatte die Rechte am Vorabdruck für 360.000 DM erworben. Noch bevor der erste Auszug erschienen war, veröffentlichte die Zeitschrift *Quick* den ersten Artikel einer Serie über das Buch. Die Redaktion war mithilfe einer Wiener Filmgesellschaft und ohne Hildes Einverständnis an das Manuskript gekommen. Hilde musste sich in dem Artikel vorwerfen lassen, ihre Krankheit auszubeuten, der sie lediglich etwa 20 Seiten im Buch widmete. Der *stern* zog nach Erscheinen des Artikels in Quick seinen Vertrag zurück. Hildes einstiger Freund, Henri Nannen, ließ seinen Brief an Hildes Agenten mit den Worten enden: »Det is nich!« Er machte Hilde für das Erscheinen des *Quick*-Artikels verantwortlich.

Es kam aber noch zu einer anderen Zweitverwertung des Buches: 1975 produzierte Hilde die Doppel-LP »Das Urteil« mit Ausschnitten aus ihrem Buch, gelesen von ihr selbst.

Als Hilde 1993 von Günther Jauch während eines Fernsehinterviews für *stern TV* auf ihr Buch »Das Urteil« angesprochen wurde, sagte sie erstaunlicherweise, dass sie dieses Buch nur geschrieben habe, um Frauen vor ungenauen Untersuchungsmethoden wie Mammografie und Thermografie zu warnen. All ihre Untersuchungsergebnisse seien negativ gewesen, ehe ein Gewebetest die Krebsdiagnose ergeben hätte. Nach einer Filmeinspielung während der Talkshow, in der über die Fortschritte bei der Brustkrebsbehandlung gesprochen wurde und eine dazu befragte Frau nach einer notwendigen Totaloperation darüber geklagt hatte, dass sie sich erst nach dem Wiederaufbau der Brust wieder als Frau fühle, reagierte Hilde so unsensibel, wie es niemand von ihr erwartet hätte. Sie warf der Frau Selbstmitleid und mangelnde Selbstsicherheit vor. Froh sein solle sie, noch am Leben zu sein. Sie selbst habe nach der Amputation sogar noch einmal geheiratet. Günther Jauch war so taktvoll, nicht weiter darauf einzugehen und ließ ihr Lifting gänzlich unerwähnt.

Ende einer Ehe

Im Januar 1975 reiste Hilde nach Wien, um in der Deutschen Botschaft das Bundesverdienstkreuz I. Klasse in Empfang zu nehmen. Der Kulturattachée steckte Hilde den Orden vorsichtig an ihr Spitzenoberteil und ehrte sie in seiner Laudatio für ihr Verdienst, das Ansehen der Bundesrepublik Deutschland und der Deutschen in der Welt gehoben zu haben. Cameron begleitete sie weder nach Wien noch gratulierte er ihr zu der großen Auszeichnung. Hilde hatte als Staatsbürgerin des Königreichs Großbritannien die Genehmigung der englischen Königin für die Ehrung einholen müssen.

Im selben Jahr noch produzierte Cameron mit Hilde eine zweite Schallplatte unter dem Titel »Applaus«. Auf ihr trägt Hilde keine eigenen Texte vor, sondern singt Songs wie »Alle lachten …« von George Gershwin und den »September Song« von Kurt Weill.

Drei Regisseure, David Hamilton, Gerard Vandenberg und François Reichenbach, drehten mit Hilde das sehr einfühlsame musikalische Filmporträt »Hildegard Knef und ihre Lieder« in ihrer Mühle und in deren Umgebung. Der aufmerksame Fernsehzuschauer konnte hier bereits die Kluft zwischen Hilde und Cameron wahrnehmen. Das Paar ließ die Öffentlichkeit aber weiterhin im Unklaren über ihre Ehe. Hilde hoffte noch immer auf eine versöhnliche Aussprache mit Cameron, nicht zuletzt um Christinas willen. Sie wollte ihrer Tochter die Erfahrung ersparen, ohne Vater aufzuwachsen. Zu gut erinnerte sie sich an ihre eigene Kindheit. Hilde und Christina hatten ein inniges Verhältnis zueinander. Die Mutter machte der Tochter gegenüber auch kein Geheimnis aus ihrer Krankheit und den Schmerzen, die sie litt. Frühzeitig musste Christina lernen, auf ihre Mutter Rücksicht zu nehmen und die eigenen Bedürfnisse hintanzustellen. Hilde hielt gar nichts von antiautoritärer Erziehung. Sie warf Eltern, die diese Form der Erziehung praktizierten, Faulheit vor. Sie hingegen wollte Christina deutliche

Grenzen aufzeigen und Werte vermitteln, ohne ihr den eigenen Willen aufzuzwingen. Sie bemühte sich, sooft wie möglich bei ihr zu sein, sie ernst zu nehmen und sie als Individuum zu respektieren. Die Stimme zu erheben oder sie gar zu schlagen war Hilde absolut fremd. Hilde hielt diese Erziehungsmethoden für die Kapitulation vor der eigenen Unfähigkeit, Konflikte mit Argumenten auszutragen. Sie war sehr zärtlich zu Christina, nahm sie oft in den Arm, um sie zu liebkosen und mir ihr zu schmusen. Sie liebte ihre Tochter bedingungslos.

Als Cameron seinen Bruder samt Familie gegen Hildes Willen in die Mühle einlud, fühlte sie sich in ihrem Wunsch übergangen, mit ihm und Christina allein zu sein. Sie war es leid, sich als perfekte Gastgeberin produzieren und gute Miene zum bösen Ehespiel machen zu müssen. Sie hinterließ Cameron einen Brief, in dem sie ihm erklärte, dass sie mit Christina in den Urlaub gefahren sei und ihn ihren Aufenthaltsort wissen ließe, sobald sie angekommen wären. Cameron war in großer Sorge um die beiden, vor allem um Christina, denn Hilde war in ihrer Medikamentensucht unberechenbar. Die Öffentlichkeit ahnte noch nichts von ihrem Zustand. Cameron fand heraus, dass Hilde sich bei Freunden einquartiert hatte. Dort fasste sie auch den Entschluss, nach diesem Besuch nicht nach Hause zurückzukehren, sondern direkt nach Berlin weiterzureisen, wo eine Filmrolle auf sie wartete.

Hilde sollte nach sieben Jahren wieder auf der Leinwand zu sehen sein. An der Seite von Carl Raddatz spielte sie die Rolle der Anna Quangel in der Verfilmung des Romans »Jeder stirbt für sich allein« von Hans Fallada. Wieder war es ein Film über den Krieg und über das Leiden, das er über die Menschen gebracht hatte. Anna Quangel und ihr Mann, deren Sohn im Krieg gefallen ist, kämpfen mit Flugblättern gegen das Hitlerregime, doch sie stehen dabei auf verlorenem Posten. Raddatz genoss die Zusammenarbeit mit Hilde. Während des Drehs beherrschte sie sich und hatte ihre Sucht unter Kontrolle. Obwohl ihr jeder der Beteiligten ansah, wie schlecht es ihr ging, hielt sie mit eiserner Disziplin durch. Der Film wurde kein Erfolg. Die Produktionsfirma hatte nicht genug Geld für die Werbung. Hildes schauspielerische Leistung wird hochgelobt. Sie würde den Film zusammenhalten, obwohl jeder für sich allein spielte, schrieb ein Kritiker. 1975 erhielt Hilde den Tschechischen Kritikerpreis für diese Rolle. Während der Dreharbeiten bewohnte sie mit Christina eine Suite im Hotel Kempinski. Außer der Sekretärin, die bei ihnen lebte, engagierte Hilde noch einen Bodyguard und einen Hauslehrer für Christina. Nachdem sie Drohbriefe erhalten hatte, schwebte sie immer in der Angst, ihre Tochter könnte entführt werden. Cameron, der in der Mühle lebte, war in großer Sorge um Christina, hielt den Lebenswandel, dem seine Tochter jetzt ausgesetzt war für schlecht. Er fand, es sei nicht kindgerecht, unter lauter Erwachsenen in einem Hotel zu leben. Er unternahm erste Schritte, Hilde das Sorgerecht entziehen zu lassen Cameron wollte Christina wieder nach Hause in die Mühle mitnehmen, wo sie gleichaltrige Freunde zum Spielen hatte und sie am öffentlichen Schulunterricht teilnehmen lassen. Hilde sah ein, dass es so nicht weiterging. Sie war abgemagert, reizbar und fühlte sich elend. Sie spritzte sich zu diesem Zeitpunkt etwa 15 Mal am Tag Methadon. Nicht zuletzt aus Liebe zu ihrer Tochter entschloss sie sich, einen Entzug zu wagen. Im Hotel begann ihr »Cold Turkey«: Ein Arzt entzog ihr von einer Minute auf die andere das Rauschgift. Die Tortur begann. Ihr Körper rebellierte, unsägliche Schmerzen peinigten sie, ihre Muskeln krampften, ihre Eingeweide brannten, ihr Körper nahm keinerlei Nahrung an. Sie dämpfte ihre Schreie mit dem Kopfkissen, um Christina nicht zu beunruhigen, die im Nebenzimmer wohnte und mit der Ausrede von ihr ferngehalten wurde, ihre Mutter müsse eine Erkältung auskurieren. Der Arzt kam täglich, um sie zu untersuchen, ein Therapeut war immer bei ihr und massierte sie, wenn die Krämpfe unerträglich wurden. Als sie das Schlimmste überstanden hatte, riet ihr der Arzt, stark eiweißhaltige Nahrung zu sich zu nehmen, damit ihr Körper wieder zu Kräften käme. Sie aß über längere Zeit Austern und Kaviar und trank dazu stark gezuckerten schwarzen Tee. Nach einigen Wochen war das Wunder vollbracht. Hilde war von ihrer Medikamentensucht geheilt. Doch wie sich bald herausstellen sollte, trog der Schein. Hilde hatte das Gift zwar aus ihrem Körper, doch nicht aus ihrem Kopf. Und so kam sie zeitlebens in den gleichen Teufelskreis.

Der Hotelaufenthalt hatte trotz einer Sonderpreisvereinbarung mit der Hoteldirektion und wegen der zahlreichen dienstbaren Helfer Unsummen von Geld verschlungen.

Fritz Molden erfuhr Ende 1975 aus der Zeitung, dass Hilde die Zusammenarbeit mit ihm aufgekündigt hatte. Sie hatte sich von einem

»Berater« einreden lassen, dass seinen Abrechnungen nicht zu trauen sei. Zwischen den Ehepaaren Molden und Palastanga hatte sich im Laufe der Zeit eine enge Freundschaft entwickelt; man stattete sich regelmäßig Besuche ab. Molden schrieb sofort einen Brief an Hilde, in dem er sie an ihre jahrelange gute Zusammenarbeit erinnerte. Doch Hilde blieb bei ihrer Entscheidung.

Hilde fühlte sich wieder so stark, dass sie für Anfang 1976 eine weitere musikalische Fernsehshow plante. Zudem hatten die vergangenen Monate Unsummen verschlungen, und sie musste arbeiten, um Geld zu verdienen. Hilde hatte Cameron einige Wochen durch eine Detektei beobachten lassen. Sie vermutete, dass er sie betrog, und wollte den Beweis dafür im eventuellen Sorgerechtsstreit um Christina als Trumpf aus dem Ärmel ziehen. Das Angebot, noch einmal mit Les Humphries zu singen, lehnte Hilde ab. Sie hatte bei der Zusammenarbeit mit ihm das Gefühl, dass er auf ihre Kosten zu brillieren versuchte. Und sie wusste, dass sie bei den Tonaufnahmen David Cameron nicht mehr an ihrer Seite haben würde.

Mitte Februar 1976 kehrte Hilde mit ihrer Tochter in die Mühle zurück. Begleitet wurde sie von ihrer Sekretärin, ihrem Bodyguard, einem Koch aus dem Hotel Kempinski, einem Masseur und Freunden, die sie um sich haben wollte. Von ihrem Mann erwartete sie, an dem Leben der Wohngemeinschaft teilzunehmen. Cameron lehnte ab. Monatelang lebten sie unter einem Dach, ohne dass es zur entscheidenden Aussprache kam. Er dachte erstmals über Scheidung nach, nicht zuletzt, weil er andere Frauen kennengelernt hatte. Die Presse begann, sich über das Ehepaar herzumachen. Schlagzeilen wie »Cameron verlangt Abfindung in Millionenhöhe, um Hildegard Knef das Sorgerecht für die gemeinsame Tochter zu überlassen« oder »Hildegard Knef rauschgiftsüchtig« waren keine Ausnahme. Im Mai 1976 unternahm Hilde den letzten Versuch, die Ehe zu retten. Sie wollte den Streit beenden, weil sie fand, dass sie die siebzehn gemeinsamen Jahre, die doch größtenteils von Liebe geprägt waren, nicht achtlos beiseiteschieben sollten. Doch Cameron vertraute ihr nicht mehr, und die Zeit, in der er von ihr Befehle entgegengenommen hatte, war vorbei. Am 4. Juni 1976 um 10 Uhr wurde die Ehe beim zuständigen Gericht in Wels geschieden.

Neuanfang in Berlin

Hilde war trotz der traurigen Ereignisse voller Tatendrang. Sie kämpfte um Anerkennung, gute Presse und um den Erhalt ihres hohen Lebensstandards. 1976 erschienen gleich vier Schallplatten: »Grand Gala der Stars«, eine Zusammenstellung ihrer bekanntesten Chansons, »Star für Millionen« und »Bei dir war es immer so schön«. Sie freute sich, für das Kinderhilfswerk UNICEF eine Single mit den Rechten des Kindes zu besprechen.

Hilde fasste den Entschluss, in ihre Heimatstadt Berlin zu ziehen und Cameron die Mühle zu überlassen. Gesagt, getan. Freunde fanden für Hilde eine Wohnung in der Clausewitzstraße 4, einer Nebenstraße des Kurfürstendamms. Eine Freundin, Renate Freifrau von Hadeln, vermittelte Hilde einen Bekannten, der ihr beim Umzug aus Österreich nach Berlin behilflich sein sollte. Anfangs lehnte jener Bekannte, Paul Schell, das Ansinnen der Freundin ab, erfüllte Hilde nach einem Telefonat mit ihr aber dann doch diesen Wunsch. Er reiste nach Österreich und übernahm die Aufsicht über den Umzug. Als er sich von Hilde verabschieden wollte, überredete diese ihn, mit ihr die Berliner Wohnung einzurichten. Es herrsche das reinste Chaos um sie herum. Weil er ohnehin noch Zeit hatte, stimmte er zu. Während der Arbeit und vieler gemeinsam verbrachter Abendstunden kamen sich die beiden näher. Hilde überwand nach und nach die Trauer über die Scheidung, wurde ausgeglichener und konnte wieder Glück empfinden. Zwischen Christina und Paul Schell entwickelte sich ein freundschaftliches Verhältnis; Christina vertraute ihm. Nach einiger Zeit fühlten Hilde und Paul, dass sie ineinander verliebt waren. Auch Hilde ließ dieses Gefühl zu, an das sie nach der Trennung von Cameron nicht mehr geglaubt hatte.

Die Meinung von Freunden, die Beziehung zu dem immerhin fünfzehn Jahre jüngeren Mann könne nicht von Dauer sein, interessierte

Hilde nicht. Sie schätzte seine Intelligenz, seine höflichen Umgangsformen, seine Offenheit und Gutmütigkeit. Mit seiner gelegentlichen Rastlosigkeit und seinen temperamentvollen Ausbrüchen konnte sie sich arrangieren. Paul Rudolph Freiherr Schell von Bauschlott war am 28. November 1940 in Budapest als Spross eines alten deutsch-ungarischen Adelsgeschlechts geboren worden. Die Vorfahren seines Vaters waren 1695 in den Reichsadelsstand und den Reichsritterstand aufgenommen worden. Seine Mutter, Katharina Gräfin Teleki von Szék, hatte neben Paul zwei weitere Kinder geboren, 1944 Catherine - sie wurde später Schauspielerin - und 1941 Peter, der bereits 1968 an den Folgen eines Selbstmordversuchs starb. Die Familie war 1949 vor den Kommunisten aus Ungarn über Österreich nach Amerika geflohen. 1957 nahm die Familie die amerikanische Staatsbürgerschaft an und legte damit gleichzeitig den Titel ab. 1958 kehrten die Schells nach Deutschland zurück, weil der Vater in München Arbeit gefunden hatte. Nach der Beendigung der Highschool machte Paul Schell 1967 sein Diplom in Geschichte und im Fach Politische Wissenschaften.

Im September 1976 bekannten sich Hilde und Paul öffentlich zu ihrer Liebe und gaben ihre Hochzeitspläne bekannt. Beide waren in Städten an der Donau geboren, was sie als ein erstes Bindeglied, eine Gemeinsamkeit sahen und als Wink des Schicksals verstanden.

Paul Schell hatte sich nicht in den Star Hildegard Knef verliebt, sondern in die kluge Frau mit dem entwaffnenden Humor, die zugleich so dünnhäutig sein konnte. Er schätzte ihre offene und ehrliche Art, mit Menschen umzugehen. Die körperlich sichtbaren Folgen ihrer vielen Operationen störten ihn nicht, er liebte den ganzen Menschen, Hildes strahlende grüne Augen, ihren lachenden Mund. Und er kümmerte sich hingebungsvoll um Christina, brachte sie zur Schule und widmete ihr viel Zeit. Er zerstreute all ihre Ängste, durch seine Anwesenheit könnte die Mutter sich möglicherweise von ihr entfernen. Er wollte ihr nicht den Vater ersetzen, ihr aber das Gefühl familiärer Geborgenheit geben. Sie sprach ihn mit seinem Vornamen an, was seinem Wunsch entsprach, freundschaftlich mit ihr verbunden zu sein. Hilde wäre die Beziehung zu ihm nie eingegangen, hätte sie ein Unbehagen bei Christina gespürt. Christinas Glück war ihr wichtiger als ihr eigenes. Umso erleichterter war sie, dass Christina Paul als Familienmitglied akzeptierte.

Ihren Vater sah Christina nicht mehr. Hilde blockte alle Versuche Camerons erfolgreich ab.

Hilde schenkte Paul eine goldene Kette mit einem Kreuzanhänger. Gott sollte ihn immer beschützen. Bis zum heutigen Tag trägt Paul Schell diese Kette um den Hals. Seit Hildes Tod hängt auch ihr Ehering daran, der für Hilde von großer Bedeutung, ihr geradezu heilig war.

Die Scheidung und der Umzug waren sehr kostspielig gewesen, und die tägliche Lebensführung mit Angestellten im Haushalt hatte ihren Preis. Deshalb zögerte Hilde nicht, als ihr alter Lehrer Boleslaw Barlog sie bat, für ein Buch, das ihm sehr am Herzen lag, etwas zu schreiben. Hans Kossatz, ein guter Freund aus der Nachbarschaft und Karikaturist des Berliner Tagesspiegel, wollte seine Zeichnungen mit Gedichten verbunden als Buch herausbringen. Barlog bat Hilde, einige Texte beizusteuern. Sie schrieb 16 Verse zu den Zeichnungen von Kossatz, die Barlog in seinem Vorwort mit denen Wilhelm Buschs verglich. Der Band enthielt außerdem Gedichte des Regierenden Bürgermeisters Klaus Schütz, der Berliner Schauspieler Günter Pfitzmann, Harald Juhnke, Friedrich Schönfelder, Wolfgang Völz und der Kabarettisten Wolfgang Gruner und Bruno Fritz. »Heimweh-Blues« erschien 1976 im Verlag A. und E. Freund.

In dieses Jahr fiel auch die von Hilde lang ersehnte Begegnung mit ihrem Halbbruder Heinz. Nach vielen Jahren, in denen sie bis auf das, was in der Presse über sie berichtet worden war, nichts voneinander gehört hatten, rief er Hilde eines Tages an. Sie verabredeten sich und kamen sich nach anfänglichen Schwierigkeiten wieder näher. In stundenlangen Gesprächen erzählten sie sich ihr Leben. Heinz hatte das Leben der Schwester teilweise aus der Zeitung verfolgt. Eines Tages las Hilde entsetzt die Schlagzeile, dass ihr Halbbruder Heinz wegen einer Frauengeschichte halbtot geprügelt worden war. Die Hintergründe der Tat wurden nie zweifelsfrei geklärt und die Täter nie gefasst. Hilde wollte ihren Bruder damals im Krankenhaus besuchen, die Kriminalpolizei, bei der sie sich nach Heinz' Befinden erkundigt hatte, riet ihr jedoch wegen des zu erwartenden Medienrummels davon ab. Warum sie ihn weder anrief noch einen Brief an ihn schrieb, um ihm ihre Genesungswünsche auf diesem Weg mitzuteilen, bleibt allerdings ein Geheimnis.

Hilde zeigte sich auch wieder strahlend in der Öffentlichkeit. So war sie Gast bei den Internationalen Filmfestspielen in Berlin und auf der Wahlparty der SPD nach deren Sieg am 3. Oktober 1976. Obwohl sie sich zu keiner Partei bekannte, machte sie keinen Hehl aus ihrer Sympathie für die Sozialdemokraten. Sie war ein politisch denkender Mensch, engagierte sich aber nicht für die Politik. An diesem Abend traf sie Romy Schneider wieder.

Und auch Marlene Dietrich trat wieder in ihr Leben. Im November 1976 erhielt Hilde einen sehr vertraulichen Brief von ihr. Marlene gab ihrer Hoffnung Ausdruck, dass die Presse Recht hätte und Hilde nicht mehr allein sei. Der Rest des Briefes kreiste um Marlenes Buchprojekt »Nehmt nur mein Leben. Reflexionen«, das 1979 bei Bertelsmann erscheinen sollte. Sie klagte über ihren Agenten Robby Lantz, der auch Liv Ullmann vertrat und deren Memoiren-Erfolg er Marlene immer vor Augen hielt. Marlene hatte Geldsorgen, und das Buch war der einzige Silberstreifen am Horizont, der verhieß, die offenen Krankenhausrechnungen bezahlen zu können. Im Dezember schrieb sie voller Unverständnis an Hilde:

»... habe das ganze Buch der Ullmann gelesen. Das ist doch wohl eine arme IRRE. Das nennen wir ›Oral Diarrhea‹. Und dann Deine Idee zu stehlen am Ende mit dem Brief an die Tochter! Nein, wirklich, ich verstehe nichts mehr. Wie oft kann man sich noch entschuldigen! Parties und parties und parties. Soll sie schon bei dem Kind bleiben. Und dann die Schuld-Gefuehle: also mir blieb der Atem weg, dass jemand das schreiben kann. Aber sicher wird das ein Erfolg wegen ihrer Erfolge in den Filmen und T.V. Oder, dass jemand wissen will ›was er ist‹. Ich finde das nur komisch ... «

Marlene machte kein Geheimnis aus ihrer Antipathie für Liv Ullmann und deren Bedürfnis, sich ihr Leben und ihre Probleme von der Seele zu schreiben. Ob und wie Hildegard Knef auf die Briefe geantwortet hat, ist nicht belegt.

Ebenfalls im November dieses Jahres begegnete Hilde in Berlin zum ersten Mal der Wahrsagerin Gabriele Hoffmann. Paul Schell war anlässlich seines Geburtstages zu seinen Eltern nach München geflogen. Hilde bat Gabriele Hoffmann, zu ihr zu kommen und ihr

Paris Dec. 9 76

Geliebte ,

also ist es doch wahr ,dass Du jemanden hast der auf Dich aufpasst. Ich lese das zwischen Deinen Zeilen. Gott sei Dank.

Bitte rufe mich entweder an (XXXXXXX(225-8549) oder schreibe mir , wenn Du Zeit hast .
Ich habe eine wunderbare Idee fuer Dich fuer eine Rolle . T.V. natuerlich. Es heisst "THE HAVEN " und wurde von der wunderbaren Schauspielerin Eileen Heckart gespielt vor ungefaehr 10 Jahren. Also die Rechte muessten frei sein. Ein wunderbares Stueck fuer Dich zu spielen .

Ich habe an Eileen geschrieben ,weiss aber nicht wo sie im Moment ist.
Es ist eine Frau , ganz allein , die im Sommerhaus(ohne ihren Mann)herausfindet dass er dort mit einer anderen Frau war . Ich besinne mich ,dass ich heiss geweint habe als ich es in N.Y. sah. Als Du von T. V. schriebst dachte ich daran. Ideale Rolle fuer Dich. Maria ist im Moment nicht in N.Y. sonst koennte sie ja alles leicht herausfinden.

Vielleicht kennst Du jemanden in N. Y. der das herausfinden kann.
Ich habe das ganze Buch der Ullmann gelesen. Das ist doch wohl eine arme IRRE. Das nennen wir"Oral Diarrhea ." Und dann Deine Idee zu stehlen am Ende mit dem Brief an die Tochter ! Nein, wirklich ,ich verstehe nichts mehr. Wie oft kann man sich noch entschuldigen ! Parties und parties und parties . Soll sie schon bei dem Kind bleiben. Und dann die Schuld -Gefuehle ; also mir blieb der Atem weg , dass jemand das schreiben kann. Aber sicher wird das ein Erfolg wegen ihrer Erfolge in den Filmen und T.V. Oder , dass jemand wissen will"was er ist " Ich finde das nur komisch . Aber alle die verkrampften Frauen kaufen das vielleicht. Die Ullmann und ich haben den gleichen Agenten (Robby Lantz) und er hat immer das DAMOKLES SCHWERT ueber mich gehalten :'DAS ULLMANN BUCH':

Küsse für heute
Marlene

Faksimile Brief Marlene Dietrichs an Hildegard Knef.
Marlene Dietrich und Hildegard Knef schrieben sich über Jahre vertraute Briefe.

die Zukunft vorauszusagen. Gemeinsam durchlebten sie während der Sitzung noch einmal die schrecklichen Qualen, die Hilde wegen ihrer Krankheit und im Zusammenhang mit der Scheidung von Cameron erlitten hatte. Gabriele Hoffmann machte sich um Hilde Sorgen, die sie in ihrem Buch »Die Zukunft kann man nicht belügen« festhielt:

»Vor allen Dingen war da ihre Ungeduld. Dinge, die ihr vorausgesagt wurden, sollten sofort eintreten, am liebsten wollte sie die Angelegenheit herbeizwingen. Negative Prognosen, die ihr natürlich nicht gefielen, wollte sie nicht wahrhaben. Sie wandte sich an mehrere Astrologen, so lange, bis ihr jemand eine positive Nachricht gab, egal ob es zum Schluss stimmte oder nicht.«

Ergänzend zu Hoffmanns Analyse beschrieb Carroll Righter diese charakterliche Eigenart Hildes, die sie in ihrem Buch »Nichts als Neugier« zitierte wie folgt:

»Es war ihre Art, sich im Unglück zu verlieren, es sogar anzuziehen. Sie ängstigte sich, obwohl oftmals kein konkreter Grund vorlag. Sie konnte sich nur schwer zu einer positiven Lebenseinstellung durchringen. Zeitweise verlor sie sich im Leid, war dann voller Selbstmitleid, empfand das Leid als eine gewisse Lust. Menschen, die sich ihr zuwandten, hatten es schwer. Sie vereinnahmte sie voll und ganz. Sie nahm ihnen die Kraft, die ihr selbst im Augenblick abhanden gekommen war.«

Hilde wusste um diese Schwäche, und es stimmte sie immer wieder nachdenklich, wie klar andere, wenn auch nur wenige, ihre Persönlichkeit und ihren Charakter erkennen konnten.

Sie durchlebte »Lausige Zeiten«, so der Titel ihrer Langspielplatte, die im Januar 1977 erschien. Sechs Liedtexte stammten von ihr.

Hilde entschloss sich, Paul Schells Heiratsantrag anzunehmen. Nachdem alle Papiere besorgt waren, legten sie den 1. Juni 1977 als Hochzeitstag fest. Einladungen wurden in die ganze Welt verschickt. Es wurde ein großes Fest, an dem die Berliner Bevölkerung Anteil nahm. Tausende flankierten die Strecke des Brautpaars, um einen Blick zu erhaschen. Im Standesamt Berlin-Charlottenburg gaben sich die beiden das Jawort. Hilde nahm Pauls Familiennamen, Schell, an

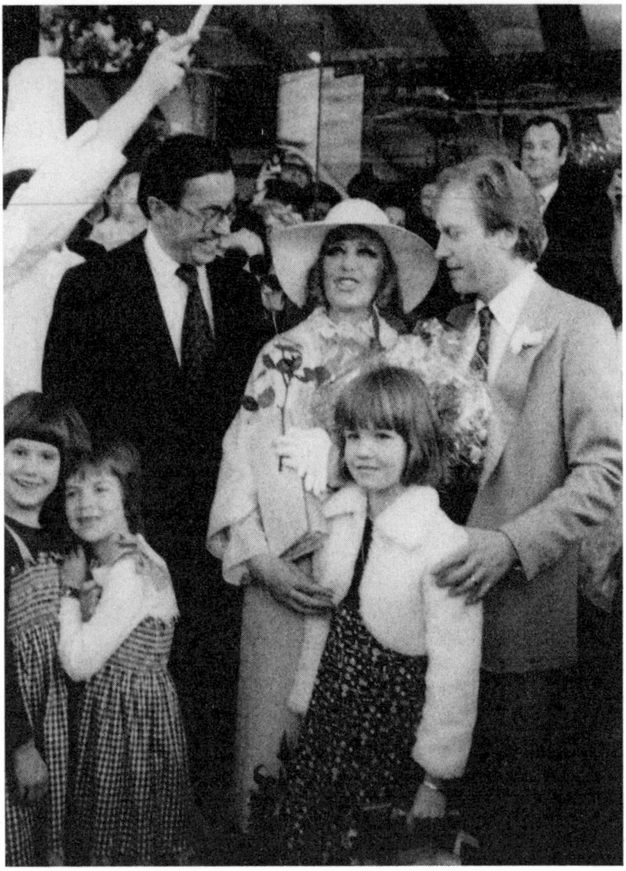

Hilde, Paul und Christina nach der Trauung vor dem Standesamt Berlin-Charlottenburg. Links neben Hilde Rudi Münster, der Direktor des Hotels Kempinski, in dem Hilde nach ihrem Auszug aus der Mühle wochenlang logierte. Curd Jürgens, der wegen Hilde mit einer Ausweich-Unterkunft in seinem Lieblingshotel vorliebnehmen musste, schlug Münster leicht spöttelnd vor, das Kempinski doch in ›Knefpinski‹ umzubenennen.

blieb aber Christinas wegen, die die englische Staatsbürgerschaft hatte, auch Engländerin. Paul Schell blieb Amerikaner.

Wie es der Zufall so wollte, heiratete David Cameron einige Tage zuvor, am 23. Mai 1977, Dorothea Gräfin Lamberg in Österreich.

Im Anschluss reisten Hilde und Paul auf die griechische Insel Lefkas, aber nicht, um dort Flitterwochen zu verleben, sondern zu Dreharbeiten des Films »Fedora«, in dem Hilde die Titelrolle spielte. Hilde

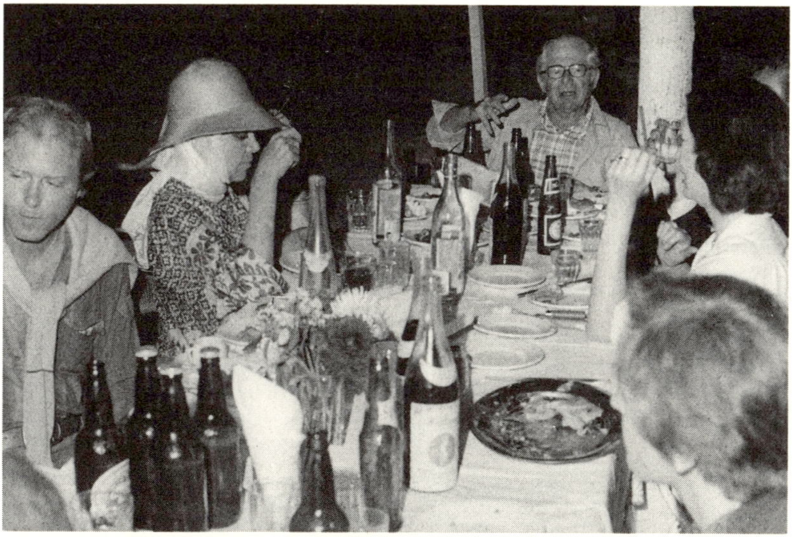

Hilde, Paul und in der Bildmitte Billy Wilder beim Abendessen nach einem Drehtag zu »Fedora«.

stellte eine alternde Schauspielerin dar, die nach einer missglückten Schönheitsoperation an den Rollstuhl gefesselt ist. Marlene Dietrich, der diese Rolle zunächst angeboten worden war, hatte empört abgelehnt, weil man es gewagt hatte, sie überhaupt dafür in Betracht zu ziehen. Der Regisseur war kein Geringerer als Billy Wilder. Hildes junge Filmpartnerin war Marthe Keller, in weiteren Rollen spielten William Holden, Mario Adorf, Henry Fonda und Michael York.

Hilde bekam während der Dreharbeiten starke Rückenschmerzen, weil sie den ganzen Tag über im Rollstuhl sitzen musste, wie es die Rolle verlangte. Man ließ ihren Therapeuten aus Deutschland einfliegen, der ihr Rückenleiden behandelte und den Rollstuhl umbauen ließ, damit Hilde bequemer darin sitzen konnte. Für diese Rolle musste Hilde zudem eine Gummimaske auf dem Gesicht tragen, die sie zur 85-Jährigen werden ließ. Bei der glühenden Hitze auf der griechischen Insel hinterließ die Maske Spuren in ihrem Gesicht.

Alle hätten ihre Arbeit getan, erinnerte sich Wilder später, nur Hildegard Knef spielte so, als würde sie dem Team einen Gefallen tun, als würde es den Film ohne sie gar nicht geben. Es passte ihm nicht, dass

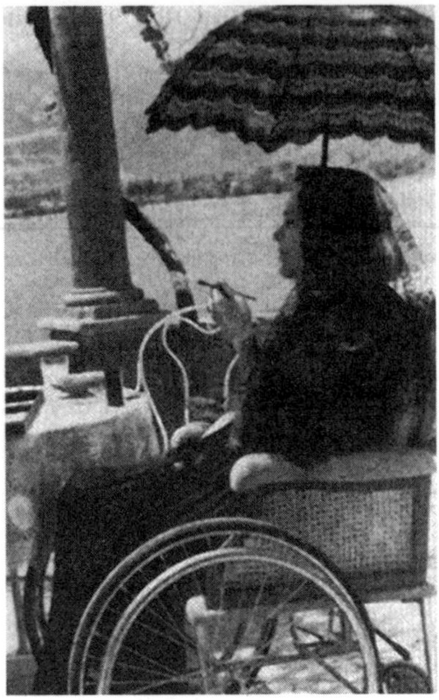

Hilde als Fedora

Paul Schell ständig anwesend war und es immer wieder Probleme wegen Christina gab. Das Filmteam drehte inzwischen in München, und Hilde hatte ihre Tochter, die gerade Schulferien hatte, zu sich kommen lassen, was nur allzu verständlich war. Hilde will von all diesen Problemen nichts gemerkt haben.

Sie war entsetzt, als sie im Mai 1978 zur Filmpremiere in Cannes war. Henry Fonda hatte ihr bei einer besonders schwierigen und langen Szene zugesehen und ihr Komplimente gemacht, dass sie oscarreif gespielt hätte. Hilde hatte sich sehr über Fondas Lob gefreut und sich von da an Hoffnungen auf den begehrten Filmpreis gemacht. Sie schätzte ihren Kollegen, den sie noch aus ihrer Zeit am Broadway kannte. Wie schockiert war sie nun, als sie in Cannes feststellen musste, dass Wilder ihre Stimme hatte synchronisieren lassen. Den Oscar bekam ein Schauspieler nur, wenn im Film seine eigene Stimme zu hören war. Hilde war tief enttäuscht. Sie nahm es Wilder sehr übel und unterstellte ihm einen privaten Rachefeldzug wegen Hildes Jahrzehnte zurückliegender Scheidung von Kurt Hirsch und gegen die Deutschen überhaupt.

Im Mai 1977 arbeitete Hilde auch wieder fürs Fernsehen. In dem vom ZDF unter der Regie von Ludwig Cremer ausgestrahlten Episodenfilm »Großstadt-Miniaturen – Geschichten zwischen Kiez und Kudamm« sang Hilde zwischen den einzelnen Episoden. Weitere Darsteller waren Walter Rilla, Rudolf Platte, Brigitte Mira und der Kollege aus den Anfangstagen im Schloßparktheater, Klaus Schwarzkopf.

Im August 1977 wurde Hilde mit dem Bundesfilmpreis, dem Filmband in Gold für ihr Gesamtwerk ausgezeichnet.

Hilde fasste in diesem Jahr den Entschluss, ein neues Buchprojekt in Angriff zu nehmen. Sie wollte Prominente aus Kultur, Sport und Politik zu ihren Erfahrungen mit übersinnlichen Phänomenen, Parapsychologie und zu ihrer Einstellung zum Aberglauben befragen. Sie interessierte sich immer stärker für das Verborgene und zitierte in diesem Zusammenhang gern den englischen Philosophen Bertrand Russel: »Alles, was wir wissen können, ist nicht von solcher Bedeutung wie das, was verborgen bleibt.« Auf ihre Interviews bereitete sie sich sorgfältig vor. Kistenweise trafen Fachbücher in der Clausewitzstraße ein. Hilde reiste in Begleitung ihres Ehemannes nach Abschluss der Dreharbeiten von Interview zu Interview und befragte unter anderem Françoise Sagan, Carroll Righter, Reinhold Messner, den katholischen Theologen Professor Joseph Pritz, Lilli Palmer, Leni Riefenstahl und ihren alten Freund Henry Miller, den sie bei diesem Interview zum letzten Mal vor seinem Tod sah. Hilde war traurig, dass einige der Befragten sich nicht in der Weise öffneten, wie sie gehofft hatte.

Die Zeitschrift *Bunte* hatte bereits im Februar 1977 die Vorabdruckrechte des Buches für 300.000 DM gekauft. Die Auszüge wurden ab Ende Oktober 1977 unter dem Titel »Jenseits von Morgen« abgedruckt. Im Mai 1978 erschien Hildes Buch »Nichts als Neugier« im Goldmann Verlag mit einer Startauflage von 30.000 Stück. Der gewünschte Erfolg blieb aus. Das Interesse an der Thematik war offenbar überschätzt worden.

Nöte und Sorgen

Wie die Ärzte es prognostiziert hatten, verschlechterte sich Christinas Gesundheitszustand. Jeder Wachstumsschub verstärkte ihre Gehschwäche. Eine Operation war unumgänglich. Hilde konsultierte mit ihr die besten Ärzte und entschied, Christina in Bern behandeln zu lassen. Die Operation dauerte neun Stunden. Beide Hüftknochen mussten durchsägt und eine Sehne im Bein verlängert werden. Es verlief alles gut. Hilde war Tag und Nacht bei ihrer Tochter, sie schlief neben ihrem Krankenlager. Monatelang war Christina an den Rollstuhl gefesselt, musste einen Gips tragen und endlose Therapien über sich ergehen lassen. Später war ein weiterer Eingriff nötig, um das Metall zu entfernen, das den Knochen fixiert hatte. Paul war in dieser schweren Zeit immer an Hildes Seite, gab ihr Trost und Kraft. Wenige Monate später dankte sie ihm mit dem Lied »Guten Morgen Paul«, das Fred Weyrich für sie geschrieben hatte. Sie sang es für ihren Mann auf der Schallplatte »Heimweh-Blues«, die im Januar 1978 erschien.

Hilde fühlte sich in der Charlottenburger Wohnung nicht mehr wohl, sie wollte für Christina ein Heim im Grünen. Sie mietete eine Villa mit großem Garten und zog im Dezember 1977 mit ihrer Familie in die Bettinastraße 12 in Grunewald. Im Flur des Hauses empfing den Eintretenden, im wahrsten Sinn des Wortes, ein »geschenkter Gaul«. Fritz Molden hatte ihr mit einem hölzernen Karussell-Pferd für das viermillionste verkaufte Buch gedankt.

Im Frühjahr 1978 wurde auf Veranlassung ihres holländischen Verlegers eine Tulpe nach Hildegard Knef benannt. Peter Gottmer hatte einen Antrag beim niederländischen Blumenzüchterverband gestellt, um Hilde damit eine Freude zu machen. »Der geschenkte Gaul« und »Das Urteil« hatten in Holland unerwartet hohe Auflagen erreicht. Hilde taufte die wohlduftende, fünfzig Zentimeter lange Tulpe mit den

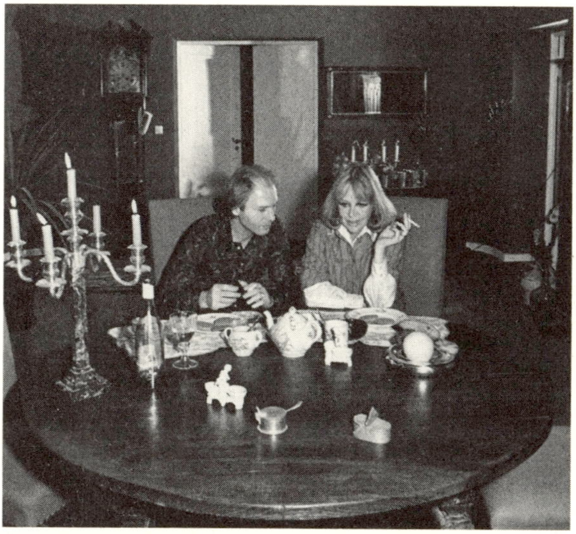

Hilde und Paul in ihrer gemieteten Villa in der Bettinastraße.

bengalisch rosa und mandarinrot geflammten fedrigen Blütenblättern in einem feierlichen Akt mit Champagner. Die Tulpe wurde noch bis in die 1990er-Jahre hinein in den USA gezüchtet, dann aber wegen mangelnder Nachfrage nicht mehr angepflanzt. Symbolisch bekam Hilde von Peter Gottmer eine Goldene Tulpe in einem weißen Holzkasten überreicht. Hilde erzählte von Stund an die Geschichte, dass sie den Niederländischen Musikpreis Goldene Tulpe (Golden Tulip) erhalten habe, auf den sie sehr stolz sei, weil vor ihr nur Frank Sinatra und Ella Fitzgerald zu den Preisträgern gehörten.

Bundesaußenminister Walter Scheel lud Hildegard Knef im Juli 1978 als Ehrengast anlässlich des Staatsbesuchs von US-Präsident Jimmy Carter ein. Bei Lachs, Rehnüsschen und Vanilleeis mit Himbeeren lernte sie den Präsidenten bei einem Galadinner auf Schloss Augustusburg in Brühl kennen. Jimmy Carter muss von Hilde so angetan gewesen sein, dass er sich auffällig charmant um sie bemühte, obwohl Paul Schell an der Seite seiner Frau war. Heinz Rühmann und Curd Jürgens waren ebenfalls als Ehrengäste geladen. Hilde erzählte ihrem Freund Jürgens bei den Rehnüsschen, von denen sie nur probierte, eine lustige Begebenheit aus ihrer Zeit in St. Moritz:

»In St. Moritz, wo ich mich 1956 nach ›Silk Stockings‹ aufhielt, hatte ich ein ganz enges Verhältnis zu einem Hirsch. Eines Abends, es war Herbst und schon lange dunkel, klopfte es plötzlich an der großen hölzernen Eingangstür. Meine tschechische Haushaltshilfe öffnete zögernd, denn ich erwartete niemanden, weil sich meine Gäste gewöhnlich vorher telefonisch anmelden. Ich kann spontane Besuche überhaupt nicht leiden, so etwa nach dem Motto: ›Hurra, wir wollten als Überraschung nur mal kurz vorbeischauen.‹ Ein entsetzlicher Gedanke!

Plötzlich hörte ich einen lauten Schrei. Ich nahm meinen Mut zusammen, griff den Feuerhaken des Kamins und eilte meiner Haushälterin zu Hilfe. Ich traute meinen Augen nicht. Vor der Tür stand ein riesiger Hirsch, mit mächtigem Geweih, der uns aus treuen braunen Augen anglotzte. Es wurden sofort Kartoffeln und Möhren geholt, um das Tier zu füttern. Gesättigt verschwand der Hirsch in der Dunkelheit. Am nächsten Abend wieder das Klopfen und die Meldung meiner Haushälterin: ›Gnädige Frau, der Hirsch.‹ Von da an wurden täglich riesige Mengen von Möhren im Dorf gekauft.

Auf einer Party erzählte ich Fritz von Opel diese hübsche Geschichte. Er war so angetan, dass er einige Tage später mit einem bombastischen Rosenstrauß und einem riesigen Bund Möhren bei mir erschien, um dem Schauspiel beizuwohnen.

Die Fütterungsaktion, die mich ein kleines Vermögen kostete, dauerte bis zum Frühjahr, dann blieb das Tier auf ewig weg.«

Curd Jürgens und die anderen Gäste, die sich während des Gespräches dazugesellt hatten, amüsierten sich köstlich über Hildes Bericht.

Hilde, Paul und Christina machten gerade in Frankreich Urlaub, als sie die Nachricht von Heinz' Tod erreichte. Nach erneuter Operation war er, gerade 43 Jahre alt geworden, am 5. September 1978 im Krankenhaus gestorben. Hilde brach den Urlaub sofort ab, um alle Beerdigungsformalitäten zu erledigen. Die Trauer um den verlorenen Bruder ließ sie an seinem Grab fast zusammenbrechen. Unklar bleibt, warum Hilde in ihrem später erscheinenden Buch »So nicht« das Todesalter von Heinz mit 42 angibt. Im Zusammenhang mit ihrer Familie scheint diese Zahl für Hilde besondere Bedeutung gehabt zu haben: Mit 42 Jahren hatte ihre Mutter zum zweiten Mal geheiratet und sie ihr erstes Kind bekommen.

Im Oktober 1978 nahm Hilde in München die Langspielplatte »Überall blühen Rosen« auf. Darauf sang sie deutsche Chansons und französische in deutscher Übersetzung. Die Platte verkaufte sich schlecht.

»Das Urteil« sollte bei Goldmann als Taschenbuch erscheinen. In letzter Minute überflog Hilde noch einmal den Vertrag und entdeckte, dass der von ihr gewünschte Haupttitel »Mensch – Gegenmensch« in »Mensch gegen Mensch« verändert worden war. Der einstige Haupttitel »Das Urteil« war in Absprache mit ihr zum Untertitel geworden. Sie setzte ihren Haupttitel durch und es wurde gedruckt. In Polen hatte ihr Buch großen Erfolg, ihre Platten wurden geschmuggelt und sogar der Film »Jeder stirbt für sich allein« war begeistert aufgenommen worden.

Die Kriegszeit ließ Hilde vorerst nicht los. Sie moderierte den 70-minütigen ersten Teil »Die Stunde Null« der Fernsehdokumentation »Jahre unseres Lebens. Deutschland ab 1945. Bilder einer Zeit«. Die Sendung dokumentierte anhand von Wochenschaubildern und Farbfilmen der US-Armee eindrucksvoll den Zusammenbruch Deutschlands im Jahr 1945. Die Regie bei der vom ZDF produzierten Dokumentation führte Dieter Franck. Ausgestrahlt wurde sie im Herbst 1978. Das ZDF engagierte Hilde im Jahr darauf gleich noch einmal für eine Rolle in der 35. Folge der berühmten Krimiserie »Der Alte« mit dem Titel »Illusionen über einen Mord«.

1979 trat ein neuer Freund in ihr Leben, Bert Kaempfert, von ihr zärtlich Fips genannt. Sie nahm zusammen mit dem Komponisten, Arrangeur und Orchesterleiter die Platte »Eins & Eins – Hildegard Knef, ihre großen Erfolge« auf. Das Orchester Bert Kaempfert begleitete sie. Die Zusammenarbeit verlief sehr harmonisch. Ein Foto von ihm hing jahrelang in Hildes verschiedenen Wohnungen.

Die ganze Familie samt Kinderfrau verbrachte Christinas Sommerferien in einem Hotel bei Saint-Paul-de-Vence an der Côte d'Azur. Paul brachte Christina im Hotelpool das Schwimmen bei, und alle erholten sich bei guter Luft und vorzüglichem Essen. Sie bummelten gemein-

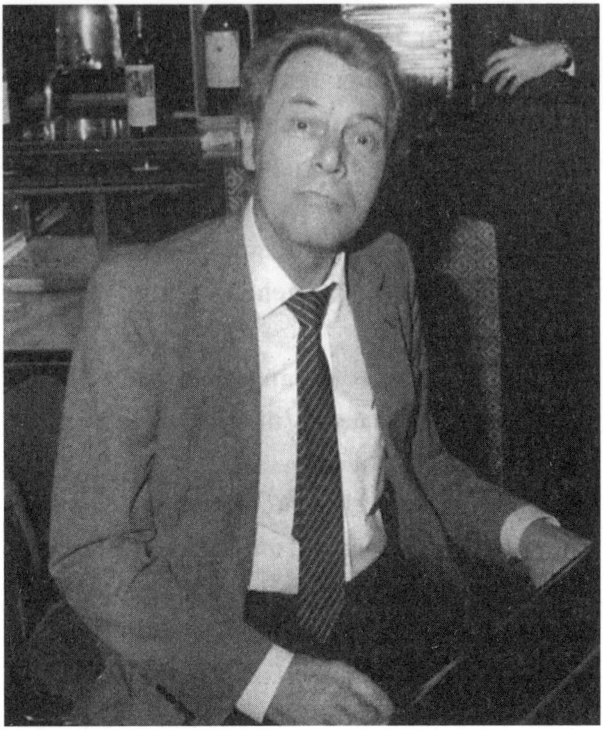

Mit Bert Kaempfert und seinem Orchester spielte Hilde 1979 die Platte »Eins und Eins - Hildegard Knef, ihre großen Erfolge« ein.

sam durch die hübschen Gassen der umliegenden Dörfer und genossen die Landschaft. Curd Jürgens und seine Frau Margie Schmitz hatten ihr Domizil ganz in der Nähe. Hilde und Paul folgten eines Abends einer Einladung der beiden. Hilde erinnerte sich später daran, wie Curd Jürgens, der gut mit ihr befreundet war, kurz aus der Haut fuhr, als sie ihm zum wiederholten Mal von dem von ihr geschriebenen Musical erzählte, das wie ihr Buch, »Der geschenkte Gaul« heißen sollte. »Mensch Hilde«, raunzte der Hüne, »ich mag dich ja. Doch nun lass mich mal mit deinem Scheißmusical zufrieden. Ick versteh nüscht von Musik.« Hilde guckte etwas irritiert, fing sich aber schnell und lachte lauthals los. Sie steckte mit ihrem Lachen alle Gäste an, ohne dass diese wussten, worüber sie sich so amüsierten. Ihr Humor hatte wieder einmal gesiegt.

Fritz Raddatz, der Leiter des Feuilletons der Wochenzeitung *Die Zeit* bat Hilde, den druckfrischen Bildband »Die Schwarzmarktzeit –

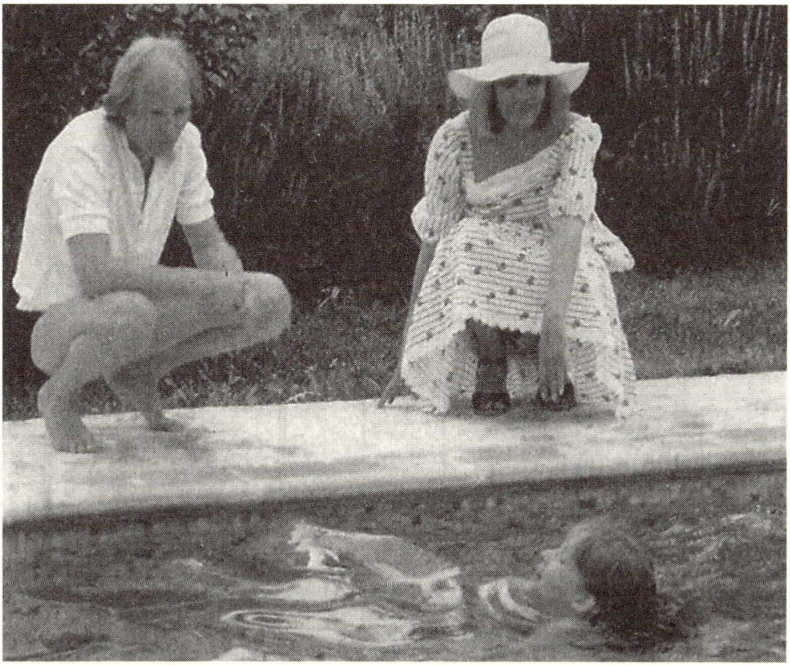

Hilde und Paul bewundern Christinas Schwimmkünste.

Deutschland zwischen 1945 und 1948« von Frank Grube und Gerhard Richter, erschienen im Verlagshaus Hoffmann und Campe, zu rezensieren. Hilde war so erschüttert von den Bildern, die ihre Kriegserinnerungen wieder wachriefen, dass ihr beim Betrachten die Tränen kamen.

»Die Bilder gleichen Faustschlägen (...) nie war ein Winter so kalt – so unbarmherzig wie jener nach Kriegsschluß, als wolle er töten, was Maschinengewehre, Bomben und Artilleriefeuer am Leben gelassen (...) Wie weit der Zorn über das Schieberunwesen die knöchrigen Gestalten irritierte, weiß ich nicht, ich weiß nur, daß mancher durch jenes Unwesen gerettet wurde, indem er seine letzte silberne, seit Jahren zuckerlose Zuckerdose gegen ranzige Butter verscheuerte, während die Bauern vor Samowaren, Teppichen und auserlesenem Porzellan kaum noch ihre Häuser betreten konnten.«

Und sie endete mit der eindringlichen Empfehlung:

»Man sollte ihn besitzen, jenen Bildband, der an Hand seiner Photos allein eigene Wohlstandswehwehchen vergessen läßt.«

Die Buchbesprechung »Wir haben alle geschoben« erschien am 15. Juni 1979 in der Zeitungsausgabe Nr. 25.

Hilde war in den zurückliegenden Monaten sichtlich gealtert. Die riskante Operation ihrer Tochter hatte sie sehr mitgenommen und sie litt unter den Folgen der Spuren, die die Gesichtsmaske zurückgelassen hatte, die sie für den Film »Fedora« hatte tragen müssen. Sie entschloss sich, ihr Gesicht liften zu lassen. Die Operation wurde am 11. Dezember 1979 von dem Schweizer Schönheitschirurgen Rodolphe Meyer in Lausanne ausgeführt. Ihre Oberlippe und die Augenbrauen wurden angehoben, Tränensäcke und Falten beseitigt und die Wangenhaut gestrafft. Die Presse fiel über sie her, als sie von der Operation erfuhr. Man unterstellte ihr, dass sie sich äußerlich an ihren deutlich jüngeren Mann anpassen wollte. Niemand interessierte sich für die eigentlichen Gründe ihres Alterns, für die Sorgen, die sie hatte.

Die Rechnungen für die vielen Krankenhausaufenthalte, die Scheidung, die Detekteikosten und der Auszug aus der Mühle, die Kosten der Beerdigung des Halbbruders, die Miete, die Bezahlung des Personals und die Haushaltsführung hatten Hildes Kontostand wieder einmal auf ein Minimum schrumpfen lassen, wie ihr Schweizer Finanzberater sie wissen ließ. Sie tat das, von dem sie verkündet hatte, es nur zu tun, wäre sie in Geldnot: Sie nahm wieder eine Rolle in einem schlechten Film an. »Checkpoint Charlie« oder »Warum die Ufos unseren Salat klauen«, wie der Film in den deutschen Kinos hieß, wurde 1980 gedreht. In weiteren Rollen spielten Curd Jürgens, Günter Pfitzmann und Ursela Monn. So vielversprechend die Besetzung war, so schlecht war das Drehbuch. Es widmete sich einer Salatzüchtung, die die Energieprobleme der Menschheit lösen sollte. Der Film war ein einziges Debakel und verschwand bereits drei Tage nach dem Start wieder aus den Kinos.

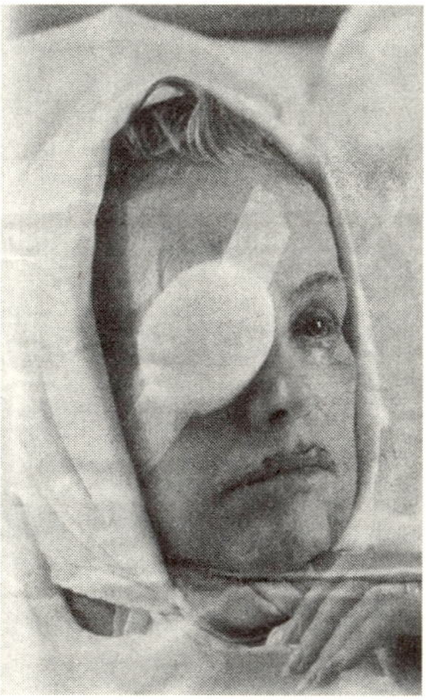

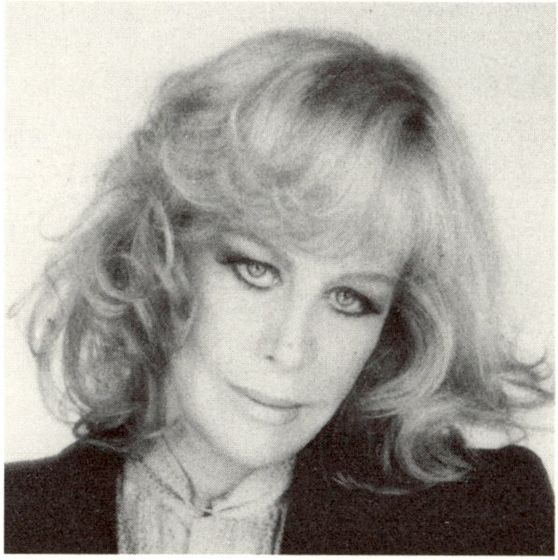

Links: Hilde nach ihrem Face-Lifting im Dezember 1979.
Rechts: So sah Hilde aus, nachdem die Wunden verheilt waren.

Hildes »Welttournee«

Ein junger Konzertmanager kam genau im richtigen Moment auf Hilde zu, um ihr eine Tournee vorzuschlagen. Martin Biallas behauptete, eine Meinungsumfrage gemacht und herausgefunden zu haben, dass das Publikum begeistert wäre, Hildegard Knef mit ihren Chansons wieder auf der Bühne zu erleben. Sie sollte durch Europa, Russland, Amerika und Australien touren. Hildes Welttournee sollte im September 1980 in der Berliner Philharmonie starten. Hilde war begeistert. Sie wollte beweisen, dass sie ihre alte Form auf der Bühne jederzeit wieder erreichte. Als ihr ehemaliger Konzertveranstalter von der Idee erfuhr, bot er ihr eine Abendgage von 4.000 DM, die von Biallas mit 10.000 DM überboten wurde. Hilde wurde sich mit Biallas einig. Sie wählte die besten Musiker, überwiegend Amerikaner, und stellte die Lieder zusammen, die sie singen würde. Aus ihrem Musical »Der geschenkte Gaul«, mit dem sie Curd Jürgens in Frankreich in den Ohren gelegen hatte, wollte sie einige Stücke vortragen. Die Musik hatte Harold Faltermeyer geschrieben, der an der Musikhochschule München sein Studium absolviert hatte. Hilde hegte die große Hoffnung, dass das Musical in New York uraufgeführt würde. Für die Tournee wurde ein aufwendiges Begleitbuch produziert, das sämtliche Texte der Lieder enthält, die Hilde singen wollte, ein Interview mit ihr und Beiträge namhafter Autoren wie Dr. Toni Meissner, Joe Hembus, Boleslaw Barlog und vieler andere, die Karriereabschnitte der Knef beleuchteten. Viele Fotos ergänzten die Texte. Hilde hatte den festen Entschluss gefasst, wieder Schlagzeilen zu machen: wegen ihrer künstlerischen Tätigkeit und nicht mehr wegen ihres Privatlebens, wie es die vergangenen zwölf Jahre der Fall gewesen war. Hildes Erfolg auf der Bühne sollte ihr Publikum alles Negative – ihre Krankheiten, die Scheidung und ihre persönlichen Krisen – vergessen lassen. Hilde fand die Idee einer Welttournee großartig. Sie bedauerte, dass Deutschland keine

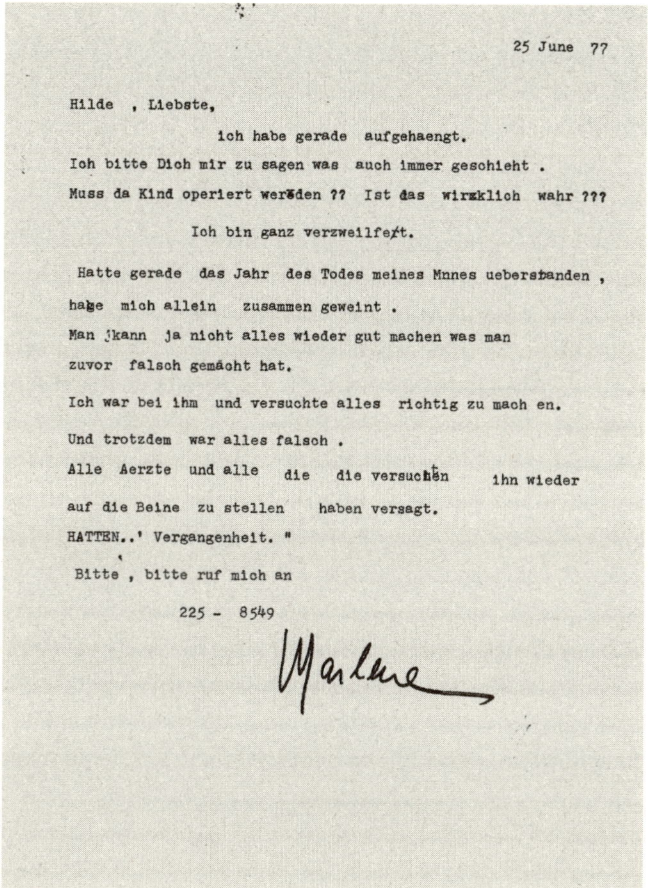

25 June 77

Hilde , Liebste,

ich habe gerade aufgehaengt.

Ich bitte Dich mir zu sagen was auch immer geschieht .

Muss da Kind operiert werden ?? Ist das wirklich wahr ???

Ich bin ganz verzweifelt.

Hatte gerade das Jahr des Todes meines Mnnes ueberstanden ,

habe mich allein zusammen geweint .

Man kann ja nicht alles wieder gut machen was man

zuvor falsch gemacht hat.

Ich war bei ihm und versuchte alles richtig zu mach en.

Und trotzdem war alles falsch .

Alle Aerzte und alle die die versuchten ihn wieder

auf die Beine zu stellen haben versagt.

HATTEN..' Vergangenheit. "

Bitte , bitte ruf mich an

225 - 8549

Marlene

Faksimile Brief Marlene Dietrichs

kulturelle Hauptstadt mehr hatte, in der Künstler sich gegenseitig inspirierten, sich respektvoll aneinander maßen und sich gemeinsam zu Großem aufschwangen. Hilde hielt Deutschland in dieser Hinsicht für provinziell.

Sie bereitete sich auf ihr Publikum vor, für das sie schön sein wollte. Mit ihrem verjüngten Gesicht und ihrer schlanken Figur war sie zufrieden. Ihren Entschluss, die Konzertgarderobe von Yves Saint Laurent schneidern zu lassen und den berühmten Choreografen Jerome Robbins aus New York nach Berlin einzuladen, damit er mit ihr alle Bewegungen einstudierte, teilte sie Marlene Dietrich in einem Brief mit. Marlene antwortete auf Hildes Brief verletzend. Sie halte ihre Idee von einer Welttournee für ein Hirngespinst, wen auch immer sie danach gefragt habe, niemand hätte davon gehört. Sie riet Hilde, den Lügen anderer keinen Glauben zu schenken und ihren Verstand einzusetzen. Hilde war tief gekränkt, sie empfand Marlenes Ratschläge als takt- und distanzlose Einmischung in ihr Leben. Sie zog sich von Marlene zurück, von der sie bis zu diesem Zeitpunkt noch immer mit Medikamenten, insbesondere Antidepressiva, versorgt worden war. Sie hatten sich regelmäßig geschrieben und gelegentlich miteinander telefoniert. Hilde hatte sie über alle Höhen und Tiefen ihres Privatlebens auf dem Laufenden gehalten, und Marlene hatte sich mit ihr über die Hochzeit mit Paul Schell gefreut und sich besorgt gezeigt, als Christina operiert wurde. Hilde rührte die Werbetrommel für ihre Konzerte und gab ein Interview nach dem anderen. Ihr Publikum erfuhr, dass Mutter Teresa eine Heldin für sie war, dass Hamlet ihre literarische Lieblingsfigur sei, ihre Lieblingskomponisten Mozart, Cole Porter und Paul McCartney, dass sie Zuverlässigkeit und Herzensgüte für die wichtigsten menschlichen Charakterzüge hielt, dass es ihr besonders viel bedeutete zu lieben und geliebt zu werden, dass sie gern döste, schrieb, schlief, mit ihrer Tochter spielte und mit ihrem Mann redete. Und sie offenbarte ihre Schwächen: ihre Gutgläubigkeit, ihre gelegentlichen Panikattacken und ihre Desorganisation. Gesundheit sei für sie das Wichtigste im Leben geworden. Es mache sie allein schon glücklich, wenn sie selbst schmerzfrei leben und arbeiten konnte und wenn ihre Tochter und ihr Mann gesund waren. Sie wollte nicht zu den Menschen gehören, die nie mit dem zufrieden waren, was sie hatten, die das Glück herausforderten und dem Nächsten alles neideten, was sie selbst nicht besaßen. Sie wollte ihrer Tochter eine gute Mutter und ihrem Mann eine gute Ehefrau sein.

Am 15. September 1980 eröffnete Hilde ihre Tournee mit einem Konzert in der Berliner Philharmonie. Sie hatte viele ihrer alten Freunde und Wegbegleiter eingeladen, Hardy Krüger, Hans Söhnker, Else Bongers, Rico Puhlmann und viele andere. Das Konzert war ein Erfolg, Hilde wurde umjubelt. Sie hatte sich bis an den Rand der Erschöpfung verausgabt.

Doch schon bald sollte sich das Blatt wenden. In den kleineren deutschen Städten blieben die Konzersäle halb leer. Ihr ehemaliger Konzertveranstalter, so wurde behauptet, hätte alle Plakate, die Hildes Konzerte in den jeweiligen Städten ankündigten, entfernen oder überkleben lassen, weil er enttäuscht gewesen wäre, dass sie nicht ihm die Tournee anvertraut habe.

Die Konzertreise wurde für Hilde ein finanzielles Fiasko. Sie sorgte dafür, dass die Musiker ihre Gage bekamen, sie selbst ging leer aus und blieb noch dazu auf den Kosten für Hotels, Reise und Spesen sitzen. Zutiefst enttäuscht brach sie die Tournee ab.

Im November 1980 erschien das Live-Album »Tournee, Tournee ...«, und im Fernsehen wurde ein Konzertmitschnitt ausgestrahlt. Teile der Erlöse aus den Plattenverkäufen und ihrer Buchtantiemen spendete Hilde dem »Hilfsfonds für Muskelkranke e. V.«, deren Schirmherrin sie kurzfristig war. Sie wollte etwas tun für die Menschen, die an derselben Krankheit litten wie Christina.

Hilde und ich hatten uns inzwischen persönlich kennengelernt. Paul und Christina hatten des Öfteren im Büro, das in ihrem Haus untergebracht war, vorbeigeschaut. Sie hatten mir viel von Hilde erzählt und ich war auf die erste Begegnung mit ihr sehr gespannt. An einem Herbstabend des Jahres 1981 lud sie mich zu sich ins Wohnzimmer ein und begrüßte mich mit den Worten: »Ich bin die Hilde«. Aus den Lautsprechern tönte Frank Sinatra mit seinem »New York, New York«, auf dem Tisch brannten Kerzen und wir tranken ein Glas Rotwein, Hilde bedankte sich für die Ordnung, die ich in ihre Unterlagen gebracht hatte und war froh, nun ein gut sortiertes Archiv zu haben. Sie war sehr freundlich zu mir, und wir unterhielten uns so ungezwungen, als würden wir uns schon seit Längerem kennen.

Hilde war in Berlin nicht mehr glücklich. Sie begann, sich nach Amerika zu sehnen und erinnerte sich in Gesprächen mit Paul immer häufiger an ihre Zeit in Hollywood, an die vielen Freunde, die sie dort gefunden hatte. Und sie vermisste Marlene. Jedes Mal, wenn das Gespräch auf Marlene kam, wurde Hilde traurig und brach die Unterhaltung ab.

An Hildes Geburtstag dachte ich, es wäre eine gute Idee, einen Versöhnungsversuch zwischen den beiden Freundinnen zu wagen. Ich rief also bei Marlene an und sagte, dass Hilde ihr sehr gern nachträglich gratulieren würde. Marlene hatte am Vortag Geburtstag gehabt. Sie war hocherfreut. Ich tippte die Durchwahl zum Wohnzimmer, wo Hilde bei einem guten Glas Rotwein saß und sagte: »Marlene ist am Telefon.« Hildes Stimme klang überglücklich, als sie das Gespräch entgegennahm, und die beiden telefonierten lange. Von da an hörten sie gelegentlich voneinander, bis auch der Telefonkontakt wieder einschlief. Für beide aber blieb das Gefühl zurück, nicht im Bösen auseinandergegangen zu sein. Ich habe Hilde meinen kleinen Versöhnungstrick nie gebeichtet.

So nicht

Hilde fasste den Entschluss, sich wieder an die Schreibmaschine zu setzen und ein neues Buch zu schreiben. Sie pflegte wieder ihre festen Arbeitsrituale. Um 9 Uhr begab sie sich in ihr Arbeitszimmer, trank erst einmal viel Tee und reinigte ihre Schreibmaschine, bevor sie anfing zu arbeiten. Über ihrem Schreibtisch war eine Wäscheleine gespannt, an der Blätter mit handschriftlichen Notizen hingen. In Sichtweite vom Schreibtisch waren Stadtpläne von New York und Berlin an der Wand befestigt, damit sie Orte zuordnen konnte und die Straßennamen korrekt schrieb. Hilde war immer an den neuesten Schreibmaschinen interessiert, tauschte die mechanische irgendwann gegen eine elektrische ein und schreckte schließlich auch nicht vor der Benutzung eines Computers zurück, der bis zu ihrem Tod in ihrem Arbeitszimmer seinen Platz hatte.

Bevor sie sich aber intensiv in die Arbeit an ihrem neuen Buch stürzte, nahm sie eine Schallplatte auf, damit ihre Fans sie in den folgenden Monaten, während sie schrieb, nicht vergaßen. Sie hatte alle Liedtexte selbst geschrieben, einschließlich des Titelsongs »Da ist eine Zeit zu lachen und zu leben«. Nicht nur in diesem Lied schaute sie voller Melancholie auf die Zeit zurück, in der sie gelacht, gelebt und gelitten, in der sie den Wahn des Verliebtseins und die Zeit der Liebe durchlebt hatte. In dem Lied »Ich liebe dich noch immer« gedachte sie noch einmal ihrer großen Liebe. Die traurigen Zeilen lassen vermuten, dass sie von der Liebe zu David Cameron singt:

Sie hatten sich nichts mehr zu sagen,
stumm stand der Vorwurf in ihrem Blick,
und eine Tür, die zugeschlagen,
ließ den einen oder and’ren
ohne Hoffnung zurück.

Aus Liebe war Bosheit geworden,
stumm lummert ein Spruchband um sie herum:
Ich liebe Dich noch immer,
nur manchmal weiß ich nicht mehr, warum.
…

In einem Interview, das sie der *Funk Uhr* gab, wurde sie nach ihrem aktuellen Verhältnis zu Cameron gefragt und erklärte:

»Das Leben ist kein Videoband, man kann und sollte nichts mehr zurückholen. Es ist vorbei; es war einmal eine große Liebe. Paul ist wunderbar, kein Sonntagsmann, wie Cameron es war, sondern ein Mann für den Alltag und für sonntags.«

Jedes ihrer Lieder wäre nicht von ihr, wenn nicht neben all der Wehmut, die in ihnen anklingt, gleichzeitig ihr ungebrochener Wille stünde weiterzumachen, von vorn anzufangen, nie aufzugeben. »Nein ich gebe niemals auf«, singt sie auf derselben Schallplatte. Es ist wieder ein Lied für ihre Tochter Christina:

Nein, ich gebe niemals auf,
solang' mich noch einer braucht;
gehe ich nicht an mir zugrund',
vergeude keine Stund'.
Nein, solang' ein Kindermund
mir noch schlimme Fragen stellt,
solange eine Hand mich hält,
ist und bleibt es meine Welt.
…

Christina spielte auf dem Klavier das Vorspiel zu dem Lied »Ein Kind spielt Klavier«. Es sollte die einzige Zusammenarbeit von Mutter und Tochter bleiben. Christina machte keinen Hehl daraus, dass sie keinen einzigen der Berufe der Mutter ergreifen wollte.

Überglücklich nahm Hilde das Angebot des *Sender Freies Berlin* an, in der Verfilmung des Georg-Kaiser-Stücks »Der Gärtner von Toulouse« die Rolle der wohlhabenden Frau Theophot zu spielen. Günter Gräwert war der Regisseur des Fernsehfilms, der am 6. Mai

1982 in der ARD ausgestrahlt wurde. Hildegard Knef konnte in der Rolle der ehemaligen Bordellbesitzerin, die ihren Gärtner verführt und schließlich von ihm umgebracht wird, noch einmal ihr ganzes Können zeigen. Die Kritik ließ aber auch bei diesem Film kein gutes Haar an Hilde. Mit ihrer nöligen Art zu sprechen, würde sie nicht den Ton der mondänen Frau treffen, die sie spielte, hielt man ihr vor. Sie wäre überfordert gewesen und hätte den Misserfolg des Films zu verantworten.

Eine große Freude bereitete ihr der Brief von Cyril Clemens, dem Herausgeber des 1936 gegründeten *Mark Twain Journal*, einer Zeitschrift, die zweimal jährlich erschien, den sie im Januar 1981 noch vor Ausstrahlung des Filmes erhielt. Er schrieb ihr:

> »Liebe Hildegard Knef,
> in Anerkennung Ihres außergewöhnlichen Beitrags zur modernen Literatur mit DAS URTEIL sind Sie einstimmig zur TOCHTER VON MARK TWAIN gewählt.«

Von Stund an erzählte Hilde in Interviews, sie habe den »wichtigen« Mark Twain Preis erhalten.

Um am Manuskript für »So nicht« zu arbeiten, zog Hilde sich in die Abgeschiedenheit ihres Arbeitszimmers zurück. Erst am Abend gesellte sie sich zu ihrer Familie, erkundigte sich nach Christinas Schultag und den Erlebnissen, die ihr Mann den Tag über gehabt hatte.

Der Tenor des Buches scheint schon mit dem vorangestellten Zitat des Dichters Georg Christoph Lichtenberg vorgegeben:

»Wir fressen einander nicht, wir schlachten uns bloß«

Hilde beginnt das Buch voller Abscheu über die Umgebung der Clausewitzstraße, in der sie in »Panik und Umsichtslosigkeit« die Wohnung für ihren neuen Lebensabschnitt gemietet hatte.

»Die Seitenstraßen des Berliner Kurfürstendamms, entweder breit und sonnengebadet oder schmal und feuchtheiß – zu zweiter Kategorie gehört unmutstiftenderweise auch unsere –, sind mit einer Vielfalt unterschiedlich großer Inseln von Hundescheiße gesäumt. Kein Fleck, kein Quader, selbst zwischen den hohen grämlichen Bäumen, bleibt von der Schmierage verschont. Ein jeder, ob mißtrauisch-achtsam

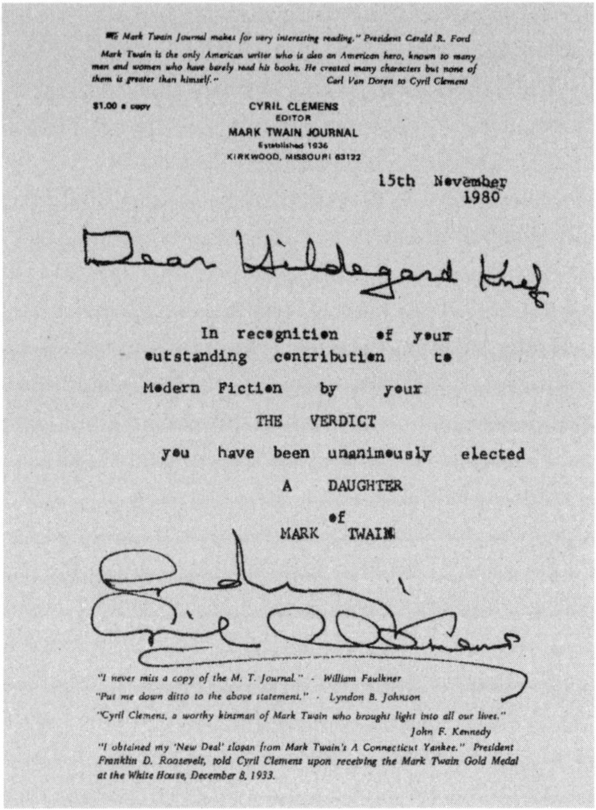

"The Mark Twain Journal makes for very interesting reading." President Gerald R. Ford

"Mark Twain is the only American writer who is also an American hero, known to many men and women who have barely read his books. He created many characters but none of them is greater than himself." Carl Van Doren to Cyril Clemens

$1.00 a copy

CYRIL CLEMENS
EDITOR
MARK TWAIN JOURNAL
Established 1936
KIRKWOOD, MISSOURI 63122

15th November
1980

Dear Hildegard Knef

In recognition of your
outstanding contribution to
Modern Fiction by your
THE VERDICT
you have been unanimously elected
A DAUGHTER
of
MARK TWAIN

Cyril Clemens

"I never miss a copy of the M. T. Journal." - William Faulkner

"Put me down ditto to the above statement." - Lyndon B. Johnson

"Cyril Clemens, a worthy kinsman of Mark Twain who brought light into all our lives." John F. Kennedy

"I obtained my 'New Deal' slogan from Mark Twain's A Connecticut Yankee." President Franklin D. Roosevelt, told Cyril Clemens upon receiving the Mark Twain Gold Medal at the White House, December 8, 1933.

Faksimile Schreiben Cyril Celemens'

oder tänzerisch-forsch, kommt, einem Auto entsteigend, nicht umhin, in die Kacke zu treten.«

Voller Genugtuung beschrieb Hilde, wie sie sich bei einem Interview bei ihr zu Hause einem Journalisten gegenüber absichtlich schlecht benommen hatte. Sie antwortete bewusst einsilbig und nichtssagend auf seine Fragen. Schließlich entließ sie den völlig Verunsicherten mit dem Satz: »Wir schätzen, wir unterschätzen, doch schätzen wir nichts.« »Damit konnte mein Gegenüber absolut nichts anfangen«, lachte Hilde, »und ich auch nicht«, fügte sie augenzwinkernd hinzu.

Schonungslos beschrieb sie in »So nicht« ihren Morphiumentzug, ihr Wiedersehen mit Heinz, daran anknüpfende Kindheitserinnerungen und die Ereignisse rund um seinen Tod. Der Lesereise nach Amerika, auf der sie für »Das Urteil« wirbt, räumte sie darin ebenso Platz ein wie der Familiengeschichte ihres neuen Mannes Paul Schell und den Erlebnissen während ihrer gemeinsamen Reise nach Griechenland und den Dreharbeiten zu »Fedora«. Das Buch klingt so schwermütig aus, wie es beginnt, mit einer traurigen und zugleich selbstkritischen Rückschau auf ihre Ehe mit David Cameron.

»Sie hatten sich zuviel zugemutet, vor allem sie sich: Mutter, Frau, Schriftstellerin, Chansonsängerin, Schauspielerin,Texterin zu sein, auf Parties titelblattgerecht zu glänzen, seiner Schönheit würdiges Anhängsel zu sein.

Niemand konnte so gut miteinander tanzen wie wir. Telepathisch bewegten sich unsere Körper in gleichen oftmals vertrackten Schritten, so daß andere stehenblieben, zusahen.

Wir hatten uns fünfzehn Jahre lang nicht getrennt. Weder Tag noch Nacht.

Er schwieg. Ich sprach. Er lächelte. Ich lachte.

War es *normal*, Anerkennung zu suchen? War es *normal*, Ehe und Beruf zu verflechten, in der Mischung extreme Seligkeit suchend und auch findend? Wann begann sie selbstverständlich zu werden? Patina anzusetzen?

Wann sah er das erste Mal aus dem Wagenfenster einem Mädchen nach? Auffällig, so daß ich es sehen mußte. Ich hatte Liebe mit Ankettung belastet, sie somit verschüttet, erstickt.«

Auch in diesem Buch vermischte sich Fantasie mit Wahrheit. Hilde nahm es nicht so genau. Sie schilderte beispielsweise eine Landverschickung ihres dreijährigen Halbbruders 1939 nach Ostpreußen, damit er vor den Bombenangriffen in Berlin sicher war. Zu dieser Zeit fielen jedoch noch keine Bomben auf Berlin. Es ist auch nicht nachzuvollziehen, wie Hilde erfahren haben will, dass der Junge in der Bauernfamilie gequält worden sei, was sie veranlasste, ihre Mutter darum zu bitten, ihn wieder nach Hause zu holen. An einer anderen Stelle irrte sie sich über ihr Alter. Als sie 1945 mit Carl Raddatz zusammen in dem Film »Unter den Brücken« spielte, war sie nicht 16, sondern bereits 19 Jahre alt.

Hilde konnte mit ihrem Buch »So nicht«, das 1982 im Knaus Verlag in einer Startauflage von 50.000 Stück erschienen war, nicht an den Erfolg der Bücher »Der geschenkte Gaul« und »Das Urteil« anknüpfen. Kritiker fielen wieder über ihren Sprachstil her, andere warfen ihr eitle Gefallsucht vor, wieder andere Geldgier. Es gab auch positive Stimmen, die sie für ihre differenzierten Beobachtungen und ihren mutigen und kreativen Stil lobten.

Ein wichtiges Stück Theatergeschichte entstand 1982 mit dem Dokumentarfilm »Thalia unter Trümmern – Das Berliner Theater der Nachkriegszeit 1945–1951« unter der Regie von Irmgard von zur Mühlen. Das Drehbuch hatte der Kabarettist Dieter Hildebrandt geschrieben. In dem Film kamen neben Hildegard Knef viele bedeutende Theaterleute der Stunde Null zu Wort, unter ihnen Ernst Busch, O. E. Hasse, Boleslaw Barlog, Friedrich Luft, Klaus Schwarzkopf, Rudolf Platte und Aribert Wäscher. Seine Erstaufführung erlebte der Film im Zoopalast, der Sender Freies Berlin strahlte ihn noch im selben Jahr im Fernsehen aus.

Umzug nach Hollywood

Hilde reiste während der Schulferien der Tochter mit ihrer Familie nach Los Angeles. Ich hütete derweil mit meiner Familie Hildes Haus, versorgte Hund und Katze und regelte, mit einer Vollmacht von Hilde ausgestattet, Angelegenheiten, die nicht aufgeschoben werden konnten. Hilde rief mehrmals an, wollte wissen, ob die Pakete mit den druckfrischen Büchern »So nicht« schon angekommen sind und wie es uns in Berlin erging. Als ich ihr erzählte, dass Pauls Mutter aus München angerufen hatte und ein Buch, schon vor der Veröffentlichung, zugeschickt haben wollte, sagte Hilde, ich solle auf gar keinen Fall ein Buch aus den Händen geben. Sie fürchtete, dass Pauls Mutter wütend reagieren würde, weil die Familie Schell in dem Buch nicht all zu gut wegkam. So kam es dann auch.

Kurt Hirsch hatte für Hilde, Paul und Christina in Hollywood einen Bungalow gefunden. Kurt und Hilde hatten sich auf einer ihrer früheren Reisen in die USA wiedergesehen. Seitdem schrieben sie sich regelmäßig Briefe. Kurt erzählte von seinen Ferienreisen mit der Familie und schrieb ihr einen begeisterten Brief, nachdem er »Fedora« gesehen hatte, seine Kinder wären ebenso begeistert von ihr. Er schrieb immer auf Deutsch und ließ Christina und Paul grüßen.

Hilde und Paul liebten die Partys in Hollywood. Sie ließen sich bei diesem Aufenthalt nicht die legendäre Löwenparty bei Carroll Righter entgehen. Den Eingang bewachten zwei Löwen, die von einem Tierwärter beaufsichtigt wurden. Die Party war ein alljährlich stattfindendes Stelldichein der Schönen, Berühmten und Reichen Hollywoods. Wenn Hilde in der Stadt war, empfing Righter sie auf seiner Party als Ehrengast.

Sie trafen sich zum Essen mit dem Team der Krankenhausserie »Trapper John M. D.«, einem Spin-off der Fernsehserie »M*A*S*H*«. Die ganze Familie war Fan dieser Fernsehserie, die sie jeden Abend

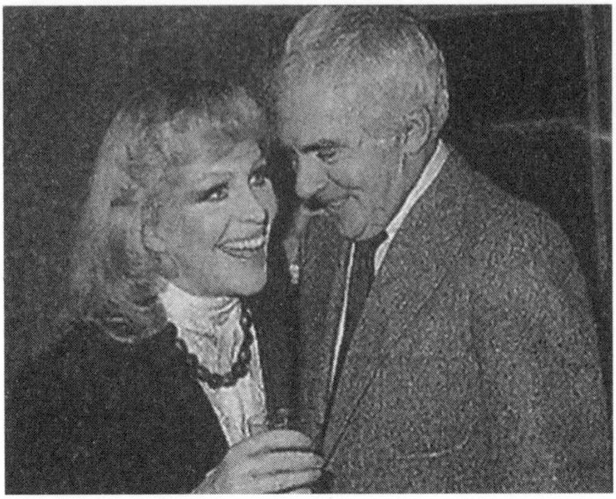

Hilde und ihr erster Ehemann Kurt Hirsch bei einem freundschaftlichen Wiedersehen in Los Angeles.

zusammen anschauten. Die Serie spielte in einem mobilen Lazarett der US-Army im Koreakrieg. Die ganze Familie besuchte die Schauspieler der Serie am Set, wo Hilde mit großem Applaus empfangen wurde. Alan Alda, der einen der Ärzte in der Serie spielte, dankte Hilde für ihr Buch »Der geschenkte Gaul«. Sie hätte mit dem Buch bewiesen, dass Schauspieler auch intelligente Menschen wären. An diese Begegnung sollte Hilde immer wieder das M*A*S*H*-T-Shirt erinnern, das sie am Set geschenkt bekam. Sie freute sich über die Anerkennung und fühlte sich sehr geehrt.

Romy Schneider war am 29. Mai 1982 gestorben. Die Zeitschrift *Bunte* bat Hilde erneut, eine Artikelserie über ihre Kollegin zu verfassen. Die erste Anfrage hatte Hilde ablehnen müssen, weil sie noch an ihrem Buch „So nicht" arbeitete. Diesmal sagte sie zu. Die Zeitschrift überließ ihr Mengen von Material über Romys Privat- und Berufsleben zukommen. Hilde bat einen Freund zu recherchieren, sie begann zu schreiben. Die Serie sollte unter dem Titel »Romy – Betrachtung eines Lebens« erscheinen. Albrecht Knaus wollte das Buch 1983 in seinem Verlag herausbringen. Hilde rechnete in dem Buch auch mit ihrem Berufsstand ab. Sie schilderte die Erbarmungslosigkeit des Filmbusiness am Beispiel von Romy Schneiders Lebensweg. Hilde bekam während der Arbeit am Buch große Probleme mit ihren Zähnen und war gezwungen, den Schreibtischstuhl immer wieder gegen den Zahnarztstuhl zu tauschen. Das Arbeiten fiel ihr schwer. Die Artikelserie erschien schließlich in der *Bunten* unter dem Titel »Weißt du noch, Romy?«. Hilde war über die eigenmächtige Titeländerung empört. Empörung zeigte allerdings auch die Mutter Romy Schneiders, Magda Schneider. Sie warf Hilde vor, voller Verachtung über Wolf Albach-Retty, ihren ersten Ehemann und Vater Romys, geschrieben zu haben, und unterstellt ihr Geldgier. Ganz unverhohlen fragte sie Hilde in der *Bild-Zeitung*: »Warum lügen Sie, Frau Knef?« Und auch die zweite Ehefrau Wolf Albach-Rettys, die Schauspielerin Trude Marlen, verteidigte ihren verstorbenen Mann in einem Brief an Hilde, in dem sie sie ebenfalls der Lüge bezichtigte. Er wäre zeitlebens ein Gentleman gewesen. Hilde hätte ihn nicht gut genug gekannt, um so über ihn zu schreiben.

Die negativen Schlagzeilen, die der Buchveröffentlichung folgten, waren sicher nicht ganz unschuldig am Misserfolg des Buches, der gleich noch Hildes Buch »So nicht« mitriss. Hilde fühlte sich wieder einmal missverstanden und verkannt. Eines war zum anderen gekommen: Tourneepleite, zurückgehende Buchverkäufe, keine Rollenangebote. Hilde schlug in Interviews um sich, sie kritisierte das Fernsehen für seinen Hang zur schnöden Unterhaltung, beschwerte sich über Talkmaster, die nicht einmal sprechen könnten. In diesem Zusammenhang soll der folgenschwere Satz gefallen sein: »Ich hasse alle Deutschen.« Die Öffentlichkeit fiel über die Nestbeschmutzerin Hilde her. Kein Dementi von ihrer Seite half. Nicht einmal unter Vollnarkose hätte sie sich zu solch einer dämlichen Äußerung hinreißen lassen, versuchte Hilde, sich zu verteidigen, schließlich kenne sie nicht alle Deutschen.

Sie flüchtete mit Paul und Christina nach Los Angeles und bezog denselben Bungalow, in dem sie die letzten Ferien verbracht hatten. Hilde liebte dieses kleine Haus. In dieser Zeit reifte der Entschluss, nicht mehr nach Berlin zurückzukehren. Paul und Hilde fragten Christina, ob sie mit der Entscheidung einverstanden sei. Nach kurzer Überlegung stimmte sie zu und freute sich auf das Abenteuer Kalifornien. Dank der Fürsprache von Freunden konnte Christina die hervorragende Buckley School besuchen. Hilde musste ihre Zahnbehandlung fortsetzen. Sie erholte sich nach und nach, genoss das kalifornische

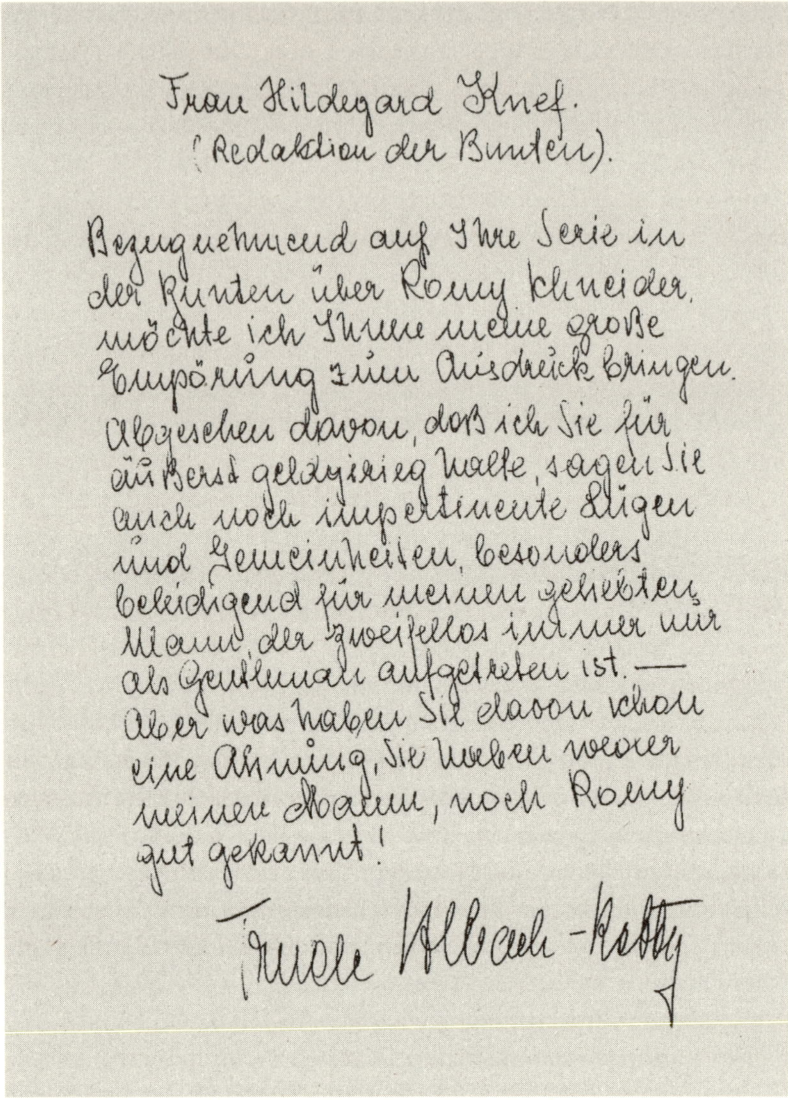

Frau Hildegard Knef.
(Redaktion der Bunten).

Bezugnehmend auf Ihre Serie in
der Bunten über Romy Schneider,
möchte ich Ihnen meine große
Empörung zum Ausdruck bringen.
Abgesehen davon, daß ich Sie für
äußerst geldgierig halte, sagen Sie
auch noch impertinente Lügen
und Gemeinheiten, besonders
beleidigend für meinen geliebten
Mann, der zweifellos immer nur
als Gentleman aufgetreten ist. —
Aber was haben Sie davon schon
eine Ahnung, Sie haben weder
meinen Mann, noch Romy
gut gekannt!

Trude Albach-Retty

Faksimile Brief von Trude Albach-Retty

Klima und verbrachte viel Zeit mit ihrer Familie. Sie schafften sich wieder einen Schäferhund an – Hildes Lieblingshunde neben Boxern. Hilde nannte ihn Kraut, so wie die Deutschen in Amerika nach dem Krieg und sie selbst scherzhaft von ihren Kollegen am Broadway genannt wurden.

Obwohl es Hilde wieder besser ging und sie aufzublühen begann, litt sie hin und wieder an Depressionen, die sie mit starken Medikamenten bekämpfte. Sie wurde erneut abhängig von ihnen, beschloss aber, dieses Mal, ohne Hilfe davon loszukommen. Aus eigener Stärke und dank der liebe- und verständnisvollen Begleitung ihres Mannes schaffte sie es.

Geldsorgen ließen Hilde nicht zur Ruhe kommen. In ihrer Not machte sie alle Welt, nur nicht sich selbst für ihre Situation verantwortlich. »Die Liste der Menschen, die mich ausgenutzt haben, ist kilometerlang«, klagte sie mir ihr Leid. Sie trauerte den Millionen nach, die sie verschwendet hatte, und wurde das Gefühl nicht los, ein luxuriöser Neandertaler zu sein, das heißt, in einer Welt zu leben, in der sie dazu verurteilt war, als »ausgestorben« zu gelten. Sie verspürte eine Lebensmüdigkeit, und wären Paul und Christina nicht gewesen, hätte sie keinen Sinn mehr in ihrem Leben gesehen. In dieser Stimmung holte Hilde wieder einmal zum Rundumschlag aus, kritisierte die deutsche Kultur, die sich schläfrig auf ihrem einstigen Wirtschaftswunder ausruhen würde, blind wäre für den internationalen Wettbewerb und den Bürger mit Fertighaus und Mercedes träge mache. Sie wetterte gegen die Kulturpolitik, die Geld rausschmeißen würde wie im Fall von Peter Stein und dessen Schaubühne am Halleschen Ufer. Sie schimpfte über die »Ratten«, womit sie die Presse meinte, die über sie herfielen, und das Ergebnis harter Arbeit vernichteten.

Ihre Agenten waren indes nicht untätig. Sie vermittelten ihr eine Rolle in der amerikanischen Agentenserie »Scarecrow and Mrs. King«. Sie spielte die Prinzessin Valosky in der sechzigminütigen Folge »Warten auf Gordorsky«. In Deutschland wurde die Serie unter dem Titel »Agentin mit Herz« im Vorabendprogramm ausgestrahlt. Sie war sehr erfolgreich.

Als Hilde 1984 in einem Gespräch verlauten ließ, dass sie auch in Deutschland wieder eine Filmrolle annehmen würde, machte ihr die Regisseurin Helma Sanders-Brahms ein Angebot. In der deutsch-französischen Koproduktion »L'avenir d'Emilie«, »Flügel und Fesseln«, sollte sie an der Seite von Brigitte Fossey, Ivan Desny und Hermann Treusch eine Hauptrolle spielen. Ein Familiendrama, das die Rolle der Frau in der Gesellschaft beleuchtet, ihren Spagat zwischen Mutter-Sein und der Möglichkeit, Karriere zu machen. Als die erfolgreiche Schauspielerin Isabelle ihre Eltern und ihre kleine Tochter besucht, kommt es zum Familiendrama. Die Mutter, gespielt von Hildegard Knef, hatte für die Familie die eigene Karriere abgebrochen, alte Wunden brechen auf.

Hilde war fasziniert von dem Filmstoff und von der Aussicht, mit hochrangigen Kollegen in der Normandie zu arbeiten. Obwohl sie zehn Jahre lang keinen Kinofilm mehr gedreht hatte, sagte sie zu. Während der anstrengenden Dreharbeiten kam es zu Spannungen zwischen Hilde und der Regisseurin. Hilde vermisste ihren Mann und ihre Tochter, die sie drei Monate lang nicht sehen konnte. Paul war bei ihrer inzwischen 16-jährigen Tochter in Los Angeles geblieben. Täglich telefonierte Hilde mit ihnen. Die enorm hohen Telefonkosten verschlangen einen beachtlichen Teil der Gage. Hilde begann, vollkommen untypisch für sie, während der Dreharbeiten zu trinken – vornehmlich Weißwein. Das Filmteam drängte die Regisseurin, Hilde aus dem Drehbuch herauszuschreiben. Helma Sanders-Brahms hielt an ihr fest und brachte die Dreharbeiten schließlich zum guten Ende.

Die Presse beurteilte den Film, der während des Londoner Filmfestivals Anfang Dezember 1984 Premiere hatte, positiv. Hildegard Knef wurde absolute Überzeugungskraft bescheinigt. Die BBC ehrte sie als deutsche Simone Signoret – eine große Auszeichnung für Hilde.

Im Dezember 1985 wurde Hilde sechzig Jahre alt. Aus diesem Anlass reiste der Fernsehjournalist Werner Baecker nach Hollywood, um mit ihr ein Interview zu führen. Unter dem Titel »Der Star wird 60« wurde das Gespräch, das in ihrem Haus stattfand, ausgestrahlt. Baecker sprach mit Hilde über ihr Leben. Als sie auf die Gegenwart und ihr Alter zu sprechen kamen, gestand sie, dass sie damit zufrieden sei und Menschen nicht verstünde, die noch einmal 18 sein wollten. Mit dem körperlichen Altern allerdings habe sie ihre Schwierigkeiten, egal, ob man sich die Haare färbe, sich liften lasse, Hormone und Vitamine schlucke – man würde den Kampf gegen das Altern unweigerlich verlieren. Und sie gestand Baecker, dass sie seit geraumer Zeit wieder Liedtexte auf Englisch und Deutsch schriebe, die demnächst auf einer Schallplatte erscheinen würden. Die Frage, ob sie nicht wieder nach Deutschland ziehen wolle, verneinte sie, ein Umzug sei nicht geplant. Als Schauspieler müsse man Zigeunerblut in den Adern haben, hätte man das nicht, wäre der Beruf ein Fehlgriff.

Ein weiteres Fernsehporträt über Hildegard Knef mit dem Titel »Nein, ich gebe niemals auf« wurde von Ottokar Runze ebenfalls zu ihrem 60. Geburtstag gedreht. Der Film begann mit dem Empfang Hildes am Flughafen Tegel, wo Runze und viele Freunde auf sie warteten. In der Filmbühne am Steinplatz wurden alte Filme mit Hildegard Knef gezeigt. Im Anschluss an eine Filmvorführung hatte das Publikum Gelegenheit, Hilde Fragen zu stellen. Dieses Gespräch, in dem Hilde Wärme und Anerkennung entgegengebracht wurden, war Teil des Filmporträts. Auf die Frage nach Alter und Tod entgegnete Hilde, dass sie Angst davor habe, zu alt zu sein, um ihren Beruf auszuüben und kein Geld mehr für die Familie zu verdienen. Einmal in ihrem Leben hatte sie diese Angst schon so stark empfunden, dass sie daran gedacht hätte, sich umzubringen. Kurz bevor sie Cameron kennenlernte, wäre sie vollkommen mittellos gewesen und hätte auch keine Möglichkeit gesehen, Geld zu verdienen. Sie hätte sich damals darauf besonnen, dass das Leben ihr nichts weiter schulde als das Leben. Das Fernsehporträt wurde ergänzt durch Ausschnitte von seltener gezeigten Filmen, durch Mitschnitte aus Fernsehshows, in denen Hildegard Knef als Sängerin auftrat. Zahlreiche Prominente kamen zu Worte. Der SPD-Politiker Carlo Schmidt bekannte, dass er Hildegard Knef »gern mag«, dass er sie als Frau und Künstlerin schätzte, für die Tapferkeit eine Tugend sei. Friedrich Torberg, der Hilde 1947 kennengelernt hatte, schilderte sie als besonders offene und lebendige Frau, die einen unverwechselbaren Humor habe. Henry Miller sprach darüber, wie stark und begabt sie sei und von welcher Vitalität. Und ihr alter Lehrer Boleslaw Barlog nannte sie »die Weltmeisterin im Dankbarsein«, weil sie immer wieder von ihren Anfängen im Schloßparktheater spreche. Willy Brandt antwortete mit einem einfachen »Ja«, als er gefragt wurde, ob Hildegard Knef ihn als Frau interessiere. Hardy Krüger hingegen liebte den

Kumpel in Hilde, mit dem man Pferde stehlen könne. »Sie ist verspielt und weiblich, strikt und tolerant, vergebend, wollend«, schwärmte er. Hilde wurde für den Film durch Berlin chauffiert. Als sie an dem Haus vorbeifuhren, in dem ihr Großvater gelebt hatte, gestand sie, dass er neben Christina die einzige Liebe in ihrem Leben sei. Zur Teilung der Stadt befragt, schimpfte sie wütend, dass der Zustand eines geteilten Landes und einer geteilten Stadt nicht akzeptabel sei.

Nachdem sie alle Termine hinter sich gebracht hatte, reiste Hilde zurück in die Staaten. Die anhaltenden Schmerzen im Bauch beunruhigten sie so, dass sie einen Spezialisten aufsuchte, der sie gründlich untersuchte. Er stellte fest, dass eine Operation unumgänglich war. Ein Leistenbruch war übersehen worden und ein Teil des Darms musste entfernt werden. Hilde war nach der nicht ungefährlichen Operation erstmals seit Jahren schmerzfrei. Paul Schell tat alles, damit ihre Genesung voranschritt.

Paul schaffte es sogar, dass sich Hilde, wie vom Arzt vorgeschlagen, bewegte. Untergehakt liefen sie einige Male um den nicht sehr großen Swimmingpool, doch schon kurze Zeit später war es mit der Lauferei vorbei. Hilde hielt es mit Winston Churchills Lebensmotto: »Wenn ich nicht laufe, sitze ich und wenn ich nicht sitzen muss, liege ich«.

1986 erklärte sich Hilde mit dem Vorschlag ihres Tourneemanagers, mit dem sie sich wieder versöhnt hatte, einverstanden, nochmals eine Konzertreise durch Deutschland, die Schweiz und den Niederlanden zu unternehmen. Die Tour »Hildegard Knef – Stationen meines Lebens« umfasste zehn Auftritte. Das Auftaktkonzert fand im Deutschen Theater in München statt, bevor es in die Berliner Philharmonie ging. Die Presse hatte erfolgreich gegen Hilde mobil gemacht und ihre alten Verbalattacken wieder aufgewärmt. Keines ihrer Konzerte war ausverkauft.

Hildes Comeback

Christina hatte in Amerika ihren Highschool-Abschluss gemacht und sich in den 19 Jahre älteren Peter Gardiner verliebt, Artdirector bei Warner Brothers. Sein Vater war der Schauspieler Reginald Gardiner, der mit Größen wie Chaplin und Hitchcock zusammengearbeitet hatte. Christina beschloss, nur für ihren Mann da zu sein und deshalb nicht zu studieren, was erwartungsgemäß nicht auf Hildes Verständnis stieß. Da sie dem Glück ihrer Tochter aber keine Steine in den Weg legen wollte, ließ sie Christina schweren Herzens ziehen.

Hilde hatte wieder begonnen zu malen. Es entstand eine Serie von Ölbildern mit dem Titel »Los Angeles – Eindrücke zwischen Armut und Reichtum«. Nach Vorlagen von Fotos, die Paul Schell in den ärmsten und reichsten Gegenden der Stadt gemacht hatte, stellte Hilde die soziale Kluft in der Multikulti-Metropole dar. Die Bilder stießen auf Anerkennung und wurden 1989 in Berlin, Zürich und München ausgestellt.

Zur 750-Jahr-Feier in Berlin plante der künstlerische Leiter des Theater des Westens, Helmut Baumann, das Musical »Cabaret« auf die Bühne zu bringen. Er wünschte sich für die Rolle des Fräulein Schneider Hildegard Knef. Obwohl sie sich nach ihrer Broadway-Zeit geschworen hatte, nie wieder in einem Musical zu spielen, nahm Hilde die Rolle an, weil sie in Geldnot war. Am 15. Juni 1987 begannen die Proben, und schon am 6. September war Premiere. Im Vorfeld der Aufführung wurde Hilde von einer Talk-Show zur nächsten gereicht. Sie feierte mit dem Musical ihr Comeback in Deutschland. Allabendlich stand sie tanzend und vor allem singend neben Helen Schneider und Utz Richter als Zimmerwirtin Fräulein Schneider auf der Bühne. Sechzig Aufführungen waren vereinbart. Das Publikum war begeistert. Schon beim Betreten der Bühne erntete sie Applaus. Die Presse riss sich um Interviews mit ihr. Gefragt, wo sie ihre Hei-

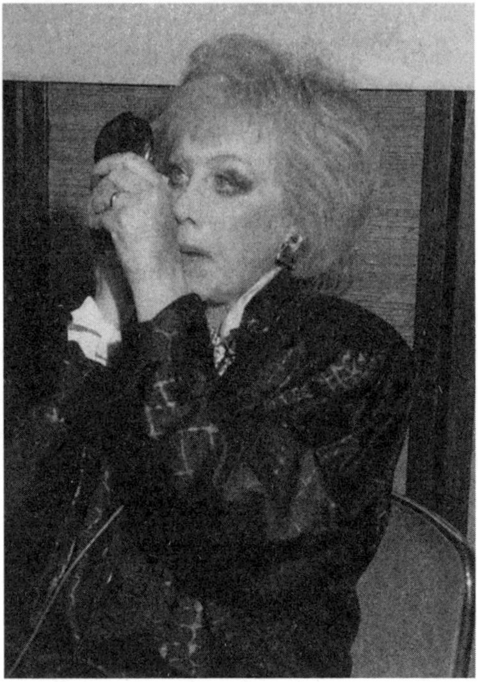

Kurz vor ihrem Auftritt bessert Hilde noch einmal ihr Make-up nach.

mat sähe, antwortete sie, dass sie sich als »Atlantikbewohnerin« fühle – immer zwischen Deutschland und den USA pendelnd, ihre Heimat aber sei da, wo ihr Mann und ihre Tochter lebten. Ihre Wurzeln hätte sie in Deutschland, während sich ihre Zweige in alle Welt streckten. Ein Gefühl wie Heimweh empfinde sie nur im Zusammenhang mit Menschen, nicht mit Gegenden oder gar Gegenständen. Sie bedauerte die Flüchtigkeit menschlicher Beziehungen, die sich während der Zusammenarbeit an einem Projekt entwickelten. Von der Intensität des tagtäglichen Beieinanderseins bliebe nach der letzten Klappe nichts, was sie immer wieder aufs Neue enttäuschte. Freundschaften waren ihr wichtig geworden. Sie bedeuteten eine gemeinsame Vergangenheit, Seelenverwandtschaft, Fürsorge, Zärtlichkeit und Erotik. Freunde, die sich nicht veränderten, sondern immer nach den gleichen Prinzipien lebten, ließ sie fallen »wie eine heiße Kartoffel«, wie sie es gerne formulierte. Sie war der Meinung, dass Menschen sich wie Schlangen häuten mussten, nichts war ihr verhasster als Starrheit. Nicht selten stieß sie mit diesen Grundsätzen auf Unverständnis bei denen, die ihr uneigennützig in schweren Momenten zur Seite gestanden hatten. Später sollte sie bereuen, dass einige Freunde unwiederbringlich verloren waren.

Ein kleiner Zwischenfall störte den sonst reibungslosen Theateralltag in Berlin. Hilde hatte einen Drohbrief bekommen und forderte Personenschutz. Helmut Baumann, der künstlerische Direktor des Theaters, versuchte vergeblich, die Polizei zu überreden, Beamte zum Schutz Hildegard Knefs abzustellen. In seiner Not steckte er zwei Komparsen in Polizeiuniformen und postierte sie vor Hildes Garderobentür. Die Sache war damit erledigt, Hilde fühlte sich wieder sicher und spielte brillant weiter.

Paul und Hilde hatten für die Zeit in Berlin eine Wohnung in einer Nebenstraße des Kurfürstendamms gemietet. Paul sorgte für das leibliche Wohlergehen seiner Frau, damit Hilde genügend Kraft für die anstrengende Arbeit auf der Bühne hatte. Ihre Energie reichte sogar noch dafür, nebenher eine Platte einzuspielen. Ende des Jahres 1987 erschien die Single »Ways of love«, auf der Hilde mit dem in Amerika bekannten Sänger Glenn Yarbrough im Duett sang.

Am 6. März 1988 heiratete Christina Peter Gardiner in einer kleinen Kirche in Beverly Hills. Hilde erfüllte ihrer Tochter den Wunsch, David Cameron und seine mittlerweile vierte Ehefrau Gerlinde einzuladen. Christina trug ein langes weißes Brautkleid, die Brautjungfern wie auch Hilde und Peters Mutter trugen Rosa, Cameron und Paul den gleichen Smoking. Vor der Zeremonie gingen Hilde und Peters Mutter zum Traualtar und zündeten Kerzen für das Brautpaar an. Als die junge Braut von ihrem leiblichen Vater und von Paul, ihrem Ziehvater, zum Traualtar geführt wurde, konnte Hilde ihre Tränen nicht zurückhalten. Sie weinte wie vermutlich jede Mutter, die die Hochzeit ihres Kindes miterlebt. Abends feierten alle eine Riesenparty mit vielen Freunden im Nobelrestaurant »La Serre«. Bevor Hilde und Paul ein Jahr später Amerika wieder Richtung Deutschland verlassen sollten, spielte Hilde die schöne Hexe in einem, wie sie fand, weiteren schlechten Film, »Witchery«, »Witchcraft – Das Böse siegt«. Der Film, der heute Kultstatus hat, wurde in Massachusetts gedreht, wo dreihundert Jahre zuvor noch Hexenverbrennungen stattgefunden hatten. Gegenü-

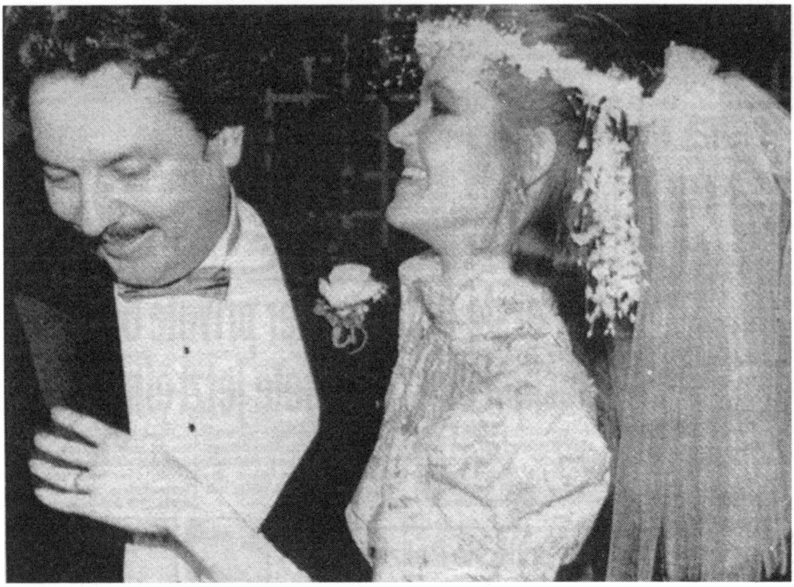

Peter Gardiner, Sohn des 1980 verstorbenen Hollywood-Schauspielers Reginald Gardiner, heiratet die 19-jährige Christina.

ber der Zeitschrift stern behauptete Hilde, sie hätte die Rolle nur angenommen, weil man ihr für sieben Drehtage eine sechsstellige Summe geboten habe. »In der Werbung und im Abspann wünschte ich, dass mein Name so weit wie möglich unten stehe. Das Geld geht, die Schande bleibt, so war es schon immer. Ich hoffe, dass der Streifen bloß in Falkland von den Schafen gesehen wird.«

Im August 1989 flogen Paul und Hilde nach München, ihrer neuen Wahlheimat. Vorübergehend wohnten sie bei Pauls Mutter. Da das Verhältnis zwischen Hilde und ihrer Schwiegermutter sehr schwierig war zogen sie zu Freunden, bevor sie in Bogenhausen eine eigene Wohnung fanden. Zuerst war die Wohnung sehr spärlich, mit Leihmobiliar von Freunden eingerichtet. Als endlich ihre eigenen Möbel aus Amerika ankamen richteten sie sich behaglich ein. Die Wohnung war für die Haltung eines Hundes ungeeignet. Hilde schaffte sich nach Kraut, der wegen gesundheitlicher Probleme eingeschläfert werden musste, noch einmal in Berlin einen Schäferhund an, trennte sich aber bereits nach einem Tag wieder von dem Tier.

Zum Jahreswechsel 1989/90 drehte Claude Faraldo mit Hildegard Knef und Micheline Presle als Hundertjährige und Inge Meysel als Neunzigjähriger den Film »In inniger Feindschaft«. Die Dreharbeiten fanden in Sainte Maxime an der französischen Mittelmeerküste statt. Faraldo war so fasziniert von dem Spiel der drei Frauen, dass er ununterbrochen drehte. Niemand glaubte daran, dass er aus dem vierstündigen Director's Cut einen Anderthalbstünder zustande bringen würde. Er schaffte es, trotzdem fand der Film nur ein kleines Publikum.

In die Monate der Dreharbeiten fiel ein politisches Großereignis: Am Abend des 9. November 1989 wurde die Berliner Mauer nach 28 Jahren von den Berlinern gestürmt. Die Stadt befand sich im Ausnahmezustand. Als Hilde an Pauls Seite die Ereignisse im Fernsehen verfolgte, konnte sie ihre Tränen nicht zurückhalten. Sie wollte ihre Rührung und ihre Emotionen nicht verbergen, endlich war die Stadt ihrer Kindheit wieder vereint.

In der ersten Hälfte der 1990er-Jahre war Hilde in vielen verschiedenen Serien im deutschen Fernsehen wie auch einmal im französischen, in einer Folge von »V comme Vengeance« (1990), zu sehen. Des Öfteren spielte sie die mehr oder weniger exzentrische Adlige wie in einer Folge von »Ein Schloss am Wörthersee« (1990) oder in der Krimiserie »Peter Strohm« (1995). Ein andermal war sie in der Folge »True Love« (1994) der Serie »Wie Pech und Schwefel« die geheimnisvolle Unbekannte im Leben eines verstorbenen Fabrikanten. Dann wieder spielte sie die von ihrem Mann betrogene Seniorin in der ARD-Serie »Haus am See« (1991/92). Im Zusammenhang mit dem Film gefragt, ob sie sich noch einmal liften lassen würde, antwortete sie ganz entschieden mit Nein. Sie sei voll und ganz zufrieden mit ihrem Aussehen. Zu einem ausdrucksstarken Gesicht gehörten vor allem die Augen, die Freud und Leid gesehen haben. Alles müsse zusammenpassen. Ein neues Gesicht bliebe eine ausdruckslose Maske, wenn es nicht eingelacht und eingeweint, eingedacht und eingefühlt wäre. Ihr Mann liebe sie so, wie sie ist und auch umgekehrt. Mit ihm könne sie durch dick und dünn gehen – das sei ein wunderbares Gefühl für eine Frau ihres Alters.

Die Rolle der Baroness in der RTL-Agentenserie »Berlin Break« (1993) führte sie wieder nach Berlin. Gedreht wurde in einer Villa am

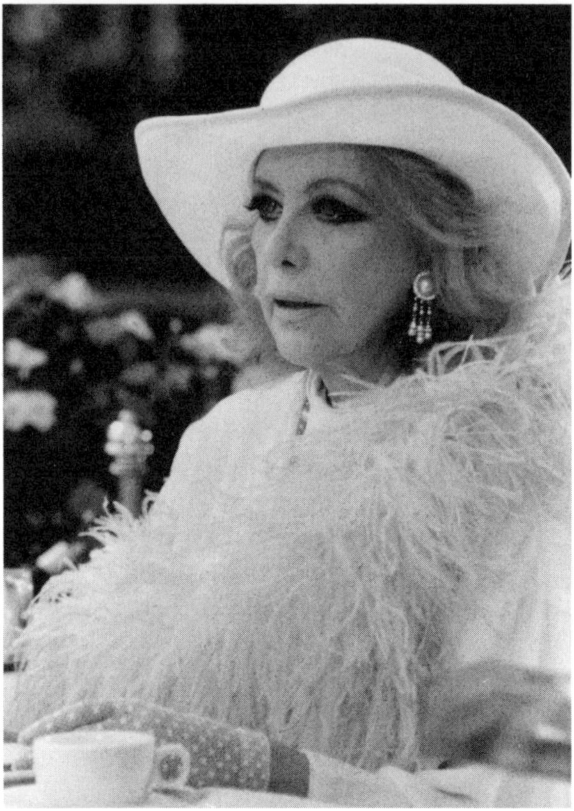

Hildegard Knef 1991 in der Rolle der »Rutila« in der deutsch-österreichischen Fernsehserieerie »Ein Schloß am Wörther See«.

Müggelsee in Berlin-Köpenick. Im Film sieht der aufmerksame Zuschauer ein Selbstporträt Hildes auf einer Staffelei stehen und ein von ihr gemaltes Bild der Mutter an der Wand hängen. Nach den Dreharbeiten flüchtete sich Hilde abends in ihre Hotelsuite in der Nähe des Kurfürstendamms und verließ sie bis zum nächsten Morgen nicht mehr. Berlin war ihr fremd geworden. Der einstmals so geliebte Kurfürstendamm hatte sich vom Prachtboulevard zum Paradies für Kleinkriminelle, Hütchenspieler, Punks und Prostituierte gewandelt. Sie fühlte sich auf der Straße nicht mehr sicher.

Zur Jahreswende 1991/92 war Hilde eine von vielen Mitwirkenden in dem Dokumentarfilm »Befreier und Befreite. Krieg, Vergewaltigun-

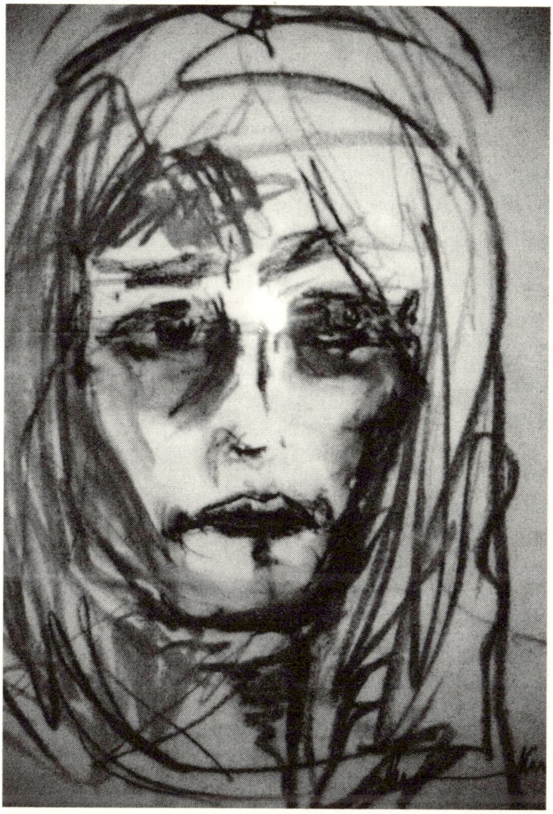

Selbstporträt Hilde

gen, Kinder« von Helke Sanders, der die Vergewaltigungen von Frauen durch die »Befreier« aus vielen Blickrichtungen beleuchtet. Hilde traf ihre alte Kommilitonin Maria Milde wieder, mit der sie während des Krieges in Schmargendorf ein Zimmer geteilt hatte. Maria war eines der unzähligen Opfer, derer der Film gedachte. Zum ersten Mal sprach sie mit Hilde über ihre Erlebnisse. Sie bewunderte Hilde noch immer und beneidete sie um ihre Karriere.

Anlässlich des 75. Geburtstags der Ufa im Jahr 1992 wurde ein Fernsehfilm gedreht, der große Ufa-Stars wie Marianne Hoppe, Camilla Horn, Will Quadflieg, Carl Raddatz, Marika Rökk, Kristina Söderbaum, Ilse Werner und Hildegard Knef zu Wort kommen ließ. Sie alle erinnerten sich an die glorreichen Zeiten, in denen sie bei der berühmten Filmproduktionsfirma Karriere gemacht hatten.

Hilde durfte in diesem Jahr noch ein weiteres Mal voller Stolz auf ihr Schaffen zurückschauen. Die Stadt Düsseldorf verlieh ihr den Helmut-Käutner-Preis, der im Gedenken an den großen in Düsseldorf geborenen Regisseur vergeben wird. Hilde hatte seiner Regie ihre ersten Filmerfolge zu verdanken. In der Laudatio, die der Publizist und Politiker Günter Gaus hielt, wurde der Film »Die Mörder sind unter uns« als Zeugnis des demokratischen Neubeginns im Nachkriegsdeutschland gewürdigt. Die Jury lobte Hildes engagierte Haltung, die sie sich, über alle Konflikte im In- und Ausland hinweg, bewahrt hatte.

Ein für Hilde besonders reizvolles Projekt wurde ihr von der Neuen-Deutschen-Welle-Band Extrabreit angetragen. Die Musiker baten sie, eine Rockversion ihres Evergreens »Für mich soll's rote Rosen regnen« herausbringen zu dürfen. Hilde war von der Idee begeistert und entschloss sich kurzerhand, mitzusingen. In poppigem Glitzerkostüm stand sie 1992 neben den Rockmusikern auf der Bühne. Junge Fans, die Hilde bis dahin nicht einmal vom Namen her kannten, geschweige denn ihre Musik, waren von ihr begeistert. Das Lied hielt sich viele Wochen lang auf dem ersten Platz der Charts.

1992 war auch das Jahr, in dem sie eine ehemalige Freundin verlor. Marlene Dietrich starb 90-jährig am 6. Mai in Paris. Hilde gab ihr in Berlin das letzte Geleit zum Friedenauer Friedhof in der Stubenrauchstraße. Die Beerdigung am 16. Mai 1992 war ein großes Medienereignis. Reporter belagerten bereits Tage vorher den Friedhof und hielten die umliegenden Straßen und Balkons besetzt. Der Sarg wurde, begleitet von einer Polizeieskorte, von der Belziger Straße zum Friedhof gefahren. Dort folgten dem Sarg Marlenes Tochter Maria Riva, Freunde und Verwandte der Familie sowie die Schauspielerkollegen Horst Buchholz, Maximilian Schell und Hildegard Knef. Hilde legte einen Kranz mit den Worten »Adieu Marlene« an ihr Grab. Der Regierende Bürgermeister Eberhard Diepgen gab im Anschluss an die Beisetzung für die Familie und einige Gäste einen Empfang im Rathaus Schöneberg.

Hilde schrieb anlässlich des Todes von Marlene Dietrich das Lied »Marlene«, dass sie auf der 1993 erschienenen CD »Sag' mir, wo die

Blumen sind« sang. Voller Zärtlichkeit gedachte sie noch einmal ihrer Freundin, die sich am Ende ihres Lebens versteckt und völlig aus der Öffentlichkeit zurückgezogen hatte.

…
Marlene, du heimatloser Engel
auf Erden ständiger Gast
hast uns vermacht deiner Schönheit Gnade
und deiner Einsamkeit Last
…

Zu Unrecht hätten viele Neider Marlene für einen eiskalten Men-schen gehalten:

…
Doch mancher ließ sie büßen
der Engel schien aus Eis
doch sie, sie diente dem Schicksal
in ihrem Zauberkreis
…

Voller Bewunderung lässt Hilde ihre Hommage an die große Mar-lene enden:

…
dein Bild hält uns gefangen
Visionen und Verlangen
Verdienen bis zum Ende
unsern ew'gen Dank
Marlene, Marlene

Hilde konnte nicht verstehen, wie Marlene während ihrer letzten Lebensjahre in einer pulsierenden Metropole wie Paris leben konnte, ohne jemals ihre Wohnung zu verlassen, nur um den Mythos der alterslosen, schönen, weltberühmten Schauspielerin nicht zu zerstören. So weit würde Hilde selbst nie gehen, auch wenn sie gegen körperliche Alterserscheinungen vorging. Auf die Öffentlichkeit und ihr Publikum konnte sie nicht verzichten. Eine wunderbare Anekdote über Hildes Eitelkeit ist überliefert. Hilde erzählte sie immer wieder gern. Auf einem Empfang sei sie strahlend auf einen Herrn im Frack zugegangen und habe ihn mit den Worten »Hallo Willy« begrüßt, in der festen Überzeugung, Willy Brandt gegenüberzustehen. Der von ihr angesprochene, völlig verdatterte Kellner hätte vor lauter Schreck fast sein Tablett fallen lassen. Nach dieser Begebenheit entschloss sich Hilde endlich, ihre Sehschwäche mit einer Brille zu korrigieren. Sie wählte ein Gestell, das ihre getuschten Wimpern besonders gut zur Geltung kommen ließ.

In der RTL-Sendung »Ungelöste Geheimnisse« konnte der Fernsehzuschauer am 2. Februar 1993 noch einmal an Hildegard Knefs parapsychologischen Erfahrungen teilhaben. Sie schilderte in aller Ausführlichkeit ihre Begegnung mit Gordon Turner, der sie Ende der 1960er-Jahre von ihrer Allergie befreit hatte, ihr ihre Schwangerschaft, von der sie angeblich noch nicht gewusst haben will, in der Sitzung offenbarte, und der ihrer Tochter Christina aus der Ferne eine Wunderheilung zuteil werden ließ, nachdem sie mit ihrem Kinderstühlchen umgekippt war. Die Krankenhausärzte hatten die höchst beunruhigte Hilde damals mit ihrer Tochter wieder nach Hause geschickt, weil diese sich vermutlich nichts Ernsthaftes bei ihrem Sturz getan hatte. Hilde deutete das Urteil der Ärzte als Ratlosigkeit und bat Gordon Turner um die Heilung der Tochter. Hildes Hypochondrie war, wie schon erwähnt, sprichwörtlich.

Hilde freute sich, als der Bürgermeister der Berliner Nachbarstadt Potsdam, Horst Gramlich, sie bat, Botschafterin des Jubiläums zum 1000-jährigen Bestehens der Stadt zu werden. Es war ihr eine Ehre, durch ihre Popularität zum Gelingen der Festlichkeiten in der geschichtsträchtigen Stadt beizutragen.

Im selben Jahr noch lieh sie ihre Stimme der alten weisen Weide im Walt-Disney-Trickfilm »Pocahontas« und singt darin das Lied »Lausche mit dem Herz«.

Auch ihre holländischen Fans kamen wieder in den Genuss eines Live-Auftritts. Hilde gab am 18. September 1993 ein Konzert im Amsterdamer Grand Hotel Krasnapolsky – und wurde umjubelt.

Hilde zu engagieren war für den Veranstalter ein teures Vergnügen. Sie verlagte die Unterbringung im besten Hotel, selbstverständlich die Übernahme der Kosten für alle Ausgaben, schon die Telefonrechnung

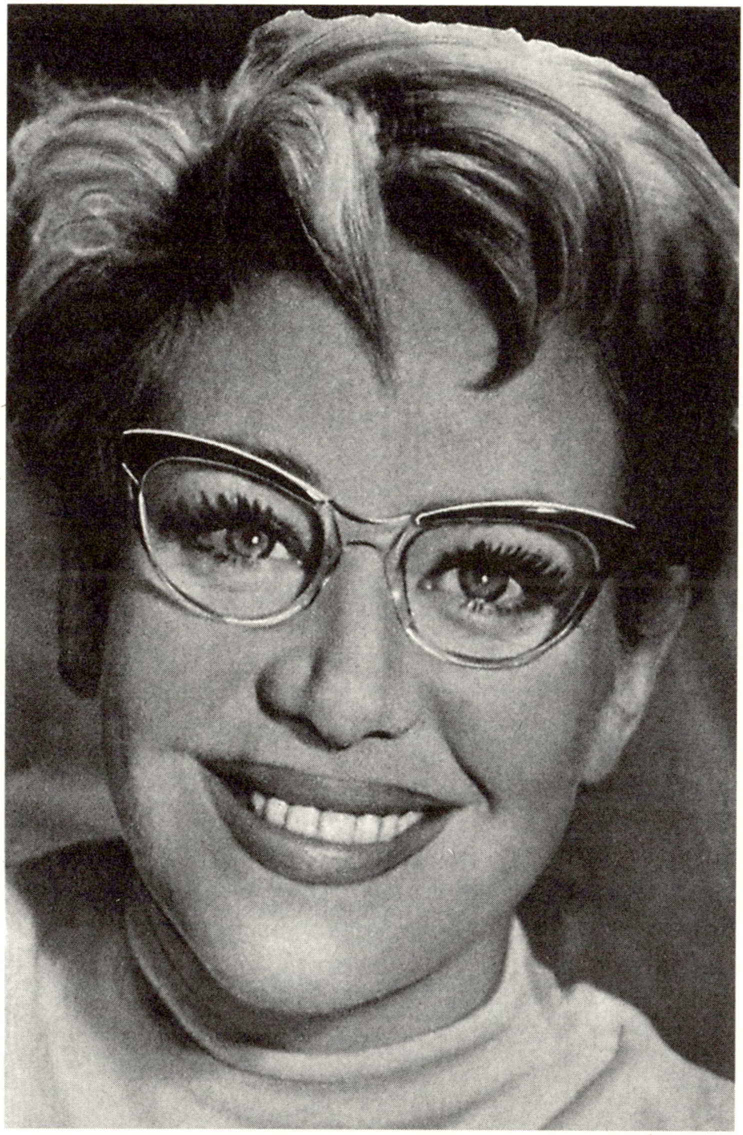

Das ca. 1969 entstandene Foto hat absoluten Seltenheitswert. Hilde trug, obwohl extrem kurzsichtig, erstmals bei einem Fototermin eine Brille. Sie stellte jedoch fest, dass ihr Markenzeichen, die dick getuschten Augen, damit nun überhaupt nicht mehr zur Geltung kamen. Zeitweilig griff sie auf Kontaktlinsen zurück, bevor sie sich viel später damit abfand, ständig eine Brille zu tragen. Nach einer erfolgreichen Augenoperation im Jahr 2000 kam sie wieder ohne Sehhilfe aus.

war immens, sie aß gern und reichlich Kaviar und bevorzugte dazu natürlich Champagner.

Hilde wirkte in dieser Zeit so zerbrechlich, dass sich Freunde große Sorgen um sie machten. Sie war wieder so stark medikamentenabhängig, dass sie sich in Pauls Begleitung in ein Haus in Berlin-Kladow zum Entzug zurückzog und jeden Tag von einem Arzt untersucht wurde. Paul kochte täglich mehrere Mahlzeiten. Hilde war körperlich so ausgezehrt, dass sie Gramm für Gramm aufgebaut werden musste. Hilde wusste, was sie ihrem Körper mit den Tabletten antat. Doch all die Ärzte, die geschmeichelt waren, sie als Patientin zu »betreuen«, verschrieben ihr großzügig und ohne zu zögern alles, worum sie bat. Dank eiserner Disziplin gelang es ihr zwar immer wieder, ihren Körper zu entgiften, die Sucht aber blieb in ihrem Kopf zurück und holte sie regelmäßig ein. Paul Schell war zu schwach, ihr Einhalt zu gebieten. Er konnte Hilde keinen Wunsch abschlagen. Er stand ihr zur Seite, wenn sie wieder die Qualen des Entzugs durchlitt, er bekochte sie und ertrug das wie eine Hymne durchs Haus dröhnende »New York« Frank Sinatras und Leonard Cohens »The Future« immer und immer wieder. Mehr konnte er für sie nicht tun. Paul war froh, wenn ein Besucher kam der bei Hilde blieb und er das Haus für eine Weile verlassen konnte.

An der Seite von Horst Buchholz spielte sie 1994 in dem Fernsehfilm »Tödliches Erbe« die Rolle der einsamen Tablettensüchtigen aufgrund der eigenen traurigen Erfahrungen besonders überzeugend.

Hilde begab sich in die Hände des umstrittenen israelischrumänischen Geistheilers Valeriu Borgos. Am 31. Januar 1995 konnte der Fernsehzuschauer auf RTL2 in der Sendung »Exklusiv – Die Reportage. Der Wunderheiler Valeriu Borgos – Messias oder Scharlatan?« ihre Behandlung miterleben. Wie nicht anders zu erwarten, fühlte sich Hilde, die übersinnlichen Kräften vertraute, danach wohler. Ihre chronische Nebenhöhlenentzündung ging zurück, und ihre Augenschmerzen waren gelindert.

Hilde gab Anfang 1995 ein Konzert im SFB-Sendesaal, begleitet von der RIAS Big Band. Der Berliner *Tagesspiegel* schrieb begeistert über den »diskreten Sex-Appeal« der fast 70-jährigen Hildegard Knef, die swingend und mit den Hüften wippend souverän gegen den Lärm einer Big Band ansinge. Den Kopf in den Nacken gelegt und mit einem jugendlich-strahlenden Lächeln nahm sie den Applaus selbstbewusst entgegen.

Hildes Siebzigster

Hildegard Knefs 70. Geburtstag stand bevor. Seit März 1995 arbeitete sie unter der Regie des Dokumentarfilmers Walter Harrich an dem Film »Für mich soll's rote Rosen regnen. Hildegard Knef zwischen Gestern und Heute« mit. Die fürs Kino geplante Hommage wurde mit finanzieller Beteiligung der ARD gedreht. Im Kino konnte sich der Film nicht durchsetzten. Schon zur Premiere am Kurfürstendam glänzten die geladenen Gäste durch Abwesenheit. Um Hilde nicht in ein halbvolles Kino zu setzten, wurden spontan Spaziergänger von der Straße in die Vorstellung eingeladen. Der Film wurde an Hildes Geburtstag im Fernsehen ausgestrahlt. Viele ihrer Kollegen, darunter Max Raabe und sein Palast Orchester, Lavinia Jones und Engel wider Willen sangen mit Hilde zusammen. Auch die »Prinzen«, Udo Jürgens, Konstantin Wecker und ihre Tochter Christina Gardiner huldigten ihr. Der Film zeigt sie von ihrem 17. Lebensjahr an. Gefragt, ob ihr die Zahl 70 etwas ausmachen würde, antwortete sie souverän, dass sie keine Beamtennatur wäre und demnach Zahlen in ihrem Leben keine große Rolle spielten, auch nicht die 70. »Ich bin eben so alt wie ich nun einmal bin.« Im September fand eine Voraufführung im Kino statt, am 28. Dezember strahlte das SFB-Fernsehen den Dokumentarfilm aus. Verschiedene CDs mit ihren Liedern erschienen anlässlich des Jubiläums, darunter eine, auf der sie zusammen mit Max Raabe und seinem Palast Orchester singt und eine andere mit der Band Engel wider Willen.

Noch vor ihrem Geburtstag verlieh ihr der Berliner Regierende Bürgermeister Eberhard Diepgen im Oktober den Großen Verdienstorden des Landes Berlin in Anerkennung und Würdigung ihrer hervorragenden Verdienste um die Stadt.

Ihr größtes Geburtstagsgeschenk war der Besuch ihrer Tochter, die zusammen mit ihrem Mann aus Los Angeles angereist war. Hilde fei-

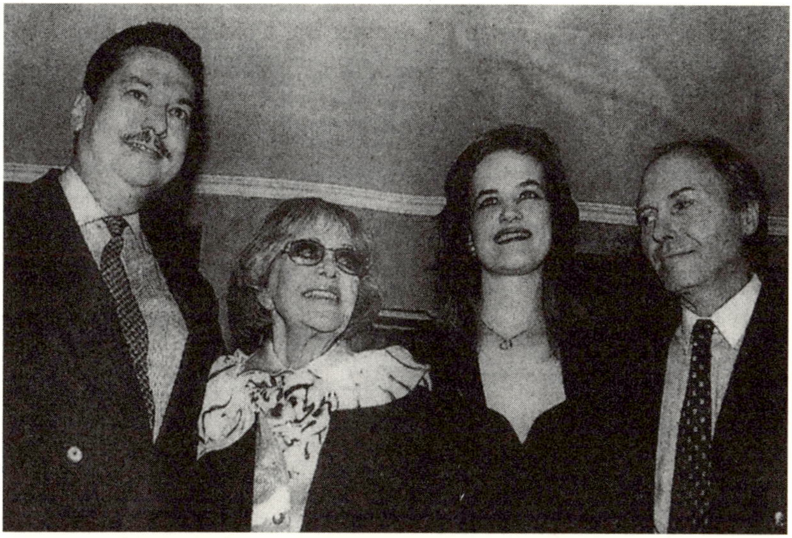

Hildes größtes Geschenk war es, dass Christina und Peter zu ihrem 70. Geburtstag nach Berlin kamen.

erte mit ihrer Familie und vielen Freunden im Berliner Hotel Schweizerhof ihren Geburtstag. Helma Sanders-Brahms hielt eine Rede und übersetzte diese auch gleich selbst ins Englische und Französische. Hildes Mentor Boleslaw Barlog gratulierte schriftlich und bedauerte, der Einladung nicht folgen zu können, weil seine Frau Herta auf eisglatter Straße ausgerutscht war und sich den Arm gebrochen hatte.

Hilde und Paul hatten beschlossen, wieder einmal umzuziehen, von München nach Berlin. Hilde war es leid, immer in Hotels wohnen zu müssen, sie war des ewigen Kofferpackens überdrüssig. Berlin war die Stadt, in der sie am häufigsten arbeitete. Als sie begannen, sich nach einer geeigneten Wohnung umzusehen, traf sie ein schwerer Schicksalsschlag. Hilde erlitt wenige Tage nach ihrem Geburtstag, am 4. Januar 1996, einen Herz- und Kreislaufzusammenbruch. Der gerufene Notarzt ließ sie sofort in ein Krankenhaus bringen, wo eine Lungenentzündung als Folge einer verschleppten Virusgrippe festgestellt wurde. Hilde hatte die Anzeichen dieser Grippe einfach nicht beachtet und sie ihrem harten Arbeitsalltag zugeschrieben. Sie hatte sich in den vergangenen Monaten keine Ruhe gegönnt. Ihre Genesung schritt sehr langsam voran. Die Medien berichteten regelmäßig über ihren Gesundheitszustand. Das ging sogar so weit, dass ein Filmteam des TV Magazins Brisant mit Einwilligung der Klinikleitung direkt aus ihrem Krankenhauszimmer der Intensivstation berichtete. Hunderte Briefe und Blumensträuße erreichten sie, ihre Fans bildeten Lichterketten, Freunde, Kollegen und Politiker sorgten sich um Hildegard Knef. Am 3. Mai 1996 war Hilde zu Gast bei »B. trifft«, der beliebten Talkshow mit Bettina Böttinger. Natürlich war die überstandene lebensbedrohliche Krankheit Hildes noch einmal Thema. Die Talkmasterin, mit der sich Hilde sehr gut verstand, sagte im Gespräch, dass eine ganze Nation die Daumen für Hildes Genesung gedrückt habe.

Noch während sie im Krankenhaus lag, nahm Paul Schell für sie den Kulturpreis der BZ entgegen. Erst am 5. Februar wurde sie aus dem Krankenhaus entlassen. Die Ärzte rieten ihr dringend, mit dem Rauchen aufzuhören. Von frühester Jugend an hatte Hilde zur Zigarette gegriffen. Es war nicht nur die Nikotinabhängigkeit, die ihr den Entzug so schwer machte, es waren auch die motorischen Angewohnheiten, die mit dem Rauchen verbunden waren, eine Art Ballett mit den Fingern, wie Hilde es ausdrückte: »Man spielt mit der Schachtel, mit den Fingern, mit dem Feuerzeug.«

Hilde hörte nicht auf den Rat der Ärzte. Sie verkündete zwar bei jedem Interview, dass sie mit dem Rauchen aufgehört habe, doch Hilde paffte zu Hause genüsslich weiter.

Am 1. April 1996 konnten Paul und Hilde ihre Wohnung in der Brahmsstraße 12 in Grunewald beziehen. Noch einmal hatte Hilde Gelegenheit, mit großer Hingabe ihr Zuhause einzurichten. Wieder waren es ihre Möbel aus dunklem Holz, die schon reichlich Gebrauchsspuren aufwiesen, mit denen sie sich umgab. Nur bei der bequemen Sitzgruppe und bei der Unterhaltungstechnik war Hilde bereit, mit der Zeit zu gehen. Sie sah keine Notwendigkeit darin, immer wieder neue Möbel anzuschaffen. An den Wänden hingen neben Spiegeln und Bildern viele Kinderzeichnungen von Christina. Es gab fast keinen freien Fleck an der Wand, ganz getreu Hildes Devise »Nicht kleckern, sondern klotzen«. Die Kommode im Schlafzimmer war vollgestellt mit Fotos von Christina, von ihrer Mutter und ihrem Vater und vom geliebten Großvater.

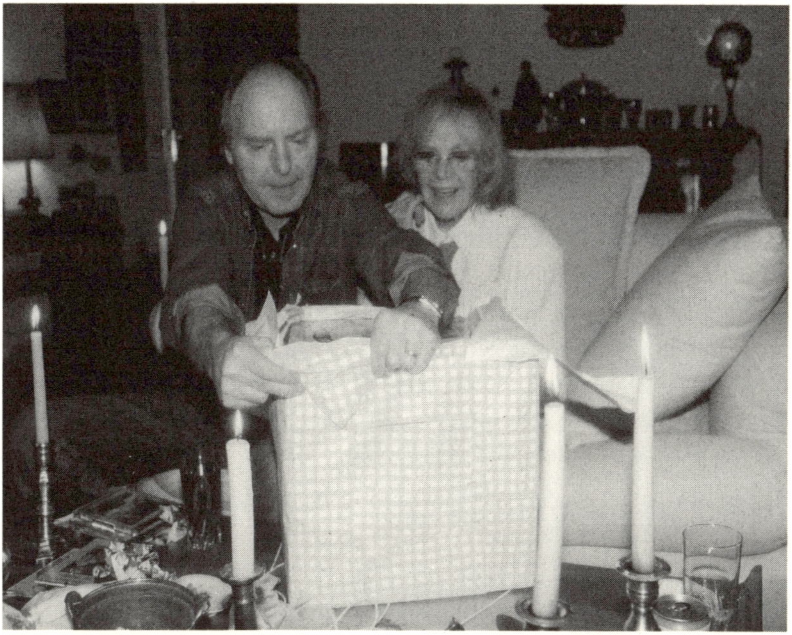

Hilde und Paul feierten ihren 20. Hochzeitstag ganz privat im engsten Freundeskreis in ihrer Wohnung in der Brahmsstraße.

Mitte April wagte sich Hilde zum ersten Mal wieder in die Öffentlichkeit. Zu Ehren des 90. Geburtstags ihres Lehrers Boleslaw Barlog fand im Schloßparktheater eine Feierstunde statt. Hilde fühlte sich ihm immer noch sehr verbunden. Sie hatten den Kontakt nie abbrechen lassen. Barlog schrieb ihr von jeder Urlaubsreise eine Postkarte und schickte ihr Genesungswünsche ins Krankenhaus, für die Hilde sich postwendend bedankte. Als Barlog ihr eines Tages erzählte, dass seine Briefmarkensammlung bei einem Einbruch geraubt worden war, bat sie mich, jede Marke von den Briefumschlägen, die aus aller Welt bei ihr eintrafen, auszuschneiden und Barlog zu bringen. So lernte ich diesen humorvollen Theatermann kennen. Nach jeder Briefmarkenlieferung musste ich Hilde sehr genau über meinen Besuch berichten. Was ich ihr verschwieg war, das Barlog über die menschliche Entwicklung seines einstigen Theaterstars sehr enttäuscht war. Herta ging noch einen Schritt weiter. Sie hielt Hilde für verschwenderisch, weil ihrer Meinung nach auf viel zu großem Fuß lebend.

Hilde ging es mittlerweile wieder so gut, dass sie ihren Mann beim Einkaufen begleitete. Sie ließ es sich nicht nehmen, Dinge die im Haushalt benötigt wurden, in den Kaufhäusern Berlins selbst auszusuchen. Einerseits regte sie sich über die hohen Preise auf, meist für Gebrauchsgegenstände, anderseits waren ihr Zigaretten und eine gute Flasche Wein nicht zu teuer. Häufig erkannten Passanten oder Verkäuferinnen sie, und Hilde erfüllte deren Autogrammwünsche nach wie vor gern.

Sie war an den Ort ihrer Kindheit zurückgekehrt, an dem sie sich auch mit ihren originellen Sprachschöpfungen zu Hause fühlte. All ihre lustigen Redewendungen waren typisch für Berlin. Was ihr gefiel, war »dufte«, hatte sie jemanden abblitzen lassen, verkündete sie: »Den habe ich zu Bett gebracht«, Geld bezeichnete sie als »Penunze«, ihr Kühlschrank war der »Eiskasten« und für Frechheit benutzte sie häufig das jüdische Wort »Chuzpe«.

Im Mai mussten sich Hilde und Paul für einige Zeit trennen. Pauls Mutter in München hatte eine schwere Operation vor sich. Paul und seine Schwester Catherine wollten ihr natürlich zur Seite stehen. Auch kümmerten sie sich um die Wohnungsauflösung der Mutter, denn nach der Entlassung aus dem Krankenhaus zog diese in ein Pflegeheim. Mein Mann und ich wohnten bei Hilde und wir führten ein ganz normales »Familienleben«. Wir gingen Einkaufen, sahen fern, lasen und unterhielten uns viel. Hilde freute sich auf den täglichen Anruf von Paul. Am Muttertag luden wir meine Eltern, unsere Tochter Kerstin und Hilde in ein gutes italienisches Restaurant ein. Hilde war sehr überrascht, als sie die ausgebuchte Lokalität betrat. An allen Tischen saßen Familien und sahen glücklich und zufrieden aus. Hilde und meine Eltern unterhielten sich sehr angeregt. Hilde wandte sich an Kerstin und erklärte ihr, dass es in Amerika, wo Tochter Christina lebt, keinen Muttertag gibt. Christina hätte ihr sonst selbstverständlich eine Karte geschrieben oder sie angerufen. Typisch Hilde! Sie hatte immer, wenn sie nicht bei ihrer Mutter sein konnte, Telegramme bzw. Briefe geschickt oder angerufen. Das war ihr ein Herzensbedürfnis.

Ich hatte Hilde im Restaurant nicht widersprochen. Doch wieder zu Hause, bei einem Glas Rotwein, habe ich das Muttertagsthema dann doch noch aufgegriffen. Hilde hatte sich ihre Wahrheit zurechtgelegt, die nichts mit der Realität zu tun hatte, denn der Muttertag wurde 1907 von Anna Maria Jarvis in den USA ins Leben gerufen. Ab 1927 hielt er dann auch in Deutschland seinen Einzug.

Im Herbst 1996 nahm Hildegard Knef im Deutschen Theater in München den mit 10.000 DM dotierten »Marlene-Preis« entgegen. Er wurde zum ersten Mal für die beste Bühnenunterhaltung verliehen. Außer ihr wurden der Allround-Künstler André Heller, der Pantomime Marcel Marceau und die Musikerin und Performerin Laurie Anderson ausgezeichnet. Der Publizist und Schriftsteller Ralph Giordano hielt die Laudatio auf Hilde. Er würdigte neben ihren künstlerischen Leistungen ihren Mut, ihre Tapferkeit und ihr Engagement. Er gestand, dass er als junger Mann in die »strahlende Leinwandkönigin« verliebt gewesen sei. Auch André Heller rühmte in seiner Danksagung Hildes Lieder, die sich nicht hinter denen anderer berühmter Künstler verstecken müssen – ja, sie gefielen ihm sogar besser. Als Hilde zur Danksagung auf der Bühne stand, erstickten Tränen immer wieder ihre Stimme. Sie war tief gerührt.

Hildes Gesundheit war sehr labil. Wegen einer Bronchitis musste sie ein weiteres Mal ins Krankenhaus. Die Ärzte kurierten ihre Atemwege, machten sich aber wegen eines Emphysems Sorgen. Knapp zwei Jahre später war es lebensbedrohlich gewachsen und sollte sie zu einem mehrmonatigen Krankenhausaufenthalt zwingen. Die Ärzte rieten ihr eindringlich, nicht mehr zu rauchen. Auch ihr enormer Tablettenkonsum stellte ein großes Problem dar.

Hilde war unermüdlich in ihrem Schaffensdrang. Das Filmmuseum Potsdam plante die Ausstellung »Lebensbilder«, in der Hildegard Knefs Filmwerk im Mittelpunkt stehen sollte. Hilde war sich der Ehre bewusst, schon zu Lebzeiten eine solche Würdigung zu erfahren und erklärte sich sofort einverstanden und zur Mitarbeit bereit. Das von mir angelegte Archiv wurde vom Museum dankbar genutzt. Die Schirmherrschaft über die Ausstellung, die drei Monate dauern sollte, hatten Boleslaw Barlog und der Brandenburger Kulturminister Steffen Reiche. Zur Eröffnung war Hilde gesundheitlich so weit hergestellt, dass sie anwesend sein konnte. Sogar Brandenburgs Ministerpräsident Manfred Stolpe gab sich die Ehre. Die Ausstellung war ein so großer Erfolg, dass sie anschließend nach Düsseldorf ging und dort ebenfalls drei Monate lang gezeigt wurde.

Da Hilde am Eröffnungsabend nicht viel von der Ausstellung gesehen hatte, weil sie ununterbrochen Interviews gab, vereinbarten wir einige Wochen später einen Termin mit dem Museum und sahen uns alles in Ruhe an. Was Hilde sah gefiel ihr. Lediglich, dass der Ausbildungsfilm der Schauspielschule von 1944 aufgetaucht war machte sie nachdenklich.

Hildegard Knef lebte von da an sehr zurückgezogen. Sie ging weder auf Partys noch auf Bälle. Gerüchte, sie hätte Geldsorgen, kümmerten sie nicht. Sie hatte für sich und Paul genug, um ein angenehmes Leben zu führen. Statussymbole bedeuteten ihr nichts mehr. Hin und wieder wurden sie von Freunden ins Restaurant eingeladen und ließen es sich auf deren Kosten gut gehen. Viel bescheidener fiel die Bestellung aus, wenn sie selbst die Rechnung begleichen mussten. Dann begnügten sich Hilde und Paul mit einer Pizza.

Gegen eine tief sitzende Melancholie kam sie selbst mit ihrer Ironie nicht an. »Ich war mal eine sehr reiche Frau! Ich war mal eine sehr schöne Frau! Ich war mal ein gefeierter Star!«, sagte sie oft wehmütig zu mir, um sich gleich darauf zur Räson zu rufen: »Pfeif dich zurück, Knef, und hör auf zu jammern!«

Hilde wurde von einer Fernsehtalkshow zur nächsten, von einem Interview zum anderen gereicht. Sie trat in der »Patrick Lindner Show« auf, bei Wolfram Schweizer und bei »Mona Lisa«, in der NDR-Talkshow »Riverboat«, bei »3 nach 9«, bei Hans Meiser und bei Christoph Schlingensiefs »Talk 2000«.

Hilde probierte sich 1996 noch einmal in einer ganz anderen Kunstrichtung aus. Als sie auf einem Flughafen eine Gruppe von Frauen um die vierzig auf dem Weg zur Arbeit sah und deren Garderobe musterte, kam ihr die Idee, die »Knef-Linie« für diese Zielgruppe zu entwerfen. Zusammen mit einer kleinen Modeschneiderei setzte sie ihre Pläne um. Hildes Kollektionen konnten sich nicht durchsetzen, sie verschwanden schon bald wieder vom Markt.

Im Januar 1997 war ein weiterer Krankenhausaufenthalt unumgänglich geworden. Ihr Körper war so ausgezehrt, dass er mit Aufbaupräparaten wieder gekräftigt werden musste. Hilde kämpfte unermüdlich, schon einen Monat später stand sie wieder auf der Bühne, dieses Mal jedoch, um eine Kollegin zu ehren. Shirley MacLaine wurde mit der Goldenen Kamera ausgezeichnet und hatte sich gewünscht, sie von Hildegard Knef überreicht zu bekommen. Hilde wollte diesem Wunsch unter allen Umständen nachkommen. Sie bereitete ihre Laudatio sehr sorgfältig vor. Senta Berger führte durch den Abend. Als Hilde mit ihrer Rede geendet hatte, überreichte sie Shirley MacLaine neben der Goldenen Kamera eine langstielige Rose. Die beiden Frauen begegneten sich sehr herzlich auf der Bühne. MacLaine bedankte sich bei ihrer Laudatorin und gab ihrer Bewunderung Ausdruck, dass Hilde mit ihrem Tabubruch, ihren Busen in dem Film »Die Sünderin« zu entblößen, allen Schauspielerinnen Mut gemacht hätte, es ihr nachzutun.

Ein halbes Jahr darauf musste Hilde wieder ins Krankenhaus. Die Ärzte vermuteten einen Darmverschluss. Eine Operation konnte dank starker Medikamente gerade noch abgewendet werden. Hilde musste sich monatelang schonen. Paul stand ihr wie immer zur Seite und bekochte sie, damit sie wieder zu Kräften kam. Ich war jeden Tag stundenlang in der Brahmsstraße und gemeinsam pflegten wir Hilde. Während Paul einkaufen war lag Hilde im Bett. Wir sahen Videofilme, die ich zumeist mitgebracht hatte. Hilde erklärte mir alles über Schnitt, Beleuchtung und Dramaturgie. Häufig sahen wir den Film gar nicht zu Ende, sondern Hilde, meine Hand haltend, fing an über vergangene Zeiten nachzudenken. Wehmut, Freude, Angst, Hoffnung, Liebe, Traurigkeit, die ganze Gefühlspalette wurde ausgebreitet. Als Paul wenige Stunden später wieder erschien konzentrierte Hilde sich voll auf ihn. Sie wollte wissen, was er in der großen weiten Welt erlebt und was er Gutes zum Essen mitgebracht hatte. Während Paul dann in der Küche hantierte las sie die *Bild-Zeitung* und kommentierte die Berichte daraus. Wir waren so eng befreundet, dass Paul täglich unser Auto für seine Einkaufstouren nahm. Erst später bekamen sie von einem Bekannten einen Mercedes älteren Baujahres geschenkt.

Ein Umzug in eine praktischere Wohnung, die Hildes Bedürfnissen entsprach, stand an. Ende April zogen sie nach Zehlendorf in die Lindenthaler Allee 21. Der Umzug war noch nicht ganz über die Bühne gebracht, da musste Hilde erneut ins Krankenhaus. Das stark ge-

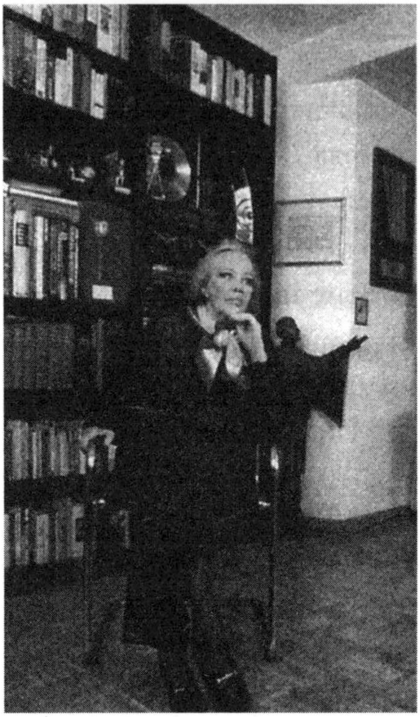

Hilde im Dezember 2000 in der Lindenthaler Allee.
Sie sammelte leidenschaftlich gerne Preise und gute Bücher.

wachsene Emphysem erforderte eine aufwendige Behandlung. Hilde machte keinen Hehl daraus, was sie von dem wohlmeinenden Rat der Mediziner hielt, mit dem Rauchen aufzuhören. Sie konnte es nicht leiden, wenn man ihr Verhalten mit gerunzelter Stirn missbilligte, selbst aber bei den kleinsten Wehwehchen zusammenbrach.

Wieder zu Hause legte sie wie gewohnt Hand an und richtete das neue Heim gemütlich ein. Sie genoss das häusliche Leben an der Seite ihres Mannes. Zeitungen und Fernsehen informierten sie über alles, was in der Welt passierte. Mehrmals am Tag sah sie die Nachrichtensendungen auf CNN, sehr gerne auch Tennisturniere und Paul zuliebe Fußball und Formel-1-Rennen. Sie begannen ihren Tag erst gegen Mittag, weil sie mit Paul bis tief in die Nacht fernsah. Die beiden bedauerten, dass die besten Filme erst zu nächtlicher Stunde gezeigt wurden, aber da sie Zeit zum Ausschlafen hatten, konnten sie sich alle gewünschten Sendungen ansehen. Um auch auf dem Laufenden zu sein, was sich in der Filmwelt tat, ging Paul regelmäßig in die Videothek, um die neuesten Filmproduktionen zu besorgen. Ihr abendliches Glas Rotwein trank sie nun, ohne dabei zu rauchen.

Niemand überlebt das Leben

Hilde begann wieder zu arbeiten. Sie schrieb neue Liedtexte und arbeitete mit Musikern an der Vertonung. Vor allem die Zusammenarbeit mit jungen Menschen inspirierte sie und bereitete ihr großes Vergnügen. Sie bedauerte zum ersten Mal, nicht Musik studiert zu haben. 1999 erschien ihre erfolgreiche CD »Hildegard Knef. 17 Millimeter«. Es war ihre erste Platte nach 18 Jahren. Begleitet wurde sie von dem Jazztrompeter Till Brönner, den sie über den Pianisten Kai Rautenberg kennengelernt hatte. Sie sang darauf ihre großen Hits, neu arrangiert, aber auch viele neue Lieder. In einem *Spiegel*-Interview vom 25. November 1999 gefragt, warum sie die Platte mit einem so »harten« Lied wie »Wer war froh, dass es dich gab?« beginnen ließe, sagte Hilde:

»Das ist ein harter Text, den man nicht versüßen sollte. In Nordwestamerika gab es einen kleinen Indianerstamm, dessen Religion bestand aus nur einem Satz: Wer war froh, dass du gelebt hast? Der Stamm existiert heute nicht mehr, er ist längst untergegangen. Aber ich fand das sehr beeindruckend, und in dieser Einfachheit auch wirklich schockierend. Mit Till Brönner habe ich dafür genau den richtigen Arrangeur und Komponisten gefunden. Das ist ein großes Geschenk.«

Hilde hatte sich schon einmal mit der Lebensphilosophie dieses Indianerstammes beschäftigt. 1970 sang sie auf der Schallplatte »Knef« das Lied »Wieviel Menschen waren glücklich, daß du gelebt?«. Die Musik stammte von Hans Hammerschmid. Und auch der Dokumentarfilm »Für mich soll's rote Rosen regnen« endet damit, dass Hilde von dem längst ausgestorbenen Indianerstamm im Norden Nebraskas erzählt, dessen Religion einzig und allein darin bestand, danach zu fragen, wie viele Menschen glücklich waren, dass der Mensch gelebt hat, der gerade gestorben ist.

In dem Lied »Ich war nie in Las Vegas« erklärte sie ihrer Heimatstadt Berlin aufs Neue ihre Liebe, und in »Er geht mir rundum auf den Geist« machte sie ihrem Mann auf humorvolle Weise Liebesgeständnisse. In »Herr Kalecke an der Ecke« besang sie einen Friedhofsgärtner, und mit dem Lied »Zum Schluss« ihren Schutzengel, an den sie fest glaubte und von dem sie hoffte, dass er alle Versprechen, die er ihr gegeben hat, auch halten würde. Am Text dieses Liedes hatten Till Brönner und Stefan Raab mitgeschrieben.

Bereits 1998 war sie vom Verein »Leben im Alter« um ein Vorwort für das Buch »Über den April ist nicht viel zu sagen: Frauen aus Ost und West erzählen Geschichten« gebeten worden. Hilde reflektierte in dem Text das Leben von Frauen im Alter, die dazu verurteilt seien, isoliert zu leben, weil die Gesellschaft sie zu unrecht an den Rand gedrängt und ihnen Attraktivität und Intelligenz abgesprochen hat. Dagegen wolle sie sich stark machen, gerade ältere Frauen wären oftmals weise und erfahren. Hildes Vorwort folgte ihre Kurzgeschichte »Totensonntach«.

Am 4. Februar 1999 wurde Hildegard Knef im Kaisersaal der Münchener Residenz mit dem Deutschen Videopreis für ihr Lebenswerk ausgezeichnet. Die liebevolle Laudatio hielt Klaus Löwitsch, mit dem sie in einer Folge der Fernsehserie »Peter Strohm« zusammengearbeitet hatte. Er legte ihr rote Rosen zu Füßen und sang für sie ihr Lied. Sie nahm die Auszeichnung, von einem Leibwächter gestützt, mit Tränen in den Augen entgegen und bedankte sich mit zitternder Stimme.

Hilde war im Alter immer nachgiebiger geworden. Sie verurteilte Menschen, die ihnen angetanes Leid mit gleicher Münze zurückzahlten. Hans Habe, mit dem sie in jungen Jahren in Kalifornien befreundet war und sich intensiv ausgetauscht hatte, schrieb, dass es jeden Tag geschieht, dass ein Arzt von dem Bazillus getötet wird, den er töten will. »Wir werden infiziert von dem, was wir bekämpfen«, hatte er Hilde erklärt. Sie dachte ganz ähnlich und wandelte die Formulierung, die ein Lebensmotto für sie wurde, geringfügig ab: »Du wirst zu dem, was du bekämpfst.«

Nie ganz schmerzfrei, dachte sie immer häufiger über den Tod nach, der für sie nicht das Ende bedeutete. Das Déjà-vu-Erlebnis war für sie ein Zeichen dafür, dass sie Menschen, ob sie tot oder lebendig waren, immer wieder begegnen konnte, dass sie in ihrem Herzen fortlebten. Sie erinnerte sich an das selbstbestimmte Ende ihres Großvaters, dass sie angesichts der Umstände, unter denen er nach dem Kriegsende lebte, nur allzu gut verstand.

In Hilde überwog noch immer »die unbändige Lust zu arbeiten«, wie sie der Illustrierten Gala erklärte: »Pausen machen mich müde. Die Liebe hält mich jung. Ich sehe keinen Grund, aufzuhören. Zum Glück besitze ich vielerlei künstlerische Transportmittel, um mich auszudrücken.« Und so stand Hilde 1999 für den deutsch-österreichischen Spielfilm »Eine fast perfekte Hochzeit« wieder vor der Kamera. Es war eine seichte Komödie, in der Hilde eine kinderlose Tante mit strengen sittlichen Grundsätzen spielte, die etwas zu vererben hat. Allein ihr überzeugendes Spiel wurde von der Presse gewürdigt.

Im Februar 2000 wurde Hilde mit einer fiebrigen Bronchitis ins Krankenhaus eingewiesen. In ihrer Abwesenheit würdigte der Regierende Bürgermeister Eberhard Diepgen sie auf der Gala zur Verleihung der Goldenen Kamera im Konzerthaus am Gendarmenmarkt als eine Frau, die sich immer zu Berlin bekannt hat. Sie und fünfzehn weitere verdienstvolle Persönlichkeiten, darunter Kammersänger René Kollo, Brigitte Mira, Marianne Hoppe und Artur Brauner, wurden mit dem Ehrenpreis Berlin ausgezeichnet. Anfang März überreichte ihr der Hörzu-Chefredakteur nachträglich den Preis im Axel-Springer-Verlagshaus. Im selben Monat bekam sie in Hamburg den Europäischen Musikpreis Echo für ihr Lebenswerk verliehen. Minutenlange Standing Ovations begleitete die Übergabe des Preises. Diesmal war es Roger Willemsen, der die Rede auf sie hielt, ihre Zivilcourage lobte, ihre Lust an der Selbsterneuerung und ihre Schönheit.

Hilde gelang es sogar, ihre Brille, die sie sich nur schweren Herzens zugelegt hatte, wieder loszuwerden. Ihre Augen waren so schlecht geworden, dass sie sich zu einer Operation entschloss. Danach sah sie wieder hundertprozentig – und das ohne Sehhilfe.

Da Hilde das Laufen oftmals Mühe bereitete, weil sie kaum noch Luft bekam, beschaffte sie sich einen Rollstuhl, mit dem sie sich fahren ließ, häufig auch zu Talkshows. Den Weg auf die Bühne oder ins Studio legte sie aber am Arm eines ihrer Kollegen oder des Moderators zu Fuß zurück. Ihr 75. Geburtstag nahte. Ein Filmteam

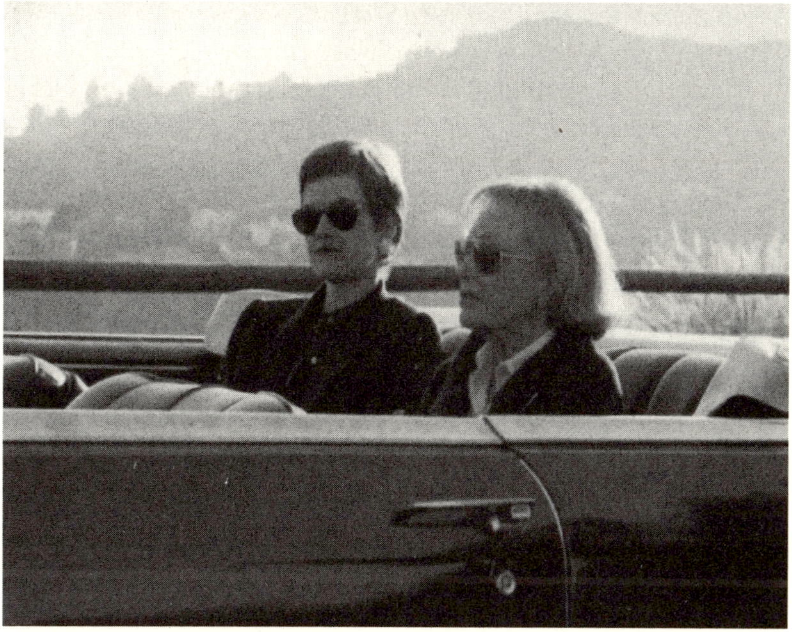

Hilde und Christina vergessen bei ihrer Unterhaltung, dass die Kamera mitläuft: beim Dreh des Dokumentarfilms »A woman and a half« anlässlich des 75. Geburtstages von Hilde.

entschloss sich, sie mit dem Dokumentarfilm »Hildegard Knef – A woman and a half« zu ehren. Nachdem Hilde das Drehbuch gelesen und geändert hatte, konnten Ende Mai die Dreharbeiten beginnen. Hilde wollte, dass ein ehrlicher Film über sie entstand, ohne Lobhudelei, aber auch ohne zu viel Negatives. Hilde reiste in Begleitung ihres Mannes mit dem Filmteam auf der Queen Elizabeth 2 von Bremerhaven nach New York. An Bord wurden Gespräche mit Hilde aufgenommen. Viele der Passagiere hatten die berühmte Schauspielerin und Sängerin erkannt und nahmen glücklich Autogramme von ihr entgegen. Das gesamte Team litt an Seekrankheit, ausgenommen Hilde. In New York angekommen wurde sie in einer Stretchlimousine durch die Stadt chauffiert und zu den Erlebnissen während ihrer großen Zeit am Broadway befragt. Es ging weiter nach Los Angeles, wo Hilde Christina wiedersah. Dort veranstaltete sie auch eine Lesung aus ihren Büchern. Hilde war sehr traurig, dass der straff organisierte Terminplan ihr nur sehr wenig Zeit für private Treffen mit Christina lies.

Hildes Lunge war durch das Emphysem stark angegriffen. Ein Sauerstoffgerät stand immer für sie bereit. Eine unvorhergesehene Panne auf dem Rückflug nach Berlin hatte schwerwiegende Folgen. An Bord des Flugzeugs von Los Angeles nach London befand sich nur ein Notsauerstoffgerät mit der falschen Sauerstoffzusammensetzung. Hilde kam völlig geschwächt zu Hause an und erholte sich nur sehr langsam von den Strapazen. Wir hatten wie immer, wenn sie für längere Zeit abwesend war in ihrer Wohnung gewohnt. Hilde wusste, dass so ihr Hab und Gut in besten Händen war.

Nach einer Kontrolluntersuchung im Juli 2000 rieten ihr die Ärzte zu einem Krankenhausaufenthalt, damit ihr Zustand wieder stabilisiert würde. Hilde lernte im Krankenhausbett ihre Rolle der Martina Cortese, für die sie in dem Fernsehfilm »Wie angelt man sich einen Müllmann« vorgesehen war. Wir hatten jeder ein Manuskript und ich gab Hilde die Einsätze. Man merkte, dass ihr Gehirn durch das jahrelange Auswendiglernen von Texten gut trainiert war. Ihr körperlicher Zustand aber ließ die Arbeit vor einer Kamera nicht mehr zu. Schweren Herzens musste Hilde die Rolle ablehnen.

Im August fanden Vorgespräche zum Dokumentarfilm »Aber schön war es doch« statt. Der WDR plante eine Hommage zu ihrem 75. Geburtstag. Ein Interview mit ihr wurde in der Zehlendorfer Wohnung gedreht. In 55 Minuten ließ der Film noch einmal alle Lebensstationen Hildegard Knefs Revue passieren.

Im November kündigte sich David Riva, der Enkel Marlene Dietrichs, mit einem Filmteam an. Er drehte einen Film über seine Großmutter, in dem er Hilde als deren langjährige Freundin befragen wollte. Hilde fand ihn sympathisch und erzählte vor der Kamera noch einmal von der New Yorker Zeit, in der sie oft mit Marlene zusammen gewesen war, über Marlenes Berlin-Aufenthalt anlässlich ihres Konzertes im Berliner Titania Palast, und sie machte sich noch einmal Gedanken über Marlenes große Einsamkeit in den letzten Jahren ihres Lebens. Rivas Film »Marlene Dietrich – Her own song« kam 2001 ins Kino.

Was Hilde unerwähnt ließ, war die Tatsache, dass sie seit ca. 1982 keinen Kontakt mehr zu Marlene hatte. Nach dem David Riva Besuch fragte ich Hilde, um welchen Preis es sich handelte den sie für Marlene Dietrich entgegengenommen hatte und ihr in Paris übergeben wollte. Es war die Ehrenauszeichnung des Deutschen Filmpreises erzählte mir Hilde. Hilde widersprach nie, wenn sie als Marlenes Freundin bezeichnet wurde. Marlene Dietrich sah sich schon lange nicht mehr als Freundin von Hilde, wie mir Johannes Mario Simmel kurz vor seinem Tod am Telefon erzählte. Marlene war von Hilde enttäuscht, die gern und reichlich genommen hatte, als es ihr nicht so gut ging, sie in der Öffentlichkeit stets Freundin nannte, und sich dennoch keinen deut um sie scherte. Marlene Dietrich sah darin einen ganz egoistischen Charakterzug. Dennoch bewahrte Marlene Stillschweigen über ihr Verhältnis zu Hilde und gab dieser so die Gelegenheit den Mythos einer Freundschaft aufrecht zu erhalten.

Ihren 75. Geburtstag beging Hilde zu Hause im kleinen Kreis mit einigen Freunden. Ich war schon von morgens an bei ihr, nahm die Telefongespräche entgegen, vertrieb ihr die Zeit während Paul einkaufen ging um abends die Gäste zu bewirten und half ihr beim Zurechtmachen. Unzählige Glückwünsche von Fans erreichen sie, besonders aber freute sie sich über die des Bundeskanzlers Gerhard Schröder und des Regierenden Bürgermeisters von Berlin, Klaus Wowereit.

Kurze Zeit darauf nahm Hilde die angebotene Hilfe des Bundeskanzlers dankbar an, weil sie 1997 an der Starrheit deutscher Behörden scheiterte, die sie einem Deutschtest zur Einbürgerung unterziehen wollten. Hilde wünschte sich, wieder deutsche Staatsbürgerin zu werden, widersetze sich aber empört den behördlichen Voraussetzungen:

»Das ist eine bodenlose Unverschämtheit. Ich habe Literatur, sogar Weltliteratur geschrieben und nun verlangen diese Schreibtischmenschen von mir eine Bestätigung meiner Deutschkenntnisse. Nein, so etwas tue ich mir nicht an.«

Bei einer persönlichen Begegnung von Hildegard Knef und Gerhard Schröder am 26. Januar 2001 im Hotel Intercontinental fragte der Bundeskanzler bei einem Glas Champagner, ob Hilde einen nachträglichen Geburtstagswunsch hätte. »Ja, ich möchte wieder Deutsche werden«, war Hildes Antwort. Gerhard Schröder rief den Bundesminister des Inneren, Otto Schilly, an und sie besprachen, was zu tun sei.

Die Antwort lautete, Anträge holen, ausfüllen und warten. Wir suchten während der nächsten Tage alle Unterlagen zusammen und Hilde füllte geduldig alle Formulare aus. Ich hatte die dankbare Aufgabe, ihr schließlich am 2. Juli 2001, als Hilde wieder im Krankenhaus Heckeshorn lag, die Einbürgerungsurkunde zu überreichen. Die Ärzte hatten Hilde vor einigen Monaten gebeten, ihre Krankheit öffentlich zu machen, damit die Erforschung der weitgehend unbekannten Ursachen und der Behandlung vorangetrieben werden könnte. Hilde übernahm den Vorsitz des Vereins »Hildegard-Knef-Initiative zur Förderung der Lungenemphysem-Forschung«.

Am 11. Februar 2001 fand die Premiere von »Hildegard Knef – A woman and a half« während der Berlinale statt. Hilde gab schon vor dem Film Interviews im Hyatt Hotel und ließ sich auch die Premierenfeier nach der Vorstellung nicht entgehen. Zu diesem Anlass legte sie ihre Orden an, das Bundesverdienstkreuz und den Berliner Verdienstorden. Sie hatte Sorge, sich möglicherweise bei der Kälte und unter den vielen Menschen einen Infekt zuziehen. Glücklicherweise blieb sie davon verschont.

Einen unerfreulichen Verlauf nahm ein Interview, das Hilde dem ZDF Mitte März in ihrer Wohnung gewährte. Sie wurde in Vorbereitung einer Sendung über Frauen im Widerstand des Dritten Reiches zur Rolle Marlene Dietrichs befragt. Ihr Interviewpartner wich immer wieder vom Thema ab und versuchte, intime Details ihrer Freundschaft herauszufinden. Hilde wies ihn zurecht und schwieg. Sie hatte sehr feste Prinzipien im Umgang mit Journalisten, nie ließ sie sich verleiten, Geheimnisse oder private Angelegenheiten ihrer Kollegen preiszugeben, geschweige denn eigene Intimitäten wie Details aus ihrem Liebesleben auszuplaudern, nur um sich interessanter zu machen. Ihr wäre nie in den Sinn gekommen, auf diese Weise das Vertrauen anderer zu missbrauchen. Privat erzählte sie aber schon die eine oder andere, auch vertrauliche Angelegenheit und machte sich über Kollegen lustig. Allerdings sagte sie immer, bevor sie anfing: »Du musst schwören, dass du das niemanden weitererzählst«. Es gibt zahlreiche Menschen, die diesen Schwur geleistet haben.

Einen Monat später, am 15. April, ließ sich Hilde in ein Tonstudio fahren. Sie spielte für die CD »Pop 2001« eine Coverversion des

Rammstein-Lieds »Engel« ein. Mit letzter Kraft und mehrmaliger Sauerstoffzufuhr sang sie ihren Text. Alle Anwesenden waren gerührt, wie Hilde immer und immer wieder aufs Neue sang, damit im Nachhinein eine gute Version zusammengeschnitten werden konnte. Hilde hielt eigentlich nichts vom Covern, denn für sie war es eine Art Heldenverehrung, die ihr fern lag. Sie sang einzig und allein, um Geld zu verdienen. Die Anstrengung war für sie so groß, dass sie ahnte, zum letzten Mal in einem Tonstudio gewesen zu sein. Was sie nicht ahnte, war, dass sie am selben Abend auch zum letzten Mal mit Paul, meinem Mann Winfried und mir in einem Restaurant aß. Hilde atmete auch im Restaurant durch ihr transportables Sauerstoffgerät. Die neugierigen Blicke der anderen Gäste schienen ihr nichts auszumachen. Sie bewegte sich völlig natürlich und genoss den Abend.

Am 2. Mai 2001 wurde Hilde wieder ins Krankenhaus gebracht. Ihr Gesundheitszustand verschlechterte sich von Tag zu Tag. In letzter Minute wurde sie auf der Intensivstation reanimiert und fiel ins Koma. Ich war gerade bei Hilde, als sie, nachdem die Laborergebnisse bedrohlich waren, auf die Intensivstation gefahren wurde. Hilde hielt meine Hand. Sie wollte, dass ich sie begleite. Das Ärzteteam hatte nichts dagegen, dass ich während der Reanimation dabei war. Ich sollte ununterbrochen mit Hilde sprechen, damit sie eine vertraute Stimme hört und im Unterbewusstsein wahrnimmt. Als die Behandlung dem Ende entgegen ging, verließ ich den Behandlungsraum mit einem Arzt und wir riefen Paul an, um ihn über die Komplikationen bei Hilde zu unterrichten. Er kam sofort. Anfangs machte uns niemand Hoffnung, dass eine Besserung eintreten würde, doch Hilde kam nach dreiwöchigem Koma wieder zu Bewusstsein und begann zu kämpfen. Während sie im Koma lag waren Paul und ich jeden Tag bei ihr, redeten zu ihr, hielten ihre Hand und hofften auf ein Wunder. Hilde war sehr mitgenommen als sie nach ihrem Erwachen hörte, dass sie drei Wochen im Koma gelegen hatte. Sie verstand, wie Ernst es um sie stand. Da Hilde wegen der Apparate, an denen sie hing nicht sprechen konnte, war eine Verständigung sehr schwierig. Hilde schlief fiel, wurde künstlich ernährt, eine Therapie war kaum möglich. Doch Hilde mobilisierte noch einmal all ihre Kräfte. Sie wollte noch einmal nach Hause zurückkehren.

Paul und ich halfen Hilde nach besten Kräften und manchmal auch darüber hinaus. Wir waren abwechselnd den ganzen Tag bei ihr im Krankenhaus, schliefen sogar nachts auf der Intensivstation und später bei ihr im Krankenzimmer. Wir wurden vom Krankenhauspersonal in der Bedienung der Geräte geschult, um sie bei einem eventuellen Notfall zu Hause bei Hilde sofort einsetzen zu können. Natürlich hat diese leidvolle Zeit Hilde und mich noch enger verbunden.

Paul Schell war klar, dass er wieder ein neues Heim für sie suchen musste, ohne Treppen und ohne Stufen. Er fand ein geeignetes Haus in Kleinmachnow, am Stadtrand von Berlin, in das sie umzogen. Hilde wurde nach einhundert Tagen aus dem Krankenhaus in ihr neues Zuhause entlassen.

Mit viel Geduld kämpfte sie sich noch einmal ins Leben zurück. Das lange Liegen hatte ihren Körper geschwächt. Intensive Physiotherapie sollte ihre Muskeln wieder stärken. Von nun an war sie Tag und Nacht auf das Sauerstoffgerät angewiesen. Ihr Lebenswille aber war ungebrochen. Sie ließ sich mit dem Rollstuhl durch die Wohnung fahren und arrangierte die Einrichtung und die Dekoration wieder nach ihren Vorstellungen. An den Wänden hingen Millers Aquarelle und andere Zeichnungen und Stiche, ihre Antiquitäten und Devotionalien ließ sie nach ihren Wünschen aufstellen, Tischchen mit Lampen und Kerzenständern bestücken, die hohen schwarzen Bücherregale füllen. Wie immer umgab sie sich mit Pflanzen, die ihr besondere Freude machten, wenn sie leuchtend blühten, wie ihr Hibiskus, oder neues Grün hervortrieben. Ihren Sinn für alles Schöne hatte sie sich bewahrt. Es war ihr wichtiger als jemals zuvor, mit ihrem Mann in einem gemütlichen »Nest« zu wohnen, wo sie ihre Zeit auf angenehmste Weise miteinander verbringen konnten.

Ich war täglich in Kleinmachnow um Hilde zu pflegen. Sie hatte gute und schlechte Tage. An guten Tagen erledigten wir die immer noch zahlreich ankommende Autogrammpost. Wir brachten die Schminksachen in Ordnung, zogen den Kleber von den künstlichen Wimpern ab und rollten diese dann anschließend, um sie wieder in Form zu bringen, über einen Bleistift. Dann haben wir sogar, was Hilde für einen absoluten Abstieg hielt, vor lauter Langeweile Kreuzworträtsel geraten und wir haben wie immer viel ferngesehen während

Paul für einige Stunden unterwegs war. An schlechten Tagen ging gar nichts. Der Therapeut musste vorzeitig seine Übungen abbrechen, Hilde war launisch und deprimiert. Zum Glück kam das aber nicht so häufig vor.

Hilde empfing nur noch selten Gäste. Sie mochte es nicht, wenn diese sich neugierig umsahen und alles taxierten. Genauso wenig schätzte sie aber Besucher, die alles, was sie ihnen anbot, höflich ablehnten. Einem der ewigen Nein-Sager erwiderte sie schließlich entnervt: »Wenn Sie schon nichts trinken wollen, dann nehmen Sie doch wenigstens ein Kleenex.« Sie war am liebsten mit Paul zusammen und unterhielt sich mit ihm über Bücher, die sie beide gelesen hatten. Die »Kulturgeschichte der Menschheit« von Ariel und Will Durant bot ihnen eine Zeitlang reichlich Gesprächsstoff. Sie schätzten die Autoren sehr für ihre spannend erzählte Weltgeschichte.

Eine wunderbare Anekdote, die Hilde eines Abends erzählte, bewies, dass ihr Humor ungebrochen war, auch wenn ihr Körper ihr nach und nach den Dienst versagte:

»1958 düste ich spätabends bei dröhnend fetziger Jazzmusik aus dem Radio mit meinem getunten Chevy, von mir in den St. Moritzer Bergen ›Eichhörnchen‹ getauft und nun in Berlin ›Schneegans‹, über die Königsallee Richtung Halensee. Plötzlich laute Sirene und Kelle neben mir. Ich bremste ab und hielt natürlich sofort an. Ein eifriger Wachtmeister entstieg seinem Polizeiwagen, zupfte Uniform und Mütze zurecht, während ich langsam die Fensterscheibe runterkurbelte und das Radio leiser stelle.

›Darf ich mal bitte ihre Papiere – nein, das ist doch unser Hildchen! Also gnädige Frau, ich glaube, Sie sind ein wenig zu schnell gefahren.‹ – ›Oh, Entschuldigung, lieber Herr Wachtmeister. Das ist ein amerikanisches Auto und die Geschwindigkeitsanzeige auf dem Tachometer ist in Meilen angegeben. Ich habe gar nicht gemerkt, dass ich ein wenig zu schnell war, aber sie haben Recht, in Zukunft werde ich besser aufpassen.‹ – ›Na gut, dann drücke ich ausnahmsweise mal ein Auge zu. Könnte ich vielleicht ein Autogramm für meine Frau bekommen, sie ist ein Fan von ihnen. Schreiben Sie einfach FÜR GERDA.‹

Glücklich, dass alles gut gegangen war, fuhr ich weiter und hatte einen tollen Abend.

Am nächsten Tag waren wir mit Freunden verabredet und ich fuhr wieder dieselbe Strecke und wieder in flottem Tempo. Fast an der gleichen Stelle wie am Vorabend Polizeiauto, Sirene, Stopp. Ich wollte wieder meinen Spruch von der Meilenangabe auf dem Tachometer ablassen, hatte aber diesmal Pech. Vor mir stand der mir bereits bekannte Polizist. Diesmal klärte er mich mit ernster Stimme sehr ausführlich über mein Fehlverhalten auf und wies auf die Gefahren hin, die die Raserei mit sich bringt. Seine Belehrung unterstrich er durch seinen mahnend erhobenen Zeigefinger. Ich bekam wirklich ein schlechtes Gewissen und gelobte endgültig Besserung. Der Ordnungshüter entschuldigte sich mehrmals, weil er mir ein paar Mark Strafe aufbrummen müsse. Ich schenkte dem freundlichen Polizisten, als Zeichen, dass ich ihm nicht böse war, zwei Theaterkarten, die ich zufällig bei mir hatte. Dankend nahm er sie mit den Worten entgegen: ›Gnädige

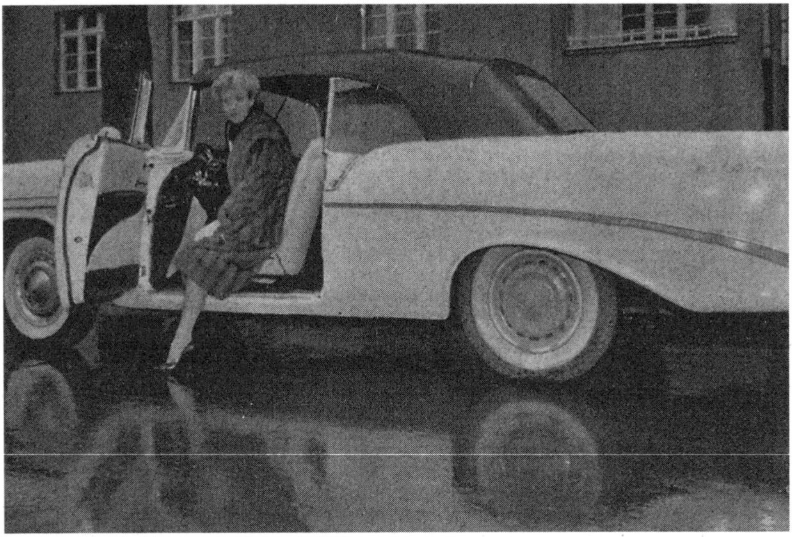

Hilde und ihre »Schneegans«, ein Mitbringsel aus den USA, 1956.
Die Fotoaufnahme ist 1957 entstanden.

Frau, ich hoffe, Sie in Zukunft nur noch auf der Bühne und nicht mehr als Missetäterin im Straßenverkehr wieder zu sehen.‹«

Auf eine lieb gewonnene Angewohnheit verzichtete Hilde nie, so schlecht es ihr auch gehen mochte. Sie schminkte sich täglich sehr sorgfältig, tuschte ihre Wimpern, um ihre schönen grünen Augen zur Geltung zu bringen, zog sich die Lippen nach und trug Make-up auf. Sie tat es für ihren Mann, aber auch für sich. Nichts hätte ihr ferner gelegen, als sich gehen zu lassen. Wenn der befreundete Visagist René Koch ihr ein Päckchen mit der neuesten Kollektion an Schminkutensilien zukommen ließ, packte sie freudig aus und probierte gleich alles, natürlich mit entsprechenden Kommentaren, wie: »Das macht mich blass, diese Farbe ist fabelhaft oder na, da ist denen aber auch nicht viel Neues eingefallen«. Sie hatte große Freude daran, unserer Tochter Kerstin geduldig Tipps und Tricks beim Schminken beizubringen. Unsere Familien waren innig befreundet. Ein untrennbar zu ihr gehörender Charakterzug war verschwunden: ihr Jähzorn, den sie beruflich wie privat gelegentlich ausgelebt hatte. Darauf angesprochen hatte sie wie immer eine schlagfertige Erklärung parat:

»Ja, ich habe oft überreagiert. Das hat sich im Laufe der Jahre geändert. Es hat aber nichts mit gutem Charakter zu tun, sondern mit dem Nachlassen der Kraft.«

Der 11. September brach auch in Hildes Leben mit aller Gewalt ein. Als sie die Fernsehbilder der zusammenstürzenden Twin Towers sah, konnte sie anfangs gar nicht glauben, was passiert sein sollte. Sofort griff sie zum Hörer, um Christina anzurufen und sich von der Stimmung in Amerika berichten zu lassen. Wie Tausende andere Menschen hatte sie große Angst, dass die Lage außer Kontrolle geraten könnte. Sie sorgte sich um Christinas Sicherheit. Hilde verfolgte sehr aufmerksam alle politischen Ereignisse und machte sich ihre Gedanken über Naturkatastrophen als Folge des Klimawandels. Sie nahm Anteil an den Initiativen für den Umweltschutz.

Mitte September wurde wegen des großen Interesses der Öffentlichkeit an Hildegard Knef von Mitarbeitern der Presseagentur HGM eine Homestory bei ihr zu Hause gemacht. Auf alle Fragen stand Hilde offen Rede und Antwort. Respekt und Liebe erwarte sie von ihren Mitmenschen in ihrer Situation, in der sie durch die Krankheit dünnhäutig und gedemütigt sei. Auf ihrem Grabstein wünsche sie sich nur ihren Namen: Frau von Schell. Einen Tag später wurde Hilde ins Neuköllner Krankenhaus gefahren. Ihr Oberkiefer war vereitert, und Zähne mussten gezogen werden. Um kein Risiko einzugehen, ließ sie die Zahnbehandlung im Krankenhaus vornehmen. Paul begleitete sie und blieb an ihrer Seite.

2001 erschien in der CD-Edition »Entertainment trifft Klassik« Hildes Auswahl aus dem Werk Gustav Mahlers unter dem Titel »Hildegard Knef trifft Gustav Mahler«. Sie liebte seine Musik besonders. Nie wurde sie ihr langweilig, so oft sie sie auch hörte. Seine zwiespältige und schillernde Persönlichkeit faszinierte Hilde.

Eine letzte Ehrung wurde Hildegard Knef am 15. November 2001 zuteil. Die Zeitschrift Bunte zeichnete sie mit dem Bambi für ihr Lebenswerk aus. Günter Pfitzmann nahm für Hilde den Preis entgegen. Sie war zu schwach, um persönlich im Konzerthaus am Gendarmenmarkt an den Feierlichkeiten teilzunehmen. Udo Jürgens hielt diesmal die Laudatio auf Hildegard Knef, die »Dame des deutschen Films des letzten Jahrhunderts«. Er sang, sich selbst am Klavier begleitend, ein Lied für Hilde, das ihren Lebensweg in Kurzform wiedergab. Es endete mit einem Anspielen ihres Liedes »Für dich soll's rote Rosen regnen«. Die minutenlangen Standing Ovations nahm Hilde gerührt und voller Dankbarkeit am Fernsehschirm zu Hause entgegen. Günter Pfitzmann versprach, Hilde den Bambi persönlich in den nächsten Tagen zu überreichen. Die Fernsehübertragung war erst wenige Augenblicke zu Ende, da klingelte Hildes Telefon, und Sonja Ziemann gratulierte ihr zu der Auszeichnung. Hilde freute sich sehr über den Anruf. Wenige Tage darauf holte Paul Schell das goldene Rehkitz bei Günter Pfitzmann ab. Es fand seinen Platz in der beachtlichen Sammlung von Preisen, die Hilde immer im Blick hatte.

Kurz vor ihrem 76. Geburtstag gab Hilde am 12. Dezember der Bild-Zeitung ein Interview, in dem sie noch einmal über ihre Krankheit sprach und gestand, dass sie sich im Klaren darüber sei, dass keine Besserung eintreten werde, sie aber auf einen Stillstand hoffte. Liebevoll sprach sie über ihren Mann, der ihr in jeder schweren Stunde treu zu Seite stand. Fragen nach der Anzahl ihrer Liebespartner wich sie geschickt aus und blieb damit auch in diesem letzten Interview ihrem Grundsatz treu, keine Geheimnisse über Kollegen preiszugeben. Sie hätte es für Verrat gehalten. Oft genug war Hilde zu vertrauensselig gewesen und war enttäuscht worden. Sie verlor dennoch nicht den Glauben an das Gute im Menschen: »Für jedes Schwein, das ich in meinem Leben getroffen habe, oder für jede hundert Schweine – vergiss nicht den einen anständigen Menschen.«

Kurz vor Weihnachten überraschte sie Paul mit der Bitte nach einem Weihnachtsbaum. Es war das erste Mal seit vielen Jahren. Paul erfüllte ihr natürlich den Wunsch und schmückte ihn mit roten und goldenen »Kullern«, wie Hilde die Weihnachtskugeln nannte. Hilde hatte ihre Freude an der prächtigen Tanne. Ihren Geburtstag und den Jahreswechsel verbrachten sie mit uns und anderen guten Freunden. Es wurde viel erzählt und viel gelacht. Hilde verdrängte während dieser Tage ihre Krankheit und ihre Geldsorgen. Sie war in guter Stimmung.

Am 17. Januar sollte sie ein letztes Mal zu Gast in einer Talkshow sein. Sie musste für das Gespräch, das via Bildschirm von ihr zu Hause ins Fernsehstudio übertragen wurde, alle Kraft zusammennehmen, um konzentriert auf Johannes B. Kerners Fragen zu antworten. »Ich habe gar keine Lust zu kämpfen, dauernd zu kämpfen«, sagte sie müde, wurde aber von allen Beteiligten für ihr Aussehen und für ihre kooperative Mitarbeit gelobt. Nach Abschluss der Dreharbeiten war sie erleichtert, alles gut überstanden zu haben. Als das Aufnahmeteam die Wohnung verlassen hatte saßen wir noch bei einem Glas Rotwein zusammen. Hilde war selbstkritisch genug und wusste, dass auch diese Art des Interviews zu anstrengend für sie war. Das »Kämpfen« bezog sich nicht nur auf das Bezwingen von Krankheiten, sondern auch auf die Überwindung von Geldsorgen, die sie zwangen alle Jobs anzunehmen. Und trotzdem wuchs der Schuldenberg an. Hilde litt permanent unter Existenzängsten. Freunde sagten mal sie sei eine Geldmaschine. Und so Unrecht hatten sie gar nicht. Hilde gab viel Geld aus, egal, ob sie es hatte oder nicht. Sie fand aber immer wieder neue Möglichkeiten Geld zu verdienen. Aus Schauspielerei wurde Gesang, aus Gesang Schriftstellerei, dann kam die Malerei, sie machte Mode und trat in

TV Sendungen auf. Und obwohl Hilde immer behauptete nichts von Zahlen zu verstehen machte sie kluge und für sich hochdotierte Verträge. Sie kokettierte damit, nichts von Gelddingen zu verstehen, um ihren Verhandlungspartnern das Gefühl der Überlegenheit zu geben. Hilde war eine knallharte und geschickte Verhandlerin und bekam fast immer, was sie verlangte.

In der Nacht vom 30. auf den 31. Januar 2002 verschlechterte sich ihr Zustand. Am Tag vorher, ich war wie üblich den ganzen Tag bei ihr gewesen, hatte ein Arzt sie noch untersucht und war mit ihrem Gesundheitszustand zufrieden gewesen. Als Paul sah, wie schlecht es Hilde ging, rief er umgehend den behandelnden Arzt und dieser sorgte sofort für die Einweisung ins Krankenhaus. Paul rief mich an und bat, ich möge sofort kommen. Bereits auf der Fahrt in die Klinik verlor Hilde das Bewusstsein. Ich saß bei ihr im Krankenwagen, hielt ihre Hand und sprach zu ihr. Paul fuhr im Auto hinterher. Die Ärzte versuchten, sie zu reanimieren. Hilde öffnete noch einmal für wenige Sekunden die Augen, um sich, wie es schien, von uns zu verabschieden. Danach fiel sie ins Koma. Ihre Worte, die sie in den letzten Wochen mehrfach wiederholt hatte, sollten sich bewahrheiten: »Wenn ich noch einmal in die Klinik komme, werde ich sterben.« Am 1. Februar 2002 gegen 2 Uhr morgens hörte ihr Herz auf zu schlagen.

Als Paul die Nachricht bekam rief er uns sofort an, und wir fuhren gemeinsam ins Krankenhaus. Wir wollten unbedingt bei Hilde sein.

Christina und die engsten Freunde, die Paul Schell nach unserer Rückkehr in die Wohnung anrief, konnten es nicht fassen. Sie hatten bis zuletzt an das Wunder geglaubt, dass Hilde genesen würde und bei ihnen blieb. Am 7. Februar fand der Trauergottesdienst in der Kaiser-Wilhelm-Gedächtnis-Kirche statt. Ihre Familie, ihre Freunde, Politiker, Künstler und unzählige Fans nahmen von ihr Abschied. An diesem Tag schloss sich Hildes Lebenskreis. Auf den Tag genau vor 76 Jahren war Hilde, anderthalb Monate alt, getauft worden. Sie fand ihre letzte Ruhe auf dem Zehlendorfer Waldfriedhof in einem Ehrengrab der Stadt Berlin.

Hildegard Knef, Hildegarde Neff, die Knef, Hildchen, Deutschlands letzte Diva, die Jahrhundertfrau, Deutschlands glücklichste

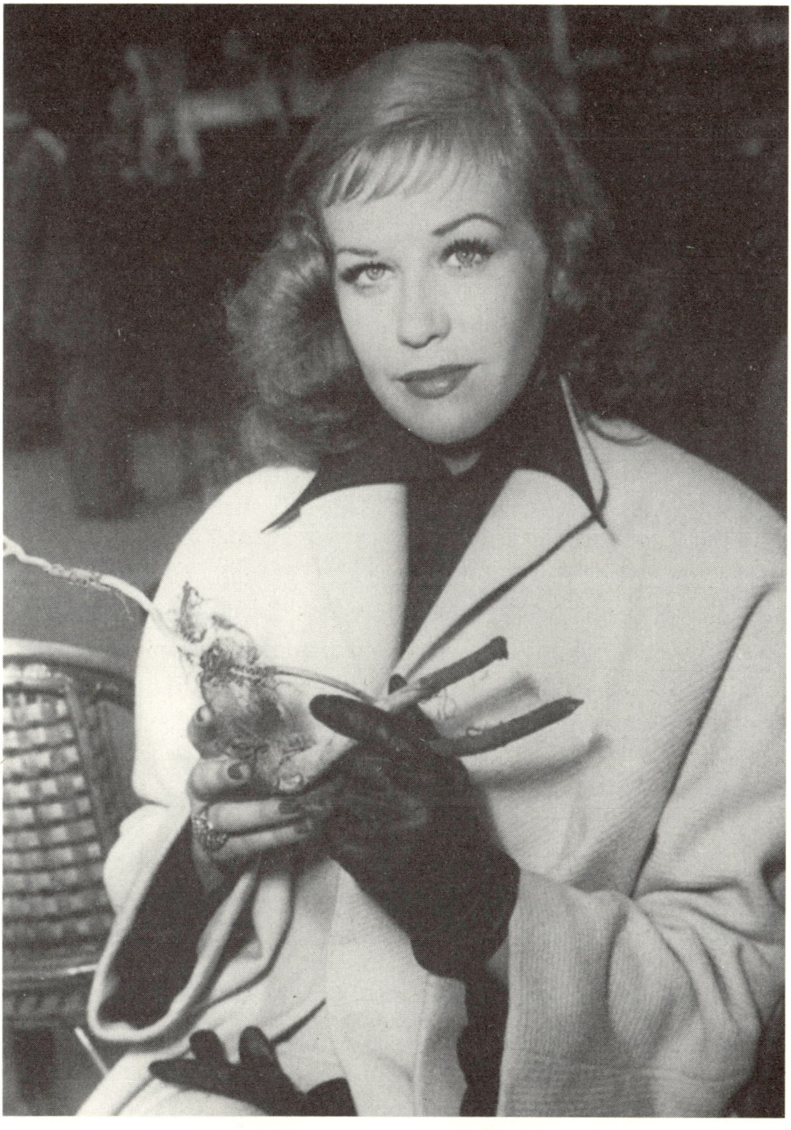

Hilde mit der »Alraunewurzel«. Sie spielt in dem gleichnamigen Film das Mädchen Alraune, ein Geschöpf, das durch künstliche Befruchtung aus dem Samen eines zum Tode Verurteilten und der Eizelle einer Hafendirne entsteht. Als junge Frau verführt sie die Männer, bringt ihnen nur Unglück und stirbt schließlich durch die Hand des Mannes, der sie widernatürlich geschaffen hat.

Tragödie oder ganz einfach Hilde war gegangen und hinterließ eine Lücke. Die humorvolle, anderen Menschen Kraft spendende, lebensbejahende, oftmals auch streitbare Frau, deren Markenzeichen die stark geschminkten, leuchtend grünen Augen waren, die in zahlreichen Filmen auf der Leinwand zu sehen war, zu Herzen gehende Chansontexte geschrieben hatte, Bestsellerautorin wurde, Krankheiten besiegt und private Schicksalsschläge überwunden hatte – Hilde war sich, auch wenn es ihr nicht immer leicht fiel, ihr Leben lang treu geblieben. Mit vielen Talenten gesegnet hatte ihr vor allem ihre unverwechselbare Stimme, die sie wie ein Instrument einsetzte, mal kräftig, mal gefühlvoll, sexy und verführerisch, dann wieder mütterlich besorgt und liebevoll, zum Erfolg verholfen und die Menschen fasziniert und in den Bann gezogen. »Es ist die Stimme, die Stimme ist es«, antwortete der Kutscher seiner Ehefrau, als diese ihn fragte, ob er in die junge Alraune verliebt sei.

Sie war den steinigen Weg nach oben gegangen und wieder hinab. Sie selbst hatte sich als Erbin des Sisyphos, des Königs aus Korinth, gesehen, der dazu verurteilt war, einen Stein den Berg hinaufzurollen und, oben angekommen, ihn wieder hinunterrollen zu sehen. Hilde war nie müde geworden, den Stein wieder hinaufzurollen. Sie war eine willensstarke Vollblutfrau, charmant und liebenswert.

»Ich bin ein Überlebenskünstler, aber keiner überlebt das Leben.«

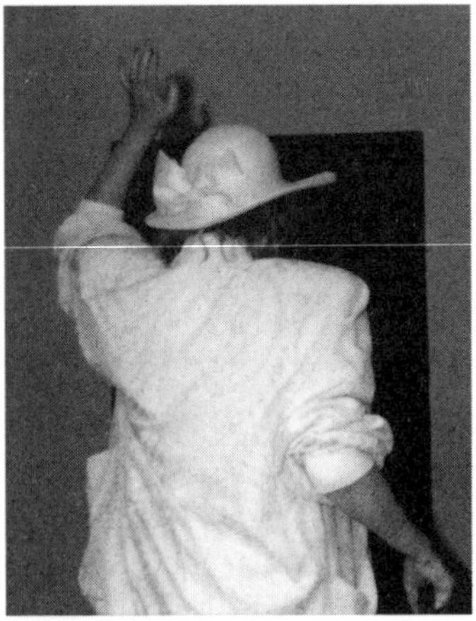

Das war's

ANHANG

Personenregister

L

Preise und Auszeichnungen

1948	Filmfestspiele Locarno Beste weibliche Darstellerin in »Film ohne Titel«
1951	Hand- und Schuhabdrücke – Hollywood Grauman's Chinese Theatre – für Rolle in »Entscheidung vor Morgengrauen«
1953	Het Laatste Nieuws – Niederländischer Zeitungspreis
1953	Französischer Kritikerpreis für Rolle in »La fête à Henriette«
1959	Bundesfilmpreis, Filmband in Silber, für die beste weibliche Nebenrolle in »Der Mann, der sich verkaufte«
1964	Kleiner goldener Bär der Stadt Berlin, Auszeichnung als Publikumsliebling
1964	Goldenes Grammophon Auszeichnung der Telefunken-Decca für 500.000 verkaufte Schallplatten
1968	Goldene Schallplatte für drei Millionen verkaufte Langspielplatten
1968	Edison Preis für beste Texte
1975	Bundesverdienstkreuz I. Klasse – Für die Verdienste um die Anerkennung der Bundesrepublik Deutschland in der Welt
1975	Tschechischer Kritikerpreis beim Internationalen Filmfestival in Karlovy Vary für die Rolle in „Jeder stirbt für sich allein"
1977	Bundesfilmpreis, Filmband in Gold, für Gesamtwerk
1980	Ernennung zur Nachfolgerin Mark Twains durch das *Mark Twain Journal* für die schriftstellerische Leistung ihres Buches »Das Urteil«
1992	Helmut-Käutner-Preis der Stadt Düsseldorf
1995	Großer Verdienstorden des Landes Berlin
1995	Kulturpreis der BZ
1996	Marlene – Preis für Bühnenunterhaltung
1999	Deutscher Videopreis, Diva Award, für Lebenswerk
1999	Goldene Kamera für Lebenswerk

2000 Echo für Lebenswerk

2001 Bambi für Lebenswerk

Erinnerungsmedaille »Das Präsidium des Deutschen Roten Kreuzes dankt Hildegard Knef für ihre Mitwirkung ›Lieder die uns Brücken bauen‹ 250.000 Langspielplatten zugunsten des DRK«

Künstlerisches Schaffen

Filmografie

1944	Träumerei D (Filmszenen mit Hilde herausgeschnitten)
1944	Ausbildungsfilm der Schauspielschule, D
1944	Unter den Brücken, D (Erstaufführung in der BRD 1950)
1944	Die Brüder Noltenius, D
1945	Frühlingsmelodie (unvollendet), D
1945	Fahrt ins Glück, D
1946	Die Mörder sind unter uns, D
1947	Zwischen gestern und morgen, D
1947	Film ohne Titel, D
1950	Die Sünderin, BRD
195	Es geschehen noch Wunder, BRD
1951	Decision before dawn (Entscheidung vor Morgengrauen) USA
1951	Nachts auf den Straßen, BRD
1952	Diplomatic courier (Kurier nach Triest), USA
1952	The Snows of Kilimanjaro (Schnee am Kilimandscharo), USA
1952	Night without sleep, USA
1952	Alraune, BRD
1952	La fête à Henriette (Auf den Straßen von Paris), F
1952	Illusion in Moll, D
1953	The man between (Gefährlicher Urlaub), GB
1953/54	Eine Liebesgeschichte, BRD
1954	Geständnis unter vier Augen, BRD
1954	Svengali, GB
1957	Madeleine und der Legionär, BRD
1958	La fille de Hambourg (Das Mädchen aus Hamburg), F

1958	Subway in the sky (U-Bahn in den Himmel), GB
1958	Der Mann, der sich verkaufte, BRD
1960	La strada dei giganti (Die Furchtlosen von Parma), I
1962	Lulu, A
1962	Caterina di Russia (Katharina von Russland), I/F
1962	Landru (Der Frauenmörder von Paris), F/I
1962/63	Die Dreigroschenoper (L'Opéra de quat'sous), BRD/F
1962/63	Ballade pour un voyou (Der dunkelgrüne Koffer), F
1963	Das große Liebesspiel, BRD/A/F
1963	Gibraltar (Geheimagentin in Gibraltar), FR/I/S
1964	Wartezimmer zum Jenseits, BRD
1964	Verdammt zur Sünde/Die Festung, BRD
1964	Monzambique (Blonde Fracht für Sansibar), GB
1967/68	The lost continent (Bestien lauern vor Caracas), GB
1975	Jeder stirbt für sich allein, BRD
1978	Fedora, BRD
1980	Warum die Ufos unseren Salat klauen (Checkpoint Charly), BRD
1982	Thalia unter Trümmern (Dokumentarfilm)
1984	Flügel und Fesseln (L'avenir d'Emile), BRD/F
1988	Witchery (Witchcraft - Das Böse lebt), USA
1995	Für mich soll's rote Rosen regnen (Dokumentarfilm), BRD
1999	Eine fast perfekte Hochzeit, BRD/A
2001	A woman and a half - Hildegard Knef (Dokumentarfilm), BRD/HU
2001	Marlene Dietrich - Her own song USA/BRD

Fernsehstücke

1960	Die geliebte Stimme (Buch Jean Cocteau), BRD
1961	Golden Boy (Goldene Hände), BRD
1962	Laura (nach einem Bühnenstück von Vera Caspary), BRD
1963	Ein Herr von der Polizei, Kriminalepisode
1965	Mrs. Dally (Aufzeichnung während Theateraufführung), BRD

1982 Der Gärtner von Toulouse (nach einem Schauspiel von Georg Kaiser), BRD
1989/90 In inniger Feindschaft (Champ clos), BRD/F
1994 Tödliches Erbe, BRD

Theaterstücke

1944 Der kleine Herr Niemand, Kammerspiele des Deutschen Theaters, Berlin
1945 Heute Abend um sechs, Kleinkunstprogramm in der Tribüne in Berlin
1945 Raub der Sabinerinnen, Renaissance-Theater, Berlin
1945 Der Kammersänger, Renaissance-Theater, Berlin
1945 Hokuspokus (Hildegard Knef sprach den Prolog von Goethe), Schlosspark-Theater, Berlin
1945 Ein Spiel um Tod und Liebe, Schlosspark-Theater, Berlin
1946 Danach, Schlosspark-Theater, Berlin
1946 Zum Goldenen Anker, Schlosspark-Theater, Berlin
1946 Wie es euch gefällt, Schlosspark-Theater, Berlin
1946 Drei Mann auf einem Pferd, Schlosspark-Theater, Berlin
1947 O Wildnis!, Schlosspark-Theater, Berlin
1960 Der Nerz, Schlosspark-Theater, Berlin
1961 Nicht von gestern (Born yesterday), Theater der freien Volksbühne, Tourneetheater, Berlin
1965 Mrs. Dally, Schaubühne, Tourneetheater, München

Musicals

1954–56 als Ninotschka in Silk Stockings im Imperial Theatre in New York, Premiere in Philadelphia, Aufführung in Boston, Premiere in New York
1988 als Fräulein Schneider in Cabaret im Theater des Westens in Berlin

Bibliografie

1970 Der geschenkte Gaul Bericht aus einem Leben
1972 Der geschenkte Gaul Bericht aus einem Leben, Taschenbuch
1972 Ich brauch Tapetenwechsel, Texte
1975 Das Urteil oder der Gegenmensch
1975 Ich brauch Tapetenwechsel, Taschenbuch
1976 Heimweh-Blues
1978 Mensch – Gegenmensch. Das Urteil, Taschenbuch
1978 Heimweh-Blues, Taschenbuch
1978 Nichts als Neugier Interviews zu Fragen der Parapsychologie
1982 So nicht
1983 Romy. Betrachtung eines Lebens
1984 Romy. Betrachtung eines Lebensweges, Taschenbuch

Diskografie

1951 Jeden Abend stehe ich am Hafen
Ein Herz ist zu verschenken
1952 Illusionen
Du bist wunderbar
Das Lied vom einsamen Mädchen
Heut' gefall' ich mir
1955 Silk Stockings
1958 La fille de Hambourg
Bal de Vienne
C'était pour jouer
J'aimerais tellement ça
Qu'avez-vous fait de mon amant?
Das Mädchen aus Hamburg
1959 A nightingale sang in Berkeley Square
My heart belongs to daddy
Baby, won't you please come home
When a woman loves a man

1961	Die geliebte Stimme
1963	Die Dreigroschenoper
1963	So oder so ist das Leben
1964	Die großen Erfolge
1964	Hildegard Knef
1964	Seitensprünge nach Noten
1964	Ihre großen Erfolge
1964	Illusionen
1964	Germany's Hildegarde Neff
1965	In dieser Stadt Wintersonne
1965	Mrs. Dally (Heute ist Unabhängigkeitstag)
1965	Hildegard Knef spricht und singt Tucholsky
1965	Chansons mit Hildegard Knef
1966	Ich seh die Welt durch deine Augen
1966	So hat alles seinen Sinn
1966	Die neue Knef – Tournee Live
1966	Die große Knef
1967	Einsam tausendmal am Tag
1967	Halt mich fest
1967	Hildegard Knef
1968	Träume heißen du
1968	Knef Concert
1968	Na und …
1968	Der Mond hatte frei
1969	Love for sale
1969	The lady is a tramp
1969	Die großen Erfolge 2
1970	Knef
1970	Portrait in Musik
1970	Hildegard Knef liest »Der geschenkte Gaul«
1970	Tapetenwechsel
1970	Grand Gala
1970	Hildegard Knef
1971	From here on in it got rough
1971	Worum geht's hier eigentlich?
1971	The world of Hildegard Knef

1971 Gestern – Heute
1972 Texte geschrieben und gelesen von Hildegard Knef
1972 Und ich dreh' mich noch mal um
1973 Portrait in Gold
1974 Ich bin den weiten Weg gegangen
1975 Hildegard Knef liest „Das Urteil"
1975 Applaus
1975 Star für Millionen: Hildegard Knef
1976 Hildegard Knef spricht die „Rechte des Kindes"
1976 Bei dir war es immer so schön
1976 Die großen Erfolge
1976 Grand Gala der Stars: Hildegard Knef
1977 Lausige Zeiten
1977 Goldene Serie: Hildegard Knef
1978 Heimweh-Blues
1978 Überall blühen Rosen
1979 Eins & Eins mit dem Orchester Bert Kaempfert
1979 Wereldsuccessen
1979 Profile: Hildegard Knef
1979 20 große Erfolge
1980 Da ist eine Zeit
1980 Tournee, Tournee … Das Live-Album ihrer Konzertreise
1980 Motive: Hildegard Knef
1980 Star-Magazin: Hildegard Knef
1981 Portrait: Hildegard Knef
1984 Aber schön war es doch – Die großen Erfolge
1985 Ihre Freunde nennen sie Hilde
1985 Ihre größten Erfolge
1986 Weißt du nicht mehr Wieso
1987 Ways of love

CDs

1992 Für mich soll's rote Rosen regnen
1993 Sag mir wo die Blumen sind
1995 Pocahontas – Lausche mit dem Herz
1995 Hildegard Knef. Für mich soll's rote Rosen regnen (7 CDs)
1995 Hildegard Knef mit Engel wider Willen
Von nun an ging's bergab
1995 Hildegard Knef und Palast Orchester, Sänger Max Raabe
Jene irritierte Auster
1997 Hildegard Knef. Meine Lieder sind anders (Doppel-CD)
1998 Die Dreigroschenoper
1999 17 Millimeter
Hildegard Knef liest aus ihren Romanen »Der geschenkte Gaul« und »Das Urteil«
Silk Stockings von 1955

Die Diskografie erhebt keinen Anspruch auf Vollständigkeit.

Zeittafel

Großmutter väterlicherseits
Lina Knef geb. Krönkemeyer
1870 geb. 12.06.1870 Gütersloh
1911 gest. 03.12.1911 Elberfeld

Großvater väterlicherseits
Franz Knef
1860 geb. 28.04.1860 Großeibstadt
1942 gest. 1942 Langenfeld

Großmutter mütterlicherseits
Albertine Groehn geb. Sieg
1867 geb. 18.04.1867 Linde/Westpreußen
1931 gest. 12. od. 16.05.1931 Berlin

Großvater mütterlicherseits
Karl Groehn
1865 geb. 21.08.1865 Przerwanken, Kreis Angerburg/Ostpreußen
1945 gest. 03.07.1945 Berlin

Vater
Hans Theodor Knef
1897 geb. 18.04.1897 Elberfeld
1926 gest. 02.06.1926 Ulm

Mutter
Frieda Auguste Knef geb. Groehn
1896 geb. 14.04.1896 Berlin
1961 gest. 22.12.1961 München

Eheschließung Hans und Frieda Knef–Groehn

1923 20.04.1923 Standesamt Berlin-Schöneberg
1923 21.04.1923 Königin-Luise-Gedächtniskirche

Hildegard Knef

1925 geb. 28.12.1925 Ulm
2002 gest. 01.02.2002 Berlin

Wilhelm Wulfestieg (Stiefvater)

1891 geb. 25.06.1891
1925 gest. 02.04.1952 Berlin

Eheschließung Wilhelm Wulfestieg und Frieda Knef

1933 im Sommer 1933

Heinz Wulfestieg (Halbbruder)

1935 geb. 20.08.1935 Berlin
1978 gest. 29.08.1978 Berlin

Hildegard Knef

1942 01.04.1942 Ausbildungsbeginn als Trickfilmzeichnerin bei der Ufa

1943 01.09.1943 Ausbildungsvertrag als Nachwuchsschauspielerin bei der Ufa

1945 01.06.1945 auf der Bühne in der Tribüne, Kleinkunstprogramm von Viktor de Kowa

1946 15.10.1946 Premiere des ersten deutschen Nachkriegsfilmes »Die Mörder sind unter uns«

1947 15. 12.1947 Hochzeit mit Kurt Hirsch in Berlin

1948 Januar 1948 Abreise aus Berlin nach New York via London Hildegard Knef hat plant ihre Karriere in Hollywood

1950 14.04.1950 Hildegard Knef wird in Los Angeles amerikanische Staatsbürgerin

1950 Rückkehr nach Deutschland zu Dreharbeiten für »Die Sünderin« (Premiere 18.01.1951)

1952 15.01.1952 Scheidung von Kurt Hirsch

1952 02.04.1952 Tod des Stiefvaters, Wilhelm Wulfestieg, in Berlin

1954 bis 1956: 675 Vorstellungen als Ninotschka in Cole Porters »Silk Stockings« in Amerika

1959 08. oder 09.05.1959 Hildegard Knef lernt David Cameron Palastanga, geb. 21.01.1933 in London, bei Dreharbeiten in England kennen

1961 22.12.1961 Tod der Mutter, Frieda Auguste Wulfestieg, in München

1962 30.06.1962 Hochzeit mit David Cameron Palastanga in Percha/Starnberger See

1966 27.02.1966 Beginn der Konzerttournee mit dem Günter Noris Quintett

1968 16.05.1968 Geburt der Tochter Christina in München

1968 27.10.1968 Beginn der Konzerttournee mit dem Kurt Edelhagen Orchester

1970 Erscheinung des autobiografisches Romans »Der geschenkte Gaul«

1973	06.08.1973 Brustkrebsoperation in Salzburg
1975	Erscheinung von »Das Urteil«
1976	04.06.1976 Scheidung von David Cameron Palastanga
1977	01.06.1977 Hochzeit mit Paul Schell (geb. 28.11.1940 in Budapest) in Berlin
1978	29.08.1978 Tod des Halbbruders, Heinz Wulfestieg, in Berlin
1982	bis 1989 Leben mit Christina und Paul Schell in Los Angeles
1988	März 1988 Christina heiratet Peter Gardiner, Sohn des Schauspielers Reginald Gardiner
1989	Rückkehr von Hilde und Paul nach München
1996	Umzug des Paares von München nach Berlin
1999	Erscheinung der CD »17 Millimeter«, die ein Erfolg wird
2002	01.02.2002 Hildegard Knef stirbt in Berlin

Bildnachweis

Jochen H. Blume S. 34 | DEFA Film S. 74 | Agentur Interfoto S. 83 | Petra Roek S. 119, 357 | Cinetext Bildarchiv S. 127, 128, 241, 242 | Iren Kühn S. 167 | Liselotte Tessmer S. 198 | Ullstein Bilderdienst, Berlin, Ina Jänichen S. 209 | Filmmuseum Berlin-Stiftung Deutsche Kinemathek S. 214 | Vienna Film S. 222 | Decca S. 226, 243 | M. + Ch. Tenbuß S. 227, 228, 229, 250, 267, 268, 352, 390 | Winfried Roek S. 273 | dpa, Deutsche Presse-Agentur GmbH, Düsseldorf S. 279 | Thomas Höpker/ Magnum Fotos/Agentur Focus S. 291 | Michael Shilders S. 331 | RTL plus S. 356 | Lothar Winkler S. 365, 367 | Dobrivoie Kerpensian S. 377

Alle anderen Bilder stammen aus der Sammlung Petra Roek, Berlin.

Es war leider nicht in allen Fällen möglich, die Inhaber des Copyrights an einzelnen Bildern zu ermitteln. Der Verlag bittet Rechteinhaber darum, berechtigte Forderungen zu melden.

Mein Dank geht an:

David Cameron, Helga Cartsburg-Raddatz, Ludwig Graf zu Dohna, Anne Enderlein, Thomas Fritsch, Monika Glatt, Claudia Gölz, Hens Gottmer, Günter Grass, Thomas Jost, Hellmut Lange †, Patrick Lau, Willi J. Lau, Herbert Liman, Maria Milde †, Hanna und Fritz Molden, Hilke Ohsoling, Günther Reiffenstuhl, Heinrich Rehberg, Helma Sanders-Brahms, Paul Schell, Klaus Sohrauer, Margret und Christel Tenbuß, Thea Weiss †, Ilse Werner †, Hans Winkler, Carola Wirth, Sonja Ziemann und besonders an Kerstin und Winfried Roek.

René Kollo

Ein Kaiserschmarrn

*Deutschland
und die Habsburger*

192 Seiten
geb. mit Schutzumschlag
mit Illustrationen von Bianca Classen
ISBN 978-3-941400-31-3

EUR 16,90

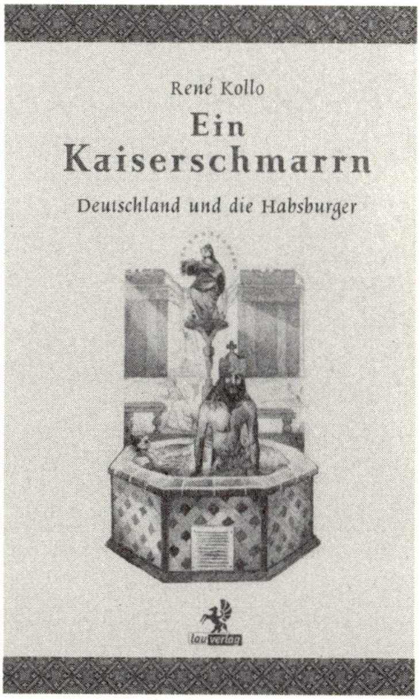

Auf humorvolle Weise beschreibt der Tenor René Kollo das tausendjährige »Heilige Römische Reich Deutscher Nation« von 800 bis 1806. Dies alles in Kurzform, als Appetithappen gewissermaßen. Unterstrichen wird das Ganze mit liebevollen Illustrationen.
Lesen Sie selbst, wie beschwingt der Autor die Geschichte des Ersten Reiches von den Karolingern über die Ottonen und Staufer bis hin zu den Habsburgern interpretiert. Sie werden erstaunt sein, wie früh in Deutschland bereits das föderale Prinzip herrschte und der Kaiser immer ein Wahlkaiser war. Eine Besonderheit ist auch, wie die Habsburger 1806 ohne Legitimation das »Heilige Römische Reich Deutscher Nation« einfach auflösten und sich mit dem Titel Kaiser von Österreich schmückten. Dabei tauchen spannende Fragen auf, wie: Gab es rechtlich gesehen einen Erzherzog oder hatten die Österreicher das nur erfunden und gab es juristisch gesehen nie einen österreichischen Kaiser?

René Kollo

Die Morde des kleinen Tannhäuser

272 Seiten
kartoniert
ISBN 978-3-941400-32-0

EUR 12,95

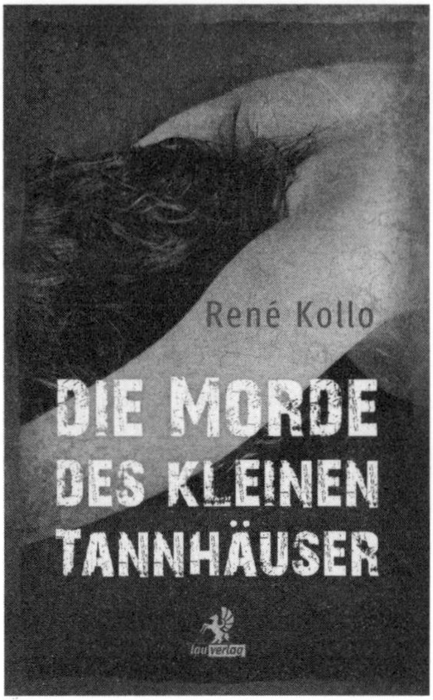

René Kollo, Interpret aller großen Tenorpartien in den Wagner-Opern, beschreibt in diesem spannenden Kriminalroman seine Sicht auf einen Tannhäuser der Gegenwart, der vergeblich gegen seine dionysischen Triebe ankämpft und zum Serienmörder wird.

Kann der Psychiater, den er aufsucht, ihm helfen? Oder ist sein Weg durch genetische Disposition vorbestimmt?

Beim Versuch, die Tiefen eines kranken Gehirns auszuloten und einen Mörder zu fassen, der die Gesellschaft, in der er lebt, zutiefst verachtet, stoßen Hauptkommissar Wellmann und seine Leute auf eine außergewöhnliche Familiengeschichte.

Hamid Reza Yousefi

DORNENFELDER

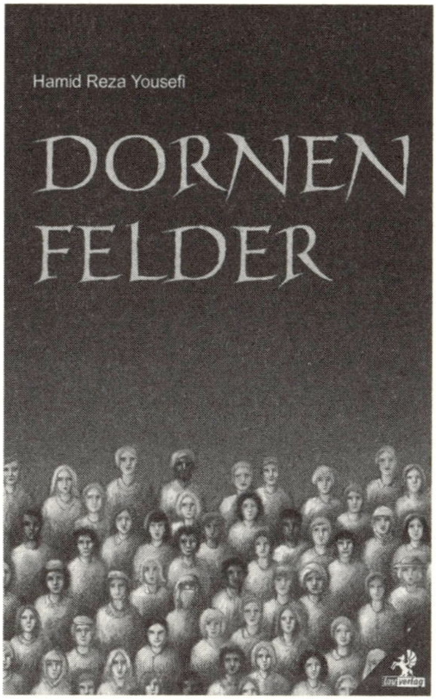

232 Seiten,
kartoniert
ISBN 978-3-941400-37-5

EUR 12,95

In dieser ergreifenden Lebensschilderung führt uns der Philosoph Hamid Reza Yousefi durch die unbekannte Welt des Iran und die Innenwelt eines Denkers, der aus den Wirren des Krieges in ein deutsches Migrantenschicksal katapultiert wird und dieses meistert. Er geleitet den Leser durch seine intensiven Erlebnisse in Krieg und Frieden, Ost und West, seiner Liebe, die er in Deutschland fand, seiner intellektuellen Leidenschaft und seinen Schwierigkeiten als permanenter Grenzgänger zwischen den Kulturen. Yousefi, der sich selbst als ein ›Insider und Outsider‹ zugleich bezeichnet, bringt uns seine Erlebnisse und Erkenntnisse aus der erfrischenden Perspektive eines Menschen nahe, der die Welt nicht nur in schwarz und weiß, sondern in vielerlei Schattierungen wahrnimmt. Damit öffnet er Türen, durch die es sich zu gehen lohnt: intellektuell, emotional, liebevoll und mit unendlich viel Verständnis. So schafft er ein neues Genre: Die Brückenliteratur.